ISO
27001

ISO 경영시스템 담당자를 위한 정보보호 경영시스템 길라잡이

정보보호 경영시스템

구축 실무 GUIDE

저자 I 송형록 · 김상일 · 서재석

표준화, 전문화를 통하여
ISO 경영시스템 구축을 위한
ISO 담당자, 컨설턴트, 심사원을 위한 책

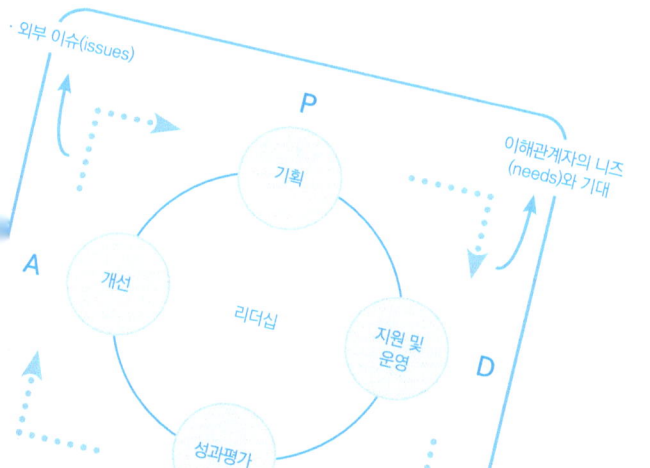

도서출판
정일

머리말

정보화 사회가 심화되고 디지털 전환이 가속화됨에 따라, 조직의 정보 자산을 보호하는 것은 기업 경영의 핵심 요소가 되었습니다. 특히 개인 정보 유출, 사이버 공격 등 다양한 보안 위협은 기업의 존폐를 위협할 정도로 심각한 결과를 초래할 수 있습니다. 이러한 환경에서 국제표준인 ISO 27001 정보보호 경영시스템(ISMS)은 조직이 체계적으로 정보보호 리스크를 관리하고 신뢰를 구축하는 데 필수적인 프레임워크로 자리 잡았습니다.

하지만 많은 조직과 실무자들은 ISO 27001 인증을 준비하고 시스템을 구축, 운영하는 과정에서 막연함과 어려움을 느끼곤 합니다. 방대한 규격 내용을 어떻게 이해하고, 조직의 현실에 맞게 적용하며, 필요한 증빙 자료를 준비해야 하는지에 대한 실질적인 안내가 부족한 경우가 많기 때문입니다.

이 책은 이러한 현장의 목소리에 귀 기울여, ISO 정보보호 경영시스템 구축 및 운영 실무에 필요한 지식과 구체적인 방법론을 제공하고자 기획되었습니다. ISO 정보보호 경영시스템 도입을 처음 시작하는 조직부터 이미 시스템을 운영하며 개선을 모색하는 담당자, 그리고 관련 분야의 컨설턴트 및 심사원까지, 다양한 역할의 독자들이 각자의 위치에서 실질적인 도움을 받을 수 있도록 구성하였습니다.

이 책은 ISO 정보보호 경영시스템 인증 획득을 목표로 하는 조직이 무엇을 준비해야 할지, 담당자가 어떤 부분을 중점적으로 점검해야 할지, 컨설턴트가 효과적인 컨설팅을 위해 어떤 내용을 다루어야 할지, 그리고 인증 심사원이 규격 조항별로 무엇을 확인해야 할지에 대한 명확한 해답을 제시합니다.

이를 위해 이 책은 다음과 같이 구성됩니다. 제1장에서는 ISO 정보보호 경영시스템 규격 요구사항을 상세히 해설하여 독자들이 규격의 의도를 정확히 파악하도록 돕습니다. 제2장에서는 ISO 통제 항목의 취지와 구체적인 해설을 통해 실무 적용 방안을 제시합니다. 제3장에서는 ISO 정보보호 경영시스템 구축의 전 과정에 걸친 실무 가이드를 제공하여 독자들이 직접 시스템을 구축하고 운영할 수 있도록 안내합니다. 참고로는 ISO 경영시스템 인증 프로세스에 대한 정보를 담아 인증 절차에 대한 이해를 높였습니다.

이 책의 가장 큰 특징은 실무 활용도에 초점을 맞춘 점입니다. 각 조항별 요구사항의 취지를 간결하게 설명하여 ISO 정보보호 경영시스템에 쉽게 접근할 수 있도록 하였으며, 조항별 주요 체크포인트를 제공하여 독자 스스로 자체 점검이 가능하도록 구성하였습니다. 또한, 각 조항별로 필요한 증빙 자료의 예시를 제시하여 준비 과정을 대폭 단축할 수 있게 하였습니다. 나아가 실무에서 바로 활용 가능한 ISO 정보보호 경영시스템 정책서, 절차서, 그리고 관련 문서 양식을 함께 제공하여 편리하게 시스템을 구축하고 운영할 수 있도록 강력한 지원을 아끼지 않았습니다.

이 책이 산업 현장에서 ISO 실무를 담당하는 분들, ISO 컨설팅을 통해 조직의 정보보호 수준을 높이고자 하는 컨설턴트, 그리고 공정하고 정확한 심사를 수행하는 인증 심사원에게 작은 디딤돌이 되었으면 하는 바람입니다. 부족한 부분은 독자 여러분의 소중한 피드백을 통해 계속 수정하고 보완할 것을 약속드립니다.

끝으로 이 책이 세상에 나오기까지 아낌없는 격려와 소중한 의견을 주신 여러 위원님 및 동료분들께 진심으로 감사드립니다. 또한, 보다 좋은 책을 만들기 위해 물심양면으로 지원해 주신 도서출판 정일 임직원 여러분께 깊은 감사를 전합니다.

차례

제1장

정보보호
사이버보안 및 개인정보보호
정보보호 경영시스템
요구사항

(KS X ISO 27001:2022)

0. 소개

0.1 일반사항

본 표준은 정보보호 관리 시스템(ISMS)의 수립, 실행, 유지 및 지속적 개선을 위한 요구사항을 명시한다.

· 정보보호 관리 시스템의 채택은 조직의 전략적 결정이다.
· 조직의 ISMS 수립 및 실행은 조직의 필요, 목표, 보안 요구사항, 사용되는 프로세스 및 조직의 규모와 구조에 의해 영향을 받는다. 이러한 요소들은 시간이 지남에 따라 변화할 수 있다.
· ISMS는 위험 관리 프로세스를 적용하여 정보의 기밀성, 무결성 및 가용성을 보호하고, 이해관계자들에게 위험이 적절히 관리되고 있음을 확신시켜 준다.
· ISMS는 조직의 기존 프로세스 및 전반적인 관리 체계에 포함되고 통합되어야 하며, 정보보호는 프로세스, 정보시스템 및 통제 설계 시부터 고려되는 것이 중요하다.
· 조직의 필요에 따라 ISMS의 적용 범위는 확대될 수 있다.
· 본 표준은 내부 및 외부 이해관계자가 조직의 정보보호 요구사항 준수 능력을 평가하는 데 활용될 수 있다.
· 본 표준은 제시된 요구사항의 순서는 그 중요성을 반영하거나 구현될 순서를 암시하

지 않는다. 목록 항목은 단순 참조용으로 열거된다.

0.2   다른 경영시스템 표준과의 호환성

· 본 표준은 ISO/IEC 지침 제1부의 부속서 SL(Annex SL)에 정의된 상위 구조(High-Level Structure), 동일한 하위 절 제목, 공통 텍스트, 공통 용어 및 핵심 정의를 적용하여, Annex SL을 채택한 다른 경영시스템 표준들과의 호환성을 확보하고 있다.
· Annex SL 기반의 이러한 공통 접근 방식은 둘 이상의 경영시스템 표준 요구사항을 만족하는 통합 경영시스템을 운영하려는 조직에게 유용할 것이다.

1. 적용범위

본 표준은 조직의 상황에 맞게 정보보호 경영시스템을 유지, 지속적 개선하기 위한 요구사항을 명시하고 있다. 또한 본 표준은 조직의 필요성에 맞추어 수행되는 정보보호 위험의 평가와 처리에 대한 요구사항을 포함하고 있다. 본 표준의 요구사항은 조직의 유형, 규모, 특성에 상관없이 모든 조직에 적용할 수 있도록 일반적인 내용으로 수립된 것이다(조직이 본 표준에 일치성을 주장하기 위해서는 4절에서 10절에 규정된 어느 요구사항도 적용을 제외할 수 없다).

2. 인용규격

다음 표준의 전체 또는 일부는 본 표준에 대한 인용 규격이며, 본 표준의 적용을 위해 발행 일시가 명시된 경우는 해당 판만 적용되며, 발생 일시가 명시되지 않은 경우는 참조된 문서의 최신판(개정판 포함)을 적용한다.

3. 용어의 정의

본 표준의 목적을 위하여 ISO/IEC 27000에서 지정한 용어의 정의를 적용한다. 이 규격에서 사용하는 주된 용어의 정의는 다음과 같다.

3.1 자산

조직이 가지는 어떤 가치

3.2 가용성

인가된 객체의 요구에 의하여 접근 가능하고 사용 가능한 특징

3.3 기밀성

비 인가된 개인들, 객체들, 프로세스들에게 사용 가능하지 않도록 만들어졌거나 열리지 않도록 만들어진 정보의 특징

3.4 정보보호

기밀성, 무결성, 정보의 가용성의 보존. 또한 확실성, 책임성, 부인방지, 확실성과 같은 다른 특징이 포함되어 있을 수 있다.

3.5 정보보호 사건

정보보호 정책이나 보호의 실패 또는 사전에 알려지지 않은 보안관련 상황에서 가능한 오류를 나타내는 시스템, 서비스 또는 네트워크의 상태에 대한 식별된 사건

3.6 정보보호 사고

업무의 운영을 손상시키거나 정보보호를 위협의 큰 가능성을 가지는 바람직하지 않거나 예상치 못한 정보보호의 한 사건이나 일련의 사건

3.7 정보보호 경영시스템[ISMS]

업무 위험 접근을 기반으로 한 정보보호의 수립, 이행, 운영, 감시, 검토, 유지, 개선을 위한 전체적인 경영시스템의 부분

비고 경영시스템은 조직적인 구조, 정책, 기획 활동, 책임, 업무, 절차, 프로세스와 자원들을 포함한다.

3.8 무결성

정확성과 자산의 완전함을 보호하는 특징

3.9 잔여위험

위험처리 후 남아 있는 위험

3.10 위험승인

위험을 받아들이는 결정

3.11 위험분석

자원을 식별하고 위험을 추정하는 정보의 체계적인 사용

3.12 위험사정

위험분석과 위험평가의 전체적인 과정

3.13 위험평가

위험의 심각성을 판단하기 위하여 정해진 위험기준과 추정된 위험을 비교하는 과정

3.14 위험관리

위험에 대하여 감독하고 통제하기 위한 조직의 통합된 활동들

3.15 위험처리

위험을 수정하기 위한 대책의 선택 및 이행과정

> **비고** 이 규격에서 용어 통제는 대책과 동의어로써 사용된다.

3.16 적용성보고서

조직의 ISMS에 적절하고 사용 가능한 통제 목적과 통제를 기술하는 문서화된 진술

> **비고** 통제 목적과 통제는 위험평가의 결론과 결과, 위험처리, 합법적 또는 규정상의 요구사항,
> 계약상의 의무, 정보보호를 위한 조직의 업무 요구사항에 기반을 둔다.

4. 조직상황

4.1 조직과 조직상황의 이해

> 조직은 조직의 목적에 적합하고 정보보호 경영시스템이 의도하는 결과를 달성하고자
> 하는 능력에 영향을 주게 되는 내부 및 외부 이슈들을 결정하여야 한다.
>
> **비고** 이러한 이슈는 ISO 31000:2009(5)의 5.3절에서 다루고 있는 조직 외부 및 내부
> 상황의 설정을 참고하여 결정한다.

·· 요구사항의 취지

조직이 자신의 정보보호 관리체계(ISMS)를 효과적으로 구축하고 운영하기 위해, 조
직 내부와 외부의 관련 이슈(상황)를 이해하고, 이 이슈들이 조직의 정보보호 목표와
ISMS 성과에 미칠 수 있는 영향을 파악하라는 것이다. 즉, "우리 조직은 어떤 환경
속에 있고, 그 환경이 정보보호에 어떤 영향을 미칠까?"를 제대로 파악하고 정리하
라는 취지이다.

1. 외부 이슈 예시 : 법적 요구사항, 경쟁 상황, 사이버 공격 트렌드, 국가 규제 등

2. 내부 이슈 예시 : 조직 구조, 정보보호 문화, IT 시스템 현황, 자원 부족 등

∙∙ 주요 체크포인트

1. 조직의 외부 및 내부 환경을 어떻게 정의하고 이해하고 있습니까?
   - 환경 분석 문서 : 외부 및 내부 환경을 평가하고 분석한 문서(예: 시장 동향, 법적 요구사항, 규제 변화 등)
   - 환경 분석 보고서 : 조직의 비즈니스 환경을 설명하는 문서 또는 분석 자료
   - 회의 기록 : 외부 및 내부 환경에 대한 논의가 포함된 회의록이나 메모
   - SWOT 분석 : 조직의 강점(Strengths), 약점(Weaknesses), 기회(Opportunities), 위협(Threats)을 분석한 문서

2. 조직의 외부 환경을 고려한 정보보호 관리체계의 요구사항은 무엇입니까?
   - 법적 및 규제 요구사항 목록 : 해당 국가나 산업에 적용되는 법률, 규제 요구사항 목록
   - 컴플라이언스 보고서 : 조직이 법적 요구사항 및 규제에 어떻게 대응하는지에 대한 문서나 보고서
   - 정보보호 정책 : 외부 환경에서 발생할 수 있는 리스크를 반영한 정보보호 정책
   - 법적, 규제 요구사항 준수 기록 : 외부 환경 분석을 바탕으로 정책이나 절차가 어떻게 수정되었는지에 대한 문서화된 기록

3. 내부 환경에 대한 평가가 이루어졌나요?
   - 내부 심사 결과 : 조직 내 정보보호 상태에 대한 심사 보고서 또는 평가 결과
   - 리스크 평가 보고서 : 조직의 내부 리스크를 평가한 문서
   - 조직 구조도 : 조직의 구조와 자원 배치, 책임 소재 등을 나타내는 다이어그램
   - 인프라 및 자원 평가 : 내부 자원(인력, 시스템 등)의 강점과 약점을 평가한 문서
   - 직원 인터뷰 기록 : 내부 환경 평가를 위한 직원 인터뷰 및 회의록

4. 정보보호 목표 설정과 관련하여 환경 분석 결과가 어떻게 반영되었습니까?
   - 정보보호 목표 설정 문서 : 조직의 정보보호 목표가 어떻게 설정되었는지에 대한 문서

· 환경 분석 결과 반영 증빙 : 외부 및 내부 환경 분석이 정보보호 목표 설정에 어떻게 반영되었는지 설명하는 자료

· 목표 달성을 위한 계획 : 설정된 정보보호 목표를 달성하기 위한 실행 계획 및 관련 문서

5. 변화하는 외부 및 내부 환경에 대해 지속적으로 모니터링하고 있습니까?

· 모니터링 절차 : 외부 및 내부 환경을 모니터링하는 절차나 정책 문서

· 주기적인 리스크 평가 보고서 : 외부 및 내부 환경 변화에 따른 리스크 평가가 주기적으로 이루어졌음을 증명하는 보고서

· 주기적인 심사 계획 : 외부 및 내부 환경 모니터링을 위한 주기적인 심사 계획 및 기록

· 변경 관리 기록 : 환경 변화에 따른 정보보호 관리체계의 변경 사항을 기록한 문서

6. 환경 분석에 기반한 리스크 평가와 관리가 이루어졌습니까?

· 리스크 평가 보고서 : 외부 및 내부 환경 분석을 바탕으로 리스크 평가가 어떻게 이루어졌는지에 대한 문서

· 리스크 관리 계획 : 환경 분석 결과를 반영한 리스크 관리 계획

· 리스크 대응 조치 기록 : 환경 분석에 따른 리스크 대응 조치가 기록된 문서

· 리스크 등록부 : 식별된 리스크와 그 대응 조치에 대한 구체적인 기록

4.2 이해당사자의 요구와 기대에 대한 이해

조직은 다음과 같은 사항을 결정하여야 한다.

가) 정보보호 경영시스템과 관련된 조직의 이해당사자
나) 정보보호와 관련된 이해당사자의 요구사항
다) 정보보호 경영시스템을 통해 해결되어야 할 요구사항

> **보기** 이해당사자의 요구사항에는 법적 및 규제적 요구사항과 계약상 의무가 포함될 수 있다.

•• 요구사항의 취지

조직은 내부외부 이해관계자가 정보보호와 관련하여 갖는 요구사항을 파악해야 한다. 그리고 이러한 요구사항 중 정보보호 경영시스템(ISMS)에 적용해야 할 사항을 결정해야 한다.

1. 조직 혼자만의 관점이 아닌, 조직과 관련된 모든 이해관계자(예: 고객, 정부 규제 기관, 협력사 등)의 정보보호 기대치나 법적/계약적 요구사항을 고려하게 하려는 것이다.

2. 이해관계자의 요구사항을 기반으로 정보보호 목표와 통제수준을 설정해야, 현실적이고 효과적인 ISMS를 구축할 수 있다.

3. 적용 범위(scope)를 설정할 때 이 요구사항을 고려해야 해서, 무분별하거나 비현실적인 범위를 잡는 것을 방지한다.

예를 들어
· 고객이 "개인정보를 암호화해야 한다"고 요구하거나,
· 법적으로 "특정 보안 인증을 받아야 한다"고 규정되어 있다면,
· 조직은 이를 반영하여 ISMS를 설계하고 운영해야 한다.

1. 조직의 주요 이해관계자는 누구입니까?
   · 이해관계자 목록 : 조직과 관련된 내부 · 외부 이해관계자의 목록과 간단한 설명

2. 이해관계자의 요구사항을 어떻게 식별하고 관리하고 있습니까?
   · 이해관계자 요구사항 매트릭스 : 각 이해관계자가 요구하는 정보보호 관련 요구사항(법적, 계약적 등)을 정리한 표
   · 법적/규제 요구사항 목록 : 정보보호에 적용되는 법률, 규정, 표준 목록 (예: 개인정보보호법, 전자금융거래법 등)

3. 이해관계자의 요구사항 중 정보보호와 관련된 사항은 무엇이 있습니까?
   · 이해관계자 요구사항 검토 회의록 : 이해관계자 분석 또는 요구사항 검토 회의 결과 기록

4. 이해관계자 요구사항이 ISMS 적용 범위에 어떻게 반영되었습니까?
   · 적용 범위 문서 : 이해관계자의 요구사항을 반영하여 결정된 정보보호 경영시스템(ISMS) 적용 범위

5. 이해관계자 요구사항이 변할 때(법 개정, 계약 변경 등) 어떻게 대응합니까?
   · 계약서, SLA(서비스 수준 계약) 중 정보보호 조항 : 고객, 파트너 등과 체결한 계약서 안의 정보보호 관련 조항 스냅샷
   · 관련 정책 및 절차서 : 이해관계자 요구사항을 수용하여 수립한 정보보호 정책

4.3 정보보호 경영시스템의 범위 결정

조직은 정보보호 경영시스템의 범위를 설정하기 위하여 경계선과 적용 가능성을 결정하여야 한다.

조직은 범위를 결정할 때 다음과 같은 사항을 고려하여야 한다.

a) 4.1 절에서 설명한 외부 및 내부적인 이슈
b) 4.2 절에서 설명한 요구사항

조직에서 수행하는 활동과 타 조직에서 수행하는 활동 간의 인터페이스 및 의존성 범위는 문서정보로 존재하여야 한다.

•• 요구사항의 취지

조직이 정보보호 관리 시스템(ISMS)을 구축할 때, 적용할 범위를 명확히 정의하여 관리와 통제를 효과적으로 수행할 수 있도록 하는 것이다.

1. 조직은 ISMS를 적용할 대상(사업부, 서비스, 지역 등)을 명확히 정리해야 한다.

2. 이 범위는 조직의 외부·내부 이슈, 이해관계자의 요구사항, 그리고 위험 평가 결과 등을 반영하여 정해야 한다.

3. 범위가 왜 그렇게 설정되었는지에 대한 타당한 근거가 있어야 하고, 이 범위는 문서화해야 한다.

4. 이를 통해 조직은 정보보호 관리 활동을 어디까지 수행해야 하는지 명확히 하고, 인증기관도 심사 시에 이 기준으로 평가한다.

"집안 전체를 청소해야 할지, 거실과 주방만 청소할지를 미리 결정하는 것"과 비슷한다. 그래야 책임 범위가 분명하고, 나중에 빠뜨리거나 과잉으로 준비하는 일을 막을 수 있다.

1. 적용 범위 문서가 존재하는가?
   · 적용 범위 문서

2. 범위에 포함된 조직 단위, 장소, 활동, 시스템이 명확히 정의되어 있는가?
   · 문서 및 조직도, 시스템 목록

3. 범위를 정의할 때 외부 및 내부 이슈가 고려되었는가?
   · 위험 평가, 이해관계자 분석 문서

4. 범위를 정의할 때 이해관계자의 요구사항이 고려되었는가?
   · 이해관계자 목록 및 요구사항 분석 자료

5. 범위 내 포함되는 정보자산과 비즈니스 프로세스가 명확한가?
   · 자산 목록, 프로세스 다이어그램 등

6. 범위에서 제외된 부분이 있다면, 그 이유가 정당한가?
   · 제외 항목 설명 및 영향도 분석 자료

7. 적용 범위가 변경될 경우, 갱신 절차가 마련되어 있는가?
   · 변경관리 절차 문서

8. 해당 적용 범위가 내부 관계자 및 이해관계자에게 공유되었는가?
   · 공지, 교육자료

4.4 정보보호 경영시스템

조직은 본 표준의 요구사항에 따라 정보보호 경영시스템을 수립, 구현, 유지, 지속적 개선하여야 한다.

•• 요구사항의 취지

조직은 정보보호 경영시스템(ISMS) 수립, 구현, 운영, 모니터링, 검토, 유지보수, 그리고 지속적으로 개선해야 한다는 것이다.

1. 이 시스템(ISMS)은 4.1~4.3에서 파악한 조직의 상황, 이해관계자의 요구사항, 정보보호 목표에 맞춰서 작동해야 한다.

2. 단순히 문서를 갖추는 것이 아니라, 조직 전체에 걸쳐 정보보호를 체계적으로 관리하고, 리스크를 대응하며, 계속 성숙시켜야 한다는 것이다.
   · 단발성이 아니라 지속적으로 운영, 관리, 개선할 것
   · 조직의 특성과 리스크를 반영한 시스템일 것
   · 경영진 의지와 전체 조직의 참여를 전제로 할 것

•• 주요 체크포인트

1. 귀사의 정보보호 경영시스템(ISMS)은 어떻게 수립되었습니까?
   · ISMS가 조직 상황에 맞게 수립되었다는 증거 : 정보보호 정책, ISMS 범위 문서, 리스크 평가 및 처리 절차

2. ISMS를 운영하기 위해 어떤 활동들을 정기적으로 수행하고 있습니까?
   · 수립된 ISMS가 실제로 적용되고 있는지 증명 : 리스크 평가 및 리스크 처리 기록, 정보보호 교육 자료 및 이수 기록, 정보보호 통제 적용 증거(예: 접근통제 적용 기록)

3. ISMS의 유효성이나 효과성은 어떻게 평가하고 있습니까?
   · 운영 중 문제점 발견과 유지 활동 증거 : 내부심사 계획 및 결과보고서, 수정/보완 조치 기록, 정기 검토 회의록(예: 보안위원회 회의록)

4. 최근에 ISMS를 개선한 사례가 있습니까?
   · ISMS 성과를 분석하고 개선한 내역 : 경영검토 회의록 및 조치계획, ISMS 개선 조치 기록, 지속적 개선 프로세스 적용 사례

5. 리더십

5.1 리더십과 의지

최고경영진은 다음과 같은 활동을 통하여 정보보호 경영시스템에 대한 리더십과 의지를 보여주어야 한다.

a) 정보보호 정책과 정보보호 목표를 수립하고 조직의 전략적 방향과 일치함을 보장
b) 정보보호 경영시스템의 요구사항을 조직의 프로세스와 통합하도록 보장
c) 정보보호 경영시스템에 필요한 자원을 확보하도록 보장
d) 효과적인 정보보호 경영시스템의 중요성과 정보보호 경영시스템의 요구사항에 대한 준수의 중요성에 대한 의사소통
e) 정보보호 경영시스템이 의도한 결과를 달성하도록 보장
f) 정보보호 경영시스템의 효과성에 기여할 인력들에 대한 지휘와 지원
g) 지속적인 개선의 촉진
h) 그 밖에 리더십이 또 다른 관련 경영진의 책임 영역에 적용되는 경우, 그 경영진의 역할을 지원

조직의 최고경영진이 정보보호 경영시스템(ISMS, Information Security Management System)을 적극적으로 지원하고 주도해야 한다는 것이다.

1. 최고경영진(Top Management)이 ISMS의 중요성을 조직 전체에 알리고, 정보보호 목표 및 정책이 비즈니스 방향과 일치하도록 보장하고, 필요한 자원(인력, 예산 등)을 지원하고, ISMS 요구사항이 조직 내에서 잘 통합되고, 관리되고, 개선되도록 책임지고 헌신하는 것이다.

2. 정보보호는 단순히 IT 부서의 일이 아니라, 조직 전체의 리더가 책임지고 방향을 제시해야 한다.

•• 주요 체크포인트

1. 최고경영진이 ISMS 정책과 목표 수립을 주도했는가?
   · 정책/목표 문서

2. 경영진이 정보보호의 중요성을 조직에 전달했는가?
   · 사내 공지, 타운홀 자료

3. ISMS가 비즈니스 전략과 연계되어 있는가?
   · 사업계획서, 전략 문서

4. ISMS 운영에 필요한 자원이 제공되고 있는가?
   · 인력/예산 배정 문서

5. 정보보호 관련 역할과 책임이 명확히 지정되었는가?
   · 조직도, 역할 정의서

6. 경영진이 경영검토 회의에 실제로 참여하는가?
   · 경영검토 회의록

7. 경영진이 정보보호 관련 주요 결정을 내린 사례가 있는가?
   · 투자/승인 기록

5.2 정책

최고경영진은 다음과 같은 내용을 만족하는 정보보호 정책을 수립하여야 한다.

a) 조직의 목적에 적합하여야 한다.
b) 정보보호 목표(6.2 참조)을 포함하거나 정보보호 목표를 위한 프레임 워크를 제공하여야 한다.
c) 정보보호에 관련된 적용 가능한 요구사항을 만족시키도록 하는 의지를 포함하여야 한다.
d) 정보보호 경영시스템의 지속적인 개선을 위한 의지를 포함하여야 한다.

정보보호 정책은 다음을 만족하여야 한다.

e) 문서정보로 이용할 수 있어야 한다.
f) 조직 내부에 공표하여야 한다.
g) 필요한 이해관련자가 이용할 수 있어야 한다.

•• 요구사항의 취지

1. 조직의 최고경영진이 정보보호의 방향성과 목표를 공식적으로 선언하고 이를 통해 전사적인 정보보호 문화와 책임감을 확립하라는 것이다.

2. 정보보호 정책이 조직의 목표 및 전략적 방향과 일치해야 하고, 모든 이해관계자(내부 직원, 외부 파트너 등)에게 적절히 커뮤니케이션 되어야 한다는 점을 강조한다.

3. 정책은 문서화되어야 하며, 필요에 따라 가용하고, 이해 가능하게 관리되어야 한다.

4. 단순히 '정책을 만들어라'는 게 아니라, 이 정책이 조직 전체의 정보보호 의지를 대변하고, 실제로 조직의 전략에 부합하며, 전 직원과 이해관계자들이 알 수 있도

록 해야 한다는 것이다. 정책이 실질적인 경영진의 의지를 반영하는 것이 핵심이다.

5. 조직이 정보보호를 왜 중요하게 생각하는지, 어떤 방향으로 추진할 것인지를 명확히 선언하고, 이를 조직 내외부에 분명히 알리기 위한 문서가 필요하다.

••**주요 체크포인트**

1. 정보보호 정책이 수립되어 있습니까?
   · 정보보호정책 문서 : 서명이 포함된 정식 문서

2. 이 정책은 누가 승인했습니까?
   · 경영진승인기록 : 정책 문서 내 서명란, 이메일 승인 내역, 회의록 등

3. 정책이 조직의 전략적 방향성과 목표는 어떻게 연계되어 있습니까?
   · 정보보호 목표문서 : 정책을 바탕으로 수립된 세부목표 문서

4. 정책이 내부/외부 이해관계자들에게 어떻게 전달되고 있습니까?
   · 내부/외부 게시내역 : 정책을 임직원 및 이해관계자에게 전달한 증거
   · 정보보호 교육자료 : 정책이 포함된 교육자료, 교육참석자 명단, 수료증 등

5. 정책이 언제 마지막으로 검토되었습니까?
   · 정책개정이력표 : 정책버전관리내역(개정인, 변경내용, 승인자)

5.3 조직의 역할, 책임 및 권한

최고경영진은 정보보호와 관련된 역할에 따른 책임과 권한이 조직 내에 할당되고 의 사소통되었는지 확인하여야 한다.

최고경영진은 다음과 같은 활동에 대한 책임과 권한을 할당하여야 한다.

a) 정보보호 경영시스템이 본 표준의 요구사항에 부합함을 보장
b) 정보보호 경영시스템의 성과를 최고경영진에게 보고

> 비고   최고경영진은 조직 내부에 정보보호 경영시스템의 성과를 보고하기 위한 책임과 권한을 할당할 수도 있다.

• 요구사항의 취지

정보보호 경영시스템(ISMS)이 효과적으로 운영되고 지속적으로 개선될 수 있도록, 필요한 역할, 책임, 그리고 권한을 명확히 정의하고 조직 내에서 이를 알리는 것이 다. "누가 무엇을 해야 하고, 어떤 권한을 가지고 있는지 명확히 하라"는 취지이다

1. 역할 : 정보보호와 관련하여 누가 어떤 일을 할지를 명확히 정한다.

2. 책임 : 각 역할이 수행해야 할 업무와 결과에 대한 책임을 명확히 한다.

3. 권한 : 역할과 책임을 수행하기 위해 필요한 권한(결정권, 자원 접근권 등)을 부여 한다.

4. 전파 : 이러한 역할, 책임, 권한을 조직 내 모든 관련자에게 알려, 오해나 책임 회 피를 방지하고, 효과적으로 시스템이 작동하도록 한다.

예)

1. 정보보호 책임자(CISO, Chief Information Security Officer)

- 역할 : 정보보호 관리 전반을 감독하고 전략을 수립한다.
- 책임
  - 정보보호 정책 수립 및 실행
  - 정보보호 경영시스템(ISMS) 운영 및 지속적인 개선
  - 경영진에게 정보보호 성과와 위험 보고
- 권한
  - 정보보호 관련 의사결정 권한
  - 정보보호 예산 관리 권한
  - 중요 보안 사고 대응의 최종 결정 권한

2. 정보보호 관리팀(Security Operations Team)
- 역할 : 정보보호 시스템을 운영하고, 실시간 보안 모니터링을 수행한다.
- 책임
  - 보안 시스템의 유지보수 및 모니터링
  - 보안 사고 발생 시 즉각 대응
  - 보안 로그 및 이벤트 기록 관리
- **권한**
  - 보안 시스템 설정 및 정책 변경 권한
  - 보안 사고 발생 시 우선 조치 권한
  - 보안 도구 및 소프트웨어 배포 권한

3. IT팀(IT Department)
- 역할 : 정보보호를 위한 기술적 인프라를 지원하고 관리한다.
- 책임
  - 서버 및 네트워크 보안 관리
  - 시스템의 취약점 분석 및 패치 관리
  - 사용자 계정 관리 및 인증 시스템 운영
- 권한
  - 서버 및 네트워크 장비의 설정 권한
  - 시스템 보안 소프트웨어 설치 및 업데이트 권한
  - 사용자 계정 및 접근 권한 관리 권한

4. 법무팀(Legal Team)

- 역할 : 법적 요구사항과 규제 준수 사항을 검토하고, 관련 정책을 수립한다.
- 책임
  - 정보보호 관련 법적 요구사항 파악
  - 계약서 및 협약서 검토, 정보보호 조항 설정
  - 법적 리스크 관리 및 경영진에게 보고
- 권한
  - 정보보호 관련 법적 자문 제공 권한
  - 외부 법률 자문과 협력 권한
  - 계약서 및 법적 문서의 최종 승인 권한

5. 일반 직원(Employees)

- 역할 : 정보보호 정책을 준수하고, 보안 사고를 예방한다.
- 책임
  - 정보보호 교육 및 인식 프로그램 참여
  - 회사 자산 보호 및 보안 절차 준수
  - 보안 사고 발생 시 즉각 보고
- 권한
  - 정보보호 정책 및 절차에 따라 자산을 사용할 권한
  - 보안 사고나 의심되는 활동을 보고할 권한

•• 주요 체크포인트

1. 정보보호 경영시스템(ISMS) 내 주요 역할과 책임은 누가 맡고 있습니까?

2. 정보보호와 관련된 귀하의 역할과 책임은 무엇입니까?

3. 이러한 역할과 책임은 문서화되어 있습니까? 어디에서 확인할 수 있습니까?

4. 경영진은 정보보호 관련 책임과 권한을 어떻게 할당하고 있습니까?

5. 만약 정보보호 사고가 발생하면, 누가 어떤 책임을 지게 됩니까?

6. 새로운 정보보호 요구사항(법적 요구사항, 계약 등)이 생겼을 때 누가 대응을 책임지나요?

＜증거자료＞

1. 정보보호 조직도 : 정보보호 관련 조직 구조와 책임자의 위치를 시각적으로 보여 준다.

2. 직무기술서 : 각 역할에 대한 책임, 권한, 보고 체계가 명시된 문서이다. 특히 CISO, 보안 관리자 등 관련 직무가 중요하다.

3. 정보보호 정책서 : 정보보호 책임과 역할에 대한 규정이 포함된 정책 문서
   예) 정보보호 책임자는 누구이고, 어떤 권한을 갖는지 등

4. 위임장 또는 임명장 : 정보보호 책임자(CISO) 또는 관련 담당자 임명 문서(날짜, 서명 포함).

5. 내부 커뮤니케이션 기록 : 역할, 책임, 권한에 대한 내부 공지 이메일, 회의록 등
   예) 보안 역할 변경 시 구성원에게 전달된 공지

6. 교육 기록 : 구성원이 자신의 역할과 책임을 이해했음을 입증할 수 있는 정보보호 관련 교육 수료 기록

7. ISMS 운영 매뉴얼 또는 프로세스 문서 : 정보보호 업무 수행 절차와 그 책임 주체 가 명확히 정의된 문서

6. 기획

6.1 위험과 기회에 따른 조치

6.1.1 일반사항

조직은 정보보호 경영시스템을 계획할 때 4.1절에서 명시한 이슈와 4.2절에서 명시한 요구사항을 고려하여야 하며, 다음과 같은 사항을 다루기 위해 필요한 위험과 기회를 파악하여야 한다.

a) 정보보호 경영시스템이 의도한 결과에 도달할 수 있음을 보장
b) 원하지 않은 효과의 방지 또는 감소
c) 지속적인 개선의 달성

조직은 다음을 계획하여야 한다.

d) 위험 및 기회를 다루기 위한 조치
e) 다음을 수행하는 방법
  1) 조치를 정보보호 경영시스템 프로세스에 통합하여 구현
  2) 조치의 효과성에 대한 평가

·· 요구사항의 취지

1. 위험 기반 접근방식을 적용하라는 것이다.

2. 조직이 정보보호에 관련된 위험을 식별, 분석, 평가하고, 그에 따라 적절한 통제를 설계하고 적용해야 한다는 것을 요구한다.

3. 조직의 환경(내부/외부 이슈, 이해관계자 요구사항 등)을 고려하여, 정보보호 위험 관리를 체계적으로 수행하라는 의미이다.
   · 정보보호와 관련된 위험 식별
   · 위험 분석(영향도와 발생 가능성 평가)
   · 위험 평가(우선순위 지정)
   · 위험 처리(회피, 수용, 전가, 경감)
   · 이 모든 과정이 문서화되어야 하고, 반복적으로 수행되어야 한다.

"위험 관리 없이는 정보보호가 없다. 조직의 특성과 상황에 맞는 위험을 스스로 식별하고, 이를 체계적으로 관리하라"는 것이 6.1.1의 핵심 취지이다.

·· 주요 체크포인트

1. 위험 관리 프로세스가 수립되어 있습니까?
   · 귀사는 정보보호 위험을 어떻게 식별하고 평가합니까?
   · 위험 관리를 위한 공식적인 프로세스나 절차가 있습니까?
   · 관련된 문서를 보여주실 수 있습니까?(예: 위험 관리 정책, 위험 평가 보고서 등)

2. 조직의 환경(Context)을 반영했습니까?
　· 내부/외부 이슈 및 이해관계자 요구사항을 위험 평가에 반영했나요?
　· 사업 환경 변화가 위험 평가에 어떻게 반영되었나요?

3. 위험 식별 방법에 대해 설명할 수 있습니까?
　· 정보보호 위험을 식별할 때 사용하는 기준이나 방법은 무엇인가요?
　· 자산, 위협, 취약점 식별은 어떻게 하나요?

4. 위험 평가 방법은 어떤 방식입니까?
　· 영향도(Impact)와 발생 가능성(Likelihood)을 어떻게 평가합니까?
　· 위험 수용 기준(Acceptance Criteria)은 어떻게 설정되어 있습니까?

5. 위험 처리방안은 어떻게 결정합니까?
　· 식별된 위험에 대해 어떤 처리를 했습니까?(회피, 수용, 전가, 경감)
　· 통제 대책(Control)을 적용할 때 기준은 무엇입니까?

6. 결과는 어떻게 기록합니까?
　· 위험 평가 및 처리 결과를 문서화했습니까?
　· 이 기록을 갱신하는 주기는 어떻게 됩니까?

7. 프로세스가 최신입니까?(주기적 검토 여부)
　· 마지막 위험 평가 업데이트는 언제였나요?
　· 환경 변화나 사건 발생 시 위험 평가를 재수행합니까?

주요 증거자료

1. 위험 관리 프로세스 문서
　· 위험 관리 정책
　· 위험 평가 및 처리 절차

2. 위험 평가 및 위험 처리 기록
　· 위험 식별 목록(Risk Register)
　· 위험 분석 결과(영향도, 발생 가능성 평가 자료)
　· 위험 평가 보고서
　· 위험 처리 계획

3. 수용 기준 문서
   · 위험 수용 기준 설정 문서

4. 조직의 상황 분석 자료
   · 외부/내부 이슈 목록
   · 이해관계자 요구사항 분석 문서

5. 위험 관련 회의록 및 검토 기록
   · 위험 관리 회의록(회의 기록)
   · 경영검토 자료 중 위험 관련 항목

6. 적용한 통제 조치 목록
   · 위험 대응을 위해 실제 적용한 통제 대책(부속서 A 통제 적용 여부 포함)
   · 관련 통제 설계 문서나 시행 증거

7. 갱신 및 업데이트 기록
   · 위험 평가 갱신 이력(Log)
   · 변경사항(환경 변화, 신규 서비스 등) 발생 시 재평가한 기록

6.1.2 정보보호 위험평가

조직은 다음과 같은 정보보호 위험평가 프로세스를 정의하고 적용하여야 한다.

a) 다음을 포함한 정보보호 위험기준의 수립 및 유지
  1) 위험 수용기준
  2) 정보보호 위험평가의 수행을 위한 기준
b) 반복적인 정보보호 위험평가의 결과가 일관성 있고 유효하며 비교 가능하도록 보장
c) 정보보호 위험의 식별
  1) 정보보호 경영시스템의 범위 내에서 기밀성, 가용성, 무결성의 손실과 연관된 위험을 식별하기 위한 정보보호 위험평가 프로세스의 적용
  2) 위험 소유자의 식별
d) 정보보호 위험의 분석
  1) 6.1.2 c)_1)에서 식별한 위험이 현실화된 결과의 잠재적 영향 평가
  2) 6.1.2 c)_1)에서 식별한 위험의 실제적인 발생 가능성 평가
e) 위험 수준의 결정
f) 정보보호 위험 산정
  1) 6.1.2 a)에서 수립한 위험기준과 위험분석 결과를 비교
  2) 위험 처리를 위해 분석된 위험의 우선순위를 결정

조직은 정보보호 위험평가 프로세스에 관한 문서 정보를 유지하여야 한다.

••요구사항의 취지

1. 조직이 정보보호과 관련된 위험을 체계적으로 식별, 분석, 평가하도록 하여, 정보자산을 보호하기 위한 근거를 마련하게 하는 것이다.

2. 위험 관리에 대해 일관성 있고 반복 가능한 프로세스를 보장하는 것이다.

3. 위험 평가 결과를 바탕으로 적절한 보안 통제를 선정하거나, 기존 통제를 강화하

거나, 리스크를 수용할지 여부를 결정할 수 있도록 지원하는 것이다.

4. 궁극적으로, 조직의 정보보호 목표를 달성하고, 법적/규제적 요구사항이나 비즈니스 요구사항을 충족시키는 데 필요한 위험 기반 접근(Risk-based approach)을 구현하도록 하는 것이다.

6.1.2는 "조직이 정보보호 리스크를 체계적이고 객관적으로 평가하여, 리스크 대응 및 통제 계획을 위한 근거를 제공하라"는 취지이다.

•• 주요 체크포인트

1. 위험 평가를 어떤 프로세스에 따라 수행합니까?

2. 정보보호 리스크 평가를 언제, 얼마나 자주 수행합니까?

3. 정보보호 리스크 기준(Risk Criteria)은 어떻게 설정했습니까?

4. 최근 수행한 위험 평가 결과를 보여주실 수 있습니까?

5. 위험 평가에서 식별한 주요 리스크는 무엇이며, 대응 방안은 무엇입니까?

6. 위험 식별 시 자산, 위협, 취약점은 어떻게 고려했습니까?

7. 위험 평가에 누가 참여했습니까?

8. 기존 통제(controls)는 위험 평가 시 고려되었습니까?

9. 리스크 소유자는 어떻게 지정하고 있습니까?

10. 리스크 대응 방법(수용, 감소, 이전, 회피)을 어떻게 결정합니까?

•• 주요 증거자료

1. 위험 평가 절차서 또는 정책서
   · 위험 평가를 어떻게 수행하는지 정의한 공식 문서
   · 평가 빈도, 방법론(예: 정성적/정량적 분석), 책임자, 리스크 기준 포함

2. 정보보호 리스크 기준(Risk Criteria) 문서
   · 리스크 수용 기준, 영향도/발생 가능성 평가 기준이 포함된 문서

3. 리스크 식별 및 평가 기록지
  · 자산, 위협, 취약점, 기존 통제, 위험 등급 평가표
  · 위험 평가 테이블, 리스크 매트릭스

4. 리스크 대응 계획서
  · 위험을 수용, 경감, 이전, 회피 중 어떤 대응을 할지 결정한 기록
  · 필요한 경우 대응 작업(Action Plan)이 정리된 문서

5. 최신 리스크 평가 결과
  · 최근(예: 1년 이내) 수행한 실제 위험 평가 결과
  · 특히 중요한 위험(Significant Risk) 항목에 대한 평가 및 조치 내용

6. 리스크 소유자 지정 기록
  · 각 위험에 대해 누가 책임을 맡고 있는지 명확히 지정한 기록

7. 변경사항 발생 시 위험 재평가 기록
  · 신규 시스템 도입, 법규 변경 등 조직 변화 시 추가/수정된 위험 평가 기록

8. 위험 평가 관련 회의록 및 승인 문서(있으면 강점)
  · 리스크 평가 결과를 검토하고 승인한 기록
  · 리스크 대응 방안을 경영진이 검토/승인했다는 증거

6.1.3 정보보호 위험 처리

조직은 정보보호 위험 처리 프로세스를 정의하고 적용하여야 한다.

a) 위험평가 결과를 감안한 적절한 정보보호 위험 처리 방안의 선택
b) 선택한 정보보호 위험 처리 방안의 구현에 필요한 모든 통제의 결정

> **비고**　조직은 필요한 통제를 설계하거나 다른 출처로부터 식별할 수 있다.

c) 6.1.3 b)에서 결정한 통제를 부속서 A의 통제와 비교하여 필요한 통제 중 누락된 것이 없는지 검증

> **비고1**　주1 : 부속서 A는 통제 목적과 통제에 대한 포괄적 목록을 포함하고 있다. 본 표준의 사용자는 필요한 통제 중 간과한 것이 없음을 보장하기 위하여 부속서 A를 따른다.

> **비고2**　주2 : 통제 목적은 선택한 통제에 묵시적으로 포함된다. 부속서 A에서 열거한 통제 목적과 통제는 전부가 아니며 추가적인 통제 목적과 통제가 필요할 수 있다.

d) 필요한 통제(6.1.3 b)와 c)참고)와 선택 사유, 구현 여부, 부속서 A의 통제 중 제외된 것이 있다면, 그 사유를 포함한 적용성보고서(Statement of Applicability)의 작성
e) 정보보호 위험 처리 계획의 수립
f) 정보보호 위험 처리 계획과 잔여 정보보호 위험의 수용에 대한 위험 소유자의 승인 획득

조직은 정보보호 위험 처리 프로세스를 문서화하여 유지하여야 한다.

> **비고**　본 표준의 정보보호 위험평가 및 처리 프로세스는 ISO 31000[5]에서 제공하는 원칙과 일반 가이드라인과 일치한다.

•• 요구사항의 취지

1. 조직이 식별한 정보보호 위험을 관리하기 위해 적절한 통제를 선택하고 실행하여, 위험을 수용 가능한 수준으로 낮추는 것이다.
   · 조직은 6.1.2에서 위험 평가를 한다(즉, 위험이 무엇인지, 심각성이 어떤지 분석).
   · 이제 6.1.3에서는 이 위험을 어떻게 다룰지를 결정해야 한다(단순히 "알겠다"로 끝나는 것이 아니라, "이 위험에 대해 무엇을 할 건지" 명확히 해야 한다).
   · ISO 27001 부속서 A(Annex A)의 통제(controls)를 참고해서 적절한 보안 대책을 선택할 수 있다.
   · 부속서 A의 통제들은 가이드라인일 뿐이므로, 조직은 필요한 것을 선택하거나 추가 통제를 자유롭게 설정할 수 있다.
   · 선택한 통제들은 선택 근거를 문서화하고, 위험 처리 계획(Risk Treatment Plan)에 정리해야 한다.

2. "위험을 무시하지 말고, 적절한 대책을 세워서 문서로 정리하고 실행하라"는 것이 6.1.3의 취지이다.

•• 주요 체크포인트

1. 정보보호 위험에 대해 어떤 식으로 처리 대책을 선정하셨나요?

2. Annex A 통제들은 어떻게 검토하고 필요한 것만 선택했나요?

3. 선택하거나 제외한 통제들에 대해 문서화가 되어 있습니까?

4. 위험 처리 계획을 보여줄 수 있습니까?

5. 추가적으로 Annex A외 통제를 적용한 사례가 있습니까?

6. 위험 처리 결과는 경영진의 승인을 받았나요?

7. 선정된 통제들은 실제로 어떻게 운영되고 있나요?

1. 정보보호 위험 처리 방법서 : 위험 처리 프로세스를 정의한 문서

2. 위험 처리 계획서 : 식별된 위험별 대응 방안, 담당자, 일정 등을 정리한 계획서

3. 통제 적용 보고서 : 부속서 A 통제 중 적용/비적용 항목과 그 근거를 명시한 문서

4. 부속서 A 통제 검토 기록 : 부속서 A 항목을 하나씩 검토한 흔적(예: 검토 회의록, 메모)

5. 위험 평가 보고서 : 위험 분석 결과 및 우선순위가 명시된 보고서(6.1.2와 연결)

6. 경영진 승인 기록 : 위험 처리 결과에 대한 경영진의 승인 회의록, 이메일, 결재 서류 등

7. 위험별 조치 이행 증거 : 통제 이행을 입증할 수 있는 자료(예: 정책, 절차, 시스템 설정 캡처, 교육 기록)

8. 보안 정책 및 관련 절차서 : 위험 대응을 위한 구체적인 정책 문서(예: 접근통제 정책, 암호화 정책)

6.2 정보보호 목표 및 달성계획

조직은 적절한 기능과 수준으로 정보보호 목표를 수립하여야 한다.

정보보호 목표는 다음과 같은 사항을 만족하여야 한다.

a) 정보보호 정책과의 일관성 유지
b) 실현 가능한 수준에서 측정 가능
c) 적용 가능한 정보보호 요구사항과 위험평가 및 위험처리 결과의 감안
d) 의사소통   e) 적절한 갱신

조직은 정보보호 목표를 문서화하여 유지하여야 한다. 정보보호 목적을 달성하는 방법을 계획할 때 조직은 다음과 같은 사항을 결정하여야 한다.

f) 수행 내용   g) 필요한 자원   h) 책임자
i) 완료시기   j) 결과 평가방법

조직은 OH&S 목표와 이를 달성하기 위한 계획에 대한 문서화된 정보를 유지 및 보유하여야 한다.

•• 요구사항의 취지

조직의 정보보호 목표를 명확히 설정하고, 그 목표를 달성하기 위한 구체적인 계획을 수립하라.

1. 정보보호 목표의 설정 : 조직은 정보보호 정책과 일치하며, 관련 이해관계자의 요구사항과 위험 평가 결과를 반영한 측정 가능하고 관련성 있는 목표를 수립해야 한다.

2. SMART 원칙 : 적용목표는 일반적으로 SMART(Specific, Measurable, Achievable, Relevant, Time-bound) 원칙을 따르도록 요구된다. 이는 목표가 구체적이고 측정 가능하며 현실적이어야 함을 의미한다.

3. 목표 달성 계획 수립 : 각 목표에 대해 누가, 무엇을, 언제까지, 어떤 자원을 사용해서 달성할 것인지 명확히 계획해야 한다.

4. 정보보호 관리체계의 실효성 제고 : 이 절을 통해 ISMS가 단순 문서화된 시스템이 아니라 조직의 실제 보안 성과를 개선하는 실질적 도구가 되도록 한다.

•• 주요 체크포인트

1. 정보보호 목표 관련
   · 귀사의 정보보호 목표는 무엇입니까?
   · 이 목표들은 정보보호 정책과 어떻게 연계되어 있습니까?
   · 목표 수립 시 어떤 기준(SMART 등)을 사용하셨습니까?

2. 수립 및 문서화
   · 정보보호 목표는 어디에 문서화되어 있습니까?
   · 각 목표별 책임자와 달성 기한은 명확히 정해져 있습니까?
   · 목표 달성을 위한 활동은 구체적으로 계획되어 있습니까?

3. 성과 측정 및 평가
   · 목표 달성 여부는 어떻게 측정하고 있습니까?
   · 목표 달성도를 얼마나 자주 모니터링하고 검토합니까?
   · 지난 기간 동안 목표 달성이 어려웠던 경우, 원인 분석과 개선 조치는 있었습니까?

4. 관련 부서 및 경영진 참여
   · 각 부서별 정보보호 목표는 전사적 목표와 어떻게 연계되어 있습니까?
   · 경영진은 목표 수립과 검토에 어떻게 관여하고 있습니까?

1. 정보보호 목표 문서
   · 연간 또는 반기별 정보보호 목표 문서(전사 및 부서 단위)
   · SMART 기준 적용 여부가 드러나는 형식이면 좋음

2. 목표 달성 계획
   · 각 목표에 대한 실행 계획(담당자, 일정, 방법, 자원 등 포함)
   · 프로젝트 계획서, 작업 지시서, 일정표 등

3. 성과 측정 결과
   · KPI 대시보드, 목표 달성률 보고서
   · 내부 점검 결과 또는 월간/분기별 실적 보고

4. 경영 검토 회의록
   · 정보보호 목표 설정 및 평가가 포함된 경영 검토 회의록
   · 목표 변경, 미달성 시 개선 조치 논의 내용 포함

5. 내부 심사 보고서
   · 6.2 관련 프로세스 및 성과에 대한 내부 심사 결과
   · 비적합사항 및 개선 권고 사항 포함 가능

6. 교육/커뮤니케이션 자료
   · 목표 관련 사내 공지, 교육자료, 부서 브리핑 자료 등
   · 구성원 인식 증진 활동의 일환으로 사용된 경우

6.3 변경계획

조직이 정보보호 경영체계의 변경 필요성을 판단한 때에는 계획적으로 변경을 수행하여야 한다.

•• 요구사항의 취지

1. 정보보호 경영시스템(ISMS, Information Security Management System)에 영향을 미칠 수 있는 변경 사항을 체계적으로 계획하고 관리하라는 취지이다.

2. 조직이 ISMS에 영향을 미칠 수 있는 모든 변경 사항(조직, 기술, 외부 요건 등)을 계획적이고 통제된 방식으로 관리하여, 정보보호에 미치는 부정적인 영향을 예방하고 일관된 ISMS 운영을 유지하는 것이다.

(예시)
- 새로운 정보시스템 도입
- 클라우드 서비스로의 전환
- 조직 구조의 변화(합병, 부서 재편 등)
- 법적 요구사항 변화(예: 개인정보보호법 개정 등)

3. 이런 변경들이 정보보호 통제, 리스크 평가, 정책 등 ISMS 전반에 영향을 줄 수 있으므로, 이를 사전 계획 및 검토 후 변경하라는 것이다.

•• 주요 체크포인트

1. 변경 인식 및 기록 관련
- 최근에 ISMS에 영향을 줄 수 있는 변경이 있었나요? 어떤 변경이었나요?
- 해당 변경을 어떻게 식별하고, ISMS에 미치는 영향을 어떻게 평가했나요?
- 변경 사항을 문서화하거나 기록한 절차는 있나요?

2. 변경 계획 수립 관련
- 그 변경을 반영하기 위해 어떤 계획을 세웠고, 누가 책임을 맡았나요?
- 변경이 ISMS의 통제나 리스크 평가에 어떤 영향을 주었는지 검토했나요?
- 변경 실행 전에 보안 위험 평가를 실시했나요?

3. 변경 이후 조치 관련
- 변경 이후 정보보호 정책이나 절차를 수정했나요?
- 변경이 이루어진 후 효과성 검토나 모니터링은 어떻게 했나요?

4. 사례 기반 질문
  · 최근 클라우드 시스템을 도입하셨다고 들었는데, 그 변경에 대한 ISMS 대응은 어떻게 하셨나요?
  · 조직 구조가 최근에 바뀐 것으로 알고 있는데, 그 변경이 ISMS 운영에 어떤 영향을 주었나요?

•• 주요 증거자료

1. 변경 요청/검토 문서
  · 변경요청서(Change Request Form) 또는 변경계획서(Change Plan)
  · 변경 요청의 목적, 범위, 필요성, 예상 영향 등이 포함된 문서
  · 변경 요청 승인 프로세스(책임자, 승격 절차 등)

2. 영향 평가 관련 자료
  · 정보보호 영향평가서(IS Impact Assessment)
  · 변경 전/후의 리스크 평가서(기존 vs. 변경 후 차이)
  · 관련 자산/위협/취약점 변화 분석 자료

3. 회의록/검토 기록
  · 변경 관련 회의록(예: 정보보호 위원회 회의록 등)
  · 검토 및 승인 결과 기록(예: 승인 이메일, 회의 결정사항)

4. 정책 및 절차 변경 기록
  · 변경으로 인해 수정된 정책, 절차, 기준 등(버전 관리 포함)
  · 변경된 정책의 커뮤니케이션 및 교육 자료

5. 실행 및 추적 기록
  · 변경 작업 실행 일정표/체크리스트
  · 변경 적용 결과 보고서 또는 후속 점검 보고서
  · 테스트 결과, 적용 확인 로그 등

6. 관련 문서
  · 조직도 변경 문서(조직 구조가 바뀐 경우)
  · 시스템 구성도 변경 전후 비교
  · 변경된 기술 시스템 관련 설정 내역

7. 지원

7.1 자원

> 조직은 정보보호 경영시스템의 수립, 구현, 유지, 지속적 개선에 필요한 자원을 파악하고 제공하여야 한다.

••요구사항의 취지

1. 정보보호 관리 시스템(ISMS, Information Security Management System)을 효과적으로 수립, 구현, 유지 및 지속적으로 개선하는 데 필요한 자원을 조직이 반드시 제공해야 한다는 것이다.

2. 아무리 훌륭한 보안 정책이나 계획이 있어도, 이를 실행할 사람, 기술, 인프라, 시간, 예산 같은 자원이 없다면 ISMS는 제대로 운영될 수 없다.
   · 필요한 자원의 식별
   · 자원의 제공 및 유지
   · 자원의 적정성 검토

· ISMS 목표 달성을 지원할 수 있어야 함

주요 체크포인트

1. ISMS를 운영하기 위해 필요한 자원을 어떻게 식별하고 있나요?

2. 최근에 어떤 정보보호 자원이 추가되거나 변경된 사례가 있나요?

3. 정보보호 관련 인력(전담자나 담당자)은 충분한가요? 교육은 받았나요?

4. 정보보호를 위해 별도로 예산을 편성하고 있나요? 예산 사용 계획이 있나요?

5. 필요한 경우 외부 리소스(컨설팅, 기술 지원 등)를 어떻게 확보하고 있나요?

6. 자원 부족으로 인한 위험은 어떻게 대응하고 있나요?

주요 증거자료

1. 정보보호 관련 조직도(정보보호 전담자/조직 명시)

2. 정보보호 예산 계획서(보안 솔루션, 교육, 외부 심사 비용 등)

3. 정보보호 인력의 직무 기술서

4. 외부 자원 계약서(보안 컨설팅, 위탁 운영 계약 등)

5. 보안 장비/시스템 목록(방화벽, DLP, IDS 등)

6. 최근 자원 식별/검토 기록(예: 경영검토 회의록에서 "자원" 언급)

7. 자원 부족 문제 및 대응 계획이 포함된 리스크 관리 기록

7.2 역량/적격성

조직은 다음과 같은 사항을 수행하여야 한다.

a) 조직의 통제하에서 정보보호 성과에 영향을 미치는 작업을 수행하는 인력이 필요한 역량을 갖추고 있는지 파악한다.
b) 적절한 교육이나 훈련 또는 경험의 측면에서 역량을 갖춘 인력인지 확인한다.
c) 필요한 역량을 습득할 수 있도록 조치하고, 조치한 바에 대한 효과성을 평가한다.
d) 적격성의 증거로 적합한 문서 정보를 유지한다.

> 비고   적용 가능한 조치에는 기존 인력에 대한 훈련, 지도, 업무 재배치 또는 역량을 갖춘 인력의 고용이나 계약 등이 포함될 수 있다.

•• 요구사항의 취지

1. 정보보호(Information Security)를 효과적으로 관리하고 유지하려면, 관련 업무를 수행하는 사람들이 필요한 역량을 갖추어야 한다.

2. 조직은 정보보호와 관련된 역할과 책임을 맡은 사람들이 적절한 지식, 기술, 경험을 가지고 있는지 확인하고, 부족하면 교육이나 훈련을 제공해야 한다.

3. 조직원이 역량을 갖추었는지를 평가하고 기록으로 남겨야 한다.

4. 직원, 계약자 등 정보보호와 관련된 사람들은 자신의 역할을 제대로 수행할 수 있어야 한다. 이를 위해 사전 자격요건(예: 학력, 자격증)이나 업무수행 중 추가 교육(예: 보안 교육, 직무훈련)을 제공해야 한다.

5. 역량을 검증하는 방법(시험, 인터뷰, 평가 등)을 통해 실제로 그 능력이 있는지 확인해야 한다. 이런 교육 및 검증 활동들은 문서화된 증거로 남겨야 한다(심사 때 확인용).

1. 정보보호 담당자/관리자는 어떤 역량이 필요합니까?

2. 담당자가 필요한 역량을 가지고 있다는 것을 어떻게 증명할 수 있나요?

3. 최근 1년간 정보보호 교육을 받은 기록을 보여주실 수 있나요?

4. 역량이 부족한 경우 어떻게 조치 하나요?

5. 신입 직원이나 부서 변경 시 정보보호 교육은 어떻게 진행되나요?

6. 정보보호에 대한 직원들의 이해도를 어떻게 평가하고 있나요?

7. 개인별 교육 계획 또는 연간 정보보호 교육 계획이 있나요?

8. 정보보호 교육은 누가 담당하고 있으며, 그 사람의 자격은 적절합니까?

9. 최근에 실시한 정보보호 관련 교육 내용과 참석자 목록을 보여주세요.

10. 외주업체나 계약자도 정보보호 교육을 받나요?

•• 주요 증거자료

1. 직무기술서 : 각 직무별 요구되는 정보보호 관련 역량(예: 필요한 자격, 경험, 기술) 명시

2. 교육 이력 : 정보보호 관련 교육 수료증, 사내 교육 참석 기록, 외부 교육 수료증

3. 자격증 사본 : 필요한 경우, 관련 정보보호 자격증(예: CISSP, CISA, ISO 27001 심사원 등) 사본

4. 역량 평가 기록 : 직원 평가 기록(시험 결과, 인터뷰 결과, 과제 평가 등)

5. 교육 계획 및 일정 : 연간 정보보호 교육 계획표, 실시 내역

6. 직무교육 자료 : 신입 직원 또는 신규 담당자 대상 정보보호 교육 자료

7. 경력증명서 : 외부 채용 시 제출된 경력 관련 서류

8. 정보보호 관련 내부 커뮤니케이션 자료 : 이메일, 회의록, 공지사항 등(정보보호 책임과 역할 부여 내용)

9. 개인별 역량 매칭표 : 직무 vs 역량 매칭 테이블(누가 어떤 기술과 교육을 받았는지 한눈에 보는 문서)

7.3 인식

> 조직의 통제하에서 작업을 수행하는 인력은 다음과 같은 사항을 인식하고 있어야 한다.
>
> a) 정보보호 정책
> b) 정보보호 성과의 개선에 따른 이점을 포함한 정보보호 경영시스템의 효과성에 대한 자신의 기여
> c) 정보보호 경영시스템의 요구사항을 준수하지 않은 경우에 미치는 영향

·· 요구사항의 취지

1. 조직은 정보보호에 관련된 정책, 절차, 규정 등을 직원들이 충분히 인식하도록 해야 한다.

2. 단순히 교육(training)만이 아니라, 직원 스스로 자신의 정보보호 책임과 중요성을 '알고' 있어야 한다.

직원들은 다음을 인식해야 한다.
· 정보보호 정책과 절차가 왜 필요한지
· 본인이 수행해야 할 보안 관련 역할과 책임
· 잘못할 경우 발생할 수 있는 결과(예: 법적 책임, 보안 사고)

3. "정보보호는 일부 부서(IT 부서)만의 일이 아니라, 모든 직원이 인식하고 책임을 져야 한다"는 취지이다.

▪▪ 주요 체크포인트

1. 직원들은 정보보호 정책과 절차를 알고 있나요?

2. 본인의 정보보호 역할과 책임을 알고 있나요?

3. 정보보호 위반이 발생했을 때 어떤 결과가 있는지 알고 있나요?

4. 직원 인식 제고를 위해 어떤 활동(교육, 캠페인 등)을 하고 있나요?

5. 인식 효과를 어떻게 확인하나요?(시험, 설문, 인터뷰 등)

▪▪ 주요 증거자료

1. 교육 및 훈련 관련 자료
   · 교육 일정 및 계획서 : 연간 교육 계획서, 교육 일정표(예, 매년 2월과 8월, 전 직원 대상 정보보호 교육)
   · 교육 자료 : 교육 슬라이드, 동영상 자료, 교재, 참고 자료 등
   · 교육 수료 확인서 : 각 직원이 교육을 이수했음을 증명하는 수료증 또는 확인서
   · 교육 출석 기록 : 각 직원의 교육 참여 여부가 기록된 출석부
   · 교육 시험 결과 : 교육 후 퀴즈나 시험을 실시했다면, 그 결과(시험 점수 또는 참여 여부)

2. 정보보호 정책 및 절차
   · 정보보호 정책 : 직원들이 회사의 정보보호 정책을 알고 있다는 것을 입증할 수 정책 문서
   · 직무 기술서 : 각 직무별로 정보보호 관련 책임을 명시한 문서(예: IT 부서, HR 부서 등)
   · 정보보호 규정 : 정보보호 위반에 대한 규정과 절차를 설명한 문서(예: 정보보호 위반 시 징계 규정)

3. 설문조사 및 인터뷰 기록
   · 설문조사 결과 : 교육 후, 정보보호 관련 설문을 통해 직원들의 인식 수준을 평가한 결과
   · 직원 인터뷰 기록 : 직무별 또는 부서별로 실시한 인터뷰에서 직원들이 정보보호

정책과 자신의 역할을 잘 알고 있는지 확인한 기록

4. 캠페인 및 활동 증거
   · 정보보호 캠페인 자료 : 포스터, 뉴스레터, 이메일 캠페인 등 직원들에게 정보보호 인식을 높이기 위한 자료
   · 사내 공지 기록 : 정보보호 관련 공지 사항이나 이메일, 게시판에 올린 공지 기록

5. 인식 제고 효과 측정 자료
   · 인식 개선 효과 분석 결과 : 교육 후 퀴즈 점수 변화, 캠페인 참여율 등으로 인식 개선을 측정한 결과
   · 보안 사고 기록 : 인식 교육 이후 발생한 보안 사고가 줄어들었거나 변화가 있었다면, 그에 대한 분석 자료
   · 정기적인 평가 및 피드백 기록 : 정보보호 정책이나 교육의 효과성 평가 및 피드백 수집 기록

6. 기타 증거
   · 정보보호 서약서 : 직원들이 서명한 정보보호 서약서, 각 직원의 책임을 명확히 하고 있음을 입증
   · 비상 대처 계획 : 비상 상황에서의 정보보호 대응 절차 및 직원들이 이를 알고 있다는 증거

7.4 의사소통

조직은 정보보호 경영시스템에 관련하여 다음과 같은 사항을 포함한 내부 및 외부와의 의사소통의 필요성을 파악하여야 한다.

a) 의사소통 내용   b) 의사소통 시점
c) 의사소통 대상   d) 의사소통 주체
e) 효과적인 의사소통 프로세스

요구사항의 취지

1. 무엇을 전달할 것인가?
   정보보호 정책, 역할 및 책임, 위험, 통제 조치, 사건 대응 절차 등 정보보호 관련 핵심 정보를 명확히 규정해야 한다.

2. 언제 전달할 것인가?
   의사소통은 정기적으로 또는 필요 시(예: 보안 사건 발생 시)에 수행되어야 하며, 적절한 시기를 정의해야 한다.

3. 누구에게 전달할 것인가?
   내부(임직원, 특정 부서) 및 외부(고객, 공급자, 규제기관 등) 이해관계자를 명확히 하고, 대상에 따라 내용과 방식이 달라져야 한다.

4. 어떻게 전달할 것인가?
   이메일, 회의, 문서, 교육, 게시판 등 효과적인 수단을 선택하여 정보가 명확하게 전달되도록 해야 한다.

5. 책임과 기록
   의사소통 계획은 문서화되어야 하며, 누가 책임지는지도 명확히 하고 필요시 이를 증빙할 수 있어야 한다.

주요 체크포인트

1. 정보보호와 관련된 내용을 조직 내에서 어떻게 전달하고 있습니까?

2. 정보보호 의사소통 대상자(내부/외부)는 어떻게 정의되어 있습니까?

3. 정보보호 관련 커뮤니케이션을 위한 절차나 계획이 있습니까?

4. 의사소통 방법(수단)과 주기는 어떻게 결정하셨습니까?

5. 직원에게 정보보호 정책이나 지침이 어떻게 전달되었나요? 확인할 수 있는 예시가 있습니까?

6. 정보보호 사고나 위협이 발생했을 때 외부 이해관계자에게 어떻게 커뮤니케이션하나요?

7. 최근 정보보호 관련 공지가 있었습니까? 있었다면 어떤 방식으로 전달했나요?

8. 협력사나 공급업체에게 정보보호 요구사항을 어떻게 전달하고 확인합니까?

9. 신입 직원에게 정보보호 교육이 어떻게 이루어지고, 전달된 사실을 어떻게 입증합니까?

10. 최근의 정보보호 캠페인이나 의사소통 활동을 예로 들어 설명해 주실 수 있나요?

•• 주요 증거자료

1. 의사소통 계획 문서
   · 내부 및 외부 커뮤니케이션 대상 정의
   · 전달 내용, 주기, 수단, 책임자 명시

2. 정보보호 관련 공지 이메일 또는 스크린샷
   · 정보보호 정책, 캠페인, 경고, 교육 안내 등을 포함한 공지
   · 예) 정보보호 캠페인 안내 메일, 보안 인식 주간 공지

3. 정보보호 교육 자료 및 교육 실시 내역
   · 신입직원 대상 보안교육 자료(PPT, 매뉴얼 등)
   · 참석자 서명 명단 또는 수료 이력(e-learning 수료증 포함)
   · 연간 보안 교육계획표

4. 외부 커뮤니케이션 관련 증빙
   · 공급업체 또는 클라이언트에 보낸 보안 요구사항 안내문
   · NDA(비밀유지계약서) 또는 보안 SLA에 명시된 보안 커뮤니케이션 항목
   · 보안 사고 시 보고 체계 및 외부 신고 절차 문서

5. 정보보호 캠페인/활동 기록
   · 포스터, 슬로건 배포 이미지
   · 사내 이벤트(퀴즈, 보안의 날 등) 실시 자료
   · 인트라넷 보안 콘텐츠 캡처

6. 정보보호 의사소통 관련 절차서 또는 정책

· 정보보호 관리정책 내 의사소통 조항
· 내부 커뮤니케이션 절차 문서(절차 흐름도 포함 가능)

7.5 문서화된 정보

7.5.1 일반사항

조직의 정보보호 경영시스템은 다음과 같은 사항을 포함하여야 한다.

a) 본 표준에서 요구하는 문서 정보
b) 정보보호 경영시스템의 효과성을 위해 조직에서 필요하다고 판단한 문서 정보

> **비고** 다음과 같은 이유로 인해 정보보호 경영시스템에서 문서 정보의 범위는 조직마다 상이할 수 있다.

1) 조직의 규모, 그리고 활동, 프로세스, 제품, 서비스의 유형
2) 프로세스의 복잡도와 프로세스 간의 상호작용
3) 인력의 역량

요구사항의 취지

1. 정보보호 관리체계(ISMS)를 구축하고 운영하는 데 필요한 문서화된 정보를 규정하고, 해당 정보가 관리되고, 신뢰할 수 있게 유지되도록 하는 것이다. 즉, 필요한 문서와 기록을 제대로 만들고 관리해야 한다는 원칙이다.

2. 정책, 절차, 가이드라인, 기록 등을 통해 체계적인 정보보호가 가능하게 하고, 필요한 사람들이 적시에 올바른 정보를 사용할 수 있게 하려는 목적이다.

3. 어떤 문서(정책, 절차 등)를 유지해야 하고, 어떤 기록(로그, 회의록 등)을 보유해야 하는지 정해야 하며, 이들이 정확하고, 최신이며, 필요한 사람에게 제공될 수

있도록 관리해야 한다.

•• 주요 체크포인트

1. 문서화된 정보의 정의 및 범위
   · 정보보호 관리체계에서 요구하는 문서화된 정보는 무엇인가요?
   · 문서화된 정보의 범위와 이를 관리하는 기준은 어떻게 정의되어 있나요?

2. 문서화된 정보의 작성 및 관리
   · 문서화된 정보는 어떻게 작성되고 관리되나요?
   · 문서 작성 및 관리 절차는 어떻게 수립되어 있나요?
   · 새로 생성된 문서가 최신 상태로 관리되고 있는지 확인할 수 있는 방법은 무엇인가요?

3. 문서화된 정보의 접근 및 유지 관리
   · 문서화된 정보는 누가 접근할 수 있으며, 어떻게 접근이 통제되나요?
   · 문서화된 정보가 정확하고 최신 상태를 유지하는 절차는 무엇인가요?
   · 문서화된 정보가 변경될 때, 변경 사항은 어떻게 기록되고 승인되나요?

4. 문서의 보존 기간 및 폐기
   · 문서화된 정보의 보존 기간은 어떻게 결정되며, 그에 따라 문서를 폐기하는 절차는 무엇인가요?
   · 문서가 더 이상 필요하지 않거나 기한이 지난 경우, 폐기 절차가 있나요?

5. 문서의 보호 및 보안 관리
   · 문서화된 정보는 어떻게 보호되고 있으며, 물리적/논리적 보안 조치는 어떤 것이 있나요?
   · 정보보호 사고가 발생했을 때 문서화된 정보에 대한 보호는 어떻게 유지될 수 있나요?

6. 검토 및 심사
   · 문서화된 정보의 상태를 정기적으로 검토하는 절차가 있나요?
   · 검토 및 심사 결과, 문서화된 정보에 대한 문제가 발견되었을 때 이를 개선하기 위한 절차는 무엇인가요?

1. 정보보호 정책
   · ISMS의 목표와 방향을 정의한 정책 문서
   예) 조직의 정보보호 목표, 원칙 및 전략이 담긴 정책

2. 위험 평가 및 처리 기록
   · 위험 분석과 평가 과정, 그에 대한 대응 방법 및 선택 사항을 문서화한 자료
   예) 위험 평가 보고서, 위험 처리 계획서

3. 절차 및 업무 매뉴얼
   · 정보보호 관리를 위한 절차 및 업무를 규정한 매뉴얼
   예) 접근 통제 절차, 비밀번호 관리 절차, 데이터 보안 절차

4. 교육 및 훈련 기록
   · 직원들에게 정보보호 교육 및 훈련이 진행되었음을 입증하는 자료
   예) 교육 계획, 교육 참석자 명단, 교육 결과 보고서

5. 내부 심사 보고서
   · ISMS의 실행 여부 및 효과를 평가하기 위한 내부 심사 보고서
   예) 정기적인 내부 심사 결과, 심사 체크리스트, 심사 후 개선 조치 계획

6. 관리자 승인 및 승인 기록
   · 정보보호 관련 주요 결정이나 변경 사항에 대한 승인을 문서화한 자료
   예) 정책 및 절차 승인 기록, 상위 관리자 서명된 승인 문서

7. 취약점 관리 기록
   · 정보보호 취약점 점검 및 수정 활동에 관한 기록
   예) 취약점 평가 결과, 수정 및 패치 이력

8. 외부 심사 및 인증 기록
   · 외부 인증기관에서 받은 심사나 인증 결과 문서
   예) 인증 심사 보고서, 심사 후 개선 요구사항 목록

9. 문서 제어 기록
   · 문서의 작성, 승인, 배포 및 업데이트 과정을 문서화한 자료

예) 문서의 버전 관리 기록, 문서 배포 및 업데이트 기록

7.5.2 생성 및 갱신

문서 정보를 생성하고 갱신할 때 조직은 다음과 같은 사항이 적합하도록 보장하여야 한다.

a) 식별 및 서술(예: 제목, 일자, 작성자, 참조번호)
b) 양식(예: 언어, 소프트웨어 버전, 도식) 및 매체(예: 종이, 전자문서)
c) 적절성과 타당성에 대한 검토 및 승인
  1) 조직의 규모, 그리고 활동, 프로세스, 제품, 서비스의 유형
  2) 프로세스의 복잡도와 프로세스 간의 상호작용
  3) 인력의 역량

•• 요구사항의 취지

1. 문서화된 정보(정책, 절차, 기록 등)는 정확하고 최신이어야 한다.

2. 작성하거나 갱신할 때는 적절한 식별자(예: 제목, 날짜, 버전), 형식(예: 문서 템플릿, 표준화된 구조), 언어, 검토 및 승인절차를 거쳐야 한다.

3. 정보보호 관리 체계(ISMS)를 뒷받침하는 문서들이 명확하고 일관되며, 필요할 때 신뢰할 수 있도록 관리하라.

•• 주요 체크포인트

1. 문서화된 정보는 작성하거나 수정할 때 어떤 절차를 따릅니까?

2. 문서를 갱신할 때 검토나 승인은 누가, 어떻게 하나요?

3. 문서 버전 관리(개정 이력)는 어떻게 하고 있나요?

4. 어떤 기준으로 문서의 포맷(형식)이나 언어를 정하고 있나요?

5. 최근에 갱신된 정책이나 절차서를 보여줄 수 있나요? 갱신 기록이 남아 있나요?

6. 오래된 문서는 어떻게 폐기(또는 대체)하고 있나요?

<증거자료>

1. 문서 관리 절차서 : 문서화된 정보의 작성 및 갱신 관련 절차 문서(예: 문서 작성, 검토, 승인, 배포, 폐기 방법 설명)

2. 문서 이력 관리 기록 : 정책, 절차서 등에 있는 버전 관리 표(버전 번호, 개정일자, 변경 내용, 검토자/승인자 기록)

3. 최근 갱신된 문서 샘플 : 최근 업데이트된 정책, 절차서, 작업 지침서(개정 이력 포함된 것)

4. 문서 승인 기록 : 문서 검토 및 승인 서명 기록(전자결재 시스템 기록도 인정됨)

5. 폐기 또는 변경된 문서 기록 : 구버전 문서 폐기 로그나, 대체 기록(예: 문서 폐기 목록, 변경 통보 메일)

6. 문서 포맷/템플릿 사용 증거 : 회사에서 사용하는 공식 문서 템플릿(문서 번호, 버전, 작성자, 검토자, 승인자 항목 포함된 양식)

7.5.3 문서 정보의 통제

정보보호 경영시스템과 본 표준이 요구하는 문서 정보는 다음과 같은 사항을 보장하도록 통제하여야 한다.

a) 필요한 장소와 시점에 적절하게 사용 가능
b) 적합한 보호의 수행(예: 기밀성 훼손, 부적절한 사용, 무결성 손상으로부터 보호)

문서 정보의 통제를 위하여 조직은 다음과 같은 활동을 수행하여야 한다.
c) 배포, 접근, 검색, 사용   d) 저장 및 보존(가독성 확보 포함)
e) 변경 통제(예: 버전 통제)   f) 유지 및 폐기

정보보호 경영시스템의 계획과 운영에 필요한 것으로 조직에서 판단한 외부 출처의 문서 정보를 식별하고 통제하여야 한다.

> 비고   접근(Access)은 문서 정보에 대해 읽기만 허용하거나 문서 정보를 읽고 변경하도록 허용하고 승인하는 등의 결정을 필요로 한다.

•• 요구사항의 취지

1. 조직이 정보보호 경영시스템(ISMS)에서 필요로 하는 문서화된 정보를 적절하게 보호하고, 변경 · 통제하여, 신뢰성과 무결성을 유지하도록 하기 위해서이다.

2. 7.5.3은 단순히 문서를 작성하는 것만이 아니라, 작성 이후 문서가 올바르게 관리되고 있는지(예: 승인, 배포, 접근 제한, 변경 이력 관리, 폐기 등)를 규정한다. 이렇게 해야 문서가 최신성, 신뢰성, 무결성을 유지하고, 필요한 사람이 적시에 접근할 수 있으며, 정보 유출이나 오류를 방지할 수 있다.

· 문서에 대한 승인 및 검토

· 배포 및 접근 관리
· 변경 및 버전 관리
· 저장 및 보존
· 파기 방법

•• 주요 체크포인트

1. 문서 승인 및 통제
   · 귀사는 정책이나 절차 문서를 어떻게 승인하고 관리합니까?
   · 누가 문서를 검토하고 최종 승인합니까?

2. 최신성 및 변경관리
   · 문서가 변경될 경우 어떻게 업데이트되고 직원들에게 통보되나요?
   · 버전 관리는 어떻게 이루어지고 있습니까?

3. 접근 통제
   · 문서에 접근할 수 있는 사람은 누구이고, 접근 제한은 어떻게 설정되어 있나요?
   · 민감한 문서에 대한 접근은 어떻게 통제하고 있습니까?

4. 문서 저장 및 보존
   · 문서는 어디에 저장되며, 백업은 어떻게 이루어지나요?
   · 법적 요구사항이나 내부 규정에 따라 문서를 얼마나 보존합니까?

5. 문서 폐기
   · 더 이상 필요 없는 문서는 어떻게 폐기합니까?
   · 폐기 기록은 남기나요?

<증거자료>

1. 문서 관리 절차서 : 문서 작성, 승인, 배포, 변경, 폐기 절차가 정리된 내부 문서
   예) 문서화된 정보 관리 절차, 정보보호 문서 관리 규정

2. 문서 등록대장 : 어떤 문서들이 존재하는지, 버전, 작성자, 승인자, 승인일자 등이
   정리된 리스트(Excel이나 관리 시스템 캡쳐본도 가능)

3. 문서 변경 기록 : 문서가 수정될 때 기록한 이력(버전 관리 내역)

예) 문서 하단에 수정 이력 테이블/수정 기록 캡쳐

4. 문서 승인 기록 : 작성 → 검토 → 승인 흐름이 실제로 이루어진 증거
   예) 승인 서명, 전자결재 시스템 로그

5. 접근권한 설정 내역 : 중요한 문서에 접근할 수 있는 사람을 제한한 증거
   예) 폴더 권한 설정 스크린샷, 시스템 권한 부여/변경 내역

6. 문서 폐기 기록 : 더 이상 사용하지 않는 문서를 공식적으로 폐기한 기록
   예) 문서 폐기 보고서, 삭제 기록, 폐기 승인 문서

7. 백업 및 복구 기록 (선택사항) : 문서 유실 방지를 위한 백업 증거(백업 주기 설정, 복구 테스트 기록 등)

8. 운영

8.1 운영계획 및 통제

조직은 요건을 충족하고 조항 6에서 결정된 조치를 이행하는 데 필요한 프로세스를 다음과 같이 계획, 구현 및 제어해야 한다.

– 프로세스에 대한 기준 수립
– 기준에 따라 프로세스에 대한 통제를 구현한다.

프로세스가 계획대로 수행되었음을 확신하기 위해 필요한 범위까지 문서화된 정보를 이용할 수 있어야 한다.

조직은 계획된 변경사항을 통제하고 의도하지 않은 변경사항의 결과를 검토하여 필요에 따라 부작용을 완화하기 위한 조치를 취해야 한다.

조직은 외부에서 제공되는 정보보호 경영시스템과 관련된 프로세스, 제품 또는 서비스가 통제되는지 확인해야 한다.

1. 조직이 정보보호 목표를 달성하고, 정보보호 관리 시스템(ISMS)을 효과적으로 운영하기 위해 필요한 프로세스 및 통제를 계획하고 실행하도록 요구하는 것이다.
   - 운영 활동을 계획하고 실행할 것
     · 정보보호 목표 달성을 위한 프로세스를 정의하고, 자원을 할당하며, 책임자를 지정한다.
   - 정보보호 요구사항을 통합할 것
     · 기존의 업무 프로세스나 시스템 운영 방식에 정보보호 통제를 일관되게 포함시킨다.
   - 변경 사항을 관리할 것
     · 새로운 기술 도입, 사업 변경 등과 같은 변화에 대해 정보보호 영향을 평가하고 필요한 통제를 반영해야 한다.
   - 아웃소싱 포함
     · 외부 위탁 서비스(예: 클라우드, IT 운영 등)에 대해서도 정보보호 요구사항이 준수되도록 통제한다.
   - 문서화된 정보 유지
     · 운영 계획, 책임, 수행 결과 등 관련 내용을 문서화하고 유지한다.

2. 8.1은 "어떻게 운영할 것인가"에 대한 규정으로, 실질적인 ISMS 운영의 기반을 마련하기 위한 조항이다. 정보보호를 단순히 정책 차원에 머물지 않고 실제 업무에 반영되도록 보장하는데 목적이 있다.

•• 주요 체크포인트

1. 운영 계획 수립
   · 정보보호 목표를 달성하기 위해 어떤 운영 계획이 수립되어 있습니까?
   · 정보보호 통제는 어떤 방식으로 기존 업무 프로세스에 통합되었나요?
   · 최근 수행한 정보보호 관련 운영 활동에는 어떤 것이 있었나요?

2. 변경 관리
   · 정보보호와 관련된 변경 요청은 어떤 절차에 따라 승인되고 실행되나요?
   · 최근 시스템 변경 사례에서 정보보호 영향은 어떻게 평가되었나요?

3. 외부 제공자 통제
   · 클라우드 서비스나 외주 업체를 사용할 때 정보보호 요구사항은 어떻게 전달되고 통제되고 있습니까?
   · 외부 제공자에게 계약 상 보안 의무를 부과한 근거를 보여주시겠어요?

4. 문서화된 정보
   · 운영 계획, 절차, 기록 등 관련 문서화된 정보는 어디에 저장되어 있으며, 어떻게 관리되고 있나요?
   · 정보보호 통제 수행 내역을 증명할 수 있는 기록을 보여주시겠어요?(예: 접근권한 요청 이력, 보안 점검 보고서, 백업 로그 등)

5. 일상 운영과의 통합
   · 정보보호 활동이 일상 업무(예: 인사, 회계, IT 운영)에 어떻게 반영되고 있나요?
   · 직원들은 자신의 역할에 따라 어떤 정보보호 책임을 가지고 있나요?

<증거 자료>

1. 운영 계획 및 수행 증거
   · 정보보호 운영 계획서 : 정보보호 목표 달성을 위한 계획, 일정, 담당자, 자원 배정 등이 명시된 문서
   · 위험 처리 계획서 : 식별된 위험에 대한 통제 방안 및 실행 스케줄 포함
   · 보안 운영 매뉴얼/지침서 : 시스템 접근 절차, 클라우드 계정 관리 절차 등

2. 변경 관리 관련 문서
   · 변경 요청서 및 승인 기록 : IT 시스템, 정책, 인프라 변경 시 정보보호 영향 평가 포함
   · 변경 승인 절차 문서

3. 외부 제공자 통제 자료
   · 계약서 및 SLA에 명시된 정보보호 조항(예 : 클라우드 사업자와의 보안 책임 공유 모델
   · 공급자 보안 평가 보고서 또는 체크리스트
   · 외부 심사/보안 인증서 복사본(예: AWS ISO 27001 인증서)

4. 운영 결과 및 실행 기록
   · 접근 권한 부여/변경/삭제 기록
   · 백업 및 복구 테스트 결과 보고서
   · 로그/모니터링 시스템 운영 기록
   · 보안 점검 내역(내부 보안 감리, 취약점 점검 등)

5. 문서화된 정보 관리
   · 문서 및 기록 관리 기준(Document Control Procedure)
   · 업데이트 이력 포함된 정책/절차 문서
   · 정기 검토 로그(문서 리뷰 일정, 검토자 서명 등)

8.2 정보보호 위험평가

> 조직은 계획된 주기에 따라 또는 중대한 변화가 예상되거나 발생한 경우에 6.1.2 a)에서 수립한 기준을 감안하여 정보보호 위험평가를 수행하여야 한다. 조직은 정보보호 위험평가의 결과를 문서 정보로 유지하여야 한다.

••요구사항의 취지

1. 조직이 정보보호와 관련된 위험을 체계적으로 식별하고, 이를 분석 및 평가하여 정보보호 통제를 효과적으로 적용할 수 있도록 하기 위함이다.
   • 위험평가 기준 수립
     · 위험을 어떻게 평가하고 수용할지를 명확히 정의해야 함
   • 정보보호 위험 식별
     · 정보자산, 위협, 취약점을 식별
   • 위험 분석 및 평가 수행
     · 발생 가능성과 영향을 고려하여 위험 수준 산정
   • 위험평가의 시점 및 빈도 명확화
     · 정기적, 변화 시, 보안 사고 발생 시 등 명확한 수행 시점 정의

•• 주요 체크포인트

1. 위험평가 절차 관련
   - 위험평가는 어떤 기준과 절차에 따라 수행하셨습니까?
   - 위험 수용 기준(risk acceptance criteria)은 어떻게 정의되어 있나요?
   - 위험의 발생 가능성과 영향도를 어떻게 산정합니까?
   - 어떤 리스크 분석 방법(정성적/정량적/혼합)을 사용하고 있습니까?

2. 실제 수행 여부 확인
   - 최근에 수행한 위험평가 사례를 보여주시겠습니까?
   - 위험평가는 언제, 어떤 주기로 수행합니까?
   - 새로운 사업/서비스/시스템 도입 시 위험평가는 어떻게 반영됩니까?
   - 변경관리(Change Management)와 위험평가 간의 연계는 어떻게 이루어지나요?

3. 관여자 및 책임
   - 위험평가 수행에는 어떤 부서 또는 어떤 역할의 인원이 참여하나요?
   - 위험평가 책임자는 누구이며, 그 역할은 무엇인가요?

4. 결과 및 조치 연계
   - 위험평가 결과는 정보보호 통제 또는 위험처리 계획에 어떻게 반영됩니까?
   - 위험평가 결과로 도출된 주요 리스크는 무엇이었고, 어떤 대응을 했습니까?
   - 리스크 수준이 수용 기준보다 높은 경우 어떤 프로세스로 대응합니까?

5. 증빙자료 확인 요청
   - 위험평가 보고서 또는 결과 문서를 볼 수 있을까요?
   - 위험평가와 관련된 변경 이력을 보여줄 수 있나요?
   - 위험 식별 목록(자산, 위협, 취약점 목록)을 확인할 수 있을까요?

<증거자료>

1. 위험평가 절차서 : 위험 식별, 분석, 평가, 수용 기준, 책임자 등을 포함한 공식 문서

2. 위험평가 기준 문서 : 평가 방법(정성/정량), 위험 수준 산정 공식, 수용기준 등의 기준표

3. 위험 자산 목록 : 평가 대상이 되는 정보 자산 목록(예: 시스템, 데이터, 사람, 장소 등)

4. 위협 및 취약점 목록 : 자산별로 고려된 위협 및 취약점(예: 악성코드, 내부자 위협, 물리적 침입 등)

5. 위험평가 결과표 : 각 자산에 대한 위험 식별, 분석 결과, 위험 수준(예: Low/Medium/High)

6. 위험평가 기록 로그/수행일지 : 평가 수행일, 참여자, 평가 방식 등 기록된 로그(스프레드트 등 가능)

7. 위험처리 계획 : 위험 수준이 높게 나온 경우, 이에 대한 통제 또는 대응 계획 문서

8. 변경관리 기록과 위험평가 연계 증빙 : 시스템 변경 시 위험평가가 수행되었음을 보여주는 기록(변경 기록 등)

9. 정보보호관리 회의록 : 위험평가 결과를 보고하고 대응방향을 논의한 회의 내용(정기 회의록 등)

10. 내부심사 또는 경영검토 결과 : 위험평가가 적절히 수행되었는지 검토한 증빙(내부심사 보고서, 경영 검토 자료 등)

8.3   정보보호 위험처리

> 조직은 정보보호 위험처리 계획을 구현하여야 한다. 조직은 정보보호 위험처리의 결과를 문서 정보로 유지하여야 한다.

•• 요구사항의 취지

1. 조직이 식별된 정보보호 위험에 대해 적절하고 체계적인 대응 조치를 결정하고 실행함으로써, 정보보호 목표를 달성하고 리스크를 수용 가능한 수준으로 낮추는 것이다.
   · 리스크 평가(8.2) 이후, 조직은 다양한 위험 시나리오를 파악한다.

· 이후 8.3 위험처리 단계에서는 다음과 같은 조치를 취해야 한다.

· 위험처리 옵션 선택(예: 위험 수용, 감소, 회피, 이전)

· 통제 선택 : ISO 27001의 Annex A에 나열된 통제를 참조하거나 필요 시 맞춤형 통제를 설계한다.

· 위험처리 계획 수립 : 누가, 언제, 어떤 방식으로 통제를 구현할지를 문서화한다.

· 승인 및 실행 : 위험처리 계획은 경영진의 승인을 받아야 하며 실제로 실행되어야 한다.

2. 조직의 정보 자산을 위협하는 보안 위험을 의도된 수준으로 관리하고, 이해관계자 및 인증기관에 조직의 보안 거버넌스 역량을 입증하는 것이다.

••주요 체크포인트

1. 위험 식별 후 어떤 기준으로 위험처리 방법을 선택합니까?

2. 위험처리 계획은 어떻게 수립하고 문서화합니까?

3. 위험처리에 사용된 통제는 어떻게 선정하셨습니까?

4. 위험처리 조치는 실제로 실행되었습니까? 실행 증적이 있습니까?

5. 위험 수용 기준은 무엇이며, 누가 최종 승인합니까?

6. 위험처리 후, 위험이 수용 가능한 수준으로 낮아졌다는 근거는 무엇입니까?

7. 이전에 처리했던 위험 중 최근에 재발한 사례가 있습니까?

<증거자료>

1. 위험처리 계획서

· 식별된 위험 항목 별로 다음 내용 포함

· 위험 설명

· 위험 수준(처리 전/후)

· 선택한 처리 방법(감소, 회피, 수용, 이전 등)

· 적용할 통제 항목(Annex A 매핑)

· 책임자

· 실행 일정
· 승인자(보통 경영진)

2. 적용 통제 선정 근거 자료
· 위험마다 왜 그 통제를 선택했는지 정리한 설명문서 또는 표
· ISO 27001 Annex A와의 매핑표(SoA: Statement of Applicability)

3. 위험 수용 승인 문서
· 위험 수준이 높지는 않지만 처리가 어려워 수용한 경우, 경영진의 공식 승인 서명 또는 이메일 증적 필요

4. 통제 실행 증적
· 통제 조치 실행 완료를 보여주는 실질 자료(예: MFA 도입 스크린샷, 백업 자동화 설정 로그, 방화벽 정책 변경 기록, 보안 교육 이수 기록, 공급업체 계약서)

5. 위험 처리 결과 리뷰/검토 문서
· 처리 후 위험 수준 재평가 결과
· 위험 처리 후 내부 심사 결과 등

9. 성과평가

9.1 모니터링, 측정, 분석 및 평가

조직은 정보보호 경영시스템의 정보보호 성과와 효과성을 평가하여야 한다.
조직은 다음과 같은 사항을 파악하여야 한다.

a) 정보보호 프로세스와 통제를 포함한 측정 및 모니터링 대상

b) 가능한 경우, 유효한 결과를 보장하기 위한 모니터링, 측정, 분석, 평가 방법

> 비고　선택된 방법이 유효하다고 간주되기 위해서는 비교 가능하고 재현 가능한 결과를 산출하여야 한다.

c) 모니터링 및 측정 수행 시점

d) 모니터링 및 측정 주체

e) 모니터링 및 측정 결과에 대한 분석과 평가 시점

f) 결과에 대한 분석과 평가 주체

조직은 모니터링 및 측정 결과에 대한 증적으로 적절한 문서정보를 유지하여야 한다.

1. 정보보호 관리체계(ISMS)가 효과적으로 운영되고 있는지를 확인하고, 지속적으로 개선하기 위해 성능과 효율성을 정기적으로 평가해야 한다는 것이다.
   · 조직은 무엇을 모니터링하고 측정할지,
   · 측정 방법은 무엇이며,
   · 언제 얼마나 자주 측정할지,
   · 그리고 측정 결과를 누구에게 보고할지 명확히 정의해야 한다.

2. 이러한 활동을 통해, ISMS가 목표에 부합하게 운영되고 있는지, 위험이 적절히 관리되고 있는지, 그리고 개선이 필요한 부분은 없는지를 체계적으로 점검한다.

•• **주요 체크포인트**

1. 모니터링 대상
   · 조직에서는 어떤 정보보호 항목을 정기적으로 모니터링하고 있습니까?

2. KPI 또는 성과지표
   · 정보보호 목표 달성을 어떻게 측정하고 있습니까?

3. 측정 방법
   · 모니터링이나 측정은 어떤 방법으로 진행하나요?

4. 주기
   · 이러한 모니터링은 얼마나 자주 이루어집니까?

5. 문서화
   · 측정 및 분석 결과는 어디에 기록되어 있습니까?

6. 분석 및 평가
   · 모니터링한 정보를 바탕으로 어떤 분석을 하며, 어떤 결정을 내리시나요?

7. 경영진 보고
   · 이러한 측정 결과는 경영진에게 어떻게 공유되나요?

8. 최근 사례
   · 최근에 측정/분석 결과를 기반으로 조치한 사례가 있나요?

9. 검토 주기
  · 모니터링/측정 기준은 정기적으로 검토되고 있습니까?

<증거자료>

1. 성과측정 계획서 : 정보보호 성과측정 계획서 또는 KPI 목록 문서

2. 모니터링 항목 정의 문서 : ISMS 모니터링 관리 기준, 보안 이벤트 모니터링 프로세스 문서 등

3. 측정 결과 보고서 : 월간 보안 모니터링 보고서, 백업 성공률 보고서

4. 로그 및 스크린샷 : 시스템 로그, 접근기록 로그, SIEM 화면 캡처 등

5. 분석 기록 : 이상징후 분석 리포트, 침해사고 대응 분석서

6. 개선조치 내역 : 정보보호 개선대장, CAPA 목록, 시정조치 이력

7. 경영진 보고 자료 : 정보보호 월간 보고서, ISMS 운영 회의록

8. 검토 기록 : 성과측정 검토 회의록, 정기 검토 결과 보고서

9.2 내부심사

9.2.1 일반사항

조직은 정보보호 경영시스템에 대해 다음과 같은 사항을 확인할 수 있는 정보를 제공하도록 계획된 주기에 따라 내부 심사를 수행하여야 한다.

a) 다음 사항의 준수 여부
  1) 정보보호 경영시스템에 대한 조직 자체의 요구사항
  2) 본 표준의 요구사항
b) 효과적인 구현 및 유지

9.2.2 내부심사 프로그램

조직은 다음과 같은 사항을 수행하여야 한다.

주기, 방법, 책임, 계획 요구사항, 보고 등을 포함한 심사 프로그램의 계획, 수립, 구현, 유지한다. 조직은 내부심사 프로그램을 수립할 때 대상 프로세스의 중요성과 이전에 수행한 심사 결과를 감안하여야 한다.

a) 개별 심사에 대한 심사 기준 및 범위 정의
b) 심사원 선정 및 심사 프로세스의 객관성과 공정성을 보장하는 심사 수행
c) 심사 결과가 관련 경영진에게 보고되도록 보장

심사 프로그램 및 심사 결과에 대한 증적으로 문서 정보의 유지해야 한다.
d) 심사 프로그램 및 심사 결과의 실행 증거로서 문서화된 정보의 보유

> 비고   심사 및 심사원의 역량에 대한 추가적인 정보는 ISO 19011 참조한다.

•• 요구사항의 취지

1. 조직의 정보보호 경영시스템(ISMS)이 계획한 대로 수행되고 있는지, 요구사항(ISO 27001 표준 및 조직 내부 요건)에 적합한지, 지속적으로 효과적인지를 확인하기 위함이다.
   · 자체 점검 기능 확보 : 외부 인증기관이 아닌, 조직 내부에서 스스로 문제를 발견하고 개선할 수 있도록 함
   · 시스템의 적합성 검증 : ISMS가 표준 및 조직의 요구사항에 부합하는지 확인
   · 지속적인 개선 유도 : 심사 결과를 바탕으로 개선 활동이 일어나도록 유도
   · 경영진 검토의 입력자료 제공 : 9.3 경영진 검토에서 판단하고 의사결정을 내릴 수 있도록 내부 심사 결과를 자료로 제공

2. 조직은 내부 심사를 통해 ISMS의 성과 및 적합성을 평가하고, 심사 프로그램을

수립하여 정기적으로 심사하며, 객관적이고 공정한 심사가 이루어지도록 보장하고, 심사 결과를 관련 경영진에게 전달하고, 필요시 시정 조치를 수행해야 한다.

•• 주요 체크포인트

1. 내부심사 계획 및 수행 관련
   · 내부심사는 얼마 주기로 수행하고 있나요?
   · 내부심사 계획은 어떻게 수립하나요?(리스크 기반인가요?)
   · 최근에 수행된 내부심사 일정과 범위를 보여주시겠어요?
   · 내부심사는 누가 수행하나요?(자격, 독립성 확인)
   · 정보보호 관련 모든 영역을 심사하고 있나요?(Annex A 포함 여부)

2. 심사 결과 및 조치 관련
   · 최근 내부심사에서 발견된 부적합이나 관찰사항이 있나요?
   · 부적합 사항에 대한 시정조치는 어떻게 처리되었나요?
   · 시정조치 완료 여부는 어떻게 확인했나요?
   · 심사결과는 누구에게 보고하나요?

3. 심사원 자격 및 독립성
   · 내부심사원 교육이나 자격은 어떤 걸 갖추고 있나요?
   · 담당부서가 자가심사를 하지 않도록 독립성을 어떻게 보장하나요?

4. 문서화된 정보
   · 내부심사 절차서(또는 지침서)를 보여주실 수 있나요?
   · 내부심사 보고서 샘플을 보여주세요.
   · 시정조치 관련 문서나 로그를 볼 수 있을까요?

5. 경영진 검토와 연계
   · 내부심사 결과는 경영진 검토 회의에서 어떻게 활용되나요?
   · 심사 결과가 정책이나 통제 개선에 영향을 준 사례가 있나요?

<증거자료>

1. 내부심사 계획 문서
   - 연간 내부심사 계획서 또는 일정표
   - 심사 범위, 목적, 기준이 명시된 심사계획서
   - 리스크 기반 접근 방식 증빙(중요 시스템 우선 등)

2. 내부심사 체크리스트
   - 심사 전 준비한 체크리스트
   - ISO 27001 조항 + Annex A 통제 항목이 반영된 항목 리스트
   - 현장 점검, 인터뷰 질문 등이 포함된 형태

3. 내부심사 보고서
   - 수행된 내부심사 결과 보고서
   - 심사일, 심사 대상, 심사원, 결과 요약 포함
   - 부적합/개선사항/관찰사항 명시

4. 부적합 및 시정조치 관련 자료
   - 부적합 보고서
   - 시정조치 계획서 및 실행 결과
   - 근본 원인 분석자료
   - 후속검토 문서

5. 심사원 자격 관련 증빙
   - 내부심사원 교육 수료증
   - 관련 경력이나 자격증(CISA, ISO 심사원 등)

6. 보고 및 커뮤니케이션 자료
   - 내부심사 결과를 경영진 또는 관련 부서에 공유한 회의록, 이메일, 문서
   - 경영진 검토 회의에서 사용된 내부심사 결과 보고

9.3 경영검토/경영평가

9.3.1 일반사항

최고경영진은 조직의 정보보호 경영시스템에 대한 지속적인 적절성, 타당성, 효과성을 보장하기 위하여 계획된 주기로 검토를 수행하여야 한다.

9.3.2 경영검토 입력사항

경영진 검토에서는 다음과 같은 사항을 고려하여야 한다.

a) 이전에 수행한 경영진 검토에 따른 조치 상태
b) 정보보호 경영시스템과 연관된 외부 및 내부적인 이슈 변화
c) 정보보호 경영시스템과 연관된 이해당사자의 요구와 기대의 변화
d) 다음과 같은 추세를 포함한 정보보호 성과에 대한 피드백
 1) 부적합 및 시정조치   2) 모니터링 및 측정결과
 3) 심사결과   4) 정보보호 목표의 충족
e) 이해관계자로부터의 피드백
f) 위험평가의 결과와 위험처리 계획의 상태
g) 지속적인 개선 기회

9.3.3 경영검토 출력사항

경영진 검토의 산출물은 지속적인 개선 기회에 관련된 의사결정과 정보보호 경영시스템의 변경을 위한 요구를 포함하여야 한다. 조직은 경영진 검토의 결과에 대한 증적으로 문서 정보를 유지하여야 한다.

•• 요구사항의 취지

1. 정보보호 경영시스템(ISMS, Information Security Management System)의 유

효성, 적절성, 적합성, 효과성을 지속적으로 보장하기 위해, 조직의 최고경영자가 정기적으로 ISMS를 검토하고 개선할 수 있도록 요구하는 부분이다.

- 경영진의 책임 강화
  - 정보보호가 단순히 IT 부서만의 문제가 아니라 경영진의 리더십 하에 전사적으로 관리되어야 함을 강조한다.
  - 최고경영진이 직접 검토함으로써 정보보호에 대한 조직 전체의 우선순위와 자원배분을 확보하게 된다.
- 지속적인 개선
  - ISMS가 변화하는 위협 환경, 기술 변화, 비즈니스 요구사항에 따라 지속적으로 적응하고 개선되도록 유도한다.
  - 이전 심사 결과, 사건 보고, 성과지표 등을 바탕으로 무엇이 잘되고 있고, 무엇을 개선해야 하는지를 검토한다.
- 객관적 검토 및 방향 설정
  - 수립된 정보보호 정책과 목표가 여전히 적절하고 조직의 전략 방향과 부합하는지 판단한다.
  - 검토 결과를 통해 정보보호 목표 설정, 자원 제공, 개선 조치 등이 이루어질 수 있도록 한다.

•• 주요 체크포인트

1. 경영검토는 얼마나 자주 수행되고 있습니까?

2. 최근에 수행된 경영검토 회의록을 보여주시겠습니까?

3. 검토 회의에서 어떤 정보보호성과 지표를 다루었습니까?

4. 내부 및 외부 이슈(예: 규제 변경, 사업 확장 등)가 어떻게 반영되었습니까?

5. 경영검토 결과로 도출된 개선 조치에는 어떤 것이 있었으며, 현재 상태는 어떤가요?

6. 이해관계자(예: 고객, 규제 기관 등)의 요구사항은 어떻게 경영검토에 반영되었나요?

7. 정보보호 관련 사건이나 사고가 경영검토에 보고되었나요? 어떤 결정이 있었나요?

8. 경영진이 정보보호의 중요성에 대해 어떤 리더십을 보이고 있습니까?

<증거자료>

1. 경영검토 회의록
    - 회의 일시, 장소
    - 참석자(특히 최고경영자 또는 책임 있는 경영진 포함)
    - 검토된 항목 목록(ISO 27001 9.3.2 기준)
    - 토론 내용 요약
    - 의사결정 사항
    - 후속 조치(담당자, 기한 등)

※ 가장 핵심적인 증거자료이다. 최근 1~2년 치를 준비해두는 것이 좋다.

2. 정보보호 성과지표(KPI) 결과
    - 설정된 KPI에 대한 측정 결과(예: 보안 사고 건수, 취약점 처리율, 교육 이수율 등)
    - 목표 대비 성과 분석

3. 내부심사 및 외부심사 결과 요약
    - 이전 내부 심사 보고서 요약본
    - 시정조치 상태
    - 인증기관 심사 결과 요약

4. 보안 사고 및 리스크 평가 보고
    - 보안 사고 발생 현황 및 대응 보고서
    - 리스크 평가 보고서/리스크 대응계획

5. 개선조치 이력
    - 경영검토를 통해 도출된 개선사항 리스트
    - 개선 상태 추적표(담당자, 기한, 이행 여부 포함)

6. 이해관계자 요구사항 분석 자료
    - 고객, 규제기관 등 외부 요구사항 분석
    - 관련 피드백 및 처리 내용

7. 경영검토 계획 및 연간 일정
    - 연간 ISMS 추진 일정 내 경영검토 계획 포함
    - 회의 주기 및 책임자 설정 문서

10. 개선

10.1 부적합 및 시정조치

부적합(nonconformity)이 발생하면 조직은 다음과 같은 사항을 수행하여야 한다.

a) 다음을 포함한 부적합에 대한 대처
  1) 통제 및 시정을 위한 조치   2) 결과의 처리
b) 부적합이 재발하거나 다른 곳에서 발생하지 않도록 다음과 같은 사항을 수행하여
   부적합의 원인을 제거하기 위한 조치의 필요성을 평가
  1) 부적합의 검토   2) 부적합의 원인 파악
  3) 유사 부적합의 존재 또는 잠재적 부적합의 발생 가능성 파악
c) 필요한 조치의 구현
d) 시정 조치의 효과성 검토
e) 필요한 경우 정보보호 경영시스템의 변경
   발생한 부적합의 영향에 따라 적절한 시정 조치를 취해야 한다. 조직은 다음에 대
   한 증적 문서 정보를 유지하여야 한다.
f) 부적합과 이에 따른 조치의 특성
g) 시정 조치의 결과

1. 조직이 정보보호 관리 체계 내에서 부적합을 발견했을 경우, 이를 분석하고 원인을 파악하여 재발하지 않도록 조치를 취해야 한다는 요구이다.

   · 시정조치는 단순 '해결'이 아닌 '재발 방지'가 목적 단순히 오류를 고치는 것이 아니라, 같은 문제가 다시 발생하지 않도록 예방 조치를 포함한 근본 원인 분석 및 재발 방지 대책이 핵심이다.

   · 기록 및 증거 확보로 투명성 확보부적합이 발생했을 경우의 처리 결과, 원인 분석, 시정조치 및 그 효과를 문서화하여 증거로 남기는 것이 요구된다. 이는 외부 심사 또는 내부 검토 시 중요한 근거가 된다.

   · 지속적인 개선(CI)의 핵심 수단이 조항은 ISO 27001의 전반적인 지속적 개선 (Continuous Improvement)원칙을 실천하는 핵심 수단 중 하나이다.

2. "문제가 발생하면 숨기지 말고 체계적으로 조사하여, 재발하지 않도록 근본적으로 조치하고 그 기록을 남기라"는 것이 10.1의 핵심 취지이다.

•• 주요 체크포인트

1. 최근 발생한 부적합 사례가 있습니까? 있다면 어떻게 처리하셨습니까?

2. 부적합이 발생하면 귀사는 어떤 절차로 대응합니까?

3. 부적합의 원인은 어떻게 분석합니까?

4. 시정조치 후 동일한 문제가 재발하지 않도록 어떤 조치를 했습니까?

5. 이러한 조치들은 문서화되어 있습니까? 어디에 기록되어 있습니까?

6. 시정조치의 효과성은 어떻게 검토합니까? 검토 주체는 누구입니까?

7. 내부심사에서 발견된 부적합에 대해서도 동일한 절차로 처리합니까?

8. 부적합 관련 교육이나 커뮤니케이션은 어떻게 이루어집니까?

9. 이전 심사에서 지적된 사항에 대한 시정조치는 완료되었습니까?

1. 부적합 관련 기록
   · 부적합 보고서 : 누가, 언제, 어떤 부적합을 발견했는지 기록한 문서
   · 내부심사 부적합 항목 목록 및 보고서 : 내부심사 중 발견된 부적합 사항 정리본

2. 시정조치 관련 문서
   · 시정조치 보고서 : 발생 원인, 시정조치 내용, 재발 방지 조치, 완료일자 등을 포함
   · 원인 분석 자료
   · 시정조치 절차서 또는 지침서 : 부적합이 발생했을 때 조직이 따르는 공식 절차

3. 이행 및 효과 검토 자료
   · 조치 후 효과 검토 보고서/확인 체크리스트 : 재발 방지 조치가 효과 있었는지 검토한 내용
   · 재심사 또는 후속 검토 회의록 : 시정조치 결과를 검토한 회의 기록

4. 교육 및 커뮤니케이션 기록
   · 직원 대상 교육자료 및 참석 기록 : 부적합과 관련된 예방교육 또는 시정조치 전파 내역
   · 부적합 공유 공지 또는 내부 알림 : 사례를 조직 내에 공유한 내역(이메일, 인트라넷 공지 등)

5. 과거 심사에서의 시정조치 결과
   · 외부 심사 후 후속 조치 완료 보고서 : 이전 심사에서 나온 부적합에 대한 시정조치 이행 증거

10.2 지속적 개선

조직은 정보보호 경영시스템의 적정성, 정확성, 효과성을 지속적으로 개선하여야 한다.

•• 요구사항의 취지

조직은 정보보호 관리체계(ISMS)가 지속적으로 적절성, 적합성 및 효과성을 유지하고 향상될 수 있도록 개선 활동을 지속적으로 수행해야 한다는 취지이다.

즉, 단순히 정보보호를 위한 제도를 갖추는 것에 그치지 않고, 운영하면서 발견되는 문제점이나 개선 기회를 반영하여 시스템을 계속 발전시켜야 한다는 철학이 반영된 것이다.

- 정보보호 리스크 대응 능력 향상변화하는 환경(기술, 조직 구조, 외부 위협 등)에 따라 ISMS도 발전해야 리스크에 효과적으로 대응 가능
- 문제 반복 방지심사, 사건, 피드백 등에서 나온 문제점들을 개선하여 같은 문제가 반복되지 않도록 예방
- 비즈니스 연속성과 신뢰성 확보정보보호 체계가 지속적으로 발전하면 비즈니스 연속성 보장과 고객 신뢰 확보로 이어짐
- 조직문화 정착정보보호를 단발성 활동이 아닌 지속적인 조직문화로 내재화하는 데 기여

•• 주요 체크포인트

1. 일반적인 질문
   - 조직은 정보보호 관리체계(ISMS)를 어떻게 지속적으로 개선하고 있나요?
   - 최근 1년간 어떤 개선 활동을 했고, 그 이유는 무엇이었나요?
   - 개선을 위한 기회는 어떤 방식으로 식별하나요?

2. 심사, 사고, 경영검토와의 연결
   - 내부 심사 결과 중 개선이 필요했던 사항은 어떤 것이 있었나요? 그에 따른 조치는 무엇이었나요?
   - 정보보호 사고나 사건이 있었을 때, 후속 조치와 개선 활동은 어떻게 이루어졌나요?
   - 경영검토 회의에서 개선과 관련된 결정사항이 있었나요? 기록을 볼 수 있을까요?

3. 문서 및 증거 중심 질문
   - 개선 활동을 문서화한 기록이 있나요?(예: 개선계획서, 수정된 절차, 회의록 등)

· 이전에 식별된 개선 기회 중 실제로 실행된 것은 어떤 것이 있나요? 실행 여부는 어떻게 추적하나요?

4. 지속성 및 효과성 평가

· 수행한 개선 조치가 실제 효과가 있었는지 어떻게 평가하고 있나요?

· 지속적인 개선 활동이 정보보호 성과에 어떤 긍정적 영향을 주었나요?

\<증거자료\>

1. 내부 심사 결과 보고서
   · 심사 결과에서 식별된 부적합 사항 또는 개선 기회 기록
   · 해당 사항에 대한 조치 계획 및 실행 내역

2. 개선 조치 계획서 및 실행 기록
   · 시정 및 예방조치 문서
   · 개선 요청서, 조치 계획, 담당자 지정, 일정, 완료 확인

3. 정보보호 사고 보고서 및 후속 조치 내역
   · 사고 분석 보고서
   · 재발 방지 대책 및 그에 따른 정책/절차 개정 문서

4. 경영검토 회의록
   · 개선 관련 논의 내용 요약
   · 개선 기회, 자원 할당, 우선순위 결정 사항 등 포함

5. 정책/절차 문서 개정 이력
   · 개정 전후 버전 비교(버전관리표 포함)
   · 문서 변경 사유 명시

6. 정보보호 성과지표(KPI) 개선 관련 데이터
   · 교육 이수율, 사고 발생률, 침해 대응 시간 등의 정량적 변화
   · 개선 활동 전후 비교 그래프 또는 통계

7. 직원 피드백 및 설문조사 결과
   · 정보보호 인식 개선 활동 후 설문 결과
   · 피드백을 반영한 교육/절차 개정

제2장

통제목적과 통제
(ISO 27002)

통제목적과 통제
[ISO 27002]

5. 조직적 통제

5.1 정보보호를 위한 정책

> **통제**
>
> 조직은 정보보호 정책 및 주제별 정책을 정의하고, 경영진의 승인을 받아야 하며, 관련 직원 및 관련 이해당사자에게 게시, 전달해야 하며, 주기적으로 그리고 중대한 변경사항이 발생하는 경우 검토해야 한다.

핵심 의미

조직은 정보보호 정책을 정의하고, 문서화하고, 승인하고, 관련된 사람들에게 전달해야 한다.

핵심 내용

1. 정보보호 정책 수립 : 조직의 목적, 방향, 그리고 경영진의 의지를 반영하는 정책 수립

2. 정책 문서화 및 승인 : 정식 문서로 작성되어야 하며, 경영진의 공식 승인을 받아야 함

3. 정기적인 검토 및 갱신 : 정책은 주기적으로 검토되고 필요한 경우 갱신되어야 함 (변경된 법률, 기술, 비즈니스 요구사항 반영)

4. 정책 전달 : 모든 관련자(직원, 외부자 등)에게 정책을 전달하고 인식하도록 해야 함

1. 정보보호 정책서 : 조직의 정보보호 목표, 원칙, 접근 방식 등을 정의한 공식 문서

2. 경영진 승인 내역 : 정책 문서에 대한 경영진 서명, 회의록, 전자결재 기록 등

3. 정책 공지 및 배포 내역 : 직원들에게 정책이 전달되었음을 증명하는 이메일, 게시물, 교육자료

4. 직원 서명 또는 수료 확인서 : 정보보호 정책을 읽고 이해했음을 확인하는 서명, 온라인 수료증 등

5. 정기 검토 및 갱신 이력 : 정책의 최신화 기록, 버전 관리, 검토 일정표, 회의록 등

6. 정책 적용 증거 : 정책이 실제 운영에 반영되었음을 나타내는 절차서, 업무 지침, 심사 체크리스트 등

5.2 정보보호 역할 및 책임

> **통제**
>
> 정보보호 역할과 책임은 조직의 필요에 따라 정의 및 할당되어야 한다.

핵심 의미

정보보호 관리 체계(ISMS) 내에서 조직의 구성원들이 수행해야 하는 정보보호 관련 역할과 책임을 명확하게 정의하고 할당해야 한다.

핵심 내용

1. 역할 정의 : 정보보호 책임자(CISO), 시스템 관리자, 사용자, 데이터 소유자 등 각 보안 관련 직무의 역할을 정의

2. 책임 명시 : 각 역할이 어떤 정보보호 작업을 수행해야 하는지, 정책 준수 의무가 무엇인지 명확히 문서화

3. 문서화 필요 : 역할과 책임은 정책, 절차, 직무기술서(job description) 등의 문서에 기록되어야 함

4. 커뮤니케이션 : 관련된 모든 사람(직원, 계약자, 제3자 포함)에게 해당 역할과 책

임을 인지시키고 교육 필요

5. 정기 검토 : 조직 변경, 시스템 변경, 법규 변경 시 역할과 책임도 주기적으로 검토 및 업데이트 필요

증빙자료

1. 정보보호 정책서 : 조직 전반의 정보보호 방침 및 책임자 명시(ex. CISO, IT 관리자 등)

2. 직무 기술서 : 보안 관련 업무를 수행하는 직무에 대한 역할과 책임 명시(ex. 보안 담당자, 데이터 소유자 등)

3. 정보보호 조직도 : 각 보안 활동에 대해 누가 책임지고, 승인하고, 협의, 보고하는지를 나타낸 역할 책임 표

4. 권한 및 접근통제 정책 문서 : 보안 책임자(CISO) 및 보안 관련 부서의 위치, 소속 및 업무 분장 표시

5. 정보보호 관련 교육 : 접근 권한 부여 및 관리 책임자 명시

6. 정보보호 관련 교육 이수 기록 : 보안 책임이 있는 구성원들이 보안 교육을 이수했음을 입증

7. 보안 업무 위임 문서 또는 결재 문서 : 특정 역할을 위임하거나 승인받은 경우 이를 증명할 문서

8. 회의록, 이메일, 공지사항 등 : 정보보호 역할과 책임이 실제 구성원에게 전달되었음을 보여주는 기록

5.3 직무 분리

> **통제**
>
> 상충되는 업무와 책임 영역을 분리해야 한다.

핵심 의미

한 사람이 모든 중요 작업을 수행할 수 없도록 직무와 책임을 분리하여, 오류나 부정 행위의 가능성을 줄이는 것이다.

핵심 내용

1. 권한 분리 : 한 사람이 관리자 계정과 사용자 계정을 모두 사용하지 못하게 제한
2. 변경 승인 프로세스 : 개발자가 코드를 수정하면, 별도 승인자가 검토 후 배포
3. 이중 승인 : 민감한 작업은 두 명 이상이 승인해야 수행 가능

증빙자료

1. 조직도 : 직무와 역할이 분리되어 있는 구조를 보여줌(예: 개발, 운영, 심사 등)
2. 직무 기술서 : 각 직원의 역할과 책임이 명확히 정의되어 있는 문서
3. 권한 분리 정책 : 시스템이나 업무에 접근 권한을 어떻게 분리하고 관리하는지에 대한 내부 정책 문서
4. 접근 권한 관리대장 : 시스템별 사용자 권한이 기록된 문서
5. 권한 부여/변경 요청서 : 권한 요청 및 승인 프로세스를 보여주는 요청서
6. 배포 승인 절차 기록 : 개발 → 테스트 → 운영 배포까지 분리되어 있는 프로세스를 보여주는 자료
7. 심사 로그 : 실제로 누가 어떤 행위를 했는지 추적할 수 있는 시스템 로그나 심사 로그
8. 접근 통제 설정 스크린샷 : 운영 시스템에서 역할 기반 권한이 적용된 화면 캡처
9. 보안 심사 보고서 : 외부 심사 또는 내부 심사를 통해 직무 분리 준수 여부를 확인한 보고서

5.4 경영진 책임

> **통제**
>
> 경영진은 모든 직원이 조직의 확립된 정보보호 정책, 주제별 정책 및 절차에 따라 정보보호를 적용하도록 요구해야 한다.

핵심 의미

조직의 경영진이 정보보호의 중요성을 인식하고, 그 책임을 명확히 해야 함을 의미한다. 정보보호 관리체계가 조직 내에서 효과적으로 운영되기 위해 경영진의 적극적인 참여와 리더십이 필수적이라는 점을 강조한다.

핵심 내용

1. 경영진은 정보보호의 중요성을 인식하고 지지해야 함
2. 보안 목표를 조직의 전략에 통합해야 함
3. 정보보호 책임자를 명확히 지정하고 권한을 부여해야 함
4. 정보보호에 필요한 자원(인력, 예산 등)을 제공해야 함
5. 정보보호 이슈에 대해 보고를 받고 조치를 취해야 함

증빙자료

1. 정책/계획 : 정보보호 정책서, 경영진 서명 또는 승인 문서
2. 조직 및 역할 : CISO(정보보호 책임자) 임명장, 직무기술서, 조직도(보안조직 포함)
3. 회의록 및 보고자료 : 정보보호 관련 경영회의 회의록, 위험관리/보안 보고서, 경영진에 제출된 정보보호 보고자료
4. 자원 배정 기록 : 정보보호 예산 승인 내역, 인력 배정 문서, 보안 솔루션/컨설팅 계약서
5. 성과 평가 : 임직원 정보보호 교육 이수 보고서, 내부 심사 결과 대응 보고
6. 커뮤니케이션 : 경영진이 임직원에게 보안 메시지를 전파한 이메일/공지, 보안

캠페인 참여 기록

5.5 당국과의 접촉

> **통제**
>
> 조직은 관련 당국과의 연락을 수립하고 유지해야 한다.

핵심의미

조직이 보안과 관련된 법적, 규제적 요구사항을 충족하고, 필요 시 당국과 효과적으로 소통할 수 있도록 조직은 관련 당국과의 적절한 접촉을 식별하고 유지해야 한다.

핵심내용

1. 관련 당국 식별 : 조직의 활동과 관련된 법률, 규정, 산업 표준을 감독하는 정부기관, 규제기관, 법 집행기관 등을 파악해야 한다.

2. 접촉 채널 수립 및 유지 : 관련 당국과의 연락 체계를 수립하고, 비상 시 신속하게 연락할 수 있는 체계를 마련해야 한다.

3. 정기적 또는 필요 시 연락 : 보안 사고 발생 시, 또는 법적 의무가 있을 경우 당국에 신고하거나 협조할 수 있어야 하며, 필요하면 평상시에도 소통을 유지해야 한다.

4. 문서화 및 교육 : 접촉 계획과 절차는 정책 및 절차 문서로 관리되어야 하며, 관련 직원에게 정기적으로 교육되어야 한다.

증빙자료

1. 당국 연락처 목록 : 관련 정부기관/규제기관/법집행기관 등의 연락처 목록

2. 교육 및 훈련 기록 : 관계 당국과 연락하는 절차에 대해 내부 직원 대상 교육을 시행한 기록

3. 내부 정보보호 정책 또는 절차서 : "당국과의 접촉"에 대한 내부 지침이 포함된 정보보호 정책, 정보보호 운영절차서 등

4. 보안 사고대응 프로세스 또는 시나리오 문서 : 보안 사고 발생시 당국에 연락하는

절차 포함

5.6 특별 이익 그룹과의 연계

> **통제**
>
> 조직은 특수 이익 그룹 또는 기타 전문 보안 포럼 및 전문 협회와 연락을 취하고 유지해야 한다.

핵심의미

정보보호 관리체계(ISMS)를 운영하는 조직이 정보보호 관련 지식, 경험, 그리고 위협 인텔리전스를 외부와 교류하며 확보할 수 있도록 하기 위한 통제를 의미한다.

핵심내용

조직이 보안 관련 정보와 트렌드를 최신 상태로 유지하기 위해 다음과 같은 외부 그룹과의 연계를 장려한다.

- 산업 협회
- 보안 전문가 단체
- CERT(Computer Emergency Response Teams)
- 법 집행 기관
- 정보보호 관련 포럼
- 표준화 기구

증빙자료

1. 정책/지침 : 정보보호 정책 내 '외부 연계' 관련 조항, 특별이익 그룹 연계 절차서 또는 운영 지침
2. 가입 및 커뮤니케이션 기록 : CERT, KISA, ISACA, OWASP 등 가입증명서, 단체 뉴스레터, 메일 수신 내역, 포럼이나 협회 정기 참여 회신 또는 공문
3. 회의 및 교육 참가 기록 : 보안 컨퍼런스 참가 증명서, 정기 세미나/포럼 참가 보고서, 사내 전파자료(보안 트렌드 공유 등)

4. 인시던트 대응 협력 내역 : 외부 연계 활동 정기 리뷰 회의록, 외부 정보 활용 평가 리포트

5.7 위협 정보(Threat intelligence)

> **통제**
>
> 정보보호 위협과 관련된 정보를 수집하고 분석하여 위협 정보를 생성해야 한다.

핵심의미

조직이 보안 리스크를 더 효과적으로 관리할 수 있도록 위협 정보를 수집, 분석, 공유, 사용할 수 있는 체계를 마련하는 것이다.

핵심내용

1. 위협 정보의 정의 : 보안 위협과 관련된 데이터(행위자, 기법, 인프라 등)를 수집·분석해 의미 있는 정보로 만든 것
2. 출처 : 내부 보안 로그, CERT, ISAC, 보안 뉴스, 파트너 공유 정보, 위협 인텔리전스 서비스 등
3. 활용 목적 : 정보보호 정책 개선, 탐지 및 대응 강화, 취약점 우선순위 선정, 훈련 및 교육자료로 활용
4. 분석 및 평가 : 수집된 정보를 선별·분석해 실제 위협으로 이어질 가능성을 평가
5. 공유와 협력 : 신뢰할 수 있는 기관 또는 업계 내에서 위협 정보를 공유하면 효과적인 방어 가능

증빙자료

1. 위협 정보 수집 정책 및 절차 : 위협 정보를 어떻게 수집하고, 분석하며, 공유 및 적용하는지를 설명한 내부 문서
2. 위협 인텔리전스 계약서/서비스 내역 : CTI 공급업체와의 계약서, API 사용 내역
3. 위협 정보 리포트 또는 알림 내역 : 실제 위협 인텔리전스 보고서, 이메일 경고, 내부 분석 보고서 등

4. 침해 사고 적용 기록 : IP 차단 목록, URL 필터링 정책, 악성 해시 적용 이력 등

5. 탐지 차단 연동 내역 : 보안 시스템에 위협 인텔리전스가 연동되어 실제로 탐지/차단에 사용된 사례 스크린샷 또는 로그

6. 공유 협력 사례 : 업계 정보 공유(ISAC), KISA 알림 수신/응답 내역, 커뮤니티 참여 활동 보고서 등

7. 보안 인식 및 교육 자료 : 수집된 위협 정보를 기반으로 구성한 사내 보안 교육자료, 훈련 자료 등

8. 위협 분석 결과 보고서 : 내부에서 위협 정보를 분석하고 대응 방향을 정리한 문서(예: 위협 캠페인 보고서, 취약점 대응 계획 등)

5.8 프로젝트 관리에서 정보보호

> **통제**
>
> 정보보호는 프로젝트 형태에 관계없이 프로젝트 관리에 통합되어 다루어져야 한다.

핵심의미

조직은 프로젝트 수행 시 정보보호를 고려해야 하며, 정보보호 요건이 프로젝트 전 과정에 걸쳐 반영되도록 해야 한다.

핵심내용

1. 목표 : 프로젝트가 조직의 정보보호 요구사항을 위반하지 않도록 보장

2. 적용 시점 : 프로젝트의 초기 단계(기획, 설계)부터 종료 시점까지

3. 보안 포함 요소 : 정보보호 리스크 평가, 보안 요구사항 정의, 검토 및 테스트 등

4. 통합 : 프로젝트 관리 프레임워크(PMI 등)와 정보보호 정책을 연계

증빙자료

1. 정책 및 지침 : 정보보호 통합 프로젝트 관리 지침, 프로젝트 정보보호 기준 문서

2. 계획 문서 : 프로젝트 계획서 내 보안 요구사항 포함 항목, 보안 리스크 평가 계획

3. 리스크 평가 : 프로젝트별 정보보호 리스크 평가 보고서, 보안 영향 평가(BIA) 결과

4. 회의록 및 검토 : 보안 검토 회의록, 보안 담당자 참여 이력

5. 테스트 결과 : 보안 테스트 보고서, 취약점 진단 결과 및 조치 이력

6. 교육 및 훈련 : 프로젝트 팀 대상 보안 교육 이수 기록, 교육자료

7. 계약 및 외주관리 : 외주 계약서 내 정보보호 조항, NDA 및 보안 요구사항 포함

8. 변경관리 : 변경관리 기록 및 보안 영향 평가 문서

5.9 정보 및 기타 관련 자산의 목록

> **통제**
>
> 소유자를 포함한 정보 및 기타 관련 자산 목록을 개발하고 유지 관리해야 한다.

핵심의미

조직의 정보보호 관리의 핵심 중 하나로, 조직의 정보와 그 정보를 지원하는 자산들을 체계적으로 식별하고 목록화하여 보호 대상을 명확히 하는 것이다.

핵심내용

1. 정보와 관련 자산 식별 : 보호해야 할 정보뿐만 아니라 그 정보를 처리, 저장, 전송하는 자산들도 식별해야 한다(예: 문서, 데이터베이스, 서버, 노트북, USB, 애플리케이션, 네트워크 장비 등).

2. 목록화 : 식별된 자산은 목록으로 작성되어야 하며, 이 목록은 조직이 보유한 자산과 그 중요도를 체계적으로 관리할 수 있도록 해야 한다.

3. 자산 책임자 지정 : 각 자산에는 명확한 소유자(책임자)를 지정하여 자산 보호와 관리를 책임지도록 해야 한다.

4. 보호 조치 적용의 기반 : 이 목록은 이후의 위험 평가, 보안 통제 수립, 모니터링 등에 활용된다.

1. 자산 목록 문서 : 조직의 정보 및 관련 자산을 나열한 문서 또는 시스템(스프레드 시트, CMDB, 자산 관리 툴 등)

2. 자산 소유자 지정 기록 : 각 자산에 대해 책임자가 명시된 기록(자산 목록 내 포함 가능)

3. 자산 식별 절차서(또는 정책) : 조직이 자산을 식별하고 목록화하는 방법을 설명한 내부 정책이나 절차 문서

4. 자산 변경 이력 또는 심사 로그 : 자산 목록이 주기적으로 업데이트되었음을 보여주는 변경 이력 또는 로그

5. 정보 분류 및 중요도 평가 문서 : 자산의 중요도, 민감도 등을 평가하여 분류한 기록

6. 자산 인벤토리 스크린샷 : 자산 관리 시스템에서 자산이 등록된 화면 캡처(심사 대응 시 자주 사용됨)

5.10 정보 및 기타 관련 자산의 사용(이용) 및 취급

> ### 통제
> 정보 및 기타 관련 자산을 이용하기 위한 허용 가능한 사용 및 절차에 대한 규칙을 식별하고 문서화하고 구현해야 한다.

핵심의미

조직 내에서 정보 자산(정보 자체 및 이를 처리하는 장비 등)의 적절한 사용 기준(명확한 정책 또는 지침)을 정립하고, 이를 사용자에게 전달하여 오용을 방지하는 것이다.

핵심내용

1. 목적 : 조직의 정보 및 자산이 의도된 목적으로만 사용되도록 하기 위해

2. 대상 자산 : 정보, 소프트웨어, 하드웨어(노트북, 모바일), 네트워크, 이메일 시스템 등

3. 정책 내용 : 업무 외적인 사용 제한(예: 사적 이메일, 게임 등), 저작권 보호 콘텐

츠 다운로드 금지, 외부 저장장치 사용 금지 또는 제한, 비인가 소프트웨어 설치 금지 등

4. 사용자 교육 : 모든 사용자는 허용 가능한 사용 정책을 이해하고 동의해야 함

5. 모니터링 가능성 고지 : 조직은 정책 위반 여부를 모니터링할 수 있음을 명시 가능

증빙자료

1. 정책 문서 : 정보보호지침서, IT 자산 사용자 수칙

2. 교육 및 인식 자료 : 임직원 정보보호 교육 이수 기록, 교육 자료(PPT, 영상 등), 서약서/동의서

3. 기술적 통제 기록 : USB 제어 솔루션 로그, 웹 필터링 로그, DLP(Data Loss Prevention) 시스템 로그

4. 운영 기록 : 자산 사용 점검 체크리스트, 보안심사 보고서, 내부 점검 보고서

5. 위반 처리 이력 : 정보자산 오남용에 대한 징계 기록, 위반자 교육 및 재교육 기록

5.11 자산의 반환

> ### 통제
> 직원 및 기타 이해당사자는 고용, 계약 또는 계약의 변경 또는 종료 시 조직의 모든 자산 및 소유권을 반환해야 한다.

핵심의미

정보보호 관리체계(ISMS) 내에서 직원, 계약자, 또는 제3자가 조직과의 관계를 종료하거나 역할 변경 시 보유하고 있던 조직의 자산을 적절히 반환하도록 관리하는 것을 의미한다.

핵심내용

1. 정보 자산 유출 방지 : 조직의 장비, 문서, 저장매체 등에 저장된 민감 정보가 외부로 유출되는 것을 방지

2. 법적 및 계약상 요구사항 준수 : 고용 계약 또는 보안 정책에서 요구하는 자산 반환 절차를 준수

증빙자료

1. 자산 반납 체크리스트 : 퇴사자나 계약 종료자에게서 회수해야 할 자산 목록과 실제 반납 여부가 기록된 문서(종이 또는 전자 문서)

2. 퇴직 또는 계약 종료 시 반납 확인서 : 직원 서명 또는 전자 서명으로 자산을 모두 반납했음을 증명하는 문서

3. 자산 관리 시스템 로그 또는 기록 : 회수된 자산이 자산관리시스템(ITAM, CMDB 등)에 반영된 기록(예: 장비 반납 일시, 상태, 담당자 등)

4. 접근 권한 회수 기록 : Active Directory, 이메일, ERP, VPN 등 시스템 접근 권한이 회수되었음

5. 정책 및 절차 문서 : '자산 반납 절차', '퇴직 절차', '계약 종료 관리' 등이 명시된 내부 정책 문서

6. 심사 로그 또는 심사 보고서 : 내부심사 또는 보안 점검 시 자산 반납 프로세스가 정상적으로 수행되었는지 평가한 결과

5.12 정보의 분류

통제

정보는 조직의 기밀성, 무결성, 가용성 및 관련 당사자 요건에 근거한 정보보호 요구에 따라 분류될 수 있다.

핵심의미

조직 내에서 취급되는 정보에 대해 적절한 보호 수준을 적용하기 위해 "정보의 민감도나 중요도에 따라 정보에 등급을 부여하고, 그에 맞는 보안 조치를 적용하라"는 것이다.

1. 정보의 기밀성, 무결성, 가용성에 미치는 영향을 기준으로 등급을 매김
2. 각 등급별로 보안 정책, 접근 권한, 저장 방식, 전송 방식 등을 차등 적용함으로써 효율적이고 효과적인 보안 관리를 가능하게 함

증빙자료

1. 정보 분류 정책 문서 : 조직의 정보 분류 목적, 기준, 책임, 절차 등을 기술한 공식 문서
2. 정보 자산 목록 : 각 정보 자산의 명칭, 소유자, 분류 등급, 저장 위치 등이 포함된 목록
3. 분류 절차 적용 내역 또는 로그 : 정보 분류가 실제로 수행되었음을 보여주는 사례 또는 기록
4. 교육 이수 자료 : 직원들에게 정보 분류 정책을 교육했다는 증거
5. 내부 심사 또는 점검 보고서 : 정보 분류 정책 준수 여부를 점검한 내 · 외부 심사 기록
6. 정보 분류 라벨링 또는 시스템 내 적용 예시 : 파일 또는 시스템에 분류 등급이 실제로 표시되어 있는 스크린샷, 문서

5.13 정보의 표시(라벨링)

> **통제**
>
> 조직이 채택한 정보 분류 체계에 따라 적절한 정보 표시(라벨링) 절차를 개발하고 구현해야 한다.

핵심의미

정보보호 관리에서 정보 자산에 적절한 보안 라벨을 부착하여 해당 정보의 민감도나 보안 요구사항을 명확히 하는 것을 의미한다.

1. 정보의 기밀성, 무결성, 가용성 수준을 명확히 전달
2. 사용자, 처리자, 보안 관리자 등 관련자들이 정보의 보안 요구 수준을 이해하고 적절히 처리하도록 유도
3. 민감한 정보가 부적절하게 공유되거나 노출되는 것을 방지

증빙자료

1. 정책 문서 : 정보 분류 및 라벨링 정책, 정보보호 운영 지침서
2. 기록 문서 : 분류 기준표, 정보 유형별 라벨링 목록
3. 실제 라벨 사례 : 내부 문서에 표시된 "기밀", "내부용" 등의 라벨, 이메일 제목 또는 바닥글의 보안 태그, 파일 속성(메타데이터)에 포함된 라벨 정보
4. 시스템 설정 : DLP(Data Loss Prevention) 시스템 설정 스크린샷, 정보 분류 및 자동 라벨링 솔루션 설정 화면
5. 교육 자료 : 라벨링 정책 관련 사용자 교육 자료, 캠페인 안내 메일
6. 점검 기록 : 내부 점검/심사 보고서, 라벨 누락 시 조치 내역

5.14 정보 전송

> **통제**
>
> 조직 내부 및 조직과 다른 당사자 간에 모든 유형의 전송 시설에 대해 정보 전송 규칙, 절차 또는 합의가 마련되어야 한다.

핵심의미

조직이 내부 또는 외부의 당사자들과 정보를 전송할 때, 정보 전송의 보안 관리를 통해 기밀성, 무결성, 가용성을 유지하면서도, 정보의 의도하지 않은 노출, 손상, 도난 등을 방지하고 해당 정보가 안전하게 보호되도록 보안 통제를 적용하는 것이다.

1. 정보 전송 정책 수립
   · 정보 전송 시 어떤 채널(이메일, FTP, 물리적 매체 등)을 사용할지 정책을 정함
   · 전송 전에 수신자 및 전송 방식이 적절한지 검토

2. 보안 통제 적용
   · 암호화, 인증, 디지털 서명 등 기술적 통제를 통해 정보보호
   · 전송 경로에서 발생할 수 있는 위협(도청, 중간자 공격 등) 대비

3. 책임과 역할 정의
   · 누가 정보를 전송하고, 누가 승인하며, 누가 수신하는지를 명확히 정의

4. 외부 당사자와의 정보 공유
   · 협력업체, 고객, 클라우드 제공자 등과 정보를 주고받을 때 계약서나 SLA에 보안 요건 포함

5. 전송 기록 유지
   · 법적, 심사 목적 등을 위해 전송 로그나 기록 보관

증빙자료

1. 정책/절차 문서 : 정보 전송 정책, 정보보호 정책, 이메일/파일 공유 가이드라인

2. 계약서 및 SLA : 협력업체와의 NDA, 정보 공유 계약서, SLA(Security Clause 포함)

3. 기술 설정 자료 : 암호화 설정 문서(SSL/TLS 등), 전송 보안 구성 문서(VPN, SFTP 설정 등)

4. 로그 및 기록 : 정보 전송 로그(이메일 송수신, 파일 전송 기록 등), 전송 오류/이상 감지 보고서

5. 심사 결과 : 내부 심사 결과 보고서, 점검 체크리스트 및 조치 사항

6. 교육 및 인식 자료 : 직원 대상 정보 전송 관련 보안 교육자료, 서명된 수료 확인서

5.15 접근통제

> **통제**
>
> 정보 및 기타 관련 자산에 대한 물리적 및 네트워크 등의 접근을 통제하는 규칙은 비즈니스 및 정보보호 요구사항에 따라 수립 및 구현되어야 한다.

핵심의미

정보보호 관리체계(ISMS)에서 정보 및 시스템에 대한 접근을 적절히 통제함으로써 무단 접근, 변경, 손실 또는 오용을 방지하는 것이다.

핵심내용

1. 정보 자산에 대한 권한 기반 접근 제한
2. 업무상 필요한 사람만 접근 가능하도록 설정
3. 물리적, 기술적 접근 모두 포함

증빙자료

1. 정책/절차 문서 : 접근통제 정책, 계정 및 권한 관리 절차서, 사용자 등록/해지 절차서

2. 운영 기록 : 사용자 계정 발급/삭제/변경 이력, 권한 승인 기록, 정기 권한 검토 결과

3. 시스템 설정 증거 : AD/LDAP 사용자 및 그룹 권한 설정 화면 캡처, DB/시스템 접근 권한 목록(예: 승인내역)

4. 로그 : 접근 로그(로그인/로그아웃 기록), 접근 실패 로그, 로그 분석 결과 리포트

5. 기타 증거 : MFA 설정 화면, 보안 솔루션(IAM, SIEM 등) 설정 및 작동 증거, 교육 기록(접근통제 관련 보안 교육 수료증 등)

5.16 사용자 접근 권한 관리

> **통제**
>
> 사용자 접근 권한의 전체 수명주기를 관리해야 한다.

핵심의미

조직의 정보 및 정보시스템에 대한 접근 권한을 적절히 통제하고 관리하기 위한 지침을 제공한다. 조직은 사용자, 프로세스, 장치 등이 정보와 정보시스템에 접근할 수 있는 권한에 대한 기준을 정의하고, 부여하며, 검토 및 취소해야 한다는 의미이다.

핵심내용

1. 최소 권한 원칙(Least Privilege) : 업무 수행에 필요한 최소한의 권한만 부여해야 함
2. 역할 기반 접근 통제(RBAC) : 사용자의 역할에 따라 접근 권한을 정의하고 통제함
3. 승인 절차 강화 : 접근 권한은 명시적 승인 절차를 거쳐 부여해야 함
4. 정기적 검토 및 철회 : 더 이상 필요하지 않거나 변경된 권한은 정기적으로 검토하고 제거해야 함

증빙자료

1. 정책/절차 문서 : 접근권한 관리 정책서, 사용자 계정 및 권한 관리 절차서
2. 운영기록 : 권한 요청서 및 승인 기록, 권한 변경/삭제 로그, 계정 목록 및 권한 매트릭스
3. 시스템 설정 : 역할 기반 접근 제어 설정 화면 스크린샷, 접근통제 도구 사용 내역
4. 점검기록 : 권한 정기 점검기록, 퇴직자/이직자 계정 철회 내역

5.17 사용자 인증정보

> ### 통제
> 사용자 인증정보의 할당 및 관리는 인증정보의 적절한 취급에 대해(담당자에게 조언하는 것을 포함) 관리 프로세스에 의해 통제되어야 한다.

핵심의미

정보보호 관리의 관점에서 인증에 사용되는 정보(예: 비밀번호, PIN, 암호키 등)를 어떻게 안전하게 관리하고 보호해야 하는지를 다룬다. 인증에 사용되는 정보를 부적절한 사용, 변경 또는 유출로부터 보호하여, 사용자 식별 및 인증의 신뢰성을 유지하는 것이다.

핵심내용

1. 비밀 유지 : 인증정보(예: 비밀번호, 개인 키)는 기밀로 유지되어야 하며 사용자 본인만 접근할 수 있어야 한다.

2. 저장 시 보호 : 인증정보를 저장할 경우(예: 해시된 비밀번호), 강력한 암호화 및 접근 제어가 적용되어야 한다.

3. 전송 시 보호 : 인증정보가 네트워크를 통해 전송될 경우, 암호화(예: TLS 등)를 사용해야 한다.

4. 초기 등록과 재발급 : 새로운 인증정보 발급이나 재설정 과정은 사용자 인증을 거쳐야 하며, 안전하게 전달되어야 한다.

5. 공유 금지 : 인증정보는 공유되어서는 안 되며, 개인별로 관리되어야 한다.

6. 자동화된 인증 수단의 보호 : 인증 토큰, OTP 기기, 스마트카드 등도 인증정보로 간주되며, 물리적/기술적 보호가 필요하다.

7. 주기적인 변경 : 비밀번호 등의 인증정보는 주기적으로 변경하거나 유출 가능성이 있을 경우 즉시 변경되어야 한다.

1. 인증정보 관리 정책 : 비밀번호 정책, 인증 방식, 저장 및 전송 보안 방법 등이 포함된 내부 보안 정책 문서

2. 비밀번호 설정 정책 캡처 : 시스템/AD의 비밀번호 복잡성, 만료 주기, 재사용 제한 등 설정 화면 캡처

3. 인증정보 저장 방식 문서(e.g., 암호화/해시 알고리즘 설명서) : 비밀번호가 평문이 아닌 암호화/해시 방식으로 저장된다는 기술 문서 또는 시스템 설정

4. MFA 도입 증거(Multi-Factor Authentication evidence) : OTP, 스마트카드, 인증 앱 등을 사용하는 시스템 캡처 및 사용자 등록 내역

5. 사용자 등록 및 인증정보 발급 절차 문서화 : 신규 사용자 생성, 비밀번호 초기화 시 본인 확인 절차 문서

6. 인증정보 전송 보안 증빙(TLS 설정 등) : 로그인, 인증 시 HTTPS/TLS 사용을 확인할 수 있는 설정 캡처 또는 보안 테스트 결과

7. 로그 기록 증빙(심사 로그) : 인증정보 변경, 실패한 로그인 시도 등의 로그 스냅샷 또는 로그 관리 시스템 캡처

8. 교육 자료/사용자 서약서 : 사용자에게 인증정보보호(공유 금지 등)에 대해 교육했음을 보여주는 교육 자료 또는 서약서

9. 위반 사례 대응 문서(보안 사고 대응 문서) : 인증정보 유출 또는 오용 시의 대응 절차 또는 실제 사례 보고서

5.18 사용자 접근권

통제

정보 및 기타 관련 자산에 대한 접근 권한은 접근 통제에 대한 조직의 주제별 정책과 규칙에 따라 준비, 검토, 수정 및 제거해야 한다.

핵심의미

정보보호 관리 시스템에서 정보 자산에 대한 접근 권한을 효과적으로 관리하고 통제

하기 위한 지침을 제공한다. 이 항목은 특정 사용자가 시스템이나 정보 자산에 접근할 수 있는 권한을 정의하고, 이 권한을 부여, 변경, 취소하는 과정을 포함하여 보안 위협으로부터 보호하는 데 중요한 역할을 한다. 접근권 관리는 정보의 기밀성, 무결성 및 가용성을 보호하기 위한 중요한 요소로, 적절한 권한을 가진 사용자만 필요한 정보에 접근할 수 있도록 한다.

핵심내용

1. 접근 권한 관리 : 접근 권한은 사용자나 시스템에 의해 특정 자산에 대한 접근을 제어할 수 있도록 설정된다. 이는 최소 권한 원칙에 따라 필요한 최소한의 권한만 부여해야 함을 의미한다.

2. 사용자 인증 및 식별 : 사용자나 시스템이 정보 자산에 접근하려면 반드시 인증을 통해 자신의 신원을 확인해야 하며, 이 정보는 안전하게 처리되어야 한다.

3. 권한 부여 및 취소 : 권한을 부여하거나 변경할 때는 관리 절차에 따라 수행되어야 하며, 필요하지 않거나 부적절한 권한을 취소하는 과정도 중요하다.

4. 정기적인 검토 : 시스템에 대한 접근 권한을 정기적으로 검토하여 과거의 권한 부여가 여전히 유효한지, 더 이상 필요하지 않은 권한은 없는지 확인해야 한다.

5. 접근 기록 관리 : 시스템에 대한 접근 기록을 수집하고, 이를 모니터링하여 이상 징후를 감지하거나 조사할 수 있도록 해야 한다.

증빙자료

1. 접근 제어 정책 : 조직 내 접근 제어와 관련된 정책 문서. 여기에는 사용자 접근 권한 부여, 변경 및 취소 절차, 최소 권한 원칙 등 접근 관리에 대한 규정이 포함된다.

2. 사용자 및 권한 관리 기록 : 사용자 계정 생성, 변경, 삭제 및 접근 권한 부여/취소에 관한 기록. 이는 시스템 로그나 관리 시스템에서 제공될 수 있다

3. 접근 권한 검토 보고서 : 정기적으로 수행되는 접근 권한 검토 결과 보고서. 이 보고서에는 모든 사용자의 권한이 적절한지, 필요하지 않은 권한이 제거되었는지에 대한 검토 내역이 포함된다.

4. 사용자 인증 및 식별 절차 문서 : 사용자 인증 방법 및 인증 절차에 대한 설명. 비

밀번호 정책, 다단계 인증(MFA), 생체 인식 등 인증 방법에 관한 문서.

5. 접근 로그 및 모니터링 보고서 : 시스템에 대한 접근 기록 및 모니터링 결과. 이는 로그 파일, 시스템 모니터링 도구, 침입 탐지 시스템(IDS) 등을 통해 제공된다.

6. 권한 부여 및 변경 승인 기록 : 특정 사용자가 접근 권한을 부여받거나 변경된 경우, 그 과정에 대한 승인 기록. 관리자의 승인 또는 관련 책임자의 서명이 포함된 문서

7. 교육 및 훈련 자료 : 사용자에게 접근 권한 관리의 중요성, 권한 남용 방지 및 안전한 접근 방식을 교육하는 훈련 자료

8. 보안 심사 보고서 : 외부 또는 내부 심사자가 수행한 접근 권한 관리의 적합성에 대한 심사 보고서. 이는 시스템과 정책이 제대로 이행되고 있는지 검토하는 문서이다.

9. 위험 평가 및 대응 문서 : 접근 제어와 관련된 위험 평가 결과 및 이에 따른 대응 조치에 대한 문서. 이에는 접근 권한 설정의 취약점이나 보안 위협에 대한 분석이 포함될 수 있다.

5.19 공급업체 관계에서의 정보보호

통제

공급자의 제품 또는 서비스 사용과 관련된 정보보호 위험을 관리하기 위해 프로세스와 절차를 정의 및 구현해야 한다.

핵심의미

조직이 공급업체와의 관계에서 정보보호 위험을 관리하고, 외부 공급업체가 제공하는 서비스가 조직의 정보보호 요구사항을 충족하도록 보장하는 것이다.

핵심내용

1. 공급업체 보안 요구사항 정의 : 조직은 공급업체와 계약을 체결할 때 정보보호 요구사항을 명확하게 정의해야 한다. 이는 공급업체가 처리하는 정보의 보호 수준과, 계약이 이행되는 동안 정보가 안전하게 처리될 수 있도록 보장한다.

2. 공급업체 위험 평가 : 공급업체가 제공하는 제품이나 서비스가 조직의 정보보호에 미칠 위험을 평가해야 한다. 공급업체가 관리하는 데이터나 시스템에 취약점이 있을 경우, 해당 위험을 최소화할 수 있는 조치를 취해야 한다.

3. 계약서에 보안 조항 포함 : 공급업체와의 계약서에는 정보보호 관련 조항을 포함해야 한다. 예를 들어, 정보의 기밀성, 무결성, 가용성을 보장하는 내용과 위반 시 책임을 명시하는 것이 중요하다.

4. 공급업체의 보안 성과 모니터링 : 계약 기간 동안 공급업체의 보안 성과를 지속적으로 모니터링하고 평가해야 한다. 공급업체가 보안 표준을 준수하는지 확인하고, 문제가 발생하면 적절한 대응을 해야 한다.

5. 계약 종료 시 보안 고려사항 : 계약이 종료될 때, 공급업체가 보유한 데이터나 자산의 처리 방법을 명확히 해야 하며, 이를 통해 조직의 정보가 안전하게 반환되거나 파기되도록 해야 한다.

증빙자료

1. 공급업체 보안 요구사항 정의 문서 : 공급업체와 계약을 체결하기 전에 작성된 보안 요구사항 문서. 여기에는 공급업체가 처리하는 정보에 대한 보안 요구사항이 명확히 나열되어야 한다.

2. 계약서 및 협정서(SLA, Service Level Agreements) : 공급업체와 체결한 계약서에 포함된 정보보호 조항. 예를 들어, 정보의 기밀성, 무결성, 가용성 보장과 같은 보안 요구사항과, 위반 시의 법적 책임 조항이 포함된다.

3. 공급업체 보안 위험 평가 보고서 : 공급업체와 관련된 정보보호 위험을 평가한 보고서. 이 보고서는 공급업체의 보안 수준을 평가하고, 조직에 미칠 수 있는 위험을 분석한 자료이다.

4. 공급업체 보안 성과 모니터링 기록 : 공급업체의 보안 성과를 지속적으로 평가하고 모니터링한 기록. 예를 들어, 공급업체 보안 심사 결과나, 보안 성과 지표를 다룬 문서 등이 포함될 수 있다.

5. 공급업체 심사 및 평가 보고서 : 공급업체가 보안 요구사항을 준수하고 있는지 확인하기 위한 심사나 평가 보고서. 이는 공급업체가 보안 표준을 준수하는지 확인하는 절차를 문서화한 것이다.

6. 위험 대응 및 개선 조치 문서 : 공급업체와 관련된 보안 문제나 위반 사항에 대한 대응 계획 및 개선 조치가 기록된 문서. 이 문서에는 문제가 발생했을 때 어떻게 대응했는지, 개선을 위한 조치가 무엇이었는지가 포함된다.

7. 계약 종료 및 정보 반환/파기 절차 문서 : 계약 종료 시 공급업체가 보유한 정보를 어떻게 반환하거나 파기할 것인지에 대한 절차와 기록. 이 문서는 정보가 안전하게 처리되었음을 증명하는 자료가 된다.

5.20 공급업체 계약 내 정보보호 문제 해결

> ### 통제
> 관련 정보보호 요건(접근, 처리, 저장, 통신 수행)은 공급업체 관계 유형에 따라 각 공급업체와 합의해야 한다.

핵심의미

정보보호 관리 시스템에서 공급업체와의 계약 과정에서 발생할 수 있는 보안 문제를 해결하고 관리하는 것을 다룬다. 이 항목은 공급업체와 계약을 체결할 때, 계약 내에서 발생할 수 있는 정보보호 위협이나 리스크에 대한 적절한 해결책을 마련하는 것을 의미한다.

핵심내용

1. 정보보호 요구사항 정의 : 계약에 포함될 정보보호 요구사항을 명확하게 정의하고, 공급업체가 이를 준수하도록 요구한다.

2. 보안 문제 해결 프로세스 : 공급업체와의 협력 과정에서 보안 문제가 발생했을 때 이를 해결하는 절차나 방안을 마련한다.

3. 책임 분담 : 보안 문제 발생 시, 공급업체와 기업 간의 책임 범위를 명확히 정의한다. 예를 들어, 데이터 유출, 시스템 해킹 등과 관련된 책임을 명확히 규정한다.

4. 위험 관리 및 완화 : 공급업체가 제공하는 서비스나 제품에 대해 보안 위험을 평가하고, 이를 최소화할 수 있는 방법을 계약에 명시한다.

5. 모니터링 및 평가 : 공급업체가 제공하는 보안 조치를 모니터링하고 평가하는 방

안을 마련하여 보안 문제가 반복되지 않도록 한다.

증빙자료

1. 계약서 및 계약 부속서 : 공급업체와의 계약서에 정보보호 관련 요구사항, 보안 책임 분담, 보안 침해 대응 절차 등이 명시되어 있어야 한다. 계약서에 포함된 보안 규정이나 특약사항(예: 데이터 보호, 접근 제어, 기밀성 보장 등)

2. 위험 평가 보고서 : 공급업체와의 협력에서 발생할 수 있는 보안 리스크에 대한 평가 보고서가 필요하다. 이를 통해 보안 문제에 대한 이해와 이를 해결하기 위한 방법을 문서화할 수 있다.

3. 보안 관리 절차 문서 : 보안 문제 해결 절차, 공급업체의 보안 점검 및 모니터링 절차, 보안 침해 대응 프로세스 등을 포함한 문서가 필요하다. 이는 계약 조건과 일치하는지 검토하는 데 사용된다.

4. 보안 심사 및 검토 기록 : 공급업체의 보안 조치를 모니터링하고 평가한 기록을 포함할 수 있다. 예를 들어, 정기적인 보안 심사 결과, 보안 평가 보고서 등이 증빙 자료로 활용될 수 있다.

5. 보안 교육 및 훈련 기록 : 공급업체 직원이나 계약에 관련된 직원들에게 보안 교육을 제공했다면, 그 기록도 중요한 증빙 자료가 된다.

6. 문제 해결 및 대응 기록 : 공급업체와의 계약에 따른 보안 문제 발생 시 대응 및 해결 과정을 문서화한 기록이 필요하다. 예를 들어, 보안 침해 사건이나 취약점 발견 후 대응 절차와 결과 등을 문서로 작성한 기록이다.

5.21 ICT(정보통신기술) 공급망에서의 정보보호 관리

> **통제**
>
> ICT(정보통신기술) 제품 및 서비스 공급망과 관련된 정보보호 위험을 관리하기 위한 프로세스와 절차를 정의 및 구현해야 한다.

핵심의미

정보보호가 ICT(Information and Communication Technology) 공급망의 관리에

어떻게 적용될 수 있는지에 대한 것이다. ICT 공급망은 다양한 기술적 장비와 서비스 제공자를 포함하며, 이러한 공급망을 통해 기업의 정보 자산이 영향을 받을 수 있다. 따라서, ICT 공급망에서의 정보보호 관리는 보안 사고를 예방하고, 발생할 수 있는 위험을 최소화하며, 기업의 정보 자산을 안전하게 보호하는 중요한 관리 활동이다.

핵심내용

1. 공급망 보안 위험 식별 및 관리 : 기업이 ICT 공급망과 관련된 보안 위험과 취약점을 식별하고 이를 관리하기 위한 방안을 마련하는 것이 중요하다.

2. 계약 및 공급업체 관리 : 공급업체와의 계약에서 보안 요구사항을 명확히 하고, 공급업체가 보안 정책과 절차를 준수하도록 보장하는 것이 필요하다.

3. 모니터링 및 평가 : 공급망 내의 ICT 시스템 및 서비스에 대한 지속적인 보안 모니터링과 평가를 통해 잠재적인 보안 위협을 사전에 차단할 수 있다.

4. 위험 전달 및 대응 : ICT 공급망 내에서 발생한 보안 사고나 위협을 신속하게 파악하고 대응할 수 있는 시스템을 구축하는 것도 중요하다.

5. 공급망 내의 보안 통제 적용 : 보안 정책과 기준을 공급망 내 모든 관련자에게 적용하여 일관성 있게 보안을 관리할 수 있도록 해야 한다.

증빙자료

1. 정보보호 정책 및 절차 문서 : ICT 공급망 보안을 포함한 조직의 전체적인 정보보호 정책, 공급망 보안을 다루는 구체적인 절차와 지침서

2. 계약서 및 공급업체 관리 문서 : 공급업체와 체결된 계약서에 명시된 보안 요구사항, 공급업체와의 서비스 수준 계약(SLA) 문서, 공급업체 보안 평가 기록

3. 위험 평가 보고서 : ICT 공급망과 관련된 보안 위험을 식별하고 평가한 보고서, 위험 관리 및 대응 계획

4. 모니터링 및 심사 기록 : ICT 시스템 및 공급망 내 보안 상태를 모니터링한 기록, 정기적인 보안 심사 결과 및 평가 기록

5. 보안 사고 및 대응 기록 : 공급망 보안 사고 발생 시 대응 및 해결 과정 기록, 사고 후 분석 및 교훈을 다룬 보고서

6. 교육 및 훈련 기록 : 공급망 관련자들(직원, 공급업체 등)을 대상으로 한 보안 교

육 및 훈련 기록, 보안 인식 캠페인 자료

7. 보안 성과 지표 및 평가 : 공급망 보안 성과를 측정하는 지표나 보고서, 공급망 보안 통제의 효과를 평가한 결과

5.22 공급업체 서비스의 모니터링, 검토 및 변경 관리

> **통제**
>
> 조직은 공급업체 정보보호 관행 및 서비스 제공의 변화를 정기적으로 모니터링, 검토, 평가 및 관리해야 한다.

핵심의미

정보보호 관리 시스템(Information Security Management System, ISMS)에서 공급업체가 제공하는 서비스의 보안 수준을 보장하고, 이와 관련된 위험을 관리하기 위한 것이다. 조직이 공급업체와의 계약 및 관계에서 보안 요구사항을 적절히 반영하고, 공급업체가 제공하는 서비스가 보안 기준을 준수하도록 보장하기 위한 핵심 절차이다. 이를 통해 공급망에서 발생 할 수 있는 보안 리스크를 최소화할 수 있다.

핵심내용

1. 모니터링 : 공급업체가 제공하는 서비스나 시스템의 성능과 보안 상태를 지속적으로 감시하고, 관련된 위험이나 위협을 실시간으로 추적하는 활동을 의미한다. 이를 통해 공급업체의 서비스가 계약서에 명시된 보안 요구사항을 충족하는지 확인할 수 있다.

2. 검토 : 공급업체의 서비스가 주기적으로 평가되고, 실제 서비스의 품질과 보안 수준이 적절하게 유지되고 있는지를 점검하는 과정이다. 정기적인 검토를 통해 서비스가 변화하는 보안 요구사항에 맞춰 수정될 수 있다.

3. 변경 관리 : 공급업체의 서비스나 시스템에 대해 변경이 있을 경우, 그 변경이 정보보호에 미치는 영향을 평가하고, 이를 관리하는 절차를 말한다. 예를 들어, 시스템 업데이트, 패치, 새로운 기능의 추가 등이 발생할 때, 이러한 변경이 보안에 미치는 영향에 대해 평가하고 적절한 조치를 취해야 한다.

1. 공급업체 계약서 : 계약서에 명시된 보안 요구사항, 서비스 수준 협약(SLA), 보안 관련 의무 사항 등을 확인할 수 있는 문서이다. 공급업체가 제공해야 할 보안 조치가 계약에 어떻게 명시되어 있는지를 증명할 수 있다.

2. 모니터링 및 보고서 기록 : 공급업체 서비스에 대한 성과와 보안 상태를 모니터링한 결과를 담은 보고서나 로그 파일이다. 예를 들어, 시스템의 가용성, 취약점 탐지, 위협 인식, 보안 사고 기록 등이다.

3. 정기적인 검토 및 평가 보고서 : 공급업체 서비스에 대해 수행한 정기적인 보안 검토 및 평가 기록이다. 이 보고서는 서비스가 정보보호 요구사항을 준수하는지 확인하고, 개선이 필요한 영역에 대한 피드백을 제공한다.

4. 변경 관리 기록 : 공급업체의 시스템이나 서비스에 대해 수행된 변경 사항을 기록한 문서이다. 변경이 적용되었을 때의 평가, 승인, 테스트 및 보안 검토 내용 등을 포함하여, 변경이 정보보호에 미치는 영향을 분석한 자료이다. 예를 들어, 시스템 패치, 소프트웨어 업데이트, 아키텍처 변경 등에 대한 변경 관리 문서가 포함될 수 있다.

5. 위험 평가 보고서 : 공급업체와 관련된 위험을 평가한 보고서로, 공급업체의 보안 서비스가 잠재적 위험을 어떻게 처리하고 있는지를 평가한 자료이다. 위험 평가 및 관리 절차가 제대로 실행되고 있는지 확인할 수 있다.

6. 공급업체 성과 및 보안 심사 보고서 : 공급업체에 대한 심사 결과를 기록한 문서이다. 공급업체가 계약상 요구사항을 충족하는지, 정보보호 관련 규제를 준수하는지에 대한 외부 심사 결과가 포함될 수 있다.

5.23 클라우드 서비스의 사용에 대한 정보보호

> **통제**
>
> 클라우드 서비스 취득, 사용, 관리 및 종료 프로세스는 조직의 정보보호 요구사항에 따라 수립되어야 한다.

핵심의미

조직이 클라우드 서비스를 사용하면서 발생할 수 있는 보안 위험을 최소화하고, 정보 자산을 보호하기 위한 통제 항목들을 정의한다. 조직이 클라우드 서비스를 안전하게 사용하고, 관련된 보안 위협을 최소화하는 데 중점을 둔다. 클라우드 환경에서의 보안 관리뿐만 아니라, 클라우드 서비스를 제공하는 업체와의 협업을 통한 보안 강화에도 초점을 맞추고 있다.

핵심내용

1. 클라우드 서비스 제공자의 보안 관리 : 클라우드 서비스 제공자가 보안 요구 사항을 충족하는지, 관련 인증을 보유하고 있는지 등을 확인해야 한다. 클라우드 서비스 제공자와 보안 계약을 체결하고, 보안 약속이나 SLA(Service Level Agreement)를 명확히 정의해야 한다.

2. 데이터 보호 : 클라우드에서 처리되는 데이터의 기밀성, 무결성, 가용성을 보장해야 한다. 데이터 암호화 및 접근 제어와 같은 보호 조치를 구현해야 하며, 클라우드 제공자가 적절한 보호 조치를 취하는지 점검해야 한다.

3. 위험 관리 : 클라우드 서비스 사용으로 발생할 수 있는 보안 위험을 식별하고 관리해야 한다. 데이터의 위치, 보안 정책, 서비스 중단 등의 리스크를 고려하여 관리 방안을 마련해야 한다.

4. 모니터링 및 심사 : 클라우드 서비스 사용에 대한 모니터링 및 심사 활동을 통해 이상 징후를 조기에 발견하고 대응할 수 있도록 해야 한다. 로그 및 심사 기록을 관리하고, 클라우드 서비스 제공자가 제공하는 보안 심사 보고서나 로그를 활용해야 한다.

5. 사용자 및 권한 관리 : 클라우드 환경에서의 사용자 접근 제어 및 권한 관리가 철저히 이루어져야 한다. 사용자의 권한을 적절하게 설정하고, 불필요한 접근을 제한해야 한다.

증빙자료

1. 서비스 수준 계약(SLA) : 클라우드 서비스 제공자와 체결한 SLA 문서는 클라우드 서비스 제공자가 제공해야 할 보안 요구사항, 책임 범위, 보안 약속 등을 명확히

규정한 문서이다. 이는 요구사항을 준수하는지 평가할 때 중요한 증빙 자료이다.

2. 보안 심사 보고서 : 클라우드 서비스 제공자의 보안 심사 보고서(예: ISO/IEC 27001 인증 등)는 클라우드 서비스 제공자가 보안 관리 및 위험 관리 표준을 준수하고 있는지에 대한 증거를 제공한다. ISO 27001 인증을 받은 클라우드 제공자는 보안에 대한 엄격한 관리 기준을 따르고 있다는 증빙을 제공한다.

3. 데이터 보호 및 암호화 정책 : 클라우드 서비스에서 처리되는 데이터에 대한 암호화 및 보호 조치를 명시한 정책 문서는 정보의 기밀성, 무결성, 가용성을 보장하기 위한 방법을 증명하는 자료이다. 클라우드에서 데이터를 암호화한 증거(예: 암호화 알고리즘, 키 관리 절차 등)가 포함될 수 있다.

4. 위험 관리 계획 : 클라우드 서비스 사용과 관련된 보안 위험을 관리하기 위한 절차와 방안을 설명하는 문서이다. 여기에는 위기관리 계획, 위협 모델링, 리스크 평가 보고서 등이 포함될 수 있다.

5. 사용자 접근 제어 및 권한 관리 기록 : 클라우드 서비스에서 사용자 권한을 관리하는 방식에 대한 기록이다. 이를 통해 클라우드 시스템에 대한 접근 제어 정책과 실제 실행된 권한 부여 사항을 확인할 수 있다. 사용자 권한 부여, 변경, 취소 기록과 같은 로그 데이터도 증빙 자료가 될 수 있다.

6. 보안 정책 및 절차 문서 : 클라우드 서비스 사용 시 지켜야 할 보안 정책, 절차 및 지침을 담은 문서이다. 예를 들어, 클라우드 사용 시 데이터 백업 절차, 비상 대응 계획 등이 포함될 수 있다.

7. 모니터링 및 심사 로그 : 클라우드 환경에서 발생한 이벤트에 대한 모니터링 로그 및 심사 로그 기록은 시스템의 보안 상태를 실시간으로 점검하고 문제가 발생할 때 신속히 대응할 수 있는 근거 자료이다. 클라우드 서비스 제공자가 제공하는 로그나 모니터링 시스템을 통해 증빙할 수 있다.

8. 보안 교육 및 훈련 기록 : 클라우드 서비스 사용자에게 제공한 보안 교육 및 훈련의 기록이다. 조직 내에서 보안 인식 및 절차에 대한 교육을 받았다는 증빙이 될 수 있다.

5.24 정보보호 사고 관리 계획과 준비

> **통제**
>
> 조직은 정보보호 사고 관리 프로세스, 역할 및 책임을 정의, 설정 및 전달함으로써 정보보호 사고 관리를 계획하고 준비해야 한다.

핵심의미

조직이 정보보호 사고에 효과적으로 대응할 수 있도록 준비하고 계획하는 과정을 다룬다. 정보보호 사고가 발생했을 때 조직이 적절하게 대응하고, 피해를 최소화하며, 재발을 방지할 수 있도록 하는 관리 체계를 구축하는 것을 목표로 한다. 정보보호 사고 관리 계획과 준비는 조직이 사고 발생 시 혼란을 최소화하고, 신속하고 효과적으로 대응할 수 있도록 하는 체계를 마련하는 것을 의미한다.

핵심내용

1. 사고 대응 계획 수립 : 사고 발생 시 조직의 대응 방식, 책임자, 절차 등을 명확하게 정의하고 문서화하는 것을 포함한다. 사고의 종류와 심각도에 따라 적절한 대응을 할 수 있도록 준비해야 한다.

2. 사고 대응 절차 훈련 : 사고 대응 팀 및 관련 직원들이 사고 발생 시 신속하게 대응할 수 있도록 정기적인 훈련과 시뮬레이션을 통해 준비 상태를 유지한다.

3. 사고 대응 자원 준비 : 사고 발생 시 필요한 자원(예: 대응 팀, 기술적 도구, 연락처 등)을 미리 준비해 두어야 한다.

4. 사고 발생 후 평가와 복구 계획 : 사고 대응 후, 사고의 원인 분석, 피해 평가, 복구 계획 등을 수립하여 유사 사고가 발생하지 않도록 예방한다.

5. 사고 기록 및 보고 : 모든 보안 사고에 대해 상세히 기록하고, 관련 법적 요구사항에 맞춰 보고하는 절차를 준비해야 한다.

증빙자료

1. 정보보호 사고 대응 계획서 : 조직에서 수립한 공식적인 사고 대응 계획 문서이다. 이 문서는 사고 발생 시 어떤 절차와 단계를 밟을 것인지, 대응 책임자가 누구

인지 등을 명시해야 한다.

2. 사고 대응 절차 매뉴얼 : 정보보호 사고가 발생했을 때 따를 구체적인 절차를 설명한 매뉴얼이다. 이 매뉴얼은 사고 발생 시 실질적으로 따라야 할 단계별 행동 지침을 제공한다.

3. 사고 대응 훈련 기록 : 정기적으로 실시하는 사고 대응 훈련 및 시뮬레이션의 기록이다. 훈련을 통해 직원들이 실제 사고 상황에 적절히 대응할 수 있도록 준비 상태를 확인할 수 있다.

4. 사고 대응 자원 목록 : 사고 발생 시 사용할 수 있는 자원(기술적 도구, 연락처, 대응 팀 등)에 대한 목록이다. 이는 사고 대응이 원활하게 이루어질 수 있도록 미리 준비된 자원의 상세한 리스트이다.

5. 사고 대응 팀 구성 : 사고 대응을 담당할 팀원들의 명단과 그들의 역할 및 책임이 명시된 문서이다. 각 팀원의 역할에 따라 사고 대응이 조직적으로 이루어질 수 있다.

6. 사고 발생 후 평가 및 분석 보고서 : 사고 발생 후, 사고 원인과 영향을 분석한 보고서이다. 이 보고서에는 사고 대응 과정에서의 교훈과 향후 개선할 점이 포함된다.

7. 법적 요구사항 준수 문서 : 사고가 발생한 경우, 법적으로 요구되는 보고 및 기록 절차에 대한 증빙이다. 예를 들어, 특정 사고가 발생했을 때 관련 기관에 보고해야 한다면, 이에 대한 문서화가 필요하다.

8. 사고 발생 및 대응 기록 : 실제로 발생한 사고와 그에 대한 대응 과정의 기록이다. 사고의 발생 시간, 원인, 대응 시간, 처리 결과 등을 포함한 상세한 기록이 필요하다.

5.25 정보보호 사고에 대한 평가 및 결정

통제

조직은 정보보호 사고를 평가하고 정보보호 사건으로 분류할지 여부를 결정해야 한다.

핵심의미

정보보호 관리 시스템(ISMS)의 일환으로, 발생한 보안 사고에 대해 어떻게 평가하고, 적절한 대응을 결정하는 과정을 설명한다. 정보보호 사고가 발생했을 때 조직이 이를 어떻게 처리하고, 해결 방안을 모색하는지에 대해 다룬다. 보안 사고를 신속하고 체계적으로 처리하기 위해 필요한 평가 및 결정 과정을 다루며, 사고 발생 시 적절한 대응을 보장하는 데 중점을 둔다.

핵심내용

1. 사고 평가 : 보안 사고가 발생했을 때, 그 사고가 조직에 미치는 영향과 심각성을 평가해야 한다. 사고의 범위, 발생원인, 조직에 미치는 영향을 분석하고, 필요한 자원과 대응 방법을 결정하는 과정이다.

2. 결정 : 사고 평가 후에는 어떻게 대응할지를 결정해야 한다. 이는 사고를 해결하기 위한 구체적인 조치, 사고 대응 팀의 역할, 복구 방법, 그리고 향후 사고 예방을 위한 계획 등을 포함한다.

3. 보고 및 기록 : 보안 사고에 대한 평가 및 결정 과정은 문서화되어야 하며, 이를 통해 향후 유사한 사고가 발생했을 때 참고할 수 있다. 또한 사고 대응에 대한 모든 절차는 관련 법규와 표준을 준수해야 한다.

증빙자료

1. 사고 보고서(Incident Report) : 사고 발생 시점, 사고 유형, 영향 범위, 사고의 원인 등에 대한 자세한 기록이 포함된 사고 보고서. 이 보고서는 사고를 최초로 발견한 사람, 보고한 사람, 사고를 처리한 사람 등에 대한 정보와 함께 사고의 세부 내용을 기록한다.

2. 사고 평가 문서(Incident Assessment) : 사고가 조직에 미친 영향 및 심각성, 사고 평가 결과를 기록한 문서. 사고의 영향을 분석하고, 평가된 위험 수준에 따른 대응 우선순위 등을 포함한다.

3. 사고 대응 계획(Incident Response Plan) : 사고 평가 후에 대응을 위한 계획과 조치를 명시한 문서. 사고 대응 절차, 담당자 지정, 복구 절차, 비상 연락망, 사고 후 검토 사항 등을 포함할 수 있다.

4. 사고 처리 로그 : 사고 발생부터 해결까지의 모든 활동을 시간 순으로 기록한 로그. 사고 해결 과정에서 어떤 조치가 취해졌는지, 진행 상태, 변경 사항 등을 추적할 수 있도록 한다.

5. 사고 후 검토 문서 : 사고 해결 후에 이루어지는 사고의 평가 및 후속 조치에 대한 문서. 사고 대응 결과를 평가하고, 향후 유사한 사고를 예방하기 위한 개선 사항과 교훈을 기록한다.

6. 훈련 및 시뮬레이션 기록 : 사고 대응 훈련이나 모의 사고 시나리오에 대한 기록. 실제 사고 발생 시 대응이 효과적이었는지 평가할 수 있도록, 사전 훈련 및 시뮬레이션 기록도 중요한 증빙자료가 될 수 있다.

7. 법적 요구사항 및 규제 준수 관련 문서 : 사고 처리 과정에서 관련 법적 요구사항이나 규제를 준수했음을 입증하는 자료. 개인정보보호법, 산업 규제, 법적 요구사항 등을 충족하는지 확인하는 증빙이 될 수 있다.

5.26 정보보호 사고에 대한 대응

> **통제**
> 정보보호 사고는 문서화된 절차에 따라 대응해야 한다.

핵심의미

정보보호 사고 대응에 대한 내용을 다루고 있다. 조직이 정보보호 사고를 효과적으로 대응하고 처리할 수 있도록 하기 위한 가이드라인을 제공한다. 정보보호 사고에 대해 어떻게 준비하고, 대응하며, 이후에 이를 개선할 것인지에 대한 종합적인 지침을 제시한다.

핵심내용

1. 정보보호 사고 정의 : 사고가 발생했을 때 이를 인식하고 정의하는 과정이 중요하다. 사고가 무엇인지, 어떻게 정의할 것인지 명확히 해야 한다. 정보보호 사고는 데이터 유출, 시스템 침입, 서비스 장애 등 다양한 형태로 발생할 수 있다.

2. 사고 대응 계획 수립 : 조직은 사고가 발생했을 때 신속하고 체계적으로 대응할

수 있는 사고 대응 계획을 마련해야 한다. 이는 사고를 조기에 탐지하고, 적절한 대응과 복구 절차를 통해 사고의 영향을 최소화하는 데 도움을 준다.

3. 사고 대응 프로세스 : 사고 대응은 사고 발생 시점부터 복구까지 여러 단계로 이루어진다. 각 단계는 사고를 식별하고, 보고하고, 분석하며, 대응을 최적화하고, 이후의 예방조치를 마련하는 등의 절차를 포함한다.

4. 사고 기록 및 보고 : 사고 발생 시 이를 기록하고, 필요한 경우 외부의 관련 기관이나 법적 요구사항에 따라 보고해야 한다. 사고에 대한 기록은 향후 분석과 예방에 중요한 정보를 제공한다.

5. 지속적인 개선 : 사고 대응 후에는 사고를 분석하고 그 과정에서 얻은 교훈을 바탕으로 대응 체계를 개선하는 과정이 필요하다. 이는 조직의 정보보호 체계를 더욱 강건하게 만드는 데 기여한다.

증빙자료

1. 사고 대응 계획 문서 : 사고 발생 시 어떤 절차와 방법으로 대응할 것인지 명시된 계획서. 이 계획서에는 사고 발생 시 각 부서의 역할, 사고의 심각도에 따른 대응 절차, 긴급 연락망 등이 포함되어야 한다.

2. 사고 대응 절차 문서 : 사고 발생 시 대응 절차에 대한 구체적인 문서로, 사고 탐지, 보고, 분석, 해결, 복구의 단계별 절차가 정의되어 있어야 한다.

3. 사고 보고서 : 실제 발생한 사고에 대한 세부 기록. 사고의 원인, 피해 정도, 대응 과정, 복구 후 결과 등 상세히 기록된 사고 보고서가 필요하다.

4. 사고 대응 훈련 및 테스트 기록 : 사고 대응 훈련 및 모의 훈련을 실시한 기록. 사고 발생 시 대응 절차가 잘 작동하는지 확인하기 위한 테스트나 훈련 자료이다. 훈련 결과와 개선사항을 반영한 기록도 중요한 증빙자료이다.

5. 사고 분석 보고서 : 사고 대응 후, 사고 발생 원인과 대응 방법을 분석한 보고서. 사고 발생 후 분석을 통해 얻은 교훈과 개선할 점을 다룬 문서이다.

6. 법적 요구사항 및 외부 보고 문서 : 사고 발생 시 관련 법적 요구사항에 따라 외부 기관에 보고한 기록이 필요할 수 있다. 예를 들어, 데이터 유출 사고가 발생했을 경우 개인정보보호법에 의거하여 보고한 기록이 해당된다.

7. 사고 로그 및 추적 기록 : 사고 대응 과정에서 생성된 시스템 로그나 사고 관련 로

그들. 사고 발생 시 시스템이나 네트워크에서 발생한 활동에 대한 로그는 사고의 원인 분석과 대응 과정에서 중요한 역할을 한다.

5.27 정보보호 사고로부터 학습

> **통제**
> 정보보호 사고로부터 얻은 지식은 정보보호 관리를 강화하고 개선하는 데 사용되어야 한다.

핵심의미

조직이 발생한 정보보호 사고에서 얻은 교훈을 바탕으로 보안 관리 절차를 개선하고, 향후 유사한 사고를 예방하거나 더 효과적으로 대응할 수 있도록 하는 것을 의미한다. 사고 발생 후 사건 분석, 원인 파악, 대응 절차 평가 등을 통해 보안 사고에 대한 대응 능력을 향상시키는 활동을 강조한다. 즉, 사고로 인한 피해를 최소화하고 조직의 보안 관리 체계를 지속적으로 발전시키기 위한 중요한 과정이다.

핵심내용

1. 사고 분석 : 보안 사고가 발생했을 때 그 원인과 영향을 철저히 분석하고 문서화한다.
2. 교훈 도출 : 사고를 통해 얻은 교훈을 조직 내 전파하여 보안 의식을 높이고, 같은 실수를 반복하지 않도록 한다.
3. 보안 절차 개선 : 사고에 대한 대응 절차나 정책을 검토하고 개선하여 보안 수준을 강화한다.
4. 지속적인 학습 : 사고 대응 경험을 바탕으로 보안 조직의 역량을 향상시키고, 향후 사고에 대한 준비를 철저히 한다.

증빙자료

1. 사고 보고서 : 사고 발생 시점, 사고 유형, 영향을 받은 시스템/자원, 사고의 원인 및 경과 등을 상세히 기록한 문서. 사고 처리 과정 및 대응 절차를 기록한 문서

2. 근본 원인 분석 보고서 : 사고 발생 원인을 파악하기 위해 수행된 분석 결과를 문서화한 보고서. 이는 사고가 발생한 이유와 그 근본적인 문제를 설명한다.

3. 사고 후 회고 회의 기록 : 사고가 발생한 후 진행된 회고 회의 내용 기록. 해당 회의에서는 사고 대응의 효과성, 잘된 점과 개선해야 할 점을 논의하고, 이를 바탕으로 향후 절차 개선 방안을 도출한다.

4. 개선 조치 계획 : 사고 이후 도출된 교훈을 반영하여, 보안 절차나 정책을 어떻게 개선할 것인지에 대한 계획을 작성한 문서. 이 계획에는 사고 발생을 방지하거나, 발생 시 더 효과적으로 대응할 수 있도록 시스템을 개선하는 내용이 포함된다.

5. 교육 및 훈련 기록 : 사고에서 얻은 교훈을 바탕으로 진행된 보안 교육이나 훈련 기록. 이는 조직의 직원들에게 사고에서 얻은 교훈을 공유하고, 향후 유사한 사고를 예방하는 데 중요한 역할을 한다.

6. 개선된 보안 절차 및 정책 문서 : 사고 이후, 조직의 보안 정책이나 절차가 어떻게 변경되었는지를 설명하는 문서. 이 문서에는 사고 예방, 탐지 및 대응을 위한 구체적인 수정사항이 포함되어 있다.

7. 모니터링 및 심사 기록 : 사고 이후 보안 상태를 모니터링하거나 심사한 기록. 이는 사고 후 개선 조치가 실제로 효과를 보고 있는지 평가하는 데 도움을 준다.

5.28 증거 수집

> **통제**
>
> 조직은 정보보호 사건과 관련된 증거의 식별, 수집, 획득 및 보존 절차를 수립하고 이행해야 한다.

핵심의미

주요 목적은 법적, 규제적 요구사항을 충족하거나 보안 사건에 대한 적절한 대응을 위해 필요한 증거를 수집하고 보호하는 절차를 수립하는 것이다. 정보보호 사건, 사고 또는 위반에 대해 나중에 사용할 수 있도록 증거를 체계적으로 수집하고 보존하는 것을 강조한다. 이를 통해 조직은 보안 사건에 대한 신뢰성 있는 증거를 확보하고, 필요한 경우 법적 또는 규제상의 요구를 충족할 수 있다.

핵심내용

1. 증거 보호 및 보존 : 사건이나 사고 발생 시, 증거가 손상되거나 조작되지 않도록 보존

2. 법적 요구사항 충족 : 법적 요구사항이나 규제에 따라 적절한 증거를 수집하고 관리

3. 사고 대응 : 보안 사고에 대해 적절히 대응하고, 사건을 분석하고 재발 방지 조치를 마련하기 위한 증거를 확보

4. 보안 사고 추적 및 분석 : 사건의 원인 파악과 적절한 조치 계획 수립을 위한 증거를 체계적으로 수집

증빙자료

1. 로그 파일 : 시스템, 애플리케이션, 네트워크 장비 등에서 생성된 로그 파일은 사용자의 활동, 시스템의 상태 변화, 오류 발생 등을 기록한다. 이러한 로그는 보안 사고나 침해가 발생했을 때 중요한 증거가 된다.

2. 화면 캡처 및 스크린샷 : 특정 시점에서의 시스템 상태나 보안 사고 발생 직후의 화면을 캡처한 자료는 사고 분석에 유용한 증거가 될 수 있다.

3. 이메일 및 통신 기록 : 보안 사고와 관련된 이메일, 메시지, 통신 기록 등도 중요한 증거로 사용된다. 이들 자료는 사건의 발생 시점이나 관련자와의 소통을 추적하는 데 도움이 된다.

4. 파일 및 문서 : 보안 사고와 관련된 중요 파일, 문서 또는 시스템 설정 파일들이 사고의 증거로 활용될 수 있다. 예를 들어, 악성 코드나 해킹 흔적이 남아 있는 파일들이다.

5. 시스템 이미지 및 백업 : 사고 발생 전후의 시스템 이미지나 백업 파일을 활용하여 사건을 재구성하고 분석할 수 있다.

6. 보안 이벤트 기록 : 침입 탐지 시스템(IDS), 방화벽, 안티바이러스 소프트웨어 등에서 생성되는 보안 이벤트 기록은 보안 사고 발생 여부를 식별하는 데 중요한 자료이다.

7. 물리적 증거 : 서버 장비나 네트워크 장비와 같은 물리적 증거도 보안 사건을 분

석하는 데 유용할 수 있다. 예를 들어, 물리적으로 침입이 있었거나 장비에 대한 외부 접속이 있었다면, 해당 장비나 그와 관련된 자료가 중요한 증거로 활용될 수 있다.

5.29 운영 중단 시 정보보호

> **통제**
>
> 조직은 운영이 중단되는 동안 정보보호를 적절한 수준으로 유지하는 방법을 계획해야 한다.

핵심의미

조직이 운영 중단 상황에 대비해 정보보호를 어떻게 유지할 것인지에 대한 것이다. 운영 중단이란 시스템이나 서비스가 일시적이거나 영구적으로 중단되는 상황을 의미한다. 조직이 운영 중단 상황에 대비하여 정보보호 관리를 강화하고, 중단된 상황에서도 보안을 유지하는 방법을 체계적으로 다루는 것이다.

핵심내용

1. 위험 관리 : 운영 중단이 발생했을 때 중요한 정보 자산이 위험에 처하지 않도록 관리해야 한다. 이를 위해 중단 전에 가능한 위험을 예측하고 대비책을 마련해야 한다.

2. 보안 조치의 지속성 : 운영 중단 상황에서도 보안 조치가 지속적으로 적용될 수 있도록 해야 한다. 예를 들어, 백업, 재해 복구 계획, 대체 시스템 등을 통해 중요한 정보 자산을 보호할 수 있어야 한다.

3. 재개 계획 : 운영 중단 후 시스템이나 서비스가 재개될 때 보안이 재구성되고, 원활하게 복구될 수 있도록 계획을 수립해야 한다. 재개 과정에서 발생할 수 있는 보안 위험을 최소화하는 것이 중요하다.

4. 책임과 역할 : 운영 중단 상황에서 누가 어떤 보안 책임을 지는지 명확히 해야 한다. 이는 보안 사고를 빠르게 대응하고 관리할 수 있는 체계를 만든다.

증빙자료

1. 위험 평가 및 분석 보고서 : 운영 중단에 대한 잠재적 위험을 평가한 문서. 이 문서에서는 중단이 발생할 수 있는 상황과 그로 인한 영향, 대응 방안을 다룬다.

2. 재해 복구 계획(DRP, Disaster Recovery Plan) : 운영 중단 상황에서 IT 시스템의 복구 방법을 정의하는 계획서이다. 이 계획에는 시스템 재개에 필요한 절차, 책임자, 복구 우선 순위 등이 명시된다.

3. 비즈니스 연속성 계획(BCP, Business Continuity Plan) : 이 계획은 비즈니스의 핵심 활동이 중단되지 않도록 보장하는 전략을 포함하며, 운영 중단 시에도 정보 보호과 관련된 중요한 활동이 계속해서 이루어지도록 하는 방법을 명시한다.

4. 보안 정책 및 절차 : 운영 중단 상황에서 보안 정책과 절차가 어떻게 적용되는지 보여주는 문서이다. 예를 들어, 데이터 보호, 시스템 액세스 제한, 보안 로그 기록 및 모니터링 절차 등이 포함될 수 있다.

5. 백업 및 복구 로그 : 백업과 복구가 적절히 수행되었음을 증명하는 기록이다. 백업 주기, 백업 미디어, 복구 테스트 결과 등이 포함될 수 있다.

6. 보안 사고 대응 기록 : 운영 중단과 관련된 보안 사고 대응 기록이다. 사고 발생 시 대응 절차가 어떻게 진행되었는지, 어떤 보안 조치가 적용되었는지에 대한 세부 사항을 포함한다.

7. 교육 및 훈련 기록 : 직원들이 운영 중단 시 대응할 수 있도록 훈련을 받았다는 증거로, 관련 교육 자료나 훈련 참가자 목록 등이 해당된다.

8. 검토 및 심사 보고서 : 운영 중단 대응 계획이나 보안 대책에 대한 정기적인 검토나 심사 결과를 담은 문서이다. 이는 보안 관리 시스템이 제대로 작동하는지 확인하는 데 사용된다.

5.30 사업 연속성을 위해 정보통신기술 준비 상태

> **통제**
>
> ICT 준비성은 비즈니스 연속성 목표와 ICT 연속성 요건에 기초하여 계획, 구현, 유지 및 시험 되어야 한다.

핵심의미

조직이 재해, 사고 또는 중단 상황에서도 핵심 ICT 서비스와 시스템을 계속해서 운영하거나 신속하게 복구할 수 있도록 준비되어 있어야 한다는 것을 의미한다. 비즈니스 연속성을 위해 정보통신기술이 중단 없이 작동하거나 신속히 복구될 수 있도록 준비되어야 한다는 통제 항목이다. 기술적, 조직적 준비와 정기적인 점검이 중요하다.

핵심내용

1. ICT(정보통신기술) 기반의 핵심 업무 연속 보장
   · 조직의 비즈니스 연속성을 유지하기 위해 ICT 자원이 사전에 준비되어야 한다는 점을 강조한다.
   예) 서버, 네트워크, 스토리지, 클라우드 인프라 등

2. 위기 상황 발생 시 빠른 복구 능력 확보
   · 예상치 못한 장애나 재해 발생 시에도 ICT 시스템을 허용된 시간 내에 복구할 수 있어야 한다.
   · 복구 시간 목표(RTO), 복구 시점 목표(RPO) 등이 여기 포함된다.

3. 정보 자산의 보호와 무중단 서비스 제공
   · 데이터 손실을 방지하고, 사용자에게 연속적으로 서비스를 제공할 수 있는 기반 마련

4. 비즈니스 연속성 계획(BCP)과의 정렬
   · BCP와 일치하는 ICT 복구 계획이 있어야 하며, 실제로 테스트와 훈련을 통해 실행 가능성을 검증해야 한다.

1. 정책/계획 : ICT 연속성을 위한 조직의 공식 방침과 전략(예: ICT 비즈니스 연속성 정책, 정보시스템 복구 전략 문서, 비즈니스 연속성 계획(BCP) 내 ICT 관련 항목)

2. 리스크 평가 : 어떤 시스템이 중요하며, 얼마나 빨리 복구해야 하는지 분석한 자료(예: BIA 결과, 위험 평가 보고서, RTO/RPO 분석 문서)

3. 기술적 준비 : 기술적으로 어떤 준비가 되어 있는지 보여주는 문서(예: 시스템 백업 및 복구 절차서, DR(DR Site) 구축 내역, 가상화/클라우드 전환 계획)

4. 운영/테스트 기록 : 실제 테스트나 장애 대응의 실행 증거(예: 비즈니스 연속성 테스트 시나리오, DR 훈련/테스트 결과 보고서, 장애 발생 시 대응 기록)

5. 유지관리 문서 : 계획이 주기적으로 관리되고 있는지를 보여주는 증거(예: 연속성 계획 검토 회의록, 변경관리 기록, 모니터링/점검 체크리스트)

5.31 법, 법률, 규제적, 계약적 요건

> **통제**
>
> 정보보호과 관련된 법, 법률, 규제 및 계약적 요구사항과 이러한 요구사항을 충족하기 위한 조직의 접근 방식을 파악, 문서화 및 최신 상태로 유지해야 한다.

핵심의미

조직은 정보보호에 영향을 미치는 법적, 규제적, 계약적 요건과 기타 보안 관련 의무사항을 파악하고 이를 준수해야 한다는 내용이다. "우리 회사는 어떤 법을 따라야 하지? 고객과 맺은 계약에는 어떤 보안 조항이 있지?" 이런 것들을 정확히 파악하고, 정보보호 정책과 절차에 반영해서, 법 위반이나 계약 위반이 발생하지 않도록 하라는 의미이다.

핵심내용

1. 요구사항 식별 : 국가 및 지역 법률(예: 개인정보보호법, 전자거래법 등), 규제 요

건(예: 금융감독원, GDPR, HIPAA 등), 계약 상 의무(예: 고객과 체결한 보안 관련 SLA, NDA 등), 조직의 자체 정책 및 윤리 기준

2. 문서화 및 최신화 : 식별된 요구사항은 문서화되어야 하며, 변화가 생기면 이를 지속적으로 갱신해야 한다.

3. 보안 통제 설계에 반영 : 위 요구사항들은 정보보호 관리체계(ISMS)나 통제 설계 시 직접 반영되어야 하며, 관련 프로세스와 연계되어야 한다.

증빙자료

1. 법적 · 규제적 요구사항 관련 문서
   · 관련 법령 목록 및 요약(예: 개인정보보호법, 정보통신망법 등)
   · 규제기관의 가이드라인 문서(예: 금융감독원, 방통위 지침 등)
   · GDPR, HIPAA 등 해외 법률 준수 여부를 보여주는 매핑표
   · 법무팀 또는 외부 자문을 통한 법률 검토 보고서

2. 계약적 요구사항 관련 문서
   · 고객 및 협력사와 체결한 계약서 내 보안 관련 조항
   · 서비스 수준 계약(SLA) 또는 정보보호 부속합의서
   · 공급업체 계약 시 포함된 정보보호 요건 목록
   · 계약상 비밀유지서(NDA) 문서

3. 내부 통제 및 절차 문서
   · 관련 법적/계약적 요건을 반영한 정보보호 정책
   · 법적 요건 식별 및 관리 프로세스 문서(ex: 준법감시 체크리스트)
   · 정기적인 법률 요건 검토 및 갱신 절차
   · 법적 변경사항을 반영한 변경관리 기록

4. 교육 및 인식 증빙
   · 원 대상 법적/규제적 요구사항 관련 교육 자료
   · 교육 이수 내역(예: 개인정보보호 교육 수료 기록)
   · 계약 담당자 대상 계약상 보안 요건 설명 자료

5. 점검 및 심사 관련 증빙
   · 법적/계약적 요구사항 준수 여부를 확인한 내부 심사 보고서

· 외부 심사 대응 문서(심사 체크리스트 포함)
· 법무/준법감시 부서의 정기 보고서

5.32 지적재산권

> **통제**
> 조직은 지적재산권을 보호하기 위한 적절한 절차를 이행해야 한다.

핵심의미

조직이 정보보호 관점에서 지적재산권을 보호하고 준수해야 한다는 것을 강조한다. 조직이 사용하는 정보, 소프트웨어, 콘텐츠 등이 지적재산권법에 위반되지 않도록 하고, 동시에 자체의 지적재산도 보호하는 것이다.

핵심내용

1. 타인의 지적재산권 존중
   · 상용 소프트웨어, 이미지, 음악, 텍스트, 데이터 등은 라이선스 조건에 맞게 사용해야 함
   · 불법 복제, 무단 다운로드, 저작권 위반 금지

2. 라이선스 및 계약 관리
   · 사용하는 소프트웨어나 콘텐츠에 대한 라이선스 계약서를 명확하게 관리해야 함
   · 오픈소스 소프트웨어도 사용 조건을 확인하고 준수해야 함

3. 조직의 지적재산 보호
   · 조직이 개발한 문서, 소프트웨어, 설계도 등은 지적재산으로 간주되며, 이에 대한 보호 및 통제 필요
   · 필요 시 특허, 저작권 등록 등을 고려

4. 직원 인식 제고
   · 직원들이 저작권 및 지적재산 관련 정책과 법적 책임을 인식할 수 있도록 교육 필요

증빙자료

1. 소프트웨어 라이선스 관련 자료
   - 사용 중인 상용 소프트웨어 라이선스 계약서
     예) MS Office, Adobe, AutoCAD 등
   - 오픈소스 소프트웨어 사용 시 : 라이선스 종류(SPDX, MIT, GPL 등) 확인 문서,
     준수 여부 확인서 또는 내부 검토 문서
   - 소프트웨어 자산 목록 및 관리 대장

2. 지적재산 보호 문서
   - 자사 개발 코드/문서/디자인에 대한 저작권 등록 증명서
   - 특허 출원 또는 등록 관련 문서
   - 상표권 또는 산업재산권 관련 서류

3. 정책 및 절차 문서
   - 지적재산권 보호 정책(예: 저작권 준수 지침)
   - 정보보호 정책 내 지적재산 관련 조항 포함 여부
   - 오픈소스 사용 지침, 라이선스 관리 정책 등

4. 직원 교육 및 서약서
   - 지적재산권 관련 정기 교육 이력(교육 자료, 참석자 명단 포함)
   - 보안 서약서 또는 기밀유지서약서(NDA)에 지적재산 항목 포함 여부
   - 퇴직 시 지식재산 반환 및 보호 관련 서약서

5. 심사 및 점검 자료
   - 내부심사 체크리스트 중 지적재산권 항목 점검 내역
   - 소프트웨어 불법 사용 여부 점검 보고서
   - 위반 사례 대응 이력(있다면 조사보고서, 시정조치 등)

5.33 기록의 보호

> **통제**
>
> 기록은 분실, 파괴, 위조, 무단 접근 및 무단 유출로부터 보호되어야 한다.

핵심의미

조직이 보유하고 있는 각종 기록이 무결성, 신뢰성, 가용성, 기밀성 등의 관점에서 안전하게 보호되도록 관리하라는 의미이다. 기록이 손상되거나 부적절하게 접근되지 않도록 보호하고, 필요한 기간 동안 사용할 수 있도록 유지하는 것이다.

핵심내용

1. 기밀성 : 민감한 기록은 접근이 통제되어야 한다(예: 개인정보, 비즈니스 기밀 등).
2. 무결성 : 기록이 변조되거나 손상되지 않도록 해야 한다. 해시값, 디지털 서명 등을 활용할 수 있다.
3. 가용성 : 필요한 시점에 적절한 사람이 접근할 수 있어야 한다(예: 백업 체계, 접근 권한 설정 등).
4. 보존 기간 및 폐기 : 법적, 규제적 요구사항 또는 비즈니스 목적에 맞는 보존 기간 설정이 필요하며, 만료된 기록은 적절히 폐기해야 한다.
5. 형식 및 매체 : 종이 기록이든 전자 문서든 모두 보호 대상이다.
6. 로그 관리 : 보안 로그나 심사 기록은 조작되지 않도록 별도로 보호하고 일정 기간 보관해야 한다.

증빙자료

1. 기록 관리 정책 및 절차 문서
   · 정보보호 정책 "내 기록 관리 및 보호"에 대한 내용 포함
   · 기록 보존 기간, 보호 방법, 책임자 등 명시
   · 전자/물리 기록의 분류 및 취급 기준 포함
2. 접근통제 설정 자료

- 시스템에서 기록(예: 로그, 문서)에 대한 접근 권한 설정 스크린샷
- 특정 폴더/시스템에 대한 접근 로그
- 접근 권한 부여/회수 이력

3. 백업 및 복구 증빙
   - 정기 백업 스케줄 및 이행 로그
   - 백업 테스트 리포트(복구 테스트 포함)
   - 백업 보관 위치, 암호화 여부 확인 자료

4. 기록 폐기 절차 및 이력
   - 기록 보존 기간 종료 후 폐기 절차 문서
   - 폐기 로그, 폐기 확인서(특히 외부 위탁 시)

5. 심사 로그 보존 이력
   - 심사 로그 보존 기간 정의 및 실제 로그 보관 경로
   - 로그 변경 불가(Write Once) 설정 증빙

6. 법적/규제 요구사항 대응 문서
   - 관련 법령 및 규정에 따른 기록 보존 기간 정리표
   - 이 기준에 따라 기록 보존 정책이 수립되었음을 입증

7. 기록 관리 시스템 사용 사례
   - 전자 문서 관리 시스템(EDMS), DMS, ECM 등 사용 시 사용자 매뉴얼, 기록 암호화, 접근 제한, 심사 기능 스크린샷

5.34 PII의 개인 정보보호 및 보호

> **통제**
>
> 조직은 적용 가능한 법률과 규정 및 계약 요건에 따라 개인 정보보호 및 개인 정보보호와 관련된 요구사항을 식별하고 충족해야 한다.

핵심의미

조직은 개인식별정보(PII)의 프라이버시와 보호를 보장하기 위한 보안 조치를 식별하

고 적용해야 한다. 개인식별정보(PII)의 프라이버시 보호 및 보안 보호를 다루는 항목이다.

핵심내용

1. PII(Personally Identifiable Information)
   · 개인을 직접 또는 간접적으로 식별할 수 있는 정보(예: 이름, 주민등록번호, 이메일, IP 주소, 위치 정보 등)
2. 보호 대상
   · 정보 자체의 보안성(Security) 뿐 아니라, 정보주체의 프라이버시(Privacy) 보호도 포함
   · 이는 단순히 정보 유출 방지뿐 아니라 정보처리의 정당성, 투명성, 목적 제한 등을 요구함
3. 조직의 책임
   · 법률, 규정(예: GDPR, 개인정보보호법 등)에 따라 적절한 기술적·관리적 보호조치를 강구
   · 개인정보처리방침, 동의 관리, 익명화/가명화 처리, 민감정보의 별도 보호 등
4. 적용 사례
   · 개인정보 수집 시 정보주체에게 통지하고 동의받기
   · 암호화, 접근통제 등 기술적 조치
   · 처리 목적 외 사용 금지
   · 보유기간이 지난 개인정보의 안전한 삭제

증빙자료

1. 개인정보처리방침(Privacy Policy)
   · 조직의 웹사이트 또는 내부 문서에 게시된 공식 정책
   · 어떤 정보를 수집하고 어떻게 사용/보관/삭제하는지 명시
2. 동의서 및 수집 동의 기록
   · 정보주체로부터 받은 개인정보 수집·이용 동의서
   · 전자 동의의 경우 로그 기록, 화면 캡처 등

3. 개인정보 흐름도(Data Flow Diagram)
· 개인정보가 시스템 내에서 어떻게 수집, 처리, 보관, 폐기되는지 시각화한 문서

4. PII 식별 및 분류 목록
· 어떤 데이터가 PII로 간주되는지 정의한 목록

· 민감정보의 구분 포함

5. 접근 제어 로그 및 정책
· 누가 언제 어떤 PII에 접근했는지에 대한 시스템 로그

· 역할 기반 접근 제어, 최소 권한 정책 문서

6. 암호화 및 보호조치 적용 문서
· PII 암호화 정책 및 구현 내역

· 암호화 알고리즘, 키 관리 정책 등

7. 데이터 보존 및 파기 정책
· 보존 기간 명시 및 기간 종료 후 안전한 삭제 절차 문서

· 로그 : 자동 삭제 기록, 파기 확인서 등

8. 내부 교육 및 인식 증진 자료
· 개인정보보호 관련 직원 교육 이수 기록

· 교육 교안, 설문, 수료증

9. 개인정보 유출 대응 절차 및 이력
· 침해사고 발생 시 대응 절차 문서화

· 사고 발생 시 처리 기록, 유출 통지 내역

10. 내부 심사 보고서 및 점검 체크리스트
· PII 처리의 적절성에 대한 내부 심사 결과

· 관련 통제의 이행 여부 확인 내용 포함

5.35 정보보호에 대한 독립적인 검토

> **통제**
>
> 정보보호를 관리하는 조직의 접근 방식과 인력, 프로세스 및 기술을 포함하는 조직의
> 구현(정보보호에 대한 통제, 정책, 프로세스, 절차 등) 방식을 계획된 주기로 또는 중
> 요한 변화가 발생할 때 독립적으로 검토해야 한다.

핵심의미

조직의 정보보호 관리 체계(ISMS)가 효과적으로 작동하고 있는지 객관적이고 독립적
으로 확인하는 것이다. 조직의 정보보호 정책, 절차, 통제 수단 등이 적절히 수립되고
운영되는지를 조직 내부 또는 외부의 독립된 인원 또는 부서가 주기적으로 검토해야
한다는 의미이다.

핵심내용

1. 정보보호 체계가 계획대로 작동하는지 검증
2. 리스크 관리가 효과적으로 수행되고 있는지 확인
3. 문제나 개선 사항을 조기에 발견
4. 경영진에게 객관적인 정보보호 상태 보고
5. 운영 팀과는 분리된 사람이나 부서가 수행해야 함
6. 내부 심사 부서, 제3자 심사원(외부 심사원), 혹은 상위 부서가 될 수 있음
7. 이해 상충 없이 객관적 시각에서 검토하는 것이 중요

증빙자료

1. 검토 계획 : 연간 심사 계획서, 독립 검토 일정표
2. 검토 수행 기록 : 내부 심사 보고서, 독립 보안 검토 보고서, 외부 심사 결과 보고서
3. 검토자 자격 : 검토자 프로필, 독립성 확인 서류(ex. 심사원의 부서 소속, 독립성
   선언서)
4. 결과 보고 및 조치 : 경영진 보고 자료(ex. 정보보호 위원회 회의록), 시정조치 계

획 및 실행 내역

5. 후속 조치 기록 : 시정조치 완료 보고서, 후속 심사/검토 확인 문서

5.36 정보보호를 위한 정책, 규칙 및 표준 준수

> **통제**
>
> 조직의 정보보호 정책, 주제별 정책, 규칙 및 표준 준수 여부를 주기적으로 검토해야 한다.

핵심의미

조직이 수립한 정보보호 정책, 규칙, 절차 및 표준이 조직의 모든 관련자(직원, 계약자 등)에 의해 준수되도록 보장해야 한다. 조직은 정보보호 관련 규정(정책, 규칙, 절차, 표준)을 만들어야 하고, 모든 구성원은 그 규정을 알고, 이해하고, 따라야 하며, 조직은 이를 모니터링하고, 위반 시 조치할 체계를 갖춰야 한다는 것이다.

핵심내용

1. 규정 정의 및 문서화 : 정보보호 정책 및 표준은 문서화되어 있어야 하며, 명확하게 이해할 수 있도록 작성되어야 한다.

2. 의사소통 및 인식 제고 : 관련자들이 규정을 인지하고 준수할 수 있도록 교육 및 커뮤니케이션을 진행해야 한다.

3. 규정 준수 모니터링 : 정책 준수 여부를 정기적으로 점검하고, 위반이 발생하면 기록 및 보고해야 한다.

4. 비 준수 시 조치 : 위반 시 적절한 시정 조치, 교육 또는 징계 등의 절차를 마련해야 한다.

증빙자료

1. 정책 및 규정 관련 문서 : 정보보호 정책 문서, 정보보호 표준 및 절차서, 내부 보안 규정 변경이력

2. 정책 커뮤니케이션 및 인식 증거 : 전사 공지 이메일, 보안 인식 교육 자료,교육

이수 기록

3. 정책 준수 여부 모니터링 기록 : 내부 점검 보고서, 로그 및 시스템 리포트, 심사 결과 및 시정조치

4. 비준수 대응 증거 : 위반 사례 보고서, 징계 또는 재교육 기록, 예외 승인 문서

5.37 문서화된 운영 절차

통제
정보처리 시설의 운영 절차는 문서화되어야 하며 이를 필요로 하는 직원이 이용할 수 있어야 한다.

핵심의미
정보시스템 및 보안 관련 운영 활동이 일관되게 수행되도록 하기 위해, 문서화된 운영 절차를 작성, 유지, 사용해야 한다. 정보보호 관리 체계(ISMS)의 일환으로 운영 활동에 대한 표준화된 문서 절차를 수립하고 유지할 필요성을 강조하는 항목이다.

핵심내용

1. 일관성 유지 : 업무 수행 시 절차가 사람마다 다르게 적용되지 않도록

2. 효율성 향상 : 숙련되지 않은 사람도 절차에 따라 업무를 수행 가능

3. 오류 방지 및 보안 사고 예방 : 실수나 보안 위협을 줄이기 위해

4. 심사 및 추적성 확보 : 심사 시 참고할 수 있는 기준이 되며, 책임 소재가 명확해짐

5. 문서화 : 명확하고 이해하기 쉬워야 하고, 최신 상태로 유지되어야 하고, 승인된 책임자에 의해 작성 및 검토되어야 하고, 접근 권한 통제되어야 함(필요한 사람만 접근)

증빙자료

1. 운영 절차 문서 자체

2. 운영 절차 문서 목록

3. 운영 매뉴얼/체크리스트

4. 교육 이력/훈련 자료

5. 운영 로그/실행 기록

6. 내부 심사 보고서

6. 인적관리 통제

6.1 채용

> **통제**
>
> 직원이 될 모든 후보자에 대한 배경 검증 검사는 조직에 입사하기 전에 해당 법률, 규정 및 윤리를 고려하여 지속적으로 수행되어야 하며 비즈니스 요구사항, 접근해야 할 정보의 분류 및 인식된 위험에 비례해야 한다.

핵심의미

조직이 채용하려는 인원이 정보보호 요건을 충족하는지 사전에 확인하고, 보안 위험을 최소화하기 위한 것이다. 조직의 정보보호를 위협할 수 있는 사람을 미리 걸러내고 채용되는 인원이 해당 직무에 적합한 신뢰성과 자격을 갖췄는지 검증하는 것이다.

핵심내용

1. 역할 및 책임에 따른 검증 : 해당 직무에서 요구되는 보안 민감도에 따라 선별 기준이 달라질 수 있음

2. 배경 확인 : 학력, 경력, 자격증 확인, 필요시 범죄 경력 조회나 신원조사, 법적/규제 요건 및 지역 문화에 따라 범위 조정

3. 보안 책임에 대한 인식 : 채용 전에 보안 책임, 기밀 유지 계약서(NDA) 등을 명확히 전달

1. 채용 정책 및 절차서 : 인사팀 또는 보안팀에서 수립한 문서로, 채용 시 보안 검토 절차와 기준이 포함되어 있어야 함

2. 직무 기술서 : 보안 민감도에 따라 필요한 직무별 요건이 명시된 문서

3. 신원조회 결과 기록 : 범죄 경력, 학력/경력 확인 등 채용 전 검증 절차의 결과물 (법적 허용 범위 내에서)

4. 보안 책임 동의서/기밀 유지 계약서 : 입사 전후, 정보보호 책임과 의무를 서면으로 동의받은 문서

5. 채용 시 체크리스트 또는 평가표 : 채용 과정에서 정보보호 기준을 반영한 평가 항목이 포함된 서식

6. 서명된 보안 정책 수령 확인서 : 직원이 보안 정책을 숙지하고 서명한 기록

7. 직원 선발 기록 로그 : 채용 과정에서 각 절차가 수행되었음을 기록한 내부 문서 또는 시스템 로그

6.2 고용조건

> **통제**
>
> 고용 계약서에는 정보보호에 대한 직원과 조직의 책임이 명시되어야 한다.

핵심의미

정보보호 관리 관점에서 직원 고용 시 명확하게 보안 관련 책임과 의무를 정의해야 한다는 것을 의미한다. 조직이 직원을 고용할 때, 보안 사고를 예방하고 책임 소재를 명확히 하기 위해 필요한 보안 요구사항을 고용계약이나 기타 관련 문서에 포함시키는 것을 권고한다. 직원이 고용되기 전에 정보보호 책임과 의무를 명확히 하여, 고용 기간 중 또는 고용 종료 후에도 보안 사고 방지와 책임 추적 가능성을 확보하기 위함이다.

핵심내용

1. 정보보호 관련 요구사항 명시 : 고용계약서, 비밀유지계약(NDA), 정책문서 등에 정보보호 의무 사항을 포함해야 함
2. 역할과 책임의 명확화 : 직원이 맡게 될 업무에 따른 정보보호 역할과 책임을 명확히 해야 함
3. 기밀 유지 조항 : 고용 기간 중뿐 아니라, 퇴직 후에도 조직의 민감한 정보에 대해 비밀을 유지해야 한다는 조항 포함
4. 법률 및 규정 준수 : 관련 법률, 규제, 계약상의 보안 요구사항을 명시적으로 따르게 해야 함

증거자료

1. 고용 계약서 : 보안 책임, 기밀유지 조항(NDA), 정책 준수 의무 등이 포함되어 있는지 확인
2. 비밀유지계약서(NDA) : 기밀 정보보호에 대한 직원의 동의 및 서명
3. 직원 보안정책 수령 확인서 : 직원이 정보보호 정책을 숙지하고 서명했음을 증명
4. 정보보호 정책 문서 : 전사 정보보호 정책 문서(보안 책임, 행동 규범 포함)
5. 채용 프로세스 문서화 : 채용 시점에 보안 요건이 포함되는지를 보여주는 체크리스트 또는 절차서
6. 정보보호 교육 이수 기록 : 입사 시 정보보호 교육을 받았고 완료했음을 보여주는 이수 내역서
7. 퇴직 시 보안 의무 안내 확인서 : 퇴사 시 기밀유지 의무가 유지됨을 명시한 안내서 또는 동의서

6.3 정보보호 인식 교육과 훈련

> ### 통제
> 조직의 직원과 관련 이해당사자는 조직의 정보보호 정책, 주제별 정책 및 절차에 대한 적절한 정보보호 의식, 교육 및 훈련 및 정기적인 업데이트를 자신의 직무 기능과 관련하여 받아야 한다.

핵심의미

정보보호 관리의 중요한 부분인 정보보호 인식, 교육 및 훈련에 관한 내용이다. 조직 내 모든 구성원이 정보보호의 중요성을 인식하고, 적절한 지식과 기술을 갖추도록 하는 것이다.

핵심내용

1. 정보보호 인식 : 전 직원이 정보보호의 중요성과 자신의 역할을 인식하도록 해야 한다(예: 피싱 메일을 구별하는 방법, 기밀 정보 취급 요령 등을 인지하도록 교육).

2. 정보보호 교육 : 일반적인 보안 개념 및 조직의 보안 정책, 절차에 대한 이해를 돕는 정기적인 교육 프로그램(예: 정기 보안 교육, 온라인 보안 교육 등)

3. 정보보호 훈련 : 직원들이 실질적으로 보안 관련 작업을 수행할 수 있도록 하는 실무 중심 훈련(예: 보안 사고 대응 훈련, 모의 해킹 대응, 암호화 툴 사용법 등)

증빙자료

1. 인식 활동 : 보안 포스터, 배너, 스티커, 뉴스레터, 사내 공지 이메일, 보안 캠페인 운영 계획서 및 결과

2. 교육 : 보안 교육 커리큘럼, 교육 이수자 목록 및 서명부, 교육 참석 캡처/스크린샷, 온라인 교육 수료증

3. 훈련 : 보안 사고 대응 모의훈련 계획 및 보고서, 훈련 시나리오 문서, 참여자 목록 및 피드백

4. 교육 기록 관리 : 연간 교육 계획표, 교육/훈련 로그 기록, 교육 이력 관리 시스템

캡처 화면

6.4 징계 과정(절차)

> **통제**
>
> 정보보호 정책 위반을 저지른 직원 및 기타 관련 이해당사자에 대한 조치를 취할 수 있도록 징계 절차를 공식화하고 전달해야 한다.

핵심의미

조직의 정보보호 정책이나 보안 요구사항을 위반한 직원에게 일관되고 공정한 징계 조치를 취할 수 있는 공식적인 절차를 수립하고 유지하라는 요구이다.

핵심내용

1. 정보보호 위반 시 어떠한 조치가 취해질 수 있는지 사전에 정의해야 함
2. 위반자의 행동의 중대성에 비례하는 조치가 필요함(예: 경고, 교육, 정직, 해고 등)
3. 징계 조치는 조직의 인사 정책, 법률, 노동법, 노조 협약 등을 준수해야 함
4. 모든 직원이 징계 절차와 그 가능한 결과에 대해 인식하고 있어야 함
5. 위반 행위에 대해 책임을 명확히 하고 보안 문화를 유지해야 함
6. 직원들에게 정보보호 규정 준수의 중요성을 인식시키는 억제 효과 제공해야 함
7. 위반 발생 시 일관된 대응을 통해 불공정·혼란 방지 함

증빙자료

1. 정보보호 위반 대응 관련 정책 및 절차 문서
   · 징계 절차가 포함된 보안 정책 문서 : 정보보호 정책서, 임직원 행동강령, IT 보안 규정 등
   · 조치 단계 및 위반 수준에 따른 처분 기준 정의 문서 : 경고 → 교육 → 정직 → 해고 순서가 정의된 내부 문서

2. 직원 인식 및 교육 기록
   · 직원 대상 보안 정책 안내 및 서명 기록 : 보안정책 수령 및 인지 확인 체크리스트, 서약서
   · 정보보호 교육 이수 기록 : 교육일자, 참석자 명단, 교육 내용 요약

3. 징계 이력 및 사건 대응 기록(사생활 보호 필수)
   · 보안 위반 사건 처리 보고서 : 사건 요약, 조사 내용, 적용된 절차, 조치 결과
   · 징계위원회 회의록 또는 결정 문서 : 징계 수준 결정 및 인사/법무 검토 포함

4. 심사 및 모니터링 로그
   · 징계 절차가 실제로 수행되었음을 보여주는 심사 증적 : 내부 심사 보고서, ISO 인증기관의 심사 의견 등

6.5 고용종료(해고) 또는 계약변경 후의 책임

> **통제**
>
> 고용의 종료 또는 변경 후에도 유효한 정보보호 책임과 의무를 정의, 시행 및 관련 직원 및 기타 이해관계자에게 전달해야 한다.

핵심의미

조직의 정보보호 관리에 있어 직원이나 계약자의 고용 관계가 종료되거나 역할이 변경된 이후에도 정보보호 책임을 어떻게 관리해야 하는지에 대한 것이다. 직원 또는 외부 인력의 고용 종료나 역할 변경 후에도 조직의 정보 자산이 보호되도록 보장하는 것이다.

핵심내용

1. 정보보호 책임 지속 : 고용 종료나 계약 종료 후에도 특정 보안 책임(예: 기밀 유지)은 여전히 유효하다는 점을 명확히 해야 한다.

2. 기밀 유지 조항(NDA) : 직원 또는 계약자와 체결된 기밀 유지 계약은 퇴사 후에도 효력을 유지해야 하며, 이를 문서화하고 서명 받는 것이 중요하다.

3. 접근 권한 철회 : 고용 종료나 역할 변경 시, 시스템·애플리케이션·데이터베이

스에 대한 접근 권한은 즉시 제거되어야 한다.

4. 자산 반환 : 정보 자산(노트북, USB, 문서 등)도 반드시 반환받아야 하며, 이 절차는 정해진 프로세스를 따라야 한다.

5. 보안 위반 예방 : 퇴사 이후 불만이나 보복으로 인한 보안 사고를 예방하기 위해, 필요한 경우 법적 조치나 모니터링을 고려할 수 있다.

증빙자료

1. 기밀 유지 계약서(NDA) : 직원 또는 계약자가 고용 종료 이후에도 기밀을 유지할 것이라는 서약서. 퇴사 시 서명된 버전이 중요

2. 퇴사 프로세스 문서 : 퇴사 시 권한 철회, 자산 반납, 보안 교육 등을 포함한 표준 운영 절차

3. 권한 철회 로그 : 시스템 접근 권한이 종료일에 맞춰 삭제되었음을 보여주는 로그 또는 캡처(AD, ERP, DB 등)

4. 자산 반납 확인서 : 노트북, USB, 문서 등 회사 자산을 반납했음을 서명으로 확인한 문서

5. 보안 오리엔테이션/퇴사 인터뷰 체크리스트 : 퇴사 시 보안 관련 주의사항을 안내하고 확인받은 문서

6. 정책 문서(예: 인사 보안 정책) : 퇴사 이후 정보보호 의무에 대한 정책 명시 여부 확인용

7. 역할 변경 시 책임 변경 문서 : 직무가 변경된 경우, 새로운 보안 책임을 명시한 업무지시서나 인사 발령 문서 등

8. 심사 내역 또는 교육 이력 : 기밀 유지 및 퇴사자 정보보호 관련 교육을 받았다는 증빙 자료(서명 또는 이수 기록 등)

6.6 비밀유지 또는 비공개 계약

> **통제**
>
> 정보보호에 대한 조직의 요구를 반영하는 비밀유지 또는 비공개 계약은 직원 및 기타 관련 이해당사자에 의해 식별, 문서화, 정기적인 검토 및 서명되어야 한다.

핵심의미

조직이 민감한 정보의 보호를 위해 비밀유지 계약을 체결해야 하는 상황과 기준을 정의한다. 조직 외부 또는 내부 인물(예: 직원, 계약자, 공급업체 등)과의 정보 공유 시, 민감한 정보의 기밀성을 보호하기 위해 법적 구속력이 있는 계약(NDA 등)을 체결하는 것을 의미한다.

핵심내용

1. 내용 : 보호 대상 정보의 정의, 정보의 사용 목적 제한, 보유 및 폐기 조건, 위반 시 책임 및 제재 조항
2. 비밀유지 계약의 일관성 확보 : 조직 전체에 걸쳐 표준화된 형식과 절차 유지
3. 정기적 검토 : 법률 변화나 사업 환경 변화에 따라 NDA 내용 갱신
4. 계약 체결 및 이행 여부의 기록 유지(심사 추적 가능하도록)

증빙자료

1. 비밀유지계약서(NDA) 샘플 : 직원, 협력업체, 외주 개발자 등과 체결한 실제 NDA 또는 그 샘플 문서
2. 계약 체결 기록 : 계약서 서명 날짜, 당사자 정보가 포함된 기록(전자서명 시스템 로그 등도 가능)
3. NDA 관련 정책 및 절차 문서 : 정보보호 정책 중 '기밀유지 및 계약 관리' 절차 또는 지침 문서
4. 교육 이력 및 서명 : 임직원이 NDA의 내용을 이해하고 서명했음을 증빙하는 교육 기록 또는 서명확인서

5. 제3자 관리 프로세스 문서 : 협력업체나 외주자에게 기밀정보를 제공할 경우 NDA 요구 여부를 정의한 프로세스 문서

6. 심사 및 검토 로그 : NDA가 정기적으로 검토되었음을 보여주는 변경 이력이나 검토 기록(예: 연 1회 검토 로그)

7. 계약서 저장소 관리 내역 : 계약 문서 보관 위치 및 접근 제한 관련 통제 증빙(예: 접근권한 관리 기록)

6.7 원격 작업(근무)

> **통제**
> 직원이 조직의 구내 밖에서 접근, 처리 또는 저장된 정보를 보호하기 위해 원격으로 작업할 때 보완조치가 구현되어야 한다.

핵심의미

조직 외부에서 근무(예: 재택근무, 이동 중 업무 등) 시 발생할 수 있는 정보보호 위험을 식별하고 적절히 통제하기 위한 지침을 의미한다. 원격으로 업무를 수행하는 모든 직원, 계약자, 제3자 등이 원격 근무 환경에서 조직의 정보 자산이 안전하게 보호되도록 보장한다.

핵심내용

1. 원격 근무 시 접근 제어(누가, 어떻게 접속할 수 있는가?)
2. 암호화(전송 데이터 및 저장 데이터 보호)
3. 기기 보안(개인 장비 사용 시 위험)
4. 물리적 보안(재택근무 시 문서나 장비 도난 가능성)
5. 보안 정책과 절차 준수(원격 작업도 내부 정책 따라야 함)
6. VPN, MFA 등 기술적 보호조치
7. 사용자 인식 교육(사회 공학적 공격에 대한 대비)

1. 정책/절차 : 원격 작업 시 준수해야 할 보안 요구사항을 문서화한 것
   · 원격 근무 정책서, 정보보호 정책서 내 원격 근무 관련 조항
2. 승인 기록 : 특정 인원에게 원격 근무 권한을 부여한 증거
   · 원격 근무 승인 요청 및 승인 내역, 권한 부여 기록(접속 권한 등)
3. 기술 설정 : 원격 접속 시 기술적 보호조치가 적용되어 있음을 보여주는 자료
   · VPN 설정 스크린샷/구성 문서, MFA 적용 증거(로그 또는 설정 화면), 장치 암호화 설정
4. 시스템 로그 : 접속 기록 및 보안 감시가 수행되고 있음을 증명
   · 원격 접속 로그(VPN 접속 기록 등), 이상 징후 탐지 로그, 접속 시도 실패 기록
5. 교육자료 : 사용자 보안 인식 수준 향상을 위한 노력의 증거
   · 원격 근무 대상자 보안 교육 자료, 교육 수료 이력/출석부, 보안 인식 캠페인 자료
6. 장비 관리 : 원격 근무 장비에 대한 관리 현황
   · 장비 자산 목록, 원격 근무용 장비 할당 기록, 장비 회수/반납 체크리스트
7. 물리적 보안 확인 : 재택근무 장소의 물리적 보안 조치 여부 확인
   · 재택근무 환경 자가점검 체크리스트, 안전한 장소에서 업무 수행 확인서

6.8 정보보호 이벤트 보고

통제

조직은 직원이 적절한 경로를 통해 관찰되거나 의심되는 정보보호 사건을 적시에 보고할 수 있는 체계(방법/기법)를 제공해야 한다.

핵심의미

조직의 보안 이벤트가 발생했을 때 어떻게 보고하고 대응해야 하는지를 다루고 있다. 조직 내 모든 사용자(직원, 계약자 등)가 정보보호 이벤트(사고가 아님!)를 인식하고, 적절한 경로로 신속히 보고할 수 있도록 하는 절차를 마련하라는 의미이다.

핵심내용

1. 정보보호 이벤트는 보안 사고로 발전할 수 있는 이상 행위나 상태를 말한다.

   예) 의심스러운 이메일 수신(피싱 가능성), 시스템의 이상 징후(느려짐, 비정상 트래픽 등), 승인되지 않은 접근 시도 등

2. 이러한 이벤트를 즉시 인식하고, 지정된 채널로 보고함으로써 빠른 대응과 사고 확산 방지가 가능해진다.

3. 보고 절차는 명확하고 쉽게 접근 가능해야 하며, 사용자 교육도 병행되어야 한다.
   - Event는 이상 징후 → 반드시 피해가 발생한 건 아님
   - Incident는 실제 보안 위반이나 피해가 발생한 것

증빙자료

1. 정책/절차 : 사용자들이 이벤트 발생 시 어떻게 보고해야 하는지 문서화한 자료
   - 정보보호 이벤트 보고 정책, 보안 이벤트 대응 절차서, 내부 사용자 가이드

2. 교육 기록 : 사용자들이 해당 절차를 인지하고 있는지를 보여주는 증거
   - 정보보호 이벤트 보고 관련 교육 자료, 교육 이수 확인서 또는 수료 기록, 인트라넷 캠페인 스크린샷

3. 이벤트 보고 기록 : 실제로 이벤트가 보고되고 대응되었음을 보여주는 증거
   - 보안 이벤트 보고 내역(예: 이메일, 티켓 시스템 로그), Helpdesk 시스템의 이벤트 접수 기록, 로그 분석 리포트에서 보고된 이상 탐지 내역

4. 시스템 구성 : 이벤트를 수집·보고할 수 있는 시스템적 근거
   - 보안 이벤트 보고 포털 화면 캡처, 자동 알림 또는 보고 기능 설정 내역(예: SIEM 연동 설정)

5. 심사 기록 : 프로세스가 제대로 이행되고 있는지를 확인한 흔적
   - 내부 심사 체크리스트(이벤트 보고 프로세스 포함 여부), 심사 결과 보고서

7. 물리적 통제

7.1 물리적 보안 경계

> **통제**
> 정보 및 기타 관련 자산이 포함된 영역을 보호하기 위해 보안 경계를 정의하고 사용해야 한다.

핵심의미

정보와 정보처리 시설을 보호하기 위해 물리적인 보안 경계(예: 벽, 출입문, 울타리 등)를 설정하고 관리하여 무단 접근을 방지하는 것이다. 물리적인 접근으로부터 정보 자산을 보호하기 위한 통제를 다룬다.

핵심내용

1. 무단자, 침입자 또는 비인가된 인원이 정보처리 시설에 접근하는 것을 방지
   · 출입은 권한있는 인원만 허용
   · 방문자 관리 절차 수립
   · 비상시 출입/탈출 통제 수단 마련
2. 정보 자산(서버, 네트워크 장비, 저장 매체 등)의 도난, 손상 또는 간섭을 방지
   · 데이터 센터 출입구에 출입 통제 시스템(카드 키, 생체 인식 등) 설치
   · 서버실에 이중 출입문, 잠금장치, 보안 카메라(CCTV) 설치
   · 방문자 접근은 사전 승인, 출입 기록 유지, 감시 동반 필요
   · 건물 외벽, 울타리, 창문 등도 보안 경계로 간주 가능
   · 정기적인 물리적 보안 점검

증빙자료

1. 정책 및 문서화된 절차 : 물리적 보안 정책, 출입 통제 절차, 방문자 관리 절차
2. 출입 제어 기록 : 출입 카드 로그, 출입통제 시스템 로그, 출입기록 리포트

3. 감시 및 모니터링 자료 : CCTV 설치 위치도, CCTV 영상(샘플 보관본), 보안 순찰 기록

4. 현장 사진/도면 : 서버실/데이터센터 입구 사진, 보안구역 도면, 울타리, 경보 시스템 사진

5. 점검 및 심사 기록 : 물리 보안 점검 체크리스트, 내부 심사 보고서, 외부 심사 보고서

6. 방문자 기록 : 방문자 출입 등록부, 전자방문 시스템 로그

7. 출입 권한 승인 문서 : 직원 출입 권한 요청서 및 승인서, 퇴사자 출입 권한 회수 기록

7.2 물리적 진입(출입_접근)

> **통제**
>
> 보안구역은 적절한 진입 통제 및 접근 지점에 의해 보호되어야 한다.

핵심의미

정보 자산을 보호하기 위해 인가되지 않은 사람의 물리적 접근을 방지하는 것이다. 정보 자산이 물리적으로 존재하는 장소에 대한 출입 통제를 다룬다.

핵심내용

1. 출입 통제 시스템 도입 : 카드키, 생체 인식, 비밀번호 등으로 인가된 사람만 출입 가능하도록 함

2. 방문자 관리 : 외부 방문객은 신분 확인 후 등록하고, 방문 중에는 반드시 인가된 직원의 동반 필요

3. 감시 시스템 운영 : CCTV, 경보 시스템 등을 활용해 출입을 감시 및 기록함

4. 출입 권한의 주기적 검토 : 인사 이동, 퇴사 등 변화가 생기면 출입 권한도 즉시 변경하거나 철회

5. 다중 보안구역 설정 : 민감 정보가 존재하는 장소는 일반 구역과 분리해 이중 출

입 제한을 둠

증빙자료

1. 출입 통제 시스템 로그 : 출입문 제어 시스템의 로그 기록(예: 카드키/지문 인식 사용 이력)

2. 방문자 출입 기록부 : 외부인 방문 시 등록한 서명부 또는 전자 방문 기록 시스템 출력본

3. 출입 권한 부여/변경/회수 내역 : 직원/협력사에 대한 출입 권한 요청 및 승인, 변경 이력 문서

4. 보안구역 설정 문서 : 데이터센터, 서버실, 민감 구역 등의 위치도와 보안 등급 설정 자료

5. CCTV 설치 내역 및 운영 정책 : 감시 카메라 설치 장소, 녹화 기간, 관리 책임자 등의 운영 문서

6. 정보보호 정책 문서 : 물리적 보안을 포함한 정보보호 정책 및 절차 문서

7. 점검 및 테스트 내역 : 출입 통제 시스템 정기 점검 결과, 침입 테스트 결과 등

8. 보안 교육 기록 : 물리적 보안 관련 직원 대상 교육 내역 및 참석자 서명

7.3 사무실, 객실 및 시설 보안

> **통제**
>
> 사무실, 객실 및 시설에 대한 물리적 보안은 설계 및 구현되어야 한다.

핵심의미

정보 및 정보처리 시설이 위치한 장소에 대한 무단 접근을 방지하여 정보 자산의 기밀성, 무결성, 가용성을 보호하는 것이다. 사무실, 객실 및 시설에 대한 무단 접근, 손상 및 간섭을 방지한다.

핵심내용

1. 물리적 접근 제한 : 사무실, 회의실, 서버룸 등 중요한 정보가 존재하거나 처리되는 공간에 권한이 있는 사람만 접근할 수 있도록 제한한다.
   예) 출입 통제 시스템(CCTV, 출입 카드, 생체 인증 등)을 활용

2. 공간별 보안 등급 설정 : 각 공간의 중요도에 따라 보안 수준을 설정한다.
   예) 로비는 상대적으로 개방적이지만, 데이터센터는 매우 제한된 접근이 필요

3. 모니터링 및 감시 : 물리적 출입 기록을 유지하거나, 보안 사고 발생 시 추적이 가능하도록 CCTV 등 감시 시스템 설치한다.

4. 내·외부인 분리 : 외부 방문자나 임시 직원은 별도의 공간에 머물게 하여 내부 직원과 분리한다.

5. 시설 설계 고려 : 사무실 구조 설계 시 보안 취약점(예: 창문, 비상출구 등)을 고려해 설계한다.

증빙자료

1. 출입 통제 정책 및 절차 : 물리적 출입 통제 정책서, 사무실/시설 보안 절차서

2. 출입 통제 시스템 증거 : 출입 카드 시스템 스크린샷, 지문 인식 시스템 매뉴얼/사진, 출입 기록 로그

3. 방문자 관리 기록 : 방문자 출입대장(서명 포함), 방문자 등록 시스템 화면

4. CCTV 설치 관련 자료 : CCTV 배치도, CCTV 운영 방침, 저장된 영상 예시(일부만, 개인정보 제외)

5. 보안구역 지정 문서 : 사무실/서버실 구역도, 보안등급별 접근 권한 문서

6. 시설 점검 및 점검 기록 : 정기 보안 점검 체크리스트, 점검 결과 보고서

7. 내부 교육 기록 : 물리적 보안 관련 교육자료, 참석자 명단

7.4 물리 보안 모니터링(감시)

> ### 통제
> 조직은 허가받지 않은 물리적 접근에 대해 지속적으로 모니터링해야 한다.

핵심의미

조직이 물리적 접근에 대한 감시 체계를 마련하여 무단 접근을 탐지하고 대응할 수 있도록 하는 것을 의미하다. 조직의 물리적 장소에 대한 모니터링 체계(예: CCTV, 센서 등)를 도입하여 정보 자산의 안전을 보장하고, 위협에 대해 신속하게 인지하고 대응하는 것이다.

핵심내용

1. 적용 대상 : 데이터 센터, 서버룸, 보안이 필요한 업무 구역 등
2. 실행 방안 예시
   · CCTV 설치 및 운영
   · 출입문 센서, 움직임 감지 센서 사용
   · 출입기록 로깅 시스템 구축(출입카드 로그 등)
   · 감시 시스템에 대한 접근 통제(모니터링 권한 관리)
   · 경고 및 알림 시스템(침입 탐지 시 경고 발생)
3. 보완 조치
   · 정기적인 감시 기록 점검
   · CCTV 영상 보관 및 심사 가능성 확보
   · 침입 탐지 이벤트 발생 시 대응 절차 수립

증빙자료

1. CCTV 운영 : CCTV 설치 위치 도면, CCTV 운영 정책/절차서, 영상 저장 및 보관 정책, 저장된 영상 샘플(모자이크 처리 가능)
2. 출입 통제 로그 : 출입 카드 시스템 로그, 출입 인가자 명단, 출입 권한 관리 절차
3. 감시 시스템 점검 기록 : CCTV 점검 내역서, 감시 장비 유지보수 이력

4. 물리보안 정책 : 물리적 보안 정책 문서, 위험 평가 보고서 내 물리 보안 항목

5. 보안 교육 기록 : 물리 보안 관련 직원 교육 자료 및 참석 기록

6. 심사 보고서 : 내부/외부 심사를 통한 물리 보안 항목 심사 결과

7.5 물리적 및 환경적 위협으로부터 보호

> **통제**
>
> 자연재해 및 기타 의도적이든 비의도적이든 인프라 위협과 같은 물리적 및 환경적 위협에 대한 보호가 설계 및 구현되어야 한다.

핵심의미

조직의 정보 및 정보처리 설비(서버, 네트워크 장비 등)를 자연재해나 인위적인 위협으로부터 보호할 수 있도록 물리적 조치를 마련해야 한다는 것이다. 자연재해나 인적 재해로 인한 서비스 중단 방지, 정보 자산의 기밀성, 무결성, 가용성 확보, 조직의 사업 연속성 보장을 위함이다.

핵심내용

1. 위협 식별 및 평가
   · 지진, 홍수, 화재, 폭풍, 도난, 침입 등 물리적 위협 식별 및 위험도 분석

2. 입지 선정 및 설계 고려
   · 데이터 센터나 서버실은 위험 지역(예: 홍수 지역, 고압 전선 근처 등)을 피하도록 설계
   · 인접 지역(주변 건물, 시설)과의 거리도 고려

3. 환경적 통제
   · 화재 감지기 및 진압 시스템
   · 온도 및 습도 제어 시스템
   · 정전 방지(UPS, 발전기 등) 시스템 구축

4. 내·외부로부터의 보호
   · 울타리, 경비, 감시카메라, 출입 통제 등 물리적 보안 체계

· 설비 손상이나 무단 접근 방지를 위한 내부 설계

증빙자료

1. 정책 및 절차 : 물리적 보안 정책 문서, 정보보호 지침서(위협 대응 포함)
2. 물리적 보안 시설
   · 시설 구조 및 설계 : 서버실 설계 도면, 위치선정 보고서
   · 출입 통제 시스템 : 출입 기록 로그, 출입 카드 발급대장, 출입통제 시스템 매뉴얼/운영기록
   · 감시 장비 운영 : CCTV 설치 사진, CCTV 운영 대장, 녹화기록 보관 규정경비
   · 방범 조치 : 경비 계약서, 보안 순찰 일지
3. 환경적 통제 시스템
   · 화재 감지 및 진압 : 소화기 설치 사진, 자동 화재 진압 시스템 설비 계약서, 정기 점검 보고서
   · UPS 및 전원 이중화 : UPS 설치 내역서 및 사진, 정전 대응 계획 문서
   · 온습도 제어 : 온도/습도 유지 기준 문서, 모니터링 기록
   · 방수 및 방재 설비 : 배수 시설 설계도, 방수 공사 내역서
4. 운영 및 점검 관련 증빙
   · 점검 및 유지보수 : 정기 점검 체크리스트, 유지보수 이력서, 보안 심사를 위한 점검 결과 보고서
   · 훈련 및 모의훈련 : 화재 대피 훈련 사진, 훈련 참여자 명단 및 결과보고

7.6 보안구역 작업

통제

보안구역에서 작업하기 위한 보안 조치를 설계하고 구현해야 한다.

핵심의미

보안구역 내에서 작업하는 모든 활동에 대해 적절한 통제와 절차를 마련하여 정보 및 자산을 보호해야 한다는 것이다. 보안구역(secure areas) 내에서의 작업 시 준수해야

할 보안 조치를 다루고 있다.

핵심내용

1. 출입 통제 및 감시
   · 보안구역 내에는 인가된 사람만 출입하도록 제한
   · CCTV, 출입 카드, 방문자 등록 등의 물리적 통제 수단 운영

2. 작업자 행동 지침
   · 보안구역 내에서 허가되지 않은 사진 촬영, 녹음, 통신 금지
   · 문서 및 매체를 외부로 반출할 때는 허가를 받아야 함

3. 장비 보호
   · 컴퓨터, 저장 장치, 통신 장비 등을 물리적으로 보호
   · 사용 후에는 잠금 조치나 정리 정돈 철저히

4. 작업 시 외부인 통제
   · 유지보수 인력, 외부 계약자 등은 동반하에 제한된 범위에서 작업 허용
   · 작업 이력 기록 및 사후 점검 수행

5. 기밀 유지
   · 보안구역 내에서 다루는 정보는 기밀 유지 대상임
   · 작업 중 정보 노출 방지 조치 필요(예: 화면 필터, 문서 커버 등)

증빙자료

1. 정책/지침 : 보안구역 운영지침, 출입통제 정책. 물리적 보안 정책

2. 출입 관리 기록 : 출입카드 로그, 방문자 기록대장, 출입 승인 요청서/결재문서

3. 작업 기록 : 보안구역 내 작업일지, 유지보수 작업 요청서 및 결과보고서

4. CCTV 및 감시 시스템 운영 내역 : CCTV 설치 내역, 영상보관 정책, 점검 내역

5. 교육 및 서약서 : 보안구역 출입자 보안서약서, 물리적 보안 교육 이수증

6. 보안구역 정의 문서 : 보안구역 목록, 위치도(도면), 구역별 위험도 평가서

7. 보안 점검 결과 : 물리적 보안 심사 보고서, 출입통제 시스템 점검 리포트

7.7 깨끗한 책상 및 화면 정리 정책

> **통제**
>
> 서류 및 이동식 저장 매체에 대한 명확한 책상 정리 업무 규칙과 정보처리 시설에 대한 명확한 화면 정리 규칙을 정의하고 적절하게 시행해야 한다.

핵심의미

정보보호의 물리적 및 환경적 측면을 다루며, 특히 민감 정보의 무단 노출을 방지하기 위한 것으로 정보 유출 방지, 내부자 위협 감소, 심사 및 인증 대응을 의미한다.

핵심내용

1. 업무 종료 시 또는 자리를 비울 때, 책상에 기밀 문서나 저장 매체(USB 등)를 방치하지 않도록 한다.
2. 컴퓨터 화면에는 민감한 정보가 노출되지 않도록 하고, 자리를 비울 때는 화면을 잠금 처리한다.
3. 프린터나 팩스기 등에서 출력된 기밀 문서는 즉시 수거해야 한다.
4. 문서 파기 시 파쇄기 등 적절한 방식으로 폐기해야 한다.

증빙자료

1. 정책 문서 : 책상 위 민감정보 비치 금지, 화면 잠금 사용 의무화, 출력물 및 이동식 저장매체 보관 지침, 적용 대상자 및 책임자 명시하고 정책에는 "적용 범위", "예외사항", "위반 시 조치"도 포함
2. 교육자료 및 서명 기록 : 정보보호 교육 자료 슬라이드, 수강 이력 또는 서명부, 직원 서약서
3. 현장 점검 사진 또는 체크리스트 : 점검일지(체크리스트), 사진자료(책상 정리 상태 전/후, 빈 사무실의 모니터 화면 잠금 상태)
4. 기술적 조치 증빙 : 화면 자동 잠금 설정 스크린샷, 시스템 로그(누가 언제 화면 잠금을 했는지 기록)

5. 내부 심사 보고서 : 정보보호 내부 심사 보고서에 해당 항목 포함(부적합 또는 권고사항 없이 "양호" 판정 받은 기록)

7.8 장비 배치 및 보호

> **통제**
>
> 장비는 안전하게(환경적 위협, 유해요소, 비인가 접근 등) 배치되고 보호되어야 한다.

핵심의미

조직의 장비(서버, 네트워크 장비, PC 등)를 적절한 위치에 설치하고, 다양한 위협으로부터 보호하는 조치를 취해야 한다는 의미이다. 장비가 물리적 피해, 도난, 환경적 위협 등으로부터 안전하게 보호되도록 하는 것이다.

핵심내용

1. 물리적 피해 방지 : 화재, 침수, 진동, 먼지 등 환경적 위험으로부터 보호
   - 장비는 진동이나 열, 습기, 먼지 등으로부터 안전한 장소에 설치
   - 장비 근처에 소화기, 경보 시스템 설치
2. 무단 접근 방지 : 인가되지 않은 인원이 장비에 접근하지 못하도록 함
   - 서버룸 등 중요 장비는 출입 통제 실시(예: 카드키, 생체 인식)
3. 도난 및 손실 방지 : 고가의 장비 및 데이터 저장 장비 보호
   - 장비에 대한 접근 권한은 업무상 필요한 인원에게만 부여
4. 서비스 중단 방지 : 전원 문제, 냉각 문제 등으로 인한 중단 예방
   - 열 배출 및 냉방이 적절히 작동하는 환경 확보
   - 전원 문제 대비 UPS(무정전 전원장치) 설치

증빙자료

1. 현장 사진 : 서버실 내부 및 장비 배치 사진, 장비 위생 상태(먼지, 정리 상태 등), 출입통제 장치(카드키, CCTV 등) 사진
2. 문서/절차서 : 장비 설치 가이드라인 또는 표준운영절차, 서버/장비 배치도, 물리

적 보안 정책 문서, 장비 점검 체크리스트

3. 기록 및 로그 : 장비 점검일지(정기 청소, 유지보수 등), UPS 점검 기록, 온·습도 관리 기록, 출입기록 로그(출입관리 시스템)

4. 자산 목록 : IT 장비 목록, 설치 위치 포함된 자산 관리 시스템 스크린샷

5. 도면/배치도 : 서버실 평면도, 장비 및 전원, 냉방장치 위치 표시된 배치도

7.9 구외 자산 보안

> **통제**
>
> 구외 자산은 보호(분실, 도난, 손상, 조직운영 중단)되어야 한다.

핵심의미

조직 자산이 조직의 물리적인 통제하에 있지 않을 경우, 해당 자산의 보호를 보장할 수단이 마련되어야 한다. 노트북, USB, 문서 등 자산이 사무실 외부로 반출되면 도난, 분실, 무단 접근 등의 위협에 더 많이 노출된다. 특히 재택근무, 출장, 외부 회의, 원격 근무 시 해당 자산의 보안이 매우 중요해진다. 조직 외부로 반출된 자산도 조직 내부 자산과 동일한 수준의 보호가 이루어지도록 정책과 통제를 마련해야 한다.

핵심내용

1. 정책 수립
   · 자산 반출 정책 및 승인 절차 마련
   · 구외 사용 시 보안 요구사항 명시(예: 암호화, 잠금장치 등)

2. 기술적 보호
   · 장치 암호화(하드디스크, USB 등)
   · VPN 및 MFA(다중 인증) 사용
   · 원격 삭제 기능 설정

3. 물리적 보호
   · 이동 중 자산 보호(잠금 가방, 화면 필터, 장비 방치 금지)
   · 호텔이나 공공장소에서 장비 감시 유지

4. 사용자 인식 제고
   · 사용자의 보안 교육 및 인식 향상
   · 피싱, 분실, 절도 상황 시 대응 방법 안내

증빙자료

1. 정책 및 절차 문서
   · 구외 자산 사용/반출 정책 : 자산 반출 승인 절차, 반출 가능 자산 범위, 보안 조치 의무 등
   · 재택근무/원격근무 보안 지침서
   · 장비 암호화 및 접근통제 절차 문서

2. 사용자 서약 및 교육 기록
   · 자산 반출 및 보안 준수 서약서
   · 보안 인식 교육 이수 기록
   · 재택근무자 대상 보안 교육자료

3. 자산 반출 기록 및 승인 내역
   · 자산 반출 신청서 및 승인 내역
   · 반출 일자, 반출자, 반출 장비 정보 포함
   · 자산 반입 여부 확인 기록

4. 보안 조치 확인 자료
   · 장비 암호화 상태 점검 보고서(예: BitLocker 사용 내역)
   · 원격 접속 로그(VPN 접속 기록 등)
   · 장비 보안 점검 체크리스트(설정 및 상태 확인 내역)

5. 모니터링 및 심사 기록
   · 외부 자산 관련 보안 사고 대응 이력
   · 자산 반출/사용에 대한 정기 점검 또는 심사 보고서

7.10 저장 매체

> **통제**
>
> 저장 매체는 조직의 분류 체계 및 취급 요구사항에 따라 수집, 사용, 운송 및 폐기 주기를 통해 관리되어야 한다.

핵심의미

정보가 포함된 저장 매체가 무단 접근, 변경, 손실 또는 파기로부터 보호되도록 보장하는 것으로 저장 매체를 통해 발생할 수 있는 정보 유출, 손상, 부적절한 접근 등을 방지하는 것이다.

핵심내용

1. 저장 매체의 식별 및 분류
   - 저장 매체에 포함된 정보의 중요도에 따라 분류하고, 그에 맞는 보안 조치를 적용한다.
2. 저장 매체의 보호
   - 저장 매체는 물리적·기술적으로 보호되어야 하며, 무단 접근이나 탈취를 방지해야 한다(예: 락커, 접근 통제된 장소에서의 보관 등).
3. 저장 매체의 이전(운송)
   - 외부로 정보를 전달할 때, 안전하게 포장하고, 암호화 및 추적 절차를 도입해야 한다.
4. 저장 매체의 재사용 및 폐기
   - 저장 매체를 재사용하기 전에 기존 정보는 완전히 삭제해야 한다.
   - 폐기 시에도 복구 불가능한 방법(디가우징, 물리적 파기 등)을 사용해야 한다.
5. 책임 추적성
   - 누가 어떤 저장 매체를 사용했는지 기록하고 추적할 수 있어야 한다.

증빙자료

1. 정책 및 절차 문서

- 정보 저장 매체 관리 정책 : 저장 매체의 보관, 운송, 폐기에 대한 전반적인 보안 정책
- 저장 매체 폐기 절차서 : 저장 매체를 재사용하거나 폐기하기 전 정보 삭제 절차
- USB 등 이동식 저장장치 사용 지침 : 허용 여부, 암호화 요구사항, 사용 제한 조건 등 명시

2. 운영 기록 및 로그
- 저장 매체 반출입 기록 : 반출 요청서, 승인 기록, 반입 확인서 등
- 폐기 로그 : 디가우징, 물리적 파기, 삭제 로그 등
- 장비 인수인계 기록 : 직원 퇴직 시 저장 매체 회수 확인서 등

3. 기술적 통제
- 저장 매체 암호화 설정 스크린샷
- 백신 및 DLP 시스템 로그 : 이동식 저장장치 접근 차단, 모니터링 기록 등
- 접근 권한 제어 로그 : 저장 서버 접근 기록, 변경 이력 등

4. 교육 및 인식
- 보안 교육 자료 및 수료 기록 : 저장 매체 보안 사용에 대한 정기 교육 자료 및 참석자 명단

7.11 지원 유틸리티

통제
정보처리 설비는 지원 유틸리티의 고장으로 인한 정전 및 기타 장애로부터 보호되어야 한다.

핵심의미
정보처리 설비와 시스템의 안정적이고 지속적인 운영을 보장하기 위해, 전기, 가스, 수도, 통신 등 핵심 인프라 유틸리티가 안정적으로 제공되어야 한다는 것을 의미한다. 정보 자산이 유틸리티 중단 때문에 손상되거나 이용 불가능해지는 위험을 줄이는 것으로 비즈니스 연속성(BCP) 및 재해 복구(DR) 계획의 핵심 요소 중 하나이다.

1. 위험 식별 및 보호 조치 필요 : 전력, 냉각, 통신, 네트워크 등의 유틸리티 서비스 중단이 정보시스템에 영향을 줄 수 있으므로 이에 대한 위험을 식별하고, 보호 조치를 마련해야 한다.

2. 대체 수단 마련 : 유틸리티 장애 시를 대비해 UPS, 발전기, 이중화 네트워크, 백업 통신 라인 등의 대체 수단을 마련해야 한다.

3. 모니터링 및 점검
   유틸리티 시스템은 정기적으로 점검하고, 이상 발생 시 신속하게 대응할 수 있는 체계를 마련해야 한다.

4. 설비에 대한 접근 제한
   유틸리티 제어 설비에 대한 접근은 통제되어야 하며, 인증된 사람만 접근할 수 있어야 한다.

(예시)
· 데이터센터 : 이중화된 전원 공급(이중 UPS 및 발전기), 냉각 시스템 장애 시 대체 냉방 시스템 준비, 정기적인 전원 장애 대응 훈련 실시
· 일반 사무실 : 정전 시 자동으로 작동하는 UPS, 통신망 장애 시 백업 회선 또는 LTE 기반 인터넷

증빙자료

1. 유틸리티 식별 및 관리
· 주요 유틸리티(전기, 통신, 냉방 등) 목록 및 설명
· 위험 평가 보고서(유틸리티 관련 위험 포함)

2. 장애 대비 계획
· UPS, 발전기, 네트워크 이중화 구축 내역
· 유틸리티 장애 대응 절차서(예: 정전 대응 매뉴얼)
· 비즈니스 연속성 계획(BCP), 재해 복구 계획(DRP)

3. 유지보수 및 점검 기록
· UPS 및 발전기 점검 이력서

· 냉방 설비 정기 점검 체크리스트
· 정기 통신망 테스트 보고서

4. 테스트 및 모의훈련
· 유틸리티 중단 상황 모의 훈련 결과 보고서
· DR/BCP 테스트 시나리오 및 결과

5. 접근 통제
· 유틸리티 관련 시설 접근 제어 정책
· 출입 기록 또는 CCTV 기록

6. 계약/SLAs
· 유틸리티 공급업체와의 계약서, SLA
· 통신사, 전력사, 유지보수업체 연락망

7. 사진 또는 설치 자료
· 발전기/UPS 설치 사진
· 통신 회선 이중화 구성도

8. 모니터링 시스템 증거
· 전원 상태 모니터링 로그
· 네트워크/환경 감시 시스템 스냅샷

7.12 케이블 연결 보안

> **통제**
>
> 전력, 데이터 또는 지원 정보 서비스를 전달하는 케이블은 차단, 간섭 또는 손상으로부터 보호해야 한다.

핵심의미

네트워크나 전력 케이블(예: 이더넷, 광케이블, 전원선 등)에 물리적 접근을 통해 정보 유출, 데이터 변경, 서비스 방해(DoS) 등이 발생할 수 있으므로, 이 케이블들을 보호하거나 감시하여 조직의 네트워크 및 전력 케이블이 무단 접근, 손상 또는 간섭으로부터 보호되도록 보장하는 것을 의미한다.

핵심내용

1. 데이터 도청 방지 : 케이블에 장비를 연결해 데이터를 몰래 캡처하는 행위(스니핑)를 방지

2. 물리적 파손 방지 : 전원/네트워크 차단으로 인한 서비스 중단(가용성 저해) 방지

3. 불법 장비 설치 방지 : 허가되지 않은 장비를 연결해 내부망에 침투하는 것을 막음

(예시)
 · 케이블 암호화 : 민감한 데이터 전송 시 네트워크 트래픽 자체를 암호화
 · 케이블 라우팅 통제 : 벽 내부, 천장 속 등 외부 노출 최소화
 · 접근 제한 구역 설정 : 네트워크 허브, 스위치, 서버실 등에 물리적 접근 통제
 · 정기 점검 및 감시 : 케이블 손상, 비인가 변경 여부 확인
 · 포트 보안 설정 : 포트마다 인증 요구, 비인가 장비 연결 차단

증빙자료

1. 케이블 설치 설계도면 : 네트워크/전력 케이블 라우팅 도면, 케이블 트레이, 암벽 내 배선도

2. 케이블 보안 정책 : "물리적 보안 정책", "네트워크 보안 정책" 내 케이블 보호 조항

3. 현장 사진/CCTV 영상 : 케이블 락 장치, 벽체 배선, 서버실 입구 등 사진, 감시 카메라 설치 위치 스크린샷

4. 점검/유지보수 기록 : 정기 물리 보안 점검 체크리스트, 케이블 이상 여부 점검 결과 기록

5. 접근 통제 기록 : 서버실 출입 통제 로그, 작업자 케이블 정비 기록

6. 내부 심사 보고서 : 케이블 보안 관련 내부 심사 결과, 시정조치 내역

7. 포트 보안 설정 문서 : 스위치 포트 보안 설정 스크린샷, 설정 구성

7.13 장비 유지보수

> **통제**
>
> 장비는 정보의 가용성, 무결성 및 기밀성을 보장하기 위해 올바르게 유지 관리되어야 한다.

핵심의미

장비 고장으로 인한 정보보호 사고 방지, 장비 성능 유지 및 수명 연장, 무단 접근이나 데이터 유출 가능성 차단 등 조직의 장비가 안전하고 신뢰성 있게 작동하도록 하기 위해, 적절한 유지보수가 수행되어야 한다는 것을 의미한다.

핵심내용

1. 정기적인 유지보수 계획 수립 및 실행
   · 제조사의 가이드라인에 따라 점검 및 정비
   · 유지보수 기록 보관
2. 보안 유지보수 절차 수립
   · 유지보수 중에도 정보보호 유지(예: 로그온 상태로 방치 금지)
   · 외부 인력 유지보수 시 접근 권한 제한 및 감시
3. 오프사이트 유지보수에 대한 고려
   · 장비 외부 반출 시 데이터 제거 또는 암호화
   · 민감한 정보 포함된 장비는 외부 반출 제한
4. 유지보수 전 · 후 보안 점검
   · 무단 변경 또는 악성코드 삽입 여부 확인

증빙자료

1. 유지보수 계획서 : 장비 유지보수 계획 문서
2. 유지보수 기록 : 유지보수 이력 기록표, 작업일지
3. 외부업체 계약서 : 유지보수 용역 계약서, NDA(비밀유지계약서)

4. 접근 통제 기록 : 방문자 출입기록, CCTV 영상(보유 정책에 따라)

5. 데이터 보호 절차 ; 장비 반출 시 정보 삭제 절차서, 암호화 지침

6. 보안 점검 체크리스트 : 유지보수 전·후 점검표

7. 정책 문서 : 정보보호 정책 내 장비 유지보수 관련 항목

8. 교육 자료 : 유지보수 시 보안 수칙 교육자료

7.14 장비의 안전한 폐기 또는 재사용

> **통제**
>
> 저장 매체가 포함된 장비 항목은 중요한 데이터와 사용 허가 소프트웨어를 폐기 또는 재사용하기 전에 제거하거나 안전하게 덮어쓰는지 확인(검증)해야 한다.

핵심의미

장비를 재사용하거나 폐기하기 전, 장비 내에 저장된 정보가 완전히 삭제되어야 하며, 무단 접근이나 정보 유출이 없도록 보안 조치를 취해야 한다는 것이다. 장비를 재사용하거나 폐기할 때 그 장비에 저장되어 있던 민감한 정보가 유출되지 않도록 하는 것이다.

핵심내용

1. 데이터 완전 삭제
   · 하드디스크, SSD, USB 등 저장 장치에 남아 있는 데이터를 복구 불가능한 방식으로 삭제해야 한다.
   · 단순한 삭제나 포맷은 불충분할 수 있으며, 디가우징(degaussing), 소프트웨어 기반의 데이터 완전 삭제 또는 물리적 파괴 등이 권장된다.

2. 재사용 전 보안 점검
   · 동일 조직 내에서 장비를 재사용할 경우라도, 이전 사용자 정보나 설정이 남아 있지 않도록 초기화 및 검토 절차가 필요하다.

3. 폐기 절차 문서화

· 폐기 및 재사용 절차를 문서로 정의하고, 직원이 이를 준수하도록 해야 한다.
  예) 폐기 이력 기록, 책임자 승인, 외부 업체 위탁 시 보안 계약 체결 등

4. 보안 인증 업체 활용
· 폐기나 파기 작업이 외부에 위탁될 경우, 신뢰할 수 있는 인증된 업체를 사용하고 정보 유출 방지에 대한 계약이 체결되어야 한다.

증빙자료

1. 자산 폐기 확인서
· 폐기된 장비 리스트, 일자, 담당자 서명 등이 포함
· 외부 업체에 위탁 시, 파기 인증서 첨부
· 반드시 업체명, 파기 방식, 일자, 시리얼 넘버 등 포함

2. 데이터 삭제 기록
· 데이터 삭제 또는 초기화 이력
· 사용한 소프트웨어, 삭제 방법, 결과 로그, 수행자 정보 포함

3. 장비 재사용 로그
· 장비를 다른 사용자에게 이전하거나 재할당한 경우
· 초기화 여부, 데이터 삭제 여부, 승인자 서명 등이 포함된 재사용 승인 양식

4. 보안 정책 및 절차 문서
· "자산 폐기 및 재사용"에 관한 내부 지침 문서
· 절차서, 체크리스트, 역할과 책임 명시

5. 사진 또는 영상 자료
· 물리적으로 장비를 파괴한 경우, 현장 사진이나 영상
· 디가우징, 드릴 파괴, 파쇄기 사용 장면 등

6. 외부 위탁 계약서 및 NDA
· 폐기 또는 재사용을 외부에 위탁한 경우
· 계약서 내 보안 조항
· 비밀유지계약(NDA)
· 업체의 ISO 인증 여부, 폐기 보안 준수 항목 등

8. 기술적 통제

8.1 사용자 단말기(단말장치)

> **통제**
>
> 사용자 단말기(단말 장치)에 저장, 처리 또는 사용자 단말기(단말 장치)를 통해 접근할 수 있는 정보는 보호되어야 한다.

핵심의미

정보 자산 보호를 위해 사용자가 사용하는 단말장치(예: 노트북, 데스크탑, 스마트폰, 태블릿 등)에 대해 적절한 보안 통제를 적용하는 것을 의미한다. 사용자 단말장치는 조직의 네트워크나 시스템에 접근하는 최종 사용자 장치을 말하며 해당 장비들을 통한 정보 유출, 악성코드 감염, 무단 접근 등의 위험을 방지하는 것이다.

핵심내용

1. 보안 구성 설정 : 단말기에 OS 보안 패치, 바이러스 백신, 방화벽 등 필수 보안 설정 적용
2. 접근 통제 : 장치 잠금, 비밀번호 또는 생체 인증 등의 접근 제어 설정
3. 암호화 : 저장 데이터 또는 통신 데이터의 암호화 적용(예: 하드디스크 암호화, VPN 등)
4. 사용자 책임 : 사용자가 장치 보안 유지에 대한 책임 인식(예: 장치 분실 시 즉시 보고)
5. 원격 관리 및 삭제 : 장치 분실/도난 시 원격으로 데이터를 삭제하거나 접근을 차단할 수 있도록 준비
6. 이동형 저장매체 관리 : USB 등 외부 저장장치 사용 시 제어 정책 마련

증빙자료

1. 정책 및 절차 문서

- 사용자 단말장치 보안 정책
- 사용자 정책 문서 : 개인 소유 기기 사용 시 준수사항 명시
- 모바일 기기 관리 운영 절차서 : 장비 등록, 보안 설정 적용, 원격 초기화 등

2. 기술적 설정 및 시스템 스크린샷
   - 관리자 시스템에서 보안 설정 강제 적용 화면
   - 백신 소프트웨어 설치 및 실시간 감시 설정 스크린샷
   - 자동 잠금/비밀번호 정책 설정 화면
   - USB 포트 사용 제한, 원격 삭제 기능 활성화 여부
   - 접근제어 로그 화면(누가, 언제 어떤 장비로 접근했는지)

3. 자산 관리 기록
   - 단말장치 자산 목록 : 사용자, 기기명, 운영체제, 등록일, 암호화 적용 여부 등 포함
   - 기기 배포 및 회수 기록서 : 퇴사자 단말기 회수 증적 포함

4. 교육 이수 기록 및 안내 자료
   - 사용자 단말장치 보안 교육 자료
   - 교육 이수자 명단(출석부, 테스트 결과 등)
   - 사용자용 보안 가이드라인(내부 포털 게시물 등)

5. 테스트/검토 내역
   - 내부 심사 체크리스트
   - 장비 보안 설정 점검 보고서(예: 정기 보안 점검 리포트)

8.2 특수 접근 권한

> **통제**
> 특수 접근 권한의 할당 및 사용은 제한되고 관리되어야 한다.

핵심의미

시스템 관리자, DB 관리자, 보안관리자, 백업운영자, 네트워크 관리 등 특수한(고급) 접근 권한을 가진 계정이나 사용자에 대한 보안 통제를 강화하는 것이다. 특수 접근

권한은 조직 내에서 고위험 계정이며, 이러한 계정을 식별, 통제, 모니터링, 주기적 검토하라는 의미이다.

핵심의미

1. 특수 권한 계정의 명확한 정의 : 어떤 계정이 특수 권한을 가지는지 식별하고 목록화

2. 사전 승인 절차 도입 : 특수 권한 부여는 승인된 절차를 통해서만 가능

3. 최소 권한 원칙 적용 : 필요한 범위 내에서만 권한 부여

4. 정기적인 검토 및 회수 : 정기적으로 특수 권한 계정을 점검하고, 불필요한 권한은 회수

5. 심사 로그 기록 및 모니터링 : 특수 권한 사용 내역은 반드시 로깅하고, 이상 행위 탐지 가능하도록 설정

6. 권한 분리 : 한 사람이 모든 권한을 가지지 않도록 역할 분리

증빙자료

1. 정책 및 절차 문서
   · 권한관리 정책 : 특수 권한의 정의, 부여 기준, 관리 방법 포함
   · 특수 접근 권한 관리 절차서 : 승인 절차, 계정 생성/변경/삭제 절차 문서화
   · 직무분리 정책 : 특수 권한 중복 방지 방안 포함
   · 특수 권한 사용자 목록(명세서)

2. 계정 및 권한 목록 : 관리자, root, DBA, 백업 계정 등 전체 리스트와 소유자 정보
   · 권한 승인 기록 : 권한 부여 요청서, 승인자 서명 포함된 기록
   · 정기 검토 결과 : 특수 권한 계정에 대한 월간/분기별 점검 로그 또는 체크리스트

3. 시스템 설정 및 로그
   · 운영 시스템의 계정 설정 화면 캡처 : 해당 계정의 권한 수준 명시(예: root, sudoers 파일 등)
   · 접근 로그/심사 로그 : 특수 권한 사용자 사용 내역(login, sudo 사용, 설정 변경 등)
   · 로그 모니터링 도구 스크린샷 또는 리포트 : SIEM, Splunk, ELK 등 사용 시 관련

리포트 첨부 가능

4. 계정 권한 검토 및 회수 기록
   · 주기적 검토 회의록 또는 체크 : 누가, 언제, 어떤 계정을 점검했고 어떤 권한을 회수했는지
   · 퇴사자 특수 권한 회수 내역 : 퇴사 시 해당 계정의 권한을 즉시 회수했음을 증명

5. 테스트 증빙(선택적)
   · 권한 변경 요청 테스트 결과 : 실제로 권한 신청 → 승인 → 권한 부여까지 수행한 예시
   · 비인가 계정 접근 차단 사례 : 차단 로그나 알림 발생 사례 등

8.3 정보 접근 제한

> **통제**
>
> 정보 및 기타 관련 자산에 대한 접근은 접근 통제에 대해 확립된 주제별 정책에 따라 제한되어야 한다.

핵심의미

조직의 정보 및 정보처리 자산이 무단 접근, 변경, 훼손, 유출 등으로부터 보호되도록 조직의 정보 및 정보처리 시설에 대한 접근을 업무상 필요한 사람에게만 제한하고, 불필요한 접근은 방지해야 한다는 것을 의미한다.

핵심내용

1. 정보는 최소 권한 원칙에 따라 접근이 제한되어야 한다(예: 직원이 업무에 필요한 자료만 열람 가능해야 함).
2. 정의된 정책 및 통제 수단에 따라 정보 접근이 제어되어야 한다(예: 역할 기반 접근 제어(RBAC), 사용자 그룹 설정 등).
3. 시스템, 애플리케이션, 네트워크, 데이터베이스 등에 대한 접근 권한을 정기적으로 검토하고 필요 시 제거해야 한다.

(예시)
- 접근 제어 목록(ACL) 사용
- 권한 설정 및 역할 기반 접근 제어(RBAC)
- 데이터 분류에 따른 접근 제한 정책 적용
- 파일 서버, 클라우드 서비스 등에서 폴더별 접근 제한 설정
- 기록 및 심사 로그 유지(누가 언제 무엇에 접근했는지 기록)

증빙자료

1. 정보 접근 통제 정책 : 접근 권한 관리 원칙, 역할별 접근 범위 등을 문서화한 정책서

2. 접근 권한 부여/변경/회수 절차서 : 계정 생성, 권한 요청, 승인, 회수에 대한 절차 문서

3. 권한 부여 요청서 및 승인 내역 : 실제 권한 요청 및 승인 기록(예: 이메일, 시스템 로그, 워크플로우 기록)

4. 시스템 접근 제어 설정 스크린샷 또는 설정 내역 : 주요 시스템(예: AD, ERP, DB 등)의 권한 설정 상태

5. 정보 분류 문서 및 접근 제한 기준표 : 데이터의 중요도/보안등급에 따라 접근을 제한하는 기준

6. 정기 권한 검토 보고서 : 분기별/반기별 권한 검토 및 불필요 권한 제거 기록

7. 접근 로그 및 심사 로그 : 누가, 언제, 어떤 시스템이나 데이터에 접근했는지 기록

8. 계정 목록 및 권한 매트릭스 : 사용자 계정별로 어떤 권한이 부여되었는지 정리한 목록

9. 계정 비활성화/삭제 기록 : 퇴직자나 업무 변경자의 계정 회수/삭제 내역

8.4 소스 코드에 대한 접근

> **통제**
>
> 소스 코드, 개발 도구 및 소프트웨어 라이브러리에 대한 읽기 및 쓰기 접근을 적절하게 관리해야 한다.

핵심의미

소스 코드가 유출되거나, 악의적으로 변경되거나, 무단 접근되는 것을 방지함으로써 조직의 정보보호, 신뢰성, 무결성, 지적 자산 보호를 확보하는 것으로 조직의 중요 자산인 소스 코드에 대한 무단 접근, 변경, 복사, 전송 등을 방지하기 위한 통제 조치를 의미한다.

핵심내용

1. 접근 권한 최소화 : 소스 코드에 접근할 수 있는 사람을 업무상 필요한 최소한으로 제한한다.

2. 버전 관리 시스템 보안 : Git, SVN 등 소스 코드 저장소에 대해 접근 제어, 심사 로그, 암호화 등을 적용한다.

3. 권한 기반 접근 제어 : 읽기/쓰기 권한을 구분하여, 누구나 코드를 수정할 수 없도록 제한한다.

4. 개발/운영 분리 : 운영 환경에서 직접 소스 코드를 변경하지 못하도록 개발 환경과 운영 환경을 철저히 분리한다.

5. 변경 이력 관리 : 소스 코드의 변경 사항에 대해 누가 언제 어떤 이유로 변경했는지를 추적할 수 있어야 한다.

6. 외부 접근 통제 : 외부 협력사, 클라우드 개발 환경 등에 대한 접근 시에도 엄격한 인증과 권한 설정이 필요하다.

7. 심사 및 모니터링 : 소스 코드 접근 및 변경 로그를 기록하고, 정기적으로 점검한다.

증빙자료

1. 정책 및 절차 : 소스 코드에 대한 접근 권한 설정, 관리, 승인 절차 등을 문서화한 자료 소스 코드 접근 통제 정책
   · 소프트웨어 개발 보안 지침서

2. 권한 목록 : 누가 어떤 권한으로 접근 가능한지 명확히 기록된 자료
   · 사용자별 접근 권한 리스트
   · 접근권한 요청/승인 기록

3. 변경관리 기록 : 코드 변경 시 승인이 어떻게 이루어졌는지, 변경 내용이 무엇인지에 대한 추적 가능성 입증
   · 변경 승인 내역
   · 커밋 로그 및 설명

4. 접근 로그 : 누가 언제 접근했는지를 나타내는 기록. 최소 6개월 이상 보관
   · Git 서버 접근 로그
   · 소스 저장소의 심사 로그
   · MFA 로그인 기록

5. 테스트 환경 분리 증빙 : 개발자가 운영환경 코드를 직접 변경하지 못하도록 분리되어 있음을 입증
   · 운영/개발 환경 분리 아키텍처 도면
   · 운영 서버에서 코드 직접 수정 금지 정책

6. 외부 접근 통제 증빙 : 외부자 접근 시 보안 조치를 했다는 것을 증명
   · VPN 접근 정책
   · 외주 개발자에 대한 NDA 및 접근 권한 제한 근거

8.5 보안 인증

> **통제**
>
> 보안 인증 기술과 절차는 정보 접근 제한과 접근 통제에 관한 주제별 정책에 기초하여 구현되어야 한다.

핵심의미

정보시스템에 접근하는 사용자의 신원을 검증함으로써 무단 접근을 방지하고 보안 인증은 시스템의 신뢰성과 무결성을 유지하는 핵심 절차이다. 정보시스템 및 서비스 접근 시 사용자의 신원을 확인하고 검증하는 방법이 안전하게 설계되고 구현되어야 함을 강조하는 보안 통제 항목이다.

핵심내용

1. 적용 가능한 인증 방법
   - 비밀번호 또는 PIN
   - 토큰 기반 인증(예: OTP, 하드웨어 토큰)
   - 생체 인식(지문, 안면 인식 등)
   - 디지털 인증서
   - 다단계 인증(MFA, Multi-Factor Authentication)

2. 보안 요구사항
   - 인증 수단은 정보의 민감도 및 시스템 위험도에 따라 적절한 강도를 가져야 한다.
   - 인증 정보는 저장, 전송, 처리 시 암호화 등 적절한 보호 조치가 필요하다.
   - 인증 실패에 대한 보호 조치(예: 계정 잠금, 지연 시간 등)도 필요하다.

(예시)
   - 내부 인트라넷 로그인 시 : 사용자 ID + 비밀번호
   - 중요 시스템 접속 시 : 사용자 ID + 비밀번호 + OTP
   - 외부 접속 시 : VPN + MFA

3. 문서화 및 관리
   · 인증 정책 및 절차는 명확하게 문서화되어 있어야 하며, 주기적으로 검토 및 개선되어야 한다.
   · 사용자 계정 및 인증 방법은 사용자 별 권한 및 역할에 따라 제한되어야 한다.

증빙자료

1. 인증 정책 및 절차 문서
   · 정보보호 정책 또는 접근 통제 정책 내에서 인증 방식에 대한 정의(예: 사용자 인증 시 MFA 사용 필수, 비밀번호 정책, 생체 인증 사용 조건 등)

2. 기술 설정 증빙(스크린샷 또는 설정값 백업)
   · 실제 시스템의 인증 설정을 캡처한 자료 : VPN에 MFA 설정된 관리자 페이지 화면, Active Directory의 비밀번호 정책 설정 화면, 시스템 로그인에 OTP가 연동된 예시 화면
   · 보안 장비 또는 솔루션의 로그도 포함 가능 : 로그인 성공/실패 로그, 계정 잠금 이벤트

3. 계정 발급 및 인증 관리 기록
   · 신규 계정 생성 시 어떤 인증 방식을 설정했는지 확인할 수 있는 기록
   · 계정 폐기 및 권한 변경 시 인증정보도 함께 갱신되었는지 확인 가능

4. 내부 심사 및 점검 결과
   · 인증 관련 정책이 잘 지켜지고 있는지를 점검한 내부 심사 기록
   · 점검 도구 결과 보고서(예: AD 비밀번호 정책 스캔 결과)

5. 사용자 교육 자료 및 서명
   · 보안 인증에 대한 사용자 교육을 시행했다면 교육 자료와 서명 명단도 증빙으로 사용 가능

8.6 용량 관리

> **통제**
>
> 현재 및 향후 예상되는 용량 요구사항에 따라 정보자원 사용을 모니터링하고 조정해야 한다.

핵심의미

조직이 정보시스템의 성능과 용량을 현재와 미래의 요구에 맞게 충분히 관리해야 한다는 것을 의미한다. 이 통제가 필요한 이유는 시스템이 과부하되거나 자원이 부족할 경우 보안 사고, 성능 저하, 서비스 중단 등의 위험이 발생할 수 있기 때문이다. 정보처리 시설이 현재 및 예상되는 용량 요구사항을 충족할 수 있도록 모니터링하고 조정하는 절차를 수립해야 한다.

핵심내용

1. 모니터링 : 시스템 자원(예: CPU, 메모리, 네트워크, 스토리지 등)의 사용량을 지속적으로 감시
2. 예측 : 향후 수요 증가(사용자 증가, 트래픽 증가 등)를 예측하고 계획
3. 용량 계획 : 예상 수요에 맞게 자원을 적절히 확장하거나 조정하는 계획 수립
4. 위험 감소 : 자원 부족으로 인해 발생할 수 있는 시스템 중단이나 보안 사고 방지

증빙자료

1. 정책 : 용량 관리 정책 또는 IT 운영 지침서
2. 로그/보고서 : 시스템 자원 사용 보고서(CPU, 메모리, 디스크, 네트워크 등)
3. 모니터링 화면 캡처 : 성능 대시보드 화면 또는 리소스 모니터링 시스템의 실사용 캡처
4. 경보/이벤트 기록 : 용량 초과 경보 알림 기록(이메일 등)
5. 예측 문서 : 용량 계획 문서, 트래픽 증가 예측, 자원 증설 계획서
6. 변경 이력 : 자원 증설 관련 변경 관리 기록(예: VM 확장, DB 증설 등)

7. 회의록 : 정기 인프라 점검 회의록, 용량 관련 논의 내용 포함

8. 외주 계약서 : 클라우드 또는 IDC 서비스에서 SLA 포함 계약서

8.7 악성 소프트웨어 코드(malware)에 대한 보호

통제

악성 소프트웨어 코드에 대한 보호는 적절한 사용자 인식에 의해 구현되고 지원되어야 한다.

핵심의미

악성 소프트웨어(malware)로부터 조직의 정보와 시스템을 보호하기 위한 조치를 다루고 있다. 조직의 정보 자산이 악성 소프트웨어(예: 바이러스, 웜, 트로이 목마, 랜섬웨어, 스파이웨어 등)로부터 손상되거나 유출되지 않도록 예방, 탐지, 대응 절차를 수립하고 실행하는 것을 의미한다.

핵심내용

1. 악성코드 방지 소프트웨어 설치 : 안티바이러스, 안티멀웨어, 엔드포인트 보안 소프트웨어 등을 모든 서버, PC, 모바일 기기에 설치하고 유지한다.

2. 정기적인 업데이트 : 악성코드 탐지 소프트웨어는 항상 최신 상태로 유지해야 하며, 운영체제 및 어플리케이션도 최신 보안 패치를 적용한다.

3. 사용자 행동 통제 : 사용자에게 이메일 첨부파일, 링크 클릭, USB 사용 등에 대한 보안 인식을 제고시키고, 금지 또는 제한 정책을 도입한다.

4. 접근 제어 및 실행 제한 : 의심스러운 실행 파일 또는 매크로의 실행 제한하고, 화이트리스트/블랙리스트 기반 실행 통제한다.

5. 로그 및 모니터링 : 의심스러운 행동을 탐지하기 위한 로그 수집과 실시간 모니터링 시스템 운영한다.

6. 사고 대응 프로세스 : 악성코드 감염 시 신속하게 대응할 수 있도록 사고 대응 매뉴얼과 연락 체계를 갖춘다.

1. 정책/절차 문서 : 정보보호 정책 중 악성코드 방지 항목, 엔드포인트 보안 운영 지침, 사용자 보안 교육자료

2. 기술적 조치 : 안티바이러스/EDR 솔루션 설치 내역, 중앙관리 콘솔 화면 캡처, 자동 업데이트 설정 스크린샷

3. 점검/로그 자료 : 정기 점검 내역(월간 보고서), 악성코드 탐지/차단 이력 로그, 이메일 필터링 로그

4. 교육 이력 : 임직원 보안 인식 교육 자료, 교육 참석 기록, 수료증

5. 사고 대응 관련 : 악성코드 감염 사고 대응 보고서, 대응 프로세스 흐름도, 격리 및 복구 절차 문서

6. 변경/패치 관리 : 보안 패치 적용 내역, 패치 도구 로그, 패치 적용 스케줄 계획표

8.8 기술적 취약점 관리

> ### 통제
> 사용 중인 정보시스템의 기술적 취약성에 대한 정보를 얻고, 그러한 취약성에 대한 조직의 노출을 평가하며, 적절한 조치를 취해야 한다.

핵심의미

조직의 정보시스템 및 자산에 존재할 수 있는 기술적인 취약점(예: 보안 결함, 패치되지 않은 소프트웨어 등)을 식별하고, 평가하고, 이를 관리하는 체계적인 절차를 수립하고 운영할 것을 요구한다. 취약점으로 인한 보안 사고를 예방하기 위해, 위협 환경 변화에 능동적으로 대응하기 위해, 조직의 위험 수준을 통제 가능한 수준으로 유지하는 것을 의미한다.

핵심내용

1. 취약점 식별 : 운영 중인 시스템, 애플리케이션, 장비 등에 존재하는 보안 취약점을 식별해야 한다(예: 취약점 진단 도구, CVE, 벤더 보안 공지 활용 등).

2. 정보 수집근거 : 취약점 정보는 신뢰할 수 있는 출처(예: NIST NVD, 벤더 보안 공지, CERT 등)로부터 지속적으로 수집되어야 한다.

3. 위험 평가 : 식별된 취약점에 대해 위험도를 평가하여 우선순위를 정해야 한다(자산의 중요도, 취약점의 심각도, 공격 가능성 등 고려).

4. 대응 조치 : 필요한 경우 패치 적용, 설정 변경, 접근 통제 강화 등의 조치를 시행해야 한다.

5. 책임자 지정 : 취약점 관리 프로세스의 실행 및 모니터링 책임자를 명확히 해야 한다.

6. 검토 및 개선 : 취약점 관리 프로세스는 정기적으로 검토되어야 하며, 새로운 위협 환경에 따라 업데이트되어야 한다.

증빙자료

1. 정책 및 절차 : 취약점 관리 정책서. 취약점 점검 및 패치 관리 절차서

2. 취약점 식별/점검 기록 : 취약점 진단 보고서, 시스템 점검 결과(스크린샷 포함 가능)

3. 위험 평가 및 대응 기록 : 위험 평가 결과표, 취약점 등급 분류 기준표, 우선순위 기준 문서

4. 대응 조치 이력 : 패치 적용 로그, 설정 변경 내역(스크립트, 명령어 로그), 변경관리 기록

5. 보고 및 승인 : 주기적 보안 보고서, IT 보안 회의록, 경영진 승인/검토 서명 문서

6. 모니터링 및 검토 : 정기 검토 일정표, 보안 심사 결과 보고서, 취약점 관리 체계 검토 회의록

7. 책임자 지정 : 정보보호 조직도, 역할 및 책임 문서

8.9 구성(배열, 배치) 관리

> **통제**
>
> 하드웨어, 소프트웨어, 서비스 및 네트워크의 보안 구성을 포함한 구성은 설정, 문서화, 구현, 모니터링 및 검토되어야 한다.

핵심의미

정보시스템 및 자산의 구성(configuration)을 체계적으로 파악, 기록, 변경, 유지하여 보안 및 운영 안정성을 보장하는 것을 의미한다. 장비의 정기적 유지보수를 통해 정보의 무결성, 가용성 및 기밀성을 보호한다.

핵심내용

1. 구성 항목의 식별 : 서버, 네트워크 장비, 소프트웨어, 애플리케이션 등의 구성요소를 명확히 식별하고 관리한다.
2. 구성 기준의 정의 및 문서화 : 각 시스템이나 서비스의 기준 구성(Baseline Configuration) 을 정의하고 문서화하여 참조 기준으로 삼는다.
3. 구성 변경의 통제 : 변경 전 승인 절차 및 변경 후 영향 분석을 수행하고, 모든 변경은 기록되어야 하고 변경 시 무단 변경이나 보안 설정 누락을 방지한다.
4. 구성 정보의 최신성 유지 : 실제 구성 상태와 문서화된 정보가 일치하도록 지속적으로 점검하고 갱신한다.
5. 보안 및 규정 준수 유지 : 잘못된 구성이나 미승인 변경이 보안 취약점이 되지 않도록 예방한다.

증빙자료

1. 구성 관리 정책 및 절차 문서
   · 구성 관리 방침
   · 구성 항목(CI : Configuration Items) 식별 및 관리 기준
   · 변경 관리(변경 승인, 테스트, 롤백 계획 포함)
   · 기준 구성(Baseline Configuration) 정의 방법

2. 구성 항목 목록(CMDB 또는 자산 목록)
- 서버, 네트워크 장비, 소프트웨어, DB 등 구성요소 식별 정보
- 각 항목의 버전, IP, 위치, 담당자 등 정보 포함
- 구성 요소 변경 이력 포함 가능

3. 변경 관리 기록
- 구성 변경 요청서
- 변경 승인 내역
- 테스트 결과 및 롤백 계획
- 실제 변경 작업 기록 및 작업 후 점검 결과

4. 기준 구성(Baseline) 및 설정 문서
- OS 및 애플리케이션 보안 설정 스크립트
- 시스템 이미지 또는 설정 백업
- 보안 구성 기준(CIS Benchmark 적용 여부 등)

5. 심사 및 점검 결과
- 구성 심사 결과 보고서
- 실제 구성과 문서화된 내용의 일치 여부 확인 기록
- 미일치 시 조치 내역

6. 자동화 도구 또는 시스템 로그
- 구성 관리 도구(Ansible, Puppet 등) 사용 내역
- 자동 변경 감지 및 경고 로그
- 버전 관리 시스템(Git 등)에서의 구성 파일 변경 이력

8.10 정보 삭제

> **통제**
>
> 정보시스템, 장치 또는 기타 저장 매체에 저장된 정보는 더 이상 필요하지 않을 때 삭제해야 한다.

핵심의미

더 이상 필요하지 않은 정보가 무단 접근이나 오용 없이 안전하게 제거되도록 보장하기 위해 정보의 보존 기간이 끝나거나 정보가 더 이상 필요하지 않을 때, 해당 정보를 안전하게 삭제하여 무단 접근, 재사용 또는 복구를 방지하기 위한 통제이다.

핵심내용

1. 적용 대상 : 저장된 데이터(디지털 및 물리적), 장비, 저장 매체 등
2. 삭제 방법 : 기술적 삭제, 물리적 파기, 덮어쓰기(데이터 와이핑), 파쇄 등
3. 삭제 기준 : 정보의 민감도, 저장 위치, 저장 매체 유형, 복구 가능성에 따라 적절한 삭제 방식 선택
4. 삭제 책임 : 조직 내 명확한 책임자 지정 및 삭제 정책 준수 필요
5. 기록 관리 : 삭제 수행 기록을 유지(특히 민감/중요 정보의 경우)
6. 자동화 고려 : 클라우드, 서버 환경 등에서는 주기적 자동 삭제 정책 구성 가능

증빙자료

1. 정보 삭제 정책 : 정보의 보존 기간, 삭제 기준 및 책임자 등을 명시한 공식 문서
2. 정보 삭제 절차서 : 삭제 시 사용하는 도구, 방법(기술적/물리적 삭제), 담당자 절차 등 상세한 작업 지침
3. 삭제 이력 기록 : 삭제된 정보, 날짜, 수행자, 삭제 방식 등이 포함된 로그나 보고서
4. 장비/매체 폐기 기록 : 저장장치를 폐기하거나 포맷/파쇄한 기록(예: 하드디스크 파기 확인서)
5. 자동 삭제 설정 캡처 : 클라우드, 시스템에서 자동 삭제 정책이 설정된 화면 캡처 또는 설정 문서
6. 교육 자료 및 이수 기록 : 정보 삭제 절차에 대한 내부 교육 내용과 참석자 명단
7. 심사 기록 : 내부 심사 또는 외부 심사를 통해 삭제 통제가 잘 지켜졌는지 점검한 결과

8.11 데이터 마스킹

> ### 통제
> 데이터 마스킹은 해당 법률을 고려하여 접근 통제 및 기타 관련 주제별 정책 및 비즈니스 요구사항에 대한 조직의 주제별 정책에 따라 사용해야 한다.

핵심의미

민감한 정보(PII, 금융정보 등)가 불필요하게 노출되지 않도록 하기 위함이다. 특히 개발, 테스트, 사용자 지원 등의 비운영 환경에서 실 데이터를 그대로 사용하는 경우 정보 유출 위험이 크기 때문에 이를 방지하려는 것이다.

핵심내용

1. 테스트 환경에 실데이터가 아닌 마스킹된 데이터 사용
2. 사용자 로그나 에러 리포트에서 개인정보 숨기기
3. 고객 응대 시 상담 화면에 일부 정보만 노출
4. 마스킹 방식은 데이터의 민감도, 용도, 법적 요구사항에 따라 적절히 선택해야 함
5. 데이터 마스킹은 접근제어, 암호화, 삭제 같은 다른 통제들과 함께 사용될 수 있음
6. 마스킹된 정보가 원래 데이터로 복원될 수 없도록 설계해야 함(익명화와 유사하지만 목적이 다름)

증빙자료

1. 데이터 마스킹 정책/절차서 : 데이터 마스킹을 어떻게, 언제, 누구에게 적용할지 정리한 내부 문서
2. 마스킹 적용 사례 스크린샷 : 실제 운영/개발 시스템에서 마스킹된 데이터가 어떻게 표시되는지 증거
3. 개발 환경 데이터 마스킹 로그 : 테스트/개발 환경에서 마스킹된 데이터로 전환된 로그 또는 프로세스 증거

4. 개인정보처리방침 또는 개인정보 영향평가서(PIA) : 마스킹이 포함된 개인정보보호 조치 내용 포함

5. 마스킹 적용된 데이터 예시(샘플) : 원본 데이터를 알 수 없도록 처리한 샘플 데이터 테이블 등

6. 시스템 설정 캡처 또는 설명서 : 마스킹 기능이 있는 시스템(예: DB, CRM) 설정 화면이나 기능 설명서

7. 직원 교육자료 : 데이터 마스킹의 필요성과 방법에 대한 내부 보안 교육 자료

8. 심사 로그 또는 점검 결과 : 데이터 마스킹 적용 여부에 대한 자체 심사 결과

8.12 데이터 유출 방지

> **통제**
>
> 데이터 유출 방지 조치는 민감한 정보를 처리, 저장 또는 전송하는 시스템, 네트워크 및 기타 장치에 적용되어야 한다.

핵심의미

조직의 기밀 정보, 개인 정보, 상업적 비밀, 지적재산 등이 내부에서 외부로 무단 전송, 복사, 저장 또는 공유되지 않도록 예방하는 것이다. 조직의 정보가 의도치 않게 또는 악의적으로 외부로 유출되지 않도록 보호하는 조치를 의미한다.

핵심내용

1. DLP 솔루션 도입 : 이메일, 클라우드, USB 저장소 등을 모니터링하여 민감한 정보가 외부로 유출되는 것을 방지

2. 정보 분류 및 라벨링 : 기밀 정보에 대해 '내부 전용', '기밀' 등의 라벨을 붙여서 처리 기준을 명확히 함

3. 이동식 저장장치 제한 : USB, 외장 하드 등 사용을 제한하거나 암호화 정책 적용

4. 클립보드, 화면 캡처 통제 : 일부 애플리케이션에서 복사/붙여넣기, 스크린샷 등을 차단

5. 이메일 및 파일 업로드 필터링 : 외부 메일 전송 시 민감 정보 포함 여부를 자동 탐지하고 경고 또는 차단

6. 직원 교육 및 인식 제고 : 무심코 공유한 문서로 인한 유출 사례 등을 교육

증빙자료

1. 정책/절차 문서 : 정보 유출 방지 정책, 이동식 매체 사용 지침, 정보 분류 정책, DLP 운영지침서

2. 시스템 구성 증빙 : DLP 솔루션 구성 스크린샷, DLP 정책 설정 화면(예: 이메일 첨부 파일 차단 정책), USB 차단 설정, 로그

3. 로그/모니터링 기록 : 민감정보 전송 탐지 로그, DLP 경고/차단 이력, USB 사용 로그

4. 점검 결과 : 내부심사 결과, 취약점 진단 리포트, DLP 테스트 리포트

5. 교육자료 및 이수기록 : 임직원 대상 정보유출 방지 교육자료, 교육 이수 서명부 또는 LMS 수료 기록

6. 위반사례 대응 이력 : 정보 유출 시도에 대한 조사 보고서, 시정 조치 이력

8.13 정보 백업

통제

정보, 소프트웨어 및 시스템의 백업 복사본은 백업에 대한 합의된 주제별 정책에 따라 유지 관리되고 정기적으로 테스트되어야 한다.

핵심의미

조직은 중요한 정보의 가용성을 보장하기 위해 정기적인 백업을 수행하고, 백업이 안전하고 복원 가능하도록 관리해야 한다. 조직의 정보와 정보시스템이 손실, 손상 또는 기타 장애로부터 복구 가능하도록 백업을 수행하고 관리해야 한다는 것을 의미한다.

핵심내용

1. 백업 정책 수립 : 어떤 데이터를 언제, 어떻게 백업할지 정의

2. 정기적인 백업 수행 : 중요도에 따라 주기 설정(예: 일일, 주간)

3. 백업 무결성 확인 : 복원 테스트를 통해 백업이 제대로 작동하는지 점검

4. 백업 보안 : 백업 데이터의 기밀성, 무결성, 가용성 보장(암호화, 접근 통제 등)

5. 백업 보관 장소 관리 : 물리적으로 분리된 장소에 보관하거나, 클라우드 백업 이용

6. 백업 기록 유지 : 누가, 언제, 어떤 데이터를 백업했는지 기록 관리

증빙자료

1. 정책 및 절차 : 백업 정책, 백업 절차서

2. 운영 기록 : 백업 실행 로그, 백업 오류/실패 대응 로그

3. 복구 검증 : 복구 테스트 결과

4. 보안 조치 : 백업 데이터 암호화 증빙, 백업 접근권한 관리 증빙

5. 클라우드 이용 시 : 클라우드 백업 계약서 또는 SLA

6. 보관 및 파기 : 백업 보관 위치 및 파기 이력

8.14 정보처리 시설의 이중화(중복성)

> **통제**
>
> 정보처리 설비는 가용성 요구사항을 충족하기에 충분한 중복성(이중화)을 가지고 구현되어야 한다.

핵심의미

정보시스템의 가용성을 보장하기 위해 업무에 중요한 정보시스템이나 서비스가 중단되지 않도록, 필요한 경우 시스템, 장비, 네트워크, 전원 등의 구성 요소를 이중화(중복구성)하라는 의미이다.

1. 적용 대상 : 서버, 네트워크 장비, 데이터 저장소, 전력 공급, 통신 회선 등
2. 이중화 방법 예시
   · RAID 구성의 저장장치
   · 클러스터링 된 서버
   · 이중 전원 공급 장치(UPS 포함)
   · 백업 통신 회선
   · 지리적으로 분리된 이중 데이터센터

증빙자료

1. 정책/계획 문서 : 정보처리시설 이중화 정책, 비즈니스 연속성 계획(BCP), IT 인프라 설계 문서
2. 구성 문서 : 네트워크 구성도, 서버/스토리지 이중화 구성도(클러스터, RAID 등), 전원 이중화 설계(UPS, 발전기 포함), DR(Disaster Recovery) 구성도
3. 테스트/운영 기록 : 이중화 장비 점검 기록, 장애/전환 테스트 결과 보고서, 정기 점검 체크리스트, DR 테스트 리포트
4. 계약/외부 문서 : 통신 회선 이중화 관련 ISP 계약서, DR 센터 계약서, UPS/발전기 유지보수 계약서
5. 사진 및 스크린샷 : 장비실 사진(이중 전원, UPS 등), 클러스터 상태 화면, 이중화 장비 상태 대시보드

8.15 로깅(Logging)

통제

활동, 예외, 결함 및 기타 관련 이벤트를 기록하는 로그를 생성, 저장, 보호 및 분석해야 한다.

정보보호 관리 체계(ISMS)의 일환으로 로그(Log)를 수집하고 관리하는 것의 중요성을 다루고 있다. 이 조항의 주요 목적은 보안 사건을 감지하고, 조사하며, 책임을 추적하고, 컴플라이언스를 지원하기 위해 필요한 로그 데이터를 적절히 생성하고 보존하는 것이다. 시스템, 사용자 활동, 보안 이벤트에 대한 로그를 수집 및 유지함으로써, 보안 사고 감지, 분석, 대응, 심사 추적을 가능하게 한다.

핵심내용

1. 로그 생성
   - 사용자 활동, 시스템 이벤트, 보안 이벤트, 접근 요청 등을 기록해야 함
   - 특히 중요한 시스템 및 정보에 대한 로그는 반드시 남겨야 함

2. 로그 보호
   - 로그의 무결성을 보장해야 하며, 위변조 방지를 위한 보안 조치 필요
   - 로그는 승인된 사용자만 접근 가능하도록 제한해야 함

3. 로그 보존 기간
   - 법적, 규제적, 사업적 요구사항에 따라 적절한 기간 동안 로그를 보관해야 함

4. 모니터링 및 분석
   - 보안 이벤트를 식별하기 위해 로그를 주기적으로 검토하고 분석해야 함
   - 자동화된 분석 도구 사용을 권장

5. 시간동기화
   - 모든 로그가 정확한 시간 정보를 포함하도록 시스템 시각을 동기화해야 함(NTP 등 활용)

증빙자료

1. 로그 관리 정책 및 절차
   - 로그 수집 및 저장에 대한 정책서
      예) 로그 수집 및 보존 정책, 로그 접근 제어 정책, 로그 분석 절차서
   - 로그 생성 대상 시스템, 책임자, 보존 기간 명시
2. 로그 설정 증빙(스크린샷 또는 설정 파일)

- 웹 서버, DBMS, 방화벽, IDS/IPS, VPN, AD 등의 로그 설정 화면 캡처
- 어떤 이벤트가 로그되고 있는지(예: 로그인 성공/실패, 접근 권한 변경 등)
- 로그 포맷, 저장 경로, 회전 주기 설정 등
- 로그 설정 파일 예시(syslog.conf, log4j.properties 등)

3. 로그 저장 및 보존 관련 증거
- 로그 파일 샘플(중요 정보는 마스킹)
- 로그 보관 위치 구조(폴더 트리)
- 로그 보존 기간이 명시된 스토리지 정책 문서
- 백업 여부와 관련한 로그 백업 기록

4. 무결성 및 보호 증거
- 로그에 대한 무결성 검증 방식 설명서(예: 해시값, WORM 스토리지 등)
- 접근 제어 설정 증거(로그 파일의 읽기/쓰기 권한 설정, ACL 등)

5. 시간 동기화 관련 증거
- NTP 설정 화면 또는 동기화 스크립트

6. 로그 모니터링 및 분석 기록
- SIEM 도구 사용 시 SIEM 설정 화면, 대시보드, 경고 설정 등
- 알림이 발생한 이력(예: 비정상 로그인 경고)
- 수동 분석일 경우
- 주기적인 로그 리뷰 기록(점검 일지, 회의록, 조치 내역)

7. 직원 교육 및 책임자 지정
- 로그 담당자 지정 문서 또는 직무기술서(JD)
- 로그 처리 관련 교육 이수 기록

8.16 모니터링 활동

> ### 통제
> 네트워크, 시스템 및 응용프로그램은 비정상적인 동작과 잠재적인 정보보호 사고를 평가하기 위한 적절한 조치를 모니터링해야 한다.

핵심의미

정보시스템, 네트워크, 사용자 활동 등에서 발생하는 보안 관련 이벤트를 식별하고 대응하기 위해 모니터링 체계를 구축하라는 의미이다. 정보보호 이벤트, 이상 징후, 정책 위반 등의 식별 및 대응을 위해 IT 시스템과 사용자의 활동을 지속적으로 모니터링해야 한다.

핵심내용

1. 모니터링 대상
   - 네트워크 트래픽
   - 시스템 로그(OS, 애플리케이션, DB 등)
   - 사용자 활동(로그인/로그아웃, 접근 권한 사용 등)
   - 보안 시스템(예 : 방화벽, IDS/IPS, 안티바이러스)

2. 이상 징후 탐지
   - 비정상적인 로그인 시도
   - 권한 없는 데이터 접근
   - 데이터 유출 시도
   - 악성코드 감염

3. 자동화 및 실시간 탐지 권장
   - SIEM(Security Information and Event Management) 같은 도구 사용
   - 이상 탐지를 위한 룰, 경고 알림 구성

4. 프라이버시 고려
   - 사용자 모니터링 시 개인 정보보호법, 사내 정책 준수 필요
   - 과도한 감시가 되지 않도록 법적/윤리적 균형 유지

5. 기록 및 보존
   - 로그를 일정 기간 보관(내부 정책이나 법규에 따라)
   - 심사 대응 및 사고 분석을 위한 근거 자료 확보

증빙자료

1. 정책 문서 : 정보시스템 모니터링 정책, 보안 로그 관리 정책

2. 절차 문서 : 시스템 로그 분석 절차, 보안 이벤트 대응 절차

3. 시스템 설정 : SIEM, 방화벽, IDS 등 보안 장비 설정 스크린샷 또는 설정 내역

4. 모니터링 결과 : Windows/Linux/DB 로그, 방화벽/IPS 로그, 사용자 로그인 기록

5. 경보/이상탐지 기록 : SIEM 경고 알림 캡처, 이메일 알림, Slack 경고 메시지 등

6. 대응 기록 : 보안 사고 대응 보고서, 이벤트 처리 내역

7. 심사 로그 : 관리자 접속 로그, 권한 변경 로그

8. 정기 모니터링 리포트 : 보안팀의 주간/월간 모니터링 보고서

8.17 시간 동기화

> **통제**
>
> 조직에서 사용하는 정보처리 시스템의 시계는 승인된 시간 소스와 동기화되어야 한다.

핵심의미

시스템 간의 로그 분석, 문제 추적, 보안 사고 대응 등에 필수적인 시간의 정확성과 일관성을 확보하기 위해 정보시스템의 시계가 정확하게 맞춰져 있어야 하며, 이를 신뢰할 수 있는 시간 소스로 동기화해야 한다는 의미이다.

핵심내용

1. 정확한 시간 유지
   - 모든 시스템(서버, 네트워크 장비, 보안 시스템 등)은 신뢰할 수 있는 시간 소스를 기준으로 시각을 맞춰야 한다.

· 일반적으로는 NTP(Network Time Protocol) 서버를 사용한다.

2. 보안 로그의 정확성
· 시간 정보가 정확해야 로그 이벤트 간의 순서, 발생 시점을 명확히 파악할 수 있다.
· 이는 심사(audit), 포렌식 조사, 사고 대응에 매우 중요하다.

3. 중앙 집중화된 시간 관리
· 기업 전체의 시스템이 동일한 시간 기준을 따르도록 구성해야 한다.
· 외부 또는 내부의 신뢰할 수 있는 NTP 서버를 사용하도록 설정한다.

4. 무결성과 접근 통제
· 시간 설정은 무단 변경이 불가능하도록 보호해야 한다.
· 시간 서버에 대한 접근 권한은 제한되어야 한다.

증빙자료

1. 시간 동기화 정책 및 절차서
· 시스템 시계는 어떻게 동기화되는지, 어떤 서버(NTP 등)를 기준으로 하는지, 누가 설정할 수 있는지 등을 문서화한 정책 또는 절차서
  예) 정보시스템 시간 동기화 운영지침, 서버 표준 설정 문서 등

2. 시스템 설정 캡처 또는 명령어 출력
· 실제 운영 중인 시스템(예: 리눅스, 윈도우 서버)의 시간 동기화 설정 내역

3. NTP 서버 설정 내역
· 자체 NTP 서버를 운영 중이면 해당 서버의 설정 및 접근제어 정책
· 외부 NTP 서버 사용 시, 사용 중인 NTP 주소 및 인증 여부 기록

4. 로그 및 이벤트 기록
· 시간 동기화 로그(예: system log, Windows 이벤트 로그)
· NTP 동기화 실패/성공 알림이 기록된 예시

5. 보안 설정 및 접근 통제 증적
· 시간 설정이 가능한 계정/권한은 제한되어 있다는 것을 보여주는 시스템 보안 설정
  예) 관리자만 시간 변경 가능함을 보여주는 OS 보안 설정 스크린샷

6. 모니터링 및 경보 시스템

· 시간 오차가 발생할 경우 이를 감지하고 경고하는 시스템이 존재한다는 증적

7. 운영 점검 결과
· 시간 동기화가 제대로 이루어지고 있다는 점검 결과 리포트 또는 심사 체크리스트

8.18 특수 유틸리티 프로그램의 사용 제한

통제

시스템 및 응용프로그램 통제를 무시할 수 있는 유틸리티 프로그램의 사용은 제한되고 엄격하게 통제되어야 한다.

핵심의미

운영 체제나 시스템 레벨에 접근할 수 있는 강력한 기능을 가진 유틸리티 도구나 프로그램의 사용을 엄격히 통제해야 한다는 것을 의미한다. 특수 유틸리티 프로그램 및 시스템 프로그램의 사용은 제한되고, 승인된 경우에만 허용되어야 한다.

핵심내용

1. 사용 제한 : 해당 유틸리티는 일반 사용자에게 제공되어선 안 되며, 반드시 권한이 있는 사람만 사용하도록 제한한다.
2. 사전 승인 절차 : 사용하려면 정보보호팀이나 관리자의 사전 승인이 필요하다.
3. 목록 관리 : 어떤 특수 유틸리티가 있는지 정기적으로 식별하고 목록화하여 관리한다.
4. 접근 통제 : 프로그램 실행 권한을 사용자/그룹 단위로 제한하고, 접근 제어 정책을 설정한다.
5. 심사 및 로그 기록 : 사용 이력(누가, 언제, 무엇을 했는지)을 로그로 남기고 정기적으로 심사한다.
6. 격리 또는 별도 환경 : 가능하면 특수 유틸리티는 운영 환경과 분리된 별도 환경에서만 사용한다.

증빙자료

1. 정책/지침 문서 : 특수 유틸리티 사용 정책 또는 시스템 운영 관리 지침

2. 승인 요청서 : 유틸리티 사용 시 작성한 승인 요청서(전자결재 포함)

3. 사용 로그 : 시스템 로그, 실행 이력, SIEM 로그, PowerShell 기록 등

4. 접근제어 설정 화면 : AD 그룹 정책(GPO), 접근제어 솔루션, ACL 설정 캡처

5. 자산 목록 : 특수 유틸리티 프로그램 목록 및 관리 대장

6. 점검 및 심사 기록 : 내부 보안 점검 보고서, 로그 리뷰 결과

7. 사용자 교육 자료 : 관리자 대상 보안 교육자료(특수 유틸리티 사용 관련 내용 포함)

8.19 운영체제에서의 소프트웨어 설치

> **통제**
>
> 운영체제에서 소프트웨어 설치를 안전하게 관리하기 위한 절차와 조치가 구현되어야 한다.

핵심의미

조직의 정보보호 관리 체계(ISMS)에서 운영체제 수준에서 소프트웨어가 무분별하게 설치되거나 변경되지 않도록 통제하는 것을 의미 한다. 운영 체제 소프트웨어 및 응용 소프트웨어의 설치는 허가된 절차를 통해서만 수행되어야 한다.

핵심내용

1. 관리 권한 제한
   · 일반 사용자 계정은 소프트웨어를 설치할 수 없도록 제한(관리자만 설치 가능)

2. 사전 승인 절차
   · 운영 시스템에 설치되는 모든 소프트웨어는 적절한 승인을 받아야 함
   · 일반적으로는 변경 관리 프로세스를 따름

3. 테스트 환경에서의 사전 검증

· 운영 환경에 설치하기 전, 테스트 환경에서 기능과 보안을 검증

4. 정품 소프트웨어 사용 보장
· 라이선스가 검증된, 합법적인 소프트웨어만 설치

5. 무결성 검증
· 설치 파일에 대한 무결성 체크(예: 해시값 확인)로 변조 여부 확인

6. 로깅 및 기록 유지
· 설치 시 변경 로그, 설치자, 일시, 내용 등을 기록

7. 자동 설치 차단
· 사용자가 임의로 설치하지 못하도록 관리자 권한 제한

증빙자료

1. 정책 및 절차 문서
· 소프트웨어 설치 및 변경에 대한 보안 정책 : 소프트웨어 설치 관리 정책, 운영환경 변경관리 절차
· 운영 시스템에 설치 가능한 소프트웨어 목록과 권한자 정의
· 관리자 외 소프트웨어 설치 제한 관련 정책

2. 변경 관리 기록
· 실제 소프트웨어 설치 요청서, 변경 요청서
· 변경 승인 기록(예: IT 변경 회의록)
· 테스트 검증 결과 보고서(UAT 또는 사전 테스트 결과)

3. 설치 이력 및 로그
· 설치 일자, 설치자, 설치된 소프트웨어 내역이 담긴 로그나 기록 ; 설치 자동화 도구 로그, 배포 로그
· 무결성 확인 기록(예: 해시값 비교 결과)

4. 접근 통제 증적
· 관리자만 설치 가능하도록 구성된 OS 접근 권한 설정
· 일반 사용자가 설치할 수 없음을 보여주는 설정 정책 문서

5. 심사 또는 점검 기록
· 내부 심사를 통해 운영체제 내 무단 소프트웨어 설치 여부 점검한 심사 보고서

· 정기 점검 결과 요약 문서
6. 테스트 환경 존재 증거
  · 운영 환경과 분리된 테스트 환경 구성도
  · 테스트 환경에서의 설치/검증 내역 캡처

8.20 네트워크 보안

> **통제**
>
> 네트워크와 네트워크 장치는 시스템과 응용프로그램의 정보를 보호하기 위해 보안,
> 관리 및 통제되어야 한다.

핵심의미

조직의 정보 자산을 보호하기 위해 네트워크 인프라를 안전하게 설계, 운영, 유지 관리하는 것을 의미한다. 네트워크 및 네트워크 서비스를 보호하여 정보와 시스템의 무단 접근, 변경, 훼손 또는 거부를 방지하고 네트워크 환경을 외부 공격자나 내부 위협으로부터 안전하게 보호하여, 데이터의 기밀성, 무결성, 가용성을 보장해야 한다는 의미이다.

핵심내용

1. 무단 접근 방지 : 네트워크 수준에서 인가되지 않은 사용자의 접근을 차단해야 함

2. 데이터 보호 : 네트워크를 통해 송수신되는 데이터가 유출되거나 변조되지 않도록 보호해야 함

3. 시스템 연속성 보장 : 네트워크 장애나 공격(예: DDoS)에도 서비스가 중단되지 않도록 대비

(예시)
  · 방화벽 구성 : 내부-외부 네트워크를 분리하고, 인바운드/아웃바운드 트래픽을 제어
  · VLAN/네트워크 분리 : 사용자, 서버, 관리 영역 등을 분리하여 내부 공격 확산

방지

· IDS/IPS 도입 : 비정상 트래픽 탐지 및 차단

· VPN : 외부 접속자는 안전하게 암호화된 통신을 통해 접속

· 네트워크 접근 제어(NAC) : 허가된 기기만 네트워크 접속 허용

· 네트워크 로그 모니터링 : 이상 징후를 감지하고 추적 가능하도록 로그 수집 및 분석

증빙자료

1. 정책 및 절차 : 네트워크 보안 정책, 방화벽 및 라우터 설정 절차, VPN 운영 절차

2. 구성 문서 : 네트워크 구성도, 장비 목록

3. 운영 기록 : 방화벽 룰 변경 이력, IDS/IPS 이벤트 로그, VPN 접속 로그, 네트워크 장비 접근 로그

4. 점검 및 심사 : 네트워크 취약점 진단 보고서, 모의 해킹보고서, 네트워크 로그 리뷰 기록

8.21 네트워크 서비스 보안

통제

네트워크 서비스의 보안 메커니즘(원리/구조), 서비스 수준 및 서비스 요구사항을 파악, 구현 및 모니터링해야 한다.

핵심의미

조직이 내부 또는 외부로부터 제공받는 네트워크 서비스에 대해, 보안 요구사항을 명확히 정의하고, 그에 따라 적절한 보호 조치를 취해야 한다는 의미이다. 조직이 네트워크 서비스를 안전하게 제공하고 운영할 수 있도록 보장하는 데 목적이 있다.

핵심내용

1. 네트워크 서비스 식별 및 분류

· 조직이 사용하는 네트워크 서비스(예: 인터넷 접속, 원격 접속, 이메일 서비스, 클

라우드 기반 네트워크 등)를 식별하고 목록화한다.

2. 보안 요구사항 정의
 · 각 서비스별로 기밀성, 무결성, 가용성 측면에서 어떤 보안이 필요한지 정의해야 한다.
   예) VPN 접속은 강력한 인증 필요, 이메일은 스팸 필터링과 암호화 필요 등

3. 서비스 수준 계약(SLA)에 보안 포함
 · 외부 네트워크 서비스 제공자(ISP, 클라우드 사업자 등)와 계약할 때, 보안 요구사항이 계약서 또는 SLA에 명시되어야 한다.

4. 서비스 검토 및 심사
 · 서비스 제공 중에도 지속적으로 보안이 유지되고 있는지 모니터링하고 검토한다.
 · 보안 사고 발생 시 대응 절차 포함

증빙자료

1. 정책/절차 : 네트워크 보안 정책, 외부 서비스 관리 정책, 서비스 연계 절차서

2. 서비스 목록 : 네트워크 서비스 인벤토리, 외부/내부 네트워크 서비스 목록

3. 보안 요구사항 : 서비스별 보안 요구사항 문서, 요구사항 정의서(기술/보안 관점)

4. 계약 및 SLA : 외부 네트워크 서비스 제공자와의 계약서, SLA에 보안 조항 포함 여부

5. 평가 및 점검 : 정기 보안 점검 보고서, 서비스 성능 및 보안 심사 결과

6. 변경/접속 기록 : 네트워크 구성 변경 기록, 방화벽/라우터 로그, VPN 접속 로그

7. 교육 기록 : 관련 직원 보안 교육 이수 증빙

8.22 네트워크 분리

> **통제**
> 정보 서비스, 사용자 및 정보시스템 그룹은 조직의 네트워크에서 분리되어야 한다.

핵심의미

네트워크 분리란, 정보시스템의 다양한 구성요소나 서비스들이 서로 영향을 주지 않도록 네트워크 레벨에서 구분하여 보안성을 높이는 것을 의미한다. 보안 요구사항에 따라 외부(인터넷)와 내부 시스템 분리, 개발 환경과 운영 환경 분리, 사용자 네트워크와 서버 네트워크 분리, 보안성이 낮은 구역(guest Wi-Fi 등)과 민감한 구역 분리 등 서로 다른 네트워크 또는 네트워크 영역을 기술적 또는 물리적으로 분리해야 한다.

핵심내용

1. 물리적 분리 : 다른 스위치, 라우터, 케이블 등을 사용하여 네트워크를 물리적으로 구분 (예: 운영망과 개발망이 완전히 다른 장비를 사용)
2. 기술적 분리 : VLAN, 서브넷, 방화벽, ACL 등을 활용하여 하나의 물리 네트워크 내에서 논리적으로 구분(예: VLAN으로 사용자 그룹 분리, DMZ 설정, 방화벽 룰로 접근 제한)

(예시)
- DMZ와 내부망분리 : 외부에서 접근 가능한 시스템(웹 서버 등)을 내부 자산과 분리
- 개발망과 운영망분리 : 미완성/테스트 코드가 운영 시스템에 영향을 주지 않도록 하기 위함
- 사무망과 생산망분리 : OT(Operational Technology) 시스템 보호
- 게스트 Wi-Fi와 기업 내부망분리 : 방문자가 내부 시스템에 접근하지 못하게 차단

증빙자료

1. 네트워크 구성도 : 전체 네트워크 토폴로지를 시각화한 다이어그램. DMZ, 내부망, 외부망, VLAN 구분 등을 포함
2. 방화벽 정책 : 분리된 네트워크 간 통신을 제어하는 방화벽 규칙 설정
3. VLAN 설정 자료 : VLAN으로 네트워크를 기술적으로 분리한 설정 내용
4. 네트워크 분리 정책/절차서 : 네트워크 분리에 대한 내부 보안 정책이나 운영 절차 문서

5. 시스템 간 통신 설계서 : 시스템 간 연결 경로를 명확히 정의한 문서(예: DB ↔ Web ↔ App 경로 등)

6. 접근제어 로그/접속 제어 심사기록 : 특정 네트워크 구간 또는 시스템 간 접근 통제 내역

7. 운영 환경과 개발 환경 분리 증거 : 개발망/운영망이 별도 네트워크를 사용한다는 증빙 (VLAN 또는 독립 장비 등)

8. 네트워크 보안 점검 보고서 : 내부 심사나 외부 보안 진단에서 네트워크 분리 상태를 점검한 보고서

8.23 웹 필터링

통제

외부 웹 사이트에 대한 접근을 관리하여 악의적인 콘텐츠에 대한 노출을 줄여야 한다.

핵심의미

정보보호 통제의 일환으로, 사용자가 웹을 통해 접근할 수 있는 콘텐츠를 관리하고 제한하는 것을 의미한다. 이는 악성 코드, 피싱, 부적절한 콘텐츠 또는 조직 정책에 위배되는 사이트로의 접근을 차단하기 위한 통제이다.

핵심내용

1. 웹 필터링 솔루션 도입 : 프록시 서버, DNS 필터링, 클라우드 기반 웹 필터링 솔루션 등 활용

2. 정책 기반 필터링 : 사용자 그룹, 역할에 따라 접근 가능한 웹사이트를 설정

3. 로그 및 모니터링 : 웹 접속 기록을 보관하고 이상 징후 탐지

4. 정기적 검토 및 갱신 : 화이트리스트/블랙리스트 갱신, 정책 적절성 검토

증빙자료

1. 웹 필터링 정책 문서 : 어떤 웹사이트가 허용/차단되며, 누구에게 어떤 기준으로 적용되는지 명시

2. 웹 필터링 시스템 설정 캡처 또는 보고서 : 실제로 설정된 필터링 규칙, 차단 카테고리(예: 성인, 도박, 피싱 등), 사용자 그룹별 정책 등

3. 웹 접근 로그/차단 로그 : 실제 차단된 접속 시도 기록, 탐지된 악성 URL 기록 등

4. 사용자 알림 화면 캡처 : 사용자가 차단된 사이트에 접속하려고 할 때 보여지는 차단 안내 메시지

5. 정기 점검 보고서/검토 기록 : 필터링 정책의 정기 점검 결과, 업데이트 이력

6. 직원 교육 자료 : 직원에게 웹 필터링 정책을 교육한 자료(슬라이드, 수강기록, 테스트 결과 등)

8.24 암호화 사용

> **통제**
> 암호 키 관리를 포함한 암호의 효과적인 사용을 위한 규칙을 정의하고 시행해야 한다.

핵심의미

조직이 정보의 기밀성, 무결성, 가용성을 보호하기 위해 암호화 기술을 적절히 사용해야 한다는 것을 의미한다. 이 통제 항목의 주요 목적은 민감한 정보가 비인가된 접근으로부터 보호받도록 보장하는 것이다.

핵심내용

1. 암호화의 목적
   · 기밀성 보호 : 데이터가 무단으로 읽히지 않도록 함
   · 무결성 보호 : 데이터가 위조되거나 변경되지 않도록 확인
   · 인증 : 발신자와 수신자의 신원을 검증
   · 부인방지 : 송신자가 전송한 사실을 나중에 부인하지 못하도록 함

2. 적용 대상
   · 데이터 저장 : 하드디스크, 서버, 클라우드 등에 저장된 정보
   · 데이터 전송 : 이메일, 웹, 네트워크 통신 등에서 이동 중인 정보

3. 암호화 정책 수립 필요
 · 어떤 정보에 암호화를 적용할지
 · 어떤 알고리즘과 키 길이를 사용할지
 · 키 관리 방법(생성, 저장, 배포, 폐기 등)

4. 암호화 기술의 적절한 선택
 · 산업 표준을 따르는 알고리즘(예: AES, RSA, SHA-2 등)
 · 자체 개발된 미검증된 암호화는 피해야 함

5. 법률 및 규제 준수
 · 일부 국가에서는 암호화 사용에 대해 규제를 두거나 신고 의무가 있음
 · 개인정보보호법 등 관련 법규도 고려

증빙자료

1. 암호화 정책 문서 : 어떤 데이터가 암호화 대상인지, 적용되는 암호화 기술 및 알고리즘, 키 관리 방식, 책임자 및 승인 절차

2. 키 관리 정책 및 절차서 : 키 생성, 저장, 배포, 교체, 폐기 등의 프로세스를 설명한 문서

3. 암호화 적용 증빙 스크린샷/설정 : 서버 디스크의 암호화 설정 화면, DB에서 암호화 설정 스크린 샷 등

4. 로그/기록 : 암호화가 적용된 시스템 접근 로그, 키 교체 이력 로그

5. 심사 및 점검 기록 : 내부 정보보호 점검 시 암호화 항목 점검 결과 보고서, 암호화 설정에 대한 외부 심사 결과

6. 암호화 솔루션 라이선스 또는 계약서 : 상용 암호화 솔루션 사용 시 제품 라이선스나 계약 문서

8.25 안전한 개발 수명 주기

> **통제**
> 소프트웨어와 시스템의 안전한 개발을 위한 규칙을 수립하고 적용해야 한다.

핵심의미

조직이 소프트웨어 개발 시 보안을 고려한 절차와 관행을 전반적인 개발 수명 주기에 걸쳐 적용해야 한다는 것을 의미한다. 보안은 사후 조치가 아니라, 개발 초기부터 고려해야 하는 요소이므로 보안이 개발의 각 단계에 통합되어야 한다.

핵심내용

1. 개발 정책과 기준 수립
   · 보안 요구사항을 포함한 개발 표준, 지침, 정책을 문서화하고 적용한다.
   · 보안 코딩 규칙을 정의하고, 이를 모든 개발자에게 교육한다.

2. 보안 요구사항의 정의
   · 애플리케이션 또는 시스템 설계 초기 단계에서 보안 요구사항을 정의한다.
   · 개인정보보호, 인증, 권한관리, 데이터 암호화 등을 포함할 수 있다.

3. 위험 기반 접근 방식
   · 개발 대상 시스템의 위험을 평가하고, 위험에 따라 적절한 보안 통제를 설계한다.

4. 보안 테스트 통합
   · 개발 단계에서 정적/동적 코드 분석 등 보안 테스트를 계획하고 수행한다.
   · 테스트는 반복적이고 자동화될 수 있도록 프로세스화한다.

5. 취약점 대응 프로세스 포함
   · 개발 중 또는 운영 중 발견된 취약점을 추적하고, 수정하며, 재발 방지를 위한 개선 조치를 한다.

6. 서드파티 코드/컴포넌트 검증
   · 외부 라이브러리나 오픈소스 코드 사용 시, 보안 검토를 포함한 승인 절차를 거쳐야 한다.

7. 보안 검토 및 심사
- 개발 수명 주기의 특정 시점(예: 설계 완료, 개발 완료 등)에서 보안 검토를 수행한다.
- 필요 시 외부 심사를 통해 보안성을 확인할 수도 있다.

(예시) 개발 생명주기 단계
- 계획(Planning) : 보안 요구사항 정의
- 설계(Design) : 보안 아키텍처 반영
- 개발(Development) : 보안 코딩 및 테스트
- 테스트(Testing) : 취약점 테스트 및 수정
- 배포(Deployment) : 보안 구성 및 접근통제 적용
- 운영(Operation) : 지속적 모니터링과 패치
- 폐기(Decommission) : 안전한 데이터 삭제 및 시스템 종료

증빙자료

1. 정책 및 절차 : 안전한 개발 수명주기 정책서, 보안 코딩 지침서, 개발보안 표준 문서

2. 교육 내역 : 개발자 보안 교육 이수 내역, 교육 자료(PPT, 교재 등), 참석자 명단 및 결과

3. 요구사항 정의 : 보안 요구사항 정의서, 기능 명세서에 포함된 보안 요구사항, 설계 문서 내 보안 고려 항목

4. 테스트 및 검토 : 보안 테스트 결과 보고서, 코드 리뷰 체크리스트 및 결과, 취약점 분석 리포트, 트래킹 이슈 등

5. 도구 사용 : 사용 중인 보안 테스트 도구 목록 및 라이선스

6. 심사 및 검토 기록 : 개발 보안 점검 체크리스트, 보안 심사 결과 보고서, 심사 대응 내역

7. 외부 코드 관리 : 오픈소스/서드파티 컴포넌트 승인 절차, 라이브러리 취약점 관리 정책, 승인 내역 기록

8. 변경 관리 : 변경 요청서에 보안 영향 분석 포함, 변경 승인 기록 등

9. 운영 이관 : 이관 체크리스트, 운영환경 보안 설정 문서, 배포 절차서

8.26 응용프로그램 보안 요구사항

> **통제**
>
> 정보보호 요건은 응용프로그램을 개발하거나 취득할 때 식별, 명시 및 승인되어야 한다.

핵심의미

조직이 개발하거나 획득하는 응용프로그램에서 보안을 사전에 고려한 요구사항을 정의하고 적용해야 한다는 것을 의미한다. 조직은 응용프로그램 또는 애플리케이션의 설계 및 개발에 앞서 보안 요구사항을 정의하고 구현해야 한다. 즉, 보안은 사후에 추가하는 것이 아니라, 기획 및 개발 초기 단계에서부터 고려되어야 한다.

핵심내용

1. 인증 : 사용자 인증 방식(예: 비밀번호, MFA 등)

2. 인가 : 권한별 기능 접근 제어

3. 데이터 보호 : 암호화, 민감정보 마스킹, 전송 시 보호

4. 로깅 및 심사 추적 : 보안 이벤트 기록 및 이상 행위 탐지 가능성

5. 입력 유효성 검사 : SQL Injection, XSS 같은 공격 방지

6. 보안 업데이트 및 패치 관리 : 소프트웨어 생명주기 전반에서의 취약점 대응 방안

7. 보안 테스트 요구사항 : 정적/동적 코드 분석, 침투 테스트 등 수행 계획

증빙자료

1. 응용프로그램 보안 요구사항 명세서 : 개발 전 보안 요구사항을 문서화한 자료(기획 단계 산출물)

2. 보안 요구사항 정의 체크리스트 : 프로젝트마다 요구사항을 확인하고 체크한 문서

3. 보안 아키텍처 설계 문서 : 응용프로그램의 보안 설계 내용 포함(예: 인증, 권한,

암호화 등)

4. 보안 코딩 가이드라인 : 개발팀이 따르는 보안 코딩 기준 문서

5. 보안 리뷰 회의록/검토 로그 : 보안 요구사항 또는 설계에 대해 리뷰한 이력

6. 보안 테스트 결과 보고서 : 정적 분석, 동적 분석, 침투 테스트 등 보안 테스트 보고서

7. 개발 프로세스 문서(보안 포함) : 보안을 포함한 소프트웨어 개발 생명주기 문서

8. 외부 또는 내부 보안 심사 보고서 : 보안 요구사항이 잘 적용되었는지 점검한 결과

9. 교육 자료 및 교육 이력 : 보안 요구사항 관련 개발자 교육 실시 이력

10. 취약점 관리 프로세스 및 조치 내역 : 발견된 취약점에 대한 대응 및 조치 결과

8.27 보안 시스템 구축(아키텍쳐) 및 엔지니어링 원칙

> **통제**
>
> 엔지니어링 보안 시스템을 위한 원칙은 모든 정보시스템 개발 활동에 대해 수립, 문서화, 유지 및 적용되어야 한다.

핵심의미

정보시스템, 소프트웨어, 네트워크 및 관련 인프라가 보안 원칙에 따라 설계되고 구현되도록 보장하여, 보안 취약점을 줄이고 보안을 기본으로 하는 시스템을 구축하는 데 목적이 있다.

핵심내용

1. 최소 권한 원칙 : 시스템 구성 요소와 사용자는 최소한의 권한만 부여받아야 함

2. 디폴트 거부 : 기본적으로 모든 접근은 거부되며, 명시적으로 허용된 경우에만 허용됨

3. 계층적 방어 : 단일 보안 제어 실패 시에도 보호가 가능하도록 다중 보안 계층 사용

4. 공격 표면 최소화 : 가능한 한 시스템의 노출 영역을 줄임

5. 보안 개발 수명주기 : 개발 단계 전반에 보안을 통합

6. 보안 표준 및 프레임워크 사용 : ISO/IEC 27001, NIST, OWASP 등 보안 프레임워크를 기준으로 삼음

7. 안전한 기본값 제공 : 설정 시 안전한 값이 기본값이 되도록 설계

8. 취약점 및 위협 모델링 : 설계 단계에서 위협 모델링을 수행하여 잠재적 취약점을 사전에 식별

9. 테스트 및 검증 : 설계 및 구현 후 보안 테스트 수행, 정적/동적 분석 등

증빙자료

1. 보안 아키텍처 및 설계 문서
   · 시스템 또는 애플리케이션의 보안 아키텍처 다이어그램
   · 네트워크 보안 설계 문서(예: 방화벽, DMZ, IDS/IPS 배치도)
   · 시스템 설계 시 적용된 보안 원칙에 대한 명세서
   · 보안 요구사항 정의서

2. 보안 엔지니어링 원칙 문서
   · 조직 차원의 보안 설계 원칙 가이드라인(예: 최소 권한 원칙 적용 지침, 계층형 보안 구조 적용 등)
   · 개발 생명주기 프로세스 문서(보안이 포함된 개발 생명주기 정책)
   · 코딩 표준 및 보안 코딩 가이드라인(OWASP 등 기반)

3. 보안 검토 및 테스트 기록
   · 설계 리뷰 회의록 또는 체크리스트(보안 관점 포함)
   · 위협 모델링 보고서
   · 보안 취약점 분석 결과(정적 분석, 동적 분석, 펜테스트 등)
   · 보안 기능 테스트 계획 및 결과 보고서

4. 보안 관련 교육 및 인식 증빙
   · 보안 아키텍처 및 설계 원칙 관련 교육자료
   · 관련 담당자(개발자, 아키텍트 등)의 교육 수료증 또는 참석 기록

5. 변경 관리 및 승인 기록
   · 시스템 설계 변경 시 보안 검토 포함 여부 확인 가능한 변경관리 기록(요구상 변경, 리스크평가 포함)

· 시스템 개발 또는 변경 전 보안 리뷰 승인 기록

8.28 안전한 코딩(coding)

> **통제**
>
> 보안 코딩 원칙을 소프트웨어 개발에 적용해야 한다.

핵심의미

조직이 소프트웨어 개발 시 보안 취약점을 방지하고 안전한 코드 작성 관행을 적용하도록 요구하는 것이다. 안전한 코딩 관행을 적용하여, 소프트웨어에 보안 취약점이 포함되지 않도록 보장해야 한다. 보안 사고의 주요 원인이 될 수 있는 코드 수준의 취약점을 최소화하는 것이다.

핵심내용

1. 안전한 코딩 지침 정의 및 적용 : 보안 코딩 표준을 바탕으로 안전한 코딩 가이드라인을 정의하고, 이를 개발자에게 적용해야 함
2. 취약점 예방 : 취약점을 방지하는 코딩 기법 사용
3. 프로그래밍 언어별 보안 지침 : 사용하는 언어나 프레임워크에 맞춘 보안 지침 적용
4. 코드 리뷰 및 분석 : 정적/동적 코드 분석 도구 사용, 보안 중심 코드 리뷰를 통해 문제 조기 발견
5. 교육 및 훈련 : 개발자에게 보안 코딩 관련 교육을 주기적으로 실시
6. 타사 코드 및 오픈소스 사용 시 평가 : 외부 코드 사용 시 보안 검토 및 라이선스 확인 필수
7. 자동화 도구의 사용 : 정적 분석, 취약점 스캐너, 자동화 도구를 통해 보안 품질 확보

증빙자료

1. 보안 코딩 지침서/가이드라인(핵심 증빙)
   · 조직 내에서 사용하는 안전한 코딩 가이드라인 문서

2. 보안 코딩 교육 이력 및 자료
 · 개발자 대상 보안 코딩 교육 실시 내역(교육자료, 참석자 명단, 수료증)

3. 코드 리뷰 및 보안 점검 로그
 · 보안 중심 코드 리뷰 결과
 · 정적 분석 도구 보고서
 · 코드 취약점 수정 이력

4. 도구 사용 증빙(자동화 도구 등)
 · 보안 테스트 도구 사용 내역

5. 오픈소스 및 외부 코드 보안 검토 자료
 · 제3자 라이브러리 사용 시 보안성 검토 문서
 · 취약점 DB 기반의 보안 위험 평가 결과

6. 개발 프로세스 내 보안 통합 증빙
 · 안전한 코딩이 반영된 개발 프로세스 문서
 · 개발 절차서 내 보안 항목 명시 여부

8.29 개발 승인 시 보안 시험

> **통제**
>
> 보안 시험 프로세스는 개발 수명 주기에서 정의되고 구현되어야 한다.

핵심의미

조직이 새로운 정보시스템, 변경된 시스템, 혹은 소프트웨어 구성 요소를 운영 환경에 배포하기 전에 적절한 보안 검토 및 시험을 거쳐야 한다는 의미이다. 정보시스템의 개발 또는 변경 시, 운영 환경으로의 배포 전에 보안 요건이 충족되었는지를 확인하기 위해 보안 시험이 수행되어야 한다.

핵심내용

1. 정적 분석 : 코드 수준에서 보안 취약점 점검
2. 동적 분석 : 실행 중인 애플리케이션을 대상으로 보안 취약점 점검

3. 취약점 진단 : 자동 도구를 이용한 취약점 탐지

4. 침투 테스트 : 실제 해커처럼 시스템에 접근 시도

5. 권한 및 접근 제어 검증 : 권한 상승, 무단 접근 가능 여부 확인

6. 구성 오류 확인 : 잘못된 설정(예: 디버그 모드 ON 등) 점검

증빙자료

1. 보안 테스트 계획서 : 해당 시스템 또는 변경사항에 대해 어떤 보안 검토 및 시험을 진행할지에 대한 계획 문서

2. 보안 요구사항 명세서 : 개발 시 보안적으로 충족해야 할 요구사항 정의 문서

3. 보안 테스트 결과 보고서 : 정적 분석, 동적 분석, 취약점 스캔 등 실제 수행 결과 및 발견된 문제 목록

4. 취약점 조치 내역서 : 발견된 보안 문제에 대해 어떤 조치를 했는지 기록한 문서

5. 개발 승인 체크리스트 : 배포 전 보안 테스트 결과를 포함한 운영 반영 승인 체크리스트

6. 보안 테스트 완료 확인서 : 정보보호팀 혹은 제3자 보안팀의 테스트 완료 및 승인 문서

7. 배포 승인 기록 : 변경관리 시스템 또는 이메일 등을 통한 보안 승인 증빙

8. 증거 스크린샷 또는 로그정적/동적 분석 도구의 결과 캡처본

8.30 아웃소싱 개발

> ### 통제
> 조직은 아웃소싱 시스템 개발과 관련된 활동을 지시, 모니터링 및 검토해야 한다.

핵심의미

조직이 외부 업체나 제3자에게 소프트웨어 개발을 위탁하는 경우에 대한 정보보호 통제를 다루고 있다. 조직이 시스템이나 애플리케이션 개발을 외부에 위탁할 경우, 정보보호 위험을 효과적으로 식별하고 통제할 수 있도록 해야 한다는 의미이다.

1. 계약서에 보안 조항 포함 : 소스코드 접근 제한, NDA(비밀유지계약) 체결, 개발 환경의 격리

2. 보안 요구사항 정의 : 보안 코딩 가이드 적용, 취약점 진단 필수

3. 진행상황 검토 및 심사 권한 확보 : 개발 진행 중 정기적인 보안 리뷰, 개발 완료 후 보안 테스트(예: 취약점 스캔, 펜테스트)

4. 전송 및 저장 중 데이터 보호 : 암호화 사용, 안전한 채널로의 전송

증빙자료

1. 계약서 및 협약서 : 외주 업체와 체결한 계약서에 정보보호 조항 포함 여부 확인
   · 비밀유지(NDA)
   · 소스코드 소유권
   · 보안 책임 범위
   · 취약점 대응 요구사항

2. 보안 요구사항 정의 문서 : 외주 개발 범위와 함께 보안 요구사항도 문서화

3. 보안 테스트 결과 및 리포트
   · 개발 산출물에 대한 보안 테스트 결과
   · 취약점 진단 결과 보고서
   · 정적/동적 분석 리포트
   · 모의 해킹 결과(필요 시)
   · 외주사가 자체 테스트한 경우 해당 결과 포함

4. 개발 및 운영 환경에 대한 통제 문서
   · 외주 개발자의 접근 제어 설정 기록
   · 개발 환경과 운영 환경의 분리 증빙(예: 네트워크 구조도, 접근 통제 목록)

5. 보안 서약서 및 교육 이수 확인서
   · 외주 개발자 보안 서약서(NDA와 별도)
   · 개인정보보호, 보안 코딩 관련 교육 이수증

6. 외주 업체 평가 및 심사 결과

- 업체 선정 시 보안성 평가 자료(예: 공급업체 보안 체크리스트)
- 필요 시 실제 심사 보고서

7. 정기 검토 및 변경관리 기록
  - 외주 개발 진행 중 정기 검토 회의록
  - 변경 요청 및 반영 내역

8.31 개발, 테스트 및 운영(시스템) 환경의 분리

> **통제**
>
> 개발, 시험 및 운영(시스템) 환경을 분리하고 보호해야 한다.

핵심의미

개발, 테스트 및 운영 환경은 분리되어야 한다. 보안 사고의 가능성을 줄이고, 변경으로 인한 운영 장애를 방지하는 의미이다.

핵심내용

1. 환경 간 영향 방지
   - 개발자나 테스터가 실수로 운영 데이터를 변경하거나 손상시키는 것을 방지
   - 테스트 중의 오류나 버그가 운영 시스템에 영향을 주는 것을 방지

2. 보안 통제 유지
   - 운영 환경은 일반적으로 민감한 데이터(예: 고객 정보, 결제 정보)를 포함하기 때문에 더 강력한 보안이 필요
   - 개발/테스트 환경은 보통 더 많은 자유와 유연성을 필요로 하며, 보안 수준이 상대적으로 낮을 수 있음
   - 이 둘이 섞이면 보안 위험이 증가함

3. 권한의 분리
   - 운영 시스템에 대한 접근은 엄격히 통제되어야 함
   - 개발자에게 운영 접근 권한을 주지 않음으로써 내부자 위험을 줄임

4. 변경 및 배포의 통제

· 새로운 코드나 시스템 변경은 반드시 테스트 환경을 거쳐야 함

· 테스트가 완료된 후 정해진 절차에 따라 운영 환경에 배포

증빙자료

1. 정책/절차서 : 개발, 테스트, 운영 환경이 분리되어야 한다는 조직의 원칙을 명시한 문서 (예: 정보시스템 운영 정책 또는 개발 · 운영 환경 분리 정책)

2. 시스템 접근 통제 절차서 : 운영 서버에는 개발자나 테스트 담당자가 접근할 수 없도록 제한하는 절차(예: 운영 환경 접근 권한 통제 정책)

3. 시스템 구성도 : 개발, 테스트, 운영 환경이 별도의 서버/네트워크로 분리되어 있음을 보여주는 다이어그램 (예: 시스템 아키텍처 다이어그램 또는 네트워크 구성도)

4. 운영환경 접근 권한 목록 : 운영 시스템 접근 권한이 특정 관리자나 운영팀에만 부여되었음을 증명하는 목록(예: 사용자 권한 매트릭스)

5. 변경관리 기록 : 코드나 시스템 변경이 테스트 후 운영 환경에 정식 배포된 이력 (예: 변경 요청서, 승인 로그)

6. 테스트 결과 보고서 : 운영 이전에 테스트 환경에서 충분히 검증되었음을 보여주는 기록(예: 테스트 결과 보고서, QA 완료 확인서)

7. 배포 기록 : 배포 이력이 자동화되었거나, 관리자가 검토 후 배포했음을 증명(예: 배포 로그)

8. 교육 자료 : 개발자에게 환경 분리 원칙 및 운영 접근 제한을 교육한 자료(예: 개발자 대상 보안 교육 자료)

8.32 변경 관리

> **통제**
> 정보처리시설 및 정보시스템에 대한 변경은 변경관리 절차를 거쳐야 한다.

핵심의미

정보보호 관점에서 조직 내 변경 사항을 안전하게 관리하기 위한 통제를 의미한다. 이 조항의 핵심은 변경이 조직의 정보보호에 미치는 영향을 평가하고, 무단 변경이나 예기치 않은 문제를 방지하는 데 있다. 변경이 정보보호에 미치는 부정적인 영향을 최소화하고, 변경 프로세스를 통해 보안 요구사항이 유지되도록 보장하는 의미이다.

핵심내용

1. 정형화된 변경 요청 절차 : 변경 전에는 문서화된 변경 요청이 있어야 함

2. 변경 영향 평가 : 보안, 운영, 규제 측면의 영향 평가가 선행되어야 함

3. 승인 절차 : 변경은 관련 책임자의 사전 승인을 받아야 함

4. 테스트 및 검증 : 실 적용 전 테스트 환경에서 검증이 필요함

5. 변경 기록 및 문서화 : 변경 이력은 기록으로 남기고 심사가 가능해야 함

6. 비상 변경 절차 : 긴급 상황에서는 별도의 비상 변경 절차를 통해 적용 가능

7. 변경 후 검토 : 변경 후 실제 영향과 보안 상태를 평가하여 후속 조치 필요 여부 확인

증빙자료

1. 변경 관리 정책 및 절차서 : 변경 관리의 범위, 책임자, 승인 절차, 테스트, 문서화 방법 등이 명시되어 있어야 함

2. 변경 요청서 : 변경의 목적, 범위, 대상 시스템, 영향 평가, 계획 등 포함

3. 위험 평가서 : 변경 전 수행된 보안 영향 및 위험 평가 내용

4. 승인 내역 기록 : 변경 승인자 서명, 이메일 승인 캡처, 워크플로 시스템 로그 등

5. 테스트 결과 : 테스트 환경에서의 검증 결과, 테스트 계획서, 오류 보고서 등

6. 변경 작업 로그 : 실제 적용 시 어떤 변경이 언제, 누구에 의해 수행되었는지 기록

7. 변경 후 점검 결과 : 변경 후 기능 점검, 사용자 피드백, 성능 및 보안 영향 확인

8. 비상 변경 기록 : 긴급 변경의 경우 별도 승인 및 사후 검토 기록 필요

9. 변경 이력 추적 시스템 : ITSM 도구에서 변경 프로세스를 추적한 내역

10. 교육 자료 및 기록 : 변경 관리 절차 관련 임직원 대상 교육 이수 내역 등

8.33 시험(TEST) 정보

> ### 통제
> 시험 정보는 적절하게 선택, 보호 및 관리되어야 한다.

핵심의미

조직 내에서 수행되는 시험(Test) 또는 평가(Evaluation) 과정에서 생성되거나 사용되는 정보의 보안 관리에 관한 항목이다. 시험정보는 일반적으로 제품, 시스템, 서비스, 프로세스 등을 테스트할 때 생성되며, 종종 민감하거나 중요한 정보를 포함할 수 있기 때문에 적절한 보호가 필요하다. 시험정보가 무단 접근, 변경, 누출, 오용으로부터 보호되도록 보장해야 한다. 시험 중에는 시스템이나 데이터가 비정상적인 상태에 놓이기 쉽고, 종종 실제 운영 환경과 유사한 민감한 데이터가 사용되기도 하므로 보안이 매우 중요하다.

핵심내용

1. 시험 환경의 격리
   · 운영 시스템과 분리된 별도의 시험 환경 사용
   · 네트워크 분리 등

2. 테스트 데이터 보호
   · 민감한 데이터는 가명처리(masking), 익명화 후 사용
   · 운영 데이터의 직접 복사 금지

3. 접근 통제
   · 시험 정보에 대한 접근은 업무상 필요한 사람으로 제한
   · 권한 부여 및 로그 기록

4. 정보의 수명주기 관리
   · 시험 종료 후 테스트 데이터를 적절히 폐기 또는 보호
   · 결과 보고서의 보호 및 저장 정책 수립

5. 시험 수행자에 대한 보안 인식 제고
   · 보안 훈련 및 시험 관련 보안 지침 제공

증빙자료

1. 시험 정보보호 절차 문서 : 시험환경 및 시험 정보보호 관리절차서, 시험 데이터 처리 정책
   - 시험 환경 운영 방식
   - 데이터 보호 방식(가명처리, 익명화 등)
   - 접근 통제 및 승인 절차
   - 시험 종료 후 정보의 폐기 또는 저장 정책

2. 테스트 데이터 사용 관련 기록
   - 테스트용 데이터 생성 및 가명처리 내역
   - 운영 데이터 사용 시 승인서
   - 테스트용 데이터셋 샘플(민감 정보 제거 후)
   - 테스트 데이터 삭제 또는 폐기 확인서

3. 시험 환경 설계 및 분리 근거
   - 네트워크 다이어그램(운영 환경과 테스트 환경 분리 확인 가능)
   - VM 또는 클라우드 상의 테스트 인프라 구성도
   - 테스트 환경 접근 제한 설정(예: 방화벽, VPN)

4. 접근 권한 관리 증빙
   - 테스트 환경 또는 시험 정보에 대한 접근 권한 목록
   - 권한 승인 요청서 및 승인 로그
   - 접근 로그, 심사 로그

5. 보안 교육 및 인식 증빙
   - 시험 수행자 대상 보안 교육 이수 확인서
   - 테스트 정보 취급 시 유의사항에 대한 서약서 또는 지침 배포 내역

6. 시험 결과 관련 보호 조치
   - 테스트 리포트 보관 정책 문서
   - 결과 보고서 암호화 및 접근 제어 설정 내역
   - 외부 공유 시 승인 이력 또는 NDA 계약서

7. 외주(협력사) 시험 시 증빙
   - NDA(비밀유지 계약서)

· 보안 요구사항 명시된 계약서
· 외주 시험 관련 보고서 및 검토 내역

8.34 심사 중 정보시스템 보호

> **통제**
> 심사 및 운영 시스템 평가를 포함하는 기타 보증 활동은 심사자와 적절한 경영진 간에 계획되고 합의되어야 한다.

핵심의미
조직이 심사(audit) 수행 중에 정보시스템의 보안, 안정성, 기밀성, 무결성에 영향을 주지 않도록 조치해야 한다는 의미이다.

핵심내용

1. 정보시스템의 정상 운영 보장 : 심사를 위해 시스템에 접근하거나 조작할 때, 시스템의 운영 중단이나 오류가 발생하지 않도록 해야 한다.

2. 데이터 무결성과 기밀성 유지 : 심사 중 수집하는 데이터는 변조되거나 유출되지 않도록 해야 하며, 심사팀이 민감 정보를 불필요하게 접근하지 않도록 제한해야 한다.

3. 접근 제어 적용 : 심사원이 시스템에 접근할 때는 필요 최소 권한 원칙을 적용하여 접근을 제한해야 한다. 별도의 심사 계정 제공, 로그 기록 유지 등이 포함될 수 있다.

4. 테스트와 심사 작업은 통제된 환경에서 수행 : 심사를 위한 테스트나 시뮬레이션이 운영 시스템에 직접 영향을 주지 않도록, 샌드박스 환경 또는 복제 환경에서 수행하는 것이 권장 된다.

5. 심사 후 보안 상태 점검 : 심사를 마친 후, 시스템 설정이나 보안 상태가 원래대로 복구되었는지 확인해야 한다.

증빙자료

1. 심사 수행 정책 및 절차 : 정보시스템 심사 수행 시 보안 조치에 대한 내부 정책 문서

2. 심사 계획서/심사 범위 문서 : 특정 심사를 위해 작성된 계획서나 범위 명세서에 시스템 접근 시 제한사항 또는 보호 조치가 명시

3. 심사 중 접근제어 로그/접근권한 요청기록
   · 심사원이 접근 요청한 기록(예: 이메일, 티켓 시스템 기록)
   · 승인된 심사 계정 정보 및 권한 설정 내역
   · 심사 기간 중 발생한 접근로그 또는 시스템 로그

4. 심사용 샌드박스 환경 구성 문서 : 운영 시스템이 아닌 복제/테스트 환경에서 심사를 수행했다는 증거(예 : 샌드박스 구성도, 시스템 격리 설명자료 등)

5. 심사 후 점검 결과보고서 : 심사 종료 후 시스템에 이상이 없음을 점검하고 기록한 보고서

6. 심사원이 서명한 비밀유지 및 시스템 보호 서약서 : 외부 심사원이나 컨설턴트가 시스템에 접근하는 경우에 NDA(비밀유지계약서)나 보안 서약서

제3장

정보보호 경영시스템 구축 실무

(ISO 27001:2022)

1. ISO 정보보호 경영시스템 정책서
2. ISO 정보보호 경영시스템 절차서
3. ISO 정보보호 경영시스템 지침
4. ISO 정보보호 경영시스템 양식

1. ISO 정보보호 경영시스템 정책서

정보보호 경영시스템 정책서

(Information Security Management System)

ISO 27001 : 2022

☑ 관 리 본 (CONTROLLED)

☐ 비관리본 (UNCONTROLLED)

문서번호 :   EIM-0000

이큐인증원㈜

구분	작성	검토	승인
직책	(관리담당자)	(관리책임자)	(최고경영자)
성명			
서명			

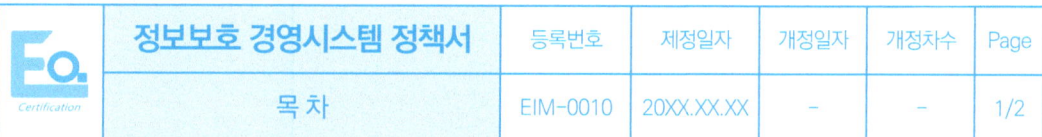

정보보호 경영시스템 정책서			등록번호	제정일자	개정일자	개정차수	Page
목 차			EIM-0010	20XX.XX.XX	–	–	1/2

정책서			절차서		
순서	제목	문서번호	순서	제목	문서번호
1	목차	EIM-0010	1	목차	EIP-0011
2	제 · 개정이력	EIM-0020	2	제 · 개정이력	EIP-0021
3	1. 적용범위/정책	EIM-0100			
4	2. 인용표준	EIM-0200			
5	3. 용어와 정의	EIM-0300			
6	4. 조직상황	EIM-0400	3	조직상황 및 이해관리자 관리	EIP-0410
			4	적용범위 관리	EIP-0420
7	5. 리더십	EIM-0500	5	리더십 및 정책	EIP-0510
			6	역할책임과 권한	EIP-0520
8	6. 기획	EIM-0600	7	리스크 및 기회관리	EIP-0610
			(지침)	정보자산관리 및 위험평가 지침	EIG-0611
			(지침)	물리적 보안 지침	EIG-0612
			(지침)	사용자 보안 지침	EIG-0613
			(지침)	정보시스템 보안 지침	EIG-0614
			(지침)	보안 사고 대비 및 대응 지침	EIG-0615
			(지침)	IT 업무 연속성 관리 지침	EIG-0616
			(지침)	클라우드 보안 지침	EIG-0617
			(지침)	개인정보보호 지침	EIG-0618
			(지침)	영상정보처리기기운영 지침	EIG-0619
			8	목표 관리	EIP-0620
9	7. 지원	EIM-0700	9	인적보안 및 협력업체 보안	EIP-0710

정책서			절차서		
순서	제목	문서번호	순서	제목	문서번호
			10	정보보호 교육	EIP-0720
			11	의사소통	EIP-0730
			12	문서관리	EIP-0740
10	8. 운영	EIM-0800	13	정보시스템 운영	EIP-0810
11	9. 성과평가	EIM-0900	14	모니터링, 측정, 분석 및 평가	EIP-0910
			15	내부심사	EIP-0920
			16	경영검토	EIP-0930
12	10. 개선		17	개선	EIP-1010

• 매뉴얼 1   •• 절차서 15   ••• 지침 9

[문서 제·개정이력]

개정 치수	제 · 개정 일자	제 · 개정문서	제 · 개정 내용 및 사유
0	20XX.XX.XX	정보보호 경영시스템 정책서	정보보호 경영시스템의 효율적인 이행과 조직의 정보보호 능력을 지속적으로 개선하고자 제정

	정보보호 경영시스템 정책서	등록번호	제정일자	개정일자	개정차수	Page
EQ Certification	1. 적용범위/정책	EIM-0100	20XX.XX.XX	–	–	1/4

본 정책서는 정보보호 경영시스템을 계획 수립, 유지 및 지속적인 개선하여 우리 조직의 정보보호 능력을 입증하는데 사용되는 정보보호 경영시스템 요구사항에 대하여 적용한다. 조직은 본 표준의 일치성을 주장하기 위해서는 4항에서 10항까지 규정된 요구사항을 적용 배재할 수 없다.

1. 조직명 : 이큐인증원(주)

2. 주소 :

3. 연락처 :

4. 사업 분야 :

5. 정책 및 목표

정보보호 정책

회사는 정보 자산에 대한 비인가 접근, 유출, 변조의 위협으로부터 정보 자산을 효과적으로 보호하기 위하여 정보보호 경영시스템의 요구사항을 철저히 준수하며, 정보 자산을 식별하고 위험을 분석하여 관리함으로써 관련 법, 법규 및 계약 요구사항을 이행합니다. 또한, 정보보호 훈련을 통해 전 직원의 정보보호 인식을 지속적으로 제고하고, 이를 바탕으로 정보보호 활동을 꾸준히 개선해 나간다.

정보보호 목표

회사는 정보보호 경영시스템을 성공적으로 사내에 정착시키고 운영함으로써, 지속적인 개선 활동을 통해 침해사고 발생률을 0%로 최소화하는 것을 목표로 한다. 또한, 정보 자산 및 관련 기술 시스템에 대한 철저한 관리를 통해 기술력을 지속적으로 향상시키고 고객 만족도 100%를 달성하고자 한다.

6. 정보보호 선언문

정보보호 선언문(요약)

우리 회사는 다양한 외부 위협 때문에 정보보호가 정말 중요하다고 생각한다. 안전한 서비스를 제공하고 중요한 정보를 지키기 위해 법과 기준에 따라 정보보호 정책을 만들고 발표한다.

우리가 지켜야 할 중요한 것들은 다음과 같다.

· 서비스에 관련된 모든 정보
· 회사가 일하는 데 필요한 정보시스템(서버, 네트워크 등)
· 우리가 일하는 사무 공간 같은 물리적인 환경

정보보호 시스템을 잘 운영해서 이루려는 목표는 이렇다.

· 정보 자산을 업무 외 목적으로 쓰거나 함부로 공개하지 않는다.
· 허가받지 않은 사람이 정보 자산에 접근하거나 바꾸지 못하게 막는다.
· 정보보호 관련 법과 규칙을 모든 사람이 꼭 지킨다.

회사의 최고경영자는 정보보호를 위해 적극적으로 지원할 것을 약속한다.

· 필요한 예산, 조직, 인력을 지원한다.
· 정보보호 교육과 훈련을 지원한다.
· 정보보호에 필요한 구체적인 업무 지침과 절차를 만들도록 돕는다.
· 정보보호 활동이 계속 잘 이루어지도록 지원한다.

우리 회사 모든 직원들은 이 정보보호 정책과 지침을 성실하게 따르고, 정보보호가 계속 발전할 수 있도록 각자의 역할을 다해야 한다.

20XX년 XX월 XX일

이큐인증원 ㈜
대표이사　송 형 록　(서명)

7. 정보보호 강령

정보보호 강령

우리 회사는 요즘 시대에 늘어나는 여러 위협 때문에 정보를 안전하게 지키는 것이 회사의 생존과 발전에 꼭 필요하다고 생각한다. 그래서 우리 직원 모두는 회사의 정보보호 정책을 바탕으로 중요한 정보 자산을 지키기 위해 최선을 다해야 한다.

모든 직원이 지켜야 할 중요한 내용들은 이렇다.

· 정보보호 교육받기 : 정보보호가 얼마나 중요한지 알고, 자기 일에 맞는 교육을 꼭 받는다. 잘하는 사람에게는 보상도 있다.
· 정책/지침 잘 만들기 : 정보보호를 위한 규칙들은 정보의 비밀, 정확성, 사용 가능성(기밀성, 무결성, 가용성)을 지키도록 만들고 계속 확인하며 업데이트한다. 이 일은 전담팀이 꾸준히 진행한다.
· 자산 중요도 나누고 관리하기 : 회사 자산은 중요도에 따라 등급을 나눠서 관리하고, 가치를 주기적으로 다시 평가해서 보안 규칙에 반영한다.
· 정보 자산 안전하게 지키기 : 허가된 사람만 정보 자산에 접근할 수 있게 하고, 허가받지 않은 사람이나 재난, 사고로부터 정보를 보호한다.
· 문제 생겨도 사업 계속하기 : 큰 문제(재난, 해킹 등)로 정보 자산이 손상되어도 사업이 멈추지 않도록, 빨리 복구하고 피해를 줄이는 계획(업무 연속성 계획)을 세우고 관리한다.
· 컴퓨터/네트워크 장비 잘 운영하기 : 일의 특징에 맞게 컴퓨터/네트워크 장비를 운영하고, 정해진 절차대로 하며, 운영 기록을 잘 남겨서 나중에 계획 세우거나 문제 생겼을 때 활용한다.
· 나쁜 프로그램 막고 함부로 사용 금지 : 컴퓨터/네트워크 장비가 나쁜 프로그램에 감염되지 않게 막고, 일과 상관없이 사용해서 정보가 새나가거나 장비 성능이 느려지지 않게 한다.
· 법 지키고 활동 점검하기 : 정보보호와 관련된 모든 법을 지키고, 정보보호 활동이 규칙대로 잘 되고 있는지 주기적으로 확인한다.

정보보호 경영시스템 정책서	등록번호	제정일자	개정일자	개정차수	Page
1. 적용범위/정책	EIM-0100	20XX.XX.XX	–	–	4/4

우리 모든 직원은 정보보호를 잘하는 것이 회사를 경쟁력 있게 만드는 중요한 방법임을 알고 최선을 다해야 한다.

![EQ Certification]	정보보호 경영시스템 정책서	등록번호	제정일자	개정일자	개정차수	Page
	2. 인용표준	EIM-0200	20XX.XX.XX	–	–	1/1

본 정책서는 ISO 27001:2022 국제규격의 요구사항을 적용하여 작성하였다. 본 정보보호 경영시스템 정책서 및 관련 문서는 국제규격의 개정 또는 업무의 개선을 위해 필요한 경우에는 개정된다.

본 정책서에서 사용하고 있는 모든 용어는 "ISO 27001:2022"의 정의를 따르며, 정의되지 않은 용어는 관련 법규 및 당사의 제 규정 또는 규칙에서 규정된 정의를 준용한다. 다만, 하부규정에서 필요한 용어의 정의는 별도로 정할 수 있다.

1. 자산

조직이 가지는 어떤 가치

2. 가용성

인가된 객체의 요구에 의하여 접근 가능하고 사용 가능한 특징

3. 기밀성

비 인가된 개인들, 객체들, 프로세스들에게 사용 가능하지 않도록 만들어졌거나 열리지 않도록 만들어진 정보의 특징

4. 정보보호

기밀성, 무결성, 정보의 가용성의 보존 또한 확실성, 책임성, 부인방지, 확실성과 같은 다른 특징이 포함되어 있을 수 있다.

5. 정보보호 사건

정보보호 정책이나 보호의 실패 또는 사전에 알려지지 않은 보안관련 상황에서 가능한 오류를 나타내는 시스템, 서비스 또는 네트워크의 상태에 대한 식별된 사건

6. 정보보호 사고

업무의 운영을 손상시키거나 정보보호를 위협의 큰 가능성을 가지는 바람직하지 않거나 예상치 못한 정보보호의 한 사건이나 일련의 사건

7. 정보보호 경영시스템(ISMS)

업무 위험 접근을 기반으로 한 정보보호의 수립, 이행, 운영, 감시, 검토, 유지, 개선을 위한 전체적인 경영시스템의 부분

8. 무결성

정확성과 자산의 완전함을 보호하는 특징

9. 잔여 위험

위험 처리 후 남아 있는 위험

10. 위험 승인

위험을 받아들이는 결정

11. 위험 분석

자원을 식별하고 위험을 추정하는 정보의 체계적인 사용

12. 위험 사정

위험 분석과 위험 평가의 전체적인 특징

13. 위험 평가

위험의 심각성을 판단하기 위하여 정해진 위협 기준과 추정된 위험을 비교하는 과정

14. 위협 관리

위험에 대하여 감독하고 통제하기 위한 조직의 통합 활동

15. 위험 처리

위험을 수정하기 위한 대책의 선택 및 이행 과정, 이 규격에서 용어 "통제"는 "대책"과 동의어로 사용된다.

16. 적용성 보고서

조직의 ISMS에 적절하고 사용 가능한 통제 목적과 통제를 기술하는 문서화된 진술

1. 조직 및 조직의 상황에 대한 이해

1) 조직의 목적에 적합하고 정보보호 경영시스템이 의도하는 결과를 달성하고자 하는 능력에 영향을 주게되는 내부 및 외부 이슈들을 결정하여야 한다.

2) 이러한 이슈는 ISO 31000:2018의 5.3절에서 다루고 있는 조직 외부 및 내부 상황의 설정을 참고하여 결정한다.

2. 이해관계자의 니즈와 기대 이해

1) 조직은 다음과 같은 사항을 결정하여야 한다.
  (1) 정보보호 경영시스템과 관련된 조직의 이해당사자
  (2) 정보보호와 관련된 이해당사자의 요구사항
  (3) 정보보호 경영시스템을 통해 해결되어야 할 요구사항

2) 이해당사자의 요구사항에는 법적 및 규제적 요구사항과 계약상의무가 포함될 수 있다.

3. 정보보호 경영시스템 적용범위 결정

1) 조직은 정보보호 경영시스템의 범위를 설정하기 위하여 경계선과 적용가능성을 결정하여야 한다.

2) 조직은 범위를 결정할 때 다음 사항을 고려하여야 한다.
  (1) 4.1절에서 설명한 외부 및 내부적인 이슈
  (2) 4.2절에서 설명한 요구사항

3) 조직에서 수행하는 활동과 타 조직에서 수행하는 활동 간의 인터페이스 및 의존성 범위는 문서 정보로 존재하여야 한다.

4. 정보보호 경영시스템

조직은 본 표준의 요구사항에 따라 정보보호 경영시스템을 수립, 구현, 유지, 지속적 개선하여야 한다.

	정보보호 경영시스템 정책서	등록번호	제정일자	개정일자	개정차수	Page
EQ. Certification	4. 조직상황	EIM-0400	20XX.XX.XX	–	–	1/2

[관련문서]

1. EIP-0410 조직상황 및 이해관계자 관리 절차서
2. EIP-0420 적용범위 관리 절차서

1. 리더십과 의지

최고경영진은 다음과 같은 활동을 통하여 정보보호 경영시스템에 대한 리더십과 의지의 증거를 다음과 같이 제시한다.

1) 정보보호 정책과 정보보호 목표를 수립하고 조직의 전략적 방향과 일치함을 보장
2) 정보보호 경영시스템의 요구사항을 조직의 프로세스와 통합하도록 보장
3) 정보보호 경영시스템에 필요한 자원을 확보하도록 보장
4) 효과적인 정보보호 경영시스템의 중요성과 정보보호 경영시스템의 요구사항에 대한 준수의 중요성에 대한 의사소통
5) 정보보호 경영시스템이 의도한 결과를 달성하도록 보장
6) 정보보호 경영시스템의 효과성에 기여할 인력들에 대한 지휘와 지원
7) 지속적인 개선의 촉진
8) 그 밖에 리더쉽이 또 다른 관련 경영진의 책임 영역에 적용되는 경우, 그 경영진의 역할을 지원

2. 정책

최고경영진은 다음과 같은 내용을 만족하는 정보보호 정책을 수립하여야 한다.

1) 조직의 목적에 적합하여야 한다.
2) 정보보호 목표(6.2 참조)를 포함하거나 정호보호 목표를 위한 프레임워크를 제공하여야 한다.
3) 정보보호에 관련된 적용 가능한 요구사항을 만족시키도록 하는 의지를 포함하여야 한다.
4) 정보보호 경영시스템의 지속적인 개선을 위한 의지를 포함하여야 한다.
5) 문서화된 정보로 이용할 수 있어야 한다.
6) 조직 내부에 공유하여야 한다.
7) 필요한 이해관계자가 이용할 수 있어야 한다.

3. 조직의 역할, 책임 및 권한

최고경영진은 정보보호와 관련된 역할에 따른 책임과 권한이 조직 내에 할당되고 의사소통 되었는지 확인하여야 한다.

  1) 최고경영진은 다음과 같은 활동에 대한 책임과 권한을 할당하여야 한다.

   (1) 정보보호 경영시스템이 본 표준의 요구사항에 부합함을 보장

   (2) 정보보호 경영시스템의 성과를 최고경영진에게 보고

  2) 최고경영진은 조직 내부에 정보보호 경영시스템의 성과를 보고하기 위한 책임과 권한을 할당할 수도 있다.

[관련문서]

  1. EIP-0510 리더십 및 정책 절차서

  2. EIP-0520 책임과 권한 절차서

1. 리스크와 기회를 다루는 조치

1.1 일반사항

 1) 조직은 정보보호 경영시스템을 계획할 때 4.1절에서 명시한 이슈와 4.2절에서 명시한 요구사 항을 고려하여야 하며, 다음과 같은 사항을 다루기 위해 필요한 위험과 기회를 파악하여야 한다.

  (1) 정보보호 경영시스템이 의도한 결과에 도달할 수 있음을 보장

  (2) 원하지 않은 효과의 방지 또는 감소

  (3) 지속적인 개선의 달성

 2) 조직은 다음을 계획하여야 한다.

  (1) 위험 및 기회를 다루기 위한 조치

  (2) 다음을 수행하는 방법

   a) 조치를 정보보호 경영시스템 프로세스에 통합하여 구현

   b) 조치의 효과성에 대한 평가

1.2 리스크 다루는 방법은 아래 6가지를 참조할 수 있다.

  1) 리스크 회피

  2) 기회를 잡기 위한 리스크 감수

  3) 리스크 요인 제거

  4) 발생 가능성 또는 결과의 변경

  5) 리스크 공유

  6) 정보에 근거한 의사결정에 의한 리스크 유지

1.3 기회는 아래 방안으로 이어질 수 있다.

  1) 새로운 실행 방안의 채택

  2) 신제품 출시

  3) 파트너 십 구축

  4) 신기술 활용

  5) 조직 또는 고객의 니즈를 다루기 위한 그 밖의 바람직하고 실행 가능한 방안

1.4 정보보호 위험평가

1) 조직은 다음과 같은 정보보호 위험평가 프로세스를 정의하고 적용하여야 한다.

(1) 다음을 포함한 정보보호 위험기준의 수립 및 유지

a) 위험 수용기준

b) 정보보호 위험평가의 수행을 위한 기준

(2) 반복적인 정보보호 위험평가의 결과가 일관성 있고 유효하며 비교 가능하도록 보장

(3) 정보보호 위험의 식별

a) 정보보호 경영시스템의 범위 내에서 기밀성, 가용성, 무결성의 손실과 연관된 위험을. 식별하기 위한 정보보호 위험평가 프로세스의 적용

b) 위험 소유자의 식별

(4) 정보보호 위험의 분석

a) 6.1.4 (3)에서 식별한 위험이 현실화된 결과의 잠재적 영향평가

b) 6.1.4 (3)에서 식별한 위험의 실제적인 발생 가능성 평가

c) 위험 수준의 결정

(5) 정보보호 위험평가

a) 6.1.4 (1)에서 수립한 위험 기준과 위험분석 결과를 비교

b) 위험 처리를 위해 분석된 위험의 우선순위 결정

2) 조직은 정보보호 위험평가 프로세스에 대한 문서화된 정보를 유지하여야 한다.

1.5 정보보호 위험 처리

1) 조직은 정보보호 위험처리 프로세스를 정의하고 적용하여야 한다.

(1) 위험평가 결과를 감안한 적절한 정보보호 위험처리 방안의 선택

(2) 선택한 정보보호 위험처리 방안의 구현에 필요한 모든 통제의 결정

(3) 6.1.5 (2)에서 결정한 통제를 Annex A의 통제와 비교하여 필요한 통제 중 누락된 것이 없는지 검증

(4) 필요한 통제와 선택, 사유, 구현여부, Annex A의 통제 중 제외된 것이 있다면 그 이유를 포함한 적용성 보고서(Statemenet of Applicability : SoA)의 작성

(5) 정보보호 위험처리 계획 수립

(6) 정보보호 위험처리 계획과 잔여 정보보호 위험 수용에 대한 위험 소유자의 승인 획득

2) Annex A는 통제 목적과 통제에 대한 포괄적인 목록을 포함하고 있다. 본 표준의 사용자는 필요한 통제 중 누락된 것이 없음을 보장하기 위하여 Annex A를 따른다.

3) 통제 목적은 선택한 통제에 묵시적으로 포함된다. Annex A에서 열거한 통제목적과 통제는 전부가 아니며 추가적인 통제 목적과 통제가 필요할 수 있다.

4) 조직은 정보보호 위험처리 프로세스를 문서화하여 유지하여야 한다.

5) 본 표준의 정보보호 위험평가 및 위험처리 프로세스는 ISO 31000에서 제공하는 원칙과 일반 가이드라인과 일치한다.

2. 경영시스템 목표와 경영시스템 목표 달성 기획

2.1 조직은 정보보호 경영시스템에 필요한 적절한 기능과 수준으로 정보보호 목표를 수립하고 문서화하여 유지하여야 한다.

1) 정보보호 정책과의 일관성 유지

2) 실현가능한 수준에서 측정 가능

3) 적용 가능한 정보보호 요구사항과 위험평가 및 위험처리 결과의 감안

4) 의사소통 가능해야 한다.

5) 적절히 업데이트 되어야 한다.

2.2 정보보호 목적을 달성하는 방법을 계획할 때 조직은 다음과 같은 사항을 결정하여야 한다.

1) 수행 내용

2) 필요한 자원

3) 책임자

4) 완료 시기

5) 결과 평가 방법

3. 변경의 기획

조직은 경영시스템의 변경이 필요하다고 정한 경우, 변경은 다음 사항을 고려하여 계획적인 방식으로 수행되어야 한다.

 1) 변경의 목적 및 잠재적 결과
 2) 경영시스템의 온전성
 3) 자원의 가용성
 4) 책임과 권한의 부여 또는 재부여

[관련문서]

 1. EIP-0610 리스크 및 기회 관리 절차서
 2. EIP-0620 목표 관리 절차서

1. 자원

조직은 다음사항을 고려하여 정보보호 경영시스템의 수립, 실행, 유지 및 지속적 개선에 필요한 자원을 정하고 제공하여야 한다.

2. 역량/적격성

조직은 다음 사항을 실행하여야 한다.

1) 조직의 관리하에 정보보호 성과에 영향을 미치는 작업을 수행하는 인원에 필요한 역량을 결정하여야 한다.

2) 이들 인원이 적절한 학력, 교육훈련 또는 경험에 근거한 역량이 있음을 보장하여야 한다.

3) 적용 가능한 경우, 필요한 역량을 얻기 위한 조치를 취하고, 취해진 조치의 효과성을 평가(교육훈련 제공, 멘토링이나 재배치 실시, 또는 역량이 있는 인원의 고용이나 그러한 인원과의 계약 체결 등)

4) 역량의 증거로 적절한 문서화된 정보를 보유하여야 한다.

3. 인식

조직은 조직의 관리하에 업무를 수행하는 인원이 다음 사항을 인식하도록 보장하여야 한다.

1) 정보보호 경영시스템 방침

2) 관련된 경영시스템 목표

3) 개선된 성과의 이점을 포함하여, 정보보호 경영시스템의 효과성에 대한 자신의 기여

4) 정보보호 경영시스템의 요구사항에 부적합한 경우의 영향 및 잠재적 결과

4. 의사소통

조직은 의사소통의 니즈를 고려할 때 다양한 측면(예: 성별, 언어, 문화, 독해 능력, 장애)을 반영하여야 하고 의사소통 프로세스를 수립하는 과정에서 외부 이해관계자의 의견에 대한 고려를 보장하여야 한다.조직은 다음 사항을 포함하여 경영시스템에 관

련되는 내부 및 외부 의사소통을 결정하여야 한다.
 1) 의사소통 내용
 2) 의사소통 시기
 3) 의사소통 대상
 4) 의사소통 주체
 4) 효과적인 의사소통 방법

5. 문서화된 정보

5.1 일반사항

 1) 조직의 정보보호 경영시스템에는 다음 사항이 포함되어야 한다.
  (1) 이 표준에서 요구하는 문서화된 정보
  (2) 경영시스템의 효과성을 위하여 필요한 것으로, 조직이 결정한 문서화된 정보
 2) 경영시스템을 위한 문서화된 정보의 정도는, 다음과 같은 이유로 조직에 따라 다를 수 있다.
  (1) 조직의 규모, 그리고 활동, 프로세스, 제품 및 서비스의 유형
  (2) 프로세스의 복잡성과 프로세스의 상호 작용
  (3) 인원의 역량

5.2 작성 및 갱신

문서화된 정보를 작성하거나 갱신할 경우, 조직은 다음 사항의 적절함을 보장해야 한다.
 1) 식별 및 내용(예: 제목, 날짜, 작성자 또는 문서번호)
 2) 형식(예: 언어, 소프트웨어 버전, 그래픽) 및 매체(예: 종이, 전자 매체)
 3) 적절성 및 충족성에 대한 검토 및 승인

5.3 문서화된 정보의 통제

 1) 정보보호 경영시스템 및 이 표준에서 요구되는 문서화된 정보는, 다음 사항을 보

장하기 위하여 관리되어야 한다.

 (1) 필요한 장소 및 필요한 시기에 사용 가능하고 사용하기에 적절함

 (2) 충분하게 보호됨(예: 기밀유지 실패, 부적절한 사용 또는 완전성 훼손으로부터)

2) 문서화된 정보의 관리를 위하여, 다음 활동 중 적용되는 사항을 다루어야 한다.

 (1) 배포, 접근, 검색 및 사용

 (2) 가독성 보존을 포함하는 보관 및 보존

 (3) 변경 관리(예: 버전 관리)

 (4) 보유 및 폐기

3) 정보보호 경영시스템의 기획과 운영을 위하여 필요하다고, 조직이 정한 외부 출처의 문서화된 정보는 적절하게 식별되고 관리되어야 한다.

4) 적합성의 증거로 보유 중인 문서화된 정보는, 의도하지 않은 수정으로부터 보호되어야 한다.

[관련문서]

1. EIP-0710 인적보안 및 협력업체 보안 절차서

2. EIP-0720 정보보호 교육 절차서

3. EIP-0730 의사소통 절차서

4. EIP-0740 문서관리 절차서

1. 운영 계획 및 통제

1) 조직은 정보보호 요구사항을 만족시키고 6.1절에서 파악한 활동을 구현하는데 필요한 프로세스를 계획, 구현, 통제하여야 한다. 또한 조직는 6.2에서 파악한 정보보호 목표를 달성하기 위한 계획을 구현하여야 한다.

2) 조직은 프로세스가 계획대로 수행되었음을 확신하기 위해 필요한 문서정보를 유지하여야 한다.

3) 조직은 계획에 따른 변경을 통제하고 의도되지 않은 변경의 결과를 검토하여 악영향을 감소시키기 위한 조치를 취하여야 한다.

4) 조직은 외주 프로세스를 파악하고 통제하여야 한다.

2. 정보보호 위험평가

1) 조직은 계획된 주기에 따라 또는 중대한 변화가 예상되거나 발생한 경우에 6.1.4 (1)에서 수립한 기준을 감안하여 정보보호 위험평가를 수행하여야 한다.

2) 조직은 정보보호 위험평가의 결과를 문서정보로 유지하여야 한다.

3. 정보보호 위험처리

1) 조직은 정보보호 위험처리 계획을 구현하여야 한다.

2) 조직은 정보보호 위험처리의 결과를 문서정보로 유지하여야 한다.

[관련문서]

1. EIP-0810 정보시스템 운영 절차서

1. 모니터링, 측정, 분석 및 평가

1.1 조직은 정보보호 경영시스템의 정보보호 성과와 효과성을 평가하여야 한다.

1.2 조직은 다음과 같은 사항을 파악하여야 한다.

 1) 정보보호 프로세스와 통제를 포함한 측정 및 모니터링 대상
 2) 가능한 경우, 유효한 결과를 보장하기 위한 모니터링, 측정, 분석, 평가 방법
 3) 모니터링 및 측정 수행 시점
 4) 모니터링 및 측정 주체
 5) 모니터링 및 측정 결과에 대한 분석과 평가 시점
 6) 결과에 대한 분석과 평가 주체

1.3 조직은 모니터링 및 측정 결과에 대한 증적으로 적절한 문서정보를 유지하
     여야 한다.

2. 내부심사

2.1 일반사항

 1) 조직은 정보보호 경영시스템에 대해 다음과 같은 사항을 확인할 수 있는 정보를
    제공하도록 계획된 주기에 따라 내부 심사를 수행하여야 한다.
 2) 다음 사항의 준수 여부
  (1) 정보보호 경영시스템에 대한 조직 자체의 요구사항
  (2) 본 표준의 요구사항
  (3) 효과적인 구현 및 유지

2.2 내부심사 프로그램

 1) 조직은 주기, 방법, 책임, 계획 요구사항, 보고 등을 포함한 심사 프로그램의 계획,
    수립, 구현, 유지한다. 조직은 내부심사 프로그램을 수립할 때 대상 프로세스의 중
    요성과 이전에 수행한 심사 결과를 감안하여 다음과 같은 사항을 수행하여야 한다.

  (1) 개별 심사에 대한 심사 기준 및 범위 정의
  (2) 심사원 선정 및 심사 프로세스의 객관성과 공정성을 보장하는 심사 수행
  (3) 심사 결과가 관련 경영진에게 보고되도록 보장
 2) 심사 프로그램 및 심사 결과에 대한 증적으로 문서정보의 유지해야 한다.

3. 경영검토/경영평가(management review)

3.1 일반사항

 최고경영진은 조직의 정보보호 경영시스템에 대한 지속적인 적절성, 타당성, 효과성을 보장하기 위하여 계획된 주기로 검토를 수행하여야 한다.

3.2 경영검토 입력사항

 1) 경영진 검토에서는 다음과 같은 사항을 고려하여야 한다.
  (1) 이전에 수행한 경영진 검토에 따른 조치 상태
  (2) 정보보호 경영시스템과 연관된 외부 및 내부적인 이슈 변화
  (3) 정보보호 경영시스템과 연관된 이해당사자의 요구와 기대의 변화
  (4) 다음과 같은 추세를 포함한 정보보호 성과에 대한 피드백
   a) 부적합 및 시정조치
   b) 모니터링 및 측정 결과
   c) 심사 결과
   d) 정보보호 목표의 충족
  (5) 이해관계자로부터의 피드백
  (6) 위험평가의 결과와 위험 처리 계획의 상태
  (7) 지속적인 개선 기회

3.3 경영검토 출력사항

 1) 경영진 검토의 산출물은 지속적인 개선 기회에 관련된 의사결정과 정보보호 경영시스템의 변경을 위한 요구를 포함하여야 한다.
 2) 조직은 경영진 검토의 결과에 대한 증적으로 문서 정보를 유지하여야 한다.

[관련문서]

1. EIP-0910 모니터링, 측정, 분석 및 평가 절차서
2. EIP-0920 내부심사 절차서
3. EIP-0930 경영검토 절차서

1. 부적합 및 시정조치

1.1 부적합(nonconformity)이 발생하면 조직은 다음과 같은 사항을 수행하여야 한다.

 1) 다음을 포함한 부적합에 대한 대처
   (1) 통제 및 시정을 위한 조치
   (2) 결과의 처리
 2) 부적합이 재발하거나 다른 곳에서 발생하지 않도록 다음과 같은 사항을 수행하여 부적합의 원인을 제거하기 위한 조치의 필요성을 평가
   (1) 부적합의 검토
   (2) 부적합의 원인 파악
   (3) 유사 부적합의 존재 또는 잠재적 부적합의 발생 가능성 파악
 3) 필요한 조치의 구현
 4) 시정 조치의 효과성 검토
 5) 필요한 경우 정보보호 경영시스템의 변경

1.2 발생한 부적합의 영향에 따라 적절한 시정 조치를 취해야 한다. 조직은 다음에 대한 증적 문서 정보를 유지하여야 한다.

 1) 부적합과 이에 따른 조치의 특성
 2) 시정 조치의 결과

2. 지속적 개선

조직은 정보보호 경영시스템의 적정성, 정확성, 효과성을 지속적으로 개선하여야 한다.

[관련문서]

 1. EIP-1010. 개선 절차서

2. ISO 정보보호 경영시스템 절차서

정보보호 경영시스템 절차서

(Information Security Management System Procedure)

☑ 관 리 본 *(CONTROLLED)*

☐ 비관리본 *(UNCONTROLLED)*

문서번호 :   EIP-1000

이큐인증원㈜

구분	작성	검토	승인
직책	(관리담당자)	(관리책임자)	(최고경영자)
성명			
서명			

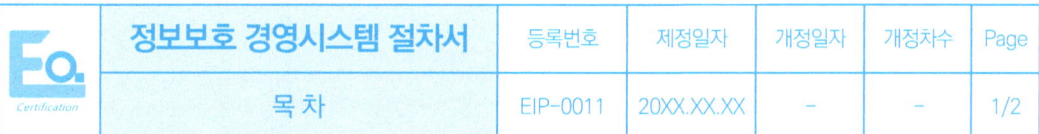

정보보호 경영시스템 절차서		등록번호	제정일자	개정일자	개정차수	Page
목 차		EIP-0011	20XX.XX.XX	–	–	1/2

절차서			양식	
순서	제목	문서번호	문서번호	제목
1	목차	EIP-0011		
2	제 · 개정이력	EIP-0021		
3	조직상황 및 이해관계자 관리	EIP-0410	EIP-0410-01	이해관계자 파악표
4	적용범위 관리	EIP-0420		
5	리더십 및 정책	EIP-0510		
6	책임과 권한	EIP-0520		
7	리스크 및 기회관리	EIP-0610	EIP-0610-01	SWOT 분석표
			EIP-0610-02	적용성 보고서
(지침)	정보자산관리 및 위험평가 지침	EIG-0611		
(지침)	물리적 보안 지침	EIG-0612		
(지침)	사용자 보안 지침	EIG-0613		
(지침)	정보시스템 보안 지침	EIG-0614		
(지침)	보안 사고 대비 및 대응 지침	EIG-0615		
(지침)	IT 업무 연속성 관리 지침	EIG-0616		
(지침)	클라우드 보안 지침	EIG-0617		
(지침)	개인정보보호 지침	EIG-0618		
(지침)	영상정보처리기기 운영 지침	EIG-0619		
8	목표관리	EIP-0620	EIP-0620-01	목표 및 세부목표 추진계획/실적서
9	인적_협력업체 보안	EIP-0710	(자체서식)	정보보호서약서(입사자용)
			(자체서식)	정보보호서약서(퇴사자용)
			(자체서식)	정보보호서약서(외부인력용)

절차서			양식	
순서	제목	문서번호	문서번호	제목
			(자체서식)	정보보호서약서(협력업체 대표용)
10	정보보호 교육 관리	EIP-0720	EIP-0720-01	정보보호 교육 훈련계획서
			EIP-0720-02	정보보호 교육 결과보고서
			EIP-0720-03	개인별 교육 훈련 이력카드
11	의사소통	EIP-0730	EIP-0730-01	정보보호 보고서
12	문서관리	EIP-0740	(자체서식)	문서접수/발송대장
			(자체서식)	문서파일목록
			(자체서식)	사외규격관리대장
13	정보시스템 보안운영	EIP-0810		
14	모니터링, 측정, 분석 및 평가	EIP-0910	(자체서식)	년간 성과 지표관리
15	내부심사	EIP-0920	EIP-0920-01	내부심사 계획서
			EIP-0920-02	내부심사 실시계획 통보서
			EIP-0920-03	내부심사 체크리스트
			EIP-0920-04	내부심사 결과보고서
16	경영검토	EIP-0930	EIP-0930-01	경영검토 보고서
17	개선	EIP-1010	EIP-1010-01	부적합 및 시정조치 요구서
			EIP-1010-02	시정조치 관리대장
			(자체서식)	정보보호 투자 계획서

정보보호 경영시스템 절차서	등록번호	제정일자	개정일자	개정차수	Page
제·개정이력	EIP-0021	20XX.XX.XX	–	–	1/1

[문서 제·개정이력]

개정 치수	제 · 개정 일자	제 · 개정문서	제 · 개정 내용 및 사유
0	20XX.XX.XX	정보보호 경영시스템 절차서	정보보호 경영시스템의 효율적인 이행과 조직의 성과와 능력을 지속적으로 개선하고자 제정

제1조 (적용 범위)

본 절차서는 이큐인증원㈜(이하 "조직"이라 한다)이 수립한 정보보호 경영시스템(이하 "경영시스템"이라 한다) 관련하여 조직의 상황 및 조직의 목적과 전략적 방향에 영향을 미치는 내·외부 이슈, 그리고 이해관계자의 요구사항 관리에 적용한다.

제2조 (목적)

본 절차서는 조직이 경영시스템 활동의 지속적인 개선을 위하여 조직 상황 관리, 내·외부 이슈 및 이해관계자의 요구사항을 체계적으로 파악하고 관리함을 목적으로 한다.

제3조 (용어와 정의)

1) 조직 : 조직의 목표 달성에 대한 책임, 권한 및 관계를 가지는 자체 기능을 가진 사람 또는 사람의 집단
2) 조직 상황 : 조직의 목표 달성에 대한 조직의 접근 방식에 영향을 줄 수 있는 내부 및 외부 이슈의 조합
3) 이해관계자 : 의사결정 또는 활동에 영향을 줄 수 있거나, 영향을 받을 수 있거나 또는 그들 자신이 영향을 받는다는 인식을 할 수 있는 사람 또는 조직

제4조 (책임과 권한)

조직 상황 및 이해관계자 관리에 대한 책임과 권한은 다음과 같다.
1) 최고경영자 : 조직 상황 및 이해관계자 관리 활동 전반을 승인하고 검토한다.
2) 정보보호 최고책임자
  (1) 조직의 내부 이슈와 외부 이슈를 취합하고 검토하여 최종 확정하고 관리한다.
  (2) 고객과 관련된 이슈를 파악하고 각 부서에 전달한다.
3) 정보보호 관리자
  (1) 경영시스템의 이해관계자 및 요구사항의 변경 사항 발생 시 즉시 정보보호 최고책임자에게 보고한다.

(2) 계획된 주기에 따라 각 부서에서 취합된 내·외부 이슈를 검토하고 정보보호 최고책임자에게 보고하며, 관련 내용을 사내 게시판에 공지한다.

제5조 (조직 상황 관리)

1) 조직 상황 이해

(1) 각 부서는 조직의 목적 및 전략적 방향, 조직의 능력에 영향을 주는 외부와 내부 이슈를 파악한다.

(2) 각 부서는 매월 내·외부 이슈에 대한 정보를 모니터링하고 정보보호 최고책임자에게 전달한다.

(3) 정보보호 최고책임자는 각 부서에서 접수된 외부/내부 이슈에 대해 매월 집계 및 검토하고 최고경영자에게 보고하며, 관련 내용을 사내 게시판에 공지한다.

2) 내·외부 이슈 식별

(1) 이슈는 긍정적 및 부정적 요인 또는 고려해야 할 조건을 포함하여 파악한다.

(2) 외부 사항 이해를 위해 국제적, 국가적, 지역적 및 법적, 기술적, 시장, 사회적, 경제적 환경에서 비롯된 이슈를 고려한다.

(3) 내부 사항 이해를 위해 조직의 가치, 문화, 지식 및 성과와 관련되는 이슈를 고려한다.

3) 이슈 지속 관리

(1) 정보보호 최고책임자는 파악된 이슈를 참조하여 검토하고 그 내용을 토대로 익년도 내·외부 이슈를 정한다.

(2) 정보보호 최고책임자는 결정된 익년도 내·외부 이슈를 매년 12월에 최고경영자에게 보고한다.

제6조 (이해관계자의 니즈와 기대 이해)

1) 이해관계자 식별 및 요구사항 파악

(1) 정보보호 경영시스템과 관련되는 이해관계자를 정하고, 해당 이해관계자의 요구사항 및 기대를 파악하여 관리한다.

(1) 나) 조직의 이해관계자 선정 시, 정보보호 경영시스템과 직접적인 관련은 없으

나 잠재적으로 영향을 줄 수 있는 이해관계자까지 신중하게 고려한다.

2) 이해관계자 지속 관리

(1) 이해관계자에 대한 변경 사항을 분기별로 모니터링하고 검토한다.

(2) 이해관계자 및 요구사항의 변경 사항이 있을 시 즉시 최고경영자에게 보고하여 조직의 능력에 미치는 영향을 업무에 반영하거나 부정적인 변경인 경우 이를 최소화한다.

제6조 (기록보관)

NO	서식명	서식번호	보존연한	보관부서
1	이해관계자 파악표	EIP-0410-01		

제1조 (적용 범위)

본 절차서는 이큐인증원㈜(이하 "조직"이라 한다)이 수립한 정보보호 경영시스템(이하 "경영시스템"이라 한다) 관련하여 적용 범위의 결정 및 관리를 범위로 한다.

제2조 (목적)

본 절차서는 조직의 경영시스템의 경계 및 적용 가능성을 정하여 적용 범위를 결정하고 관리함을 목적으로 한다.

제3조 (용어와 정의)

1) 적용 범위 : 조직의 경영시스템이 포괄하는 프로세스 경계를 의미한다.

제4조 (책임과 권한)

적용 범위 결정 및 관리에 대한 책임과 권한은 다음과 같다.
1) 최고경영자 : 조직에 대한 모든 경영시스템의 최종 적용 범위를 결정한다.
2) 정보보호 최고책임자 : 경영시스템에 적용할 적용 범위 및 조직의 상황을 파악하여 최고경영자에게 보고한다.

제5조 (적용 범위 결정)

조직은 경영시스템의 적용 범위를 설정하기 위하여 경영시스템의 경계 및 적용 가능성을 정하여야 한다. 적용 범위를 정할 때 조직은 아래 사항을 고려하여야 한다.
1) 조직 상황에 대한 내·외부 이슈를 고려한다.
2) 조직 상황에 대한 이해관계자의 요구사항 및 잠재적 이해관계자의 요구사항을 고려한다. 다. 조직의 단위, 기능및 물리적 경계를 고려한다.

제6조 (적용 범위 관리)

1) 경영시스템의 적용 범위는 "제7조 적용 범위 및 조직의 제품 및 서비스"에 작성하여 관리한다.

2) 결정된 적용 범위는 문서화된 정보로 유지되어야 하며 이해관계자들에게도 이용 가능하여야 한다.

제7조 (적용범위 및 조직의 제품 및 서비스)

NO	서식명	내용
1	제품 및 서비스	ISO 심사원의 교육, 평가 및 등록
2	적용규격	ISO27001: 2022 규격 요구사항 적용
3	적용 제외사항	해당 없음
4	물리적 경계	정책서에 표기

제1조 (적용 범위)

본 절차서는 이큐인증원㈜(이하 "조직"이라 한다)의 정보보호 경영시스템(이하 "경영시스템"이라 한다) 관련하여 경영시스템에 대한 리더십 및 의지 표명/실행 의지에 대하여 적용한다.

제2조 (목적)

본 절차서는 경영시스템 활동의 지속적인 개선을 위하여 최고경영자가 실증해야 할 사항을 정함을 목적으로 한다.

제3조 (용어와 정의)

1) 경영시스템 : 방침과 목표를 수립하고 그 목표를 달성하기 위한 프로세스를 수립하기 위한 상호 관련되거나 상호 작용하는 조직 요소의 집합을 의미한다.
2) 경영시스템의 방침 : 정보보호에 관한 방침을 의미한다.
3) 경영시스템의 목표 : 정보보호와 관련된 전략적, 전술적 또는 운영적으로 달성되어야 할 결과로서, 정보보호 방침의 달성을 위해 설정되며 적합할 필요가 있는 것을 말한다.
4) 성과 : 정량적 또는 정성적 발견 사항과 측정 가능한 결과를 의미한다.

제4조 (책임과 권한)

리더십과 의지 표명/실행 의지에 대한 책임과 권한은 다음과 같다.
1) 최고경영자
  (1) 정보보호 경영시스템에 대한 의지를 표명한다.
  (2) 리더십과 의지 표명/실행 의지를 실증하기 위하여 내부 심사 및 경영 검토를 실시한다.
2) 정보보호 최고책임자 : 최고경영자의 의도에 따라 경영시스템 정책의 초안을 수립하여 최고경영자에게 보고한다.
3) 정보보호 관리자

(1) 경영시스템 정책 및 목표에 대한 세부 목표를 관리하고 실적을 보고하는 업무를 수행한다.

(2) 경영시스템과 관련된 정책, 목표 및 시스템의 중요성, 효과성을 전 근로자에게 인식시키는 업무를 수행한다.

(3) 경영시스템 정책에 대한 내·외부 의사소통을 담당한다.

제5조 (리더십과 의지 표명/실행 의지)

최고경영자는 경영시스템에 대한 리더십과 의지 표명(실행 의지)을 다음 사항에 의하여 실증하여야 하며, 이를 위해 계획된 주기(연 1회 이상)로 내부 심사 및 경영 검토를 실시해야 한다.

1) 경영시스템의 효과성과 개선 촉진에 대한 책임을 진다.

2) 경영시스템의 방침 및 목표가 경영시스템을 위하여 수립되고 조직 상황과 전략적 방향에 조화됨을 보장하며, 수립된 방침과 목표를 공포하고 전 종업원에게 인식시켜야 한다.

3) 경영시스템 요구사항이 조직의 비즈니스 프로세스와 통합됨을 보장해야 한다.

4) 경영시스템에 필요한 자원의 가용성을 보장할 책임을 진다.

5) 효과적인 경영시스템의 중요성 및 요구사항과의 적합성에 대한 중요성을 의사소통하기 위하여 정기적인 회의를 실시하며 관련 내용을 지속적으로 관리한다.

6) 경영시스템이 의도한 결과를 달성함을 보장할 책임을 진다.

7) 경영시스템의 효과성에 기여하기 위한 인원을 적극 참여시키고 확보, 지휘 및 지원하며, 해당 인원의 역량과 적격성을 확인하고 인식 증진을 위해 관련 내용을 검토하고 각 부서에 책임과 권한을 부여한다.

8) 책임 분야에서 경영자가 리더십을 발휘하도록 지원한다.

제6조 (경영시스템 정책 수립 절차)

1) 경영시스템 정책 수립 : 정보보호 최고책임자는 최고경영자의 의도에 따라 경영시스템 정책 초안을 수립하며, 정책은 다음 사항을 고려하여 수립한다.

(1) 조직의 목적과 상황에 적절하고 조직의 전략적 방향을 지원하는가?

(2) 경영시스템 목표 설정을 위한 틀을 제공하는가?

(3) 적용되는 요구사항을 만족시키겠다는 의지 표명을 포함하는가?

(4) 경영시스템의 지속적 개선에 대한 의지 표명을 포함하는가?

2) 경영시스템 정책 검토 및 승인 : 정보보호 최고책임자는 제6조 1항에 대한 충족 여부를 검토한 후 정책을 최고경영자에게 전달한다. 최고경영자는 의도된 내용이 충족되었는지 검토한 후 승인한다.

3) 경영시스템 정책 관리 : 경영시스템 정책은 효과성(계획 대비 실적), 적합성(요구사항 등), 충족성(요구사항 등), 적절성(조직의 상황)을 포함해야 하며, 문서화된 정보로 이용 가능하도록 유지한다.

제7조 (의사소통)

1) 내부 의사소통 : 정보보호 관리자는 경영시스템 정책을 모든 조직 구성원이 숙지하도록 제시하고, 이를 이행하기 위해 정책서에 포함하고 게시판에 부착하며, 전 종업원 교육을 통해 인식시키고 목표 수립에 반영한다.

2) 외부 의사소통 : 정보보호 관리자는 외부 이해관계자가 이용 가능하도록 정책을 게시한다.

제8조 (기록 및 관리)

NO	서식명	서식번호	보존연한	보관부서
1	정보보호 정책	(정책서 또는 홈페이지 및 게시판에 제시)		

제1조 (적용 범위)

본 절차서는 이큐인증원㈜(이하 "조직"이라 한다)의 정보보호 경영시스템(이하 "경영시스템"이라 한다)과 관련하여, 경영시스템을 운영하기 위해 관련된 역할에 대한 책임과 권한을 부여하는 데 적용한다.

제2조 (목적)

본 절차서는 조직의 역할에 대한 조직 구조 및 업무 분장을 명확히 함으로써 정보보호 경영시스템을 조직적이고 효율적으로 운영함을 목적으로 한다.

제3조 (용어와 정의)

1) 정보보호 조직 : 정보보호 활동을 계획, 운영, 관리, 개선하기 위해 정보보호 최고책임자, 정보보호 관리자, 정보보호 담당자, 부서별 정보보호 담당자를 구성하여 운영하는 조직을 말한다.

2) 정보보호 최고책임자(Chief Information Security Officer, CISO) : 조직 정보보호 분야 전반에 대한 책임을 가지고 정보보호 관련 업무 관리 감독 및 업무 수행을 총괄하는 자를 말한다.

3) 개인정보보호 책임자(Chief Privacy Officer, CPO) : 조직 개인정보 분야 전반에 대한 책임을 가지고 개인정보 법규 준수, 업무 관리 감독 수행을 총괄하는 자를 말한다.

4) 개인정보보호 담당자 : 개인정보보호 대책 개발, 각종 개인정보보호 계획 수립 및 이행에 따른 개인정보보호 관리 등 개인정보보호 업무를 담당하는 자를 말한다.

5) 정보보호 관리자 : 조직의 정보보호 조직 관리자로서 적절한 정보보호 수준을 유지하기 위한 정보보호 기획, 조정, 지원 업무를 이행하고 정보보호 최고책임자에게 보고하는 자를 말한다.

6) 정보보호 담당자 : 조직의 정보보호 조직 담당자로서 적절한 정보보호 수준을 유지하기 위해 정보보호 관련 업무에 대한 실무를 지원하는 자를 말한다.

7) 정보보호 위원회 : 정보보호 업무의 효율적인 운영과 중요 보안 사항을 심의 의결하기 위해 구성한 조직을 말한다.

제4조 (역할, 책임과 권한)

4.1 정보보호 조직의 구성

1) 조직의 정보보호 업무를 체계적이고 조직적으로 수행하기 위해 관리적, 물리적, 기술적 보안, 침해사고 대응, 재해 복구 등의 영역을 포함한 정보보호 조직과 정보보호 위원회를 구성하여 운영한다.

2) 정보보호 최고책임자는 조직의 정보보호 활동에 필요한 정보보호 관리자 및 담당자, 정보보호 실무 담당자를 지정하여 정보보호 업무를 수행하도록 한다. 부서별 지정된 정보보호 담당자는 정보보호 조직의 비상근 일원으로 활동할 수 있다.

3) 정보보호 조직 구성원은 유관 조직 간 업무 공조를 통해 조직 정보보호 정책에 따라 정의된 역할 및 책임을 준수하고, 부여된 정보보호 업무를 성실히 수행해야 한다.

4.2 정보보호 최고책임자(CISO)

1) 정보보호 최고책임자는 최고경영자가 지정한 임원으로 하며, 정보보호 전반적인 업무에 대한 최종 의사 결정 권한을 부여받아 정보보호 활동에 대한 책임과 권한을 갖는다.

2) 정보보호 최고책임자는 다음 각 호의 업무를 총괄, 감독한다.
 (1) 정보보호 업무와 조직을 총괄 지휘하고 최종 의사 결정한다.
 (2) 정보보호 정책 제개정을 승인한다.
 (3) 정보보호 조직 구성을 승인한다.
 (4) 정보보호에 필요한 인력 관리 및 예산 편성을 담당한다.
 (5) 보안 사고 예방 및 조치에 대한 관리 감독을 수행한다.
 (6) 침해사고, 위험 관리, 정보보호 교육 등 정보보호 활동을 관리 감독한다.
 (7) 그 밖에 관계 법령에 따라 정보보호를 위해 필요한 조치 이행을 총괄한다.

4.3 개인정보보호 책임자 (CPO)

개인정보보호 책임자 지정 및 주요 임무는 "개인정보 관리 지침"에 따른다.

4.4 정보보호 관리자

정보보호 관리자는 정보보호 최고책임자의 권한을 위임받아 조직 정보보호를 위해 필요한 제반 관리적, 기술적, 물리적 보호 조치 이행 관리 등에 대한 다음과 같은 역할 및 책임을 수행한다.

1) 정보보호 계획 실무 절차를 검토하고 승인한다.
2) 정기적으로 정보보호 최고책임자 및 최고경영자에게 현황을 보고한다.
3) 관리적, 기술적, 물리적 보호 조치 이행을 총괄한다.
4) 정보보호 정책, 지침 개선 사항을 검토한다.
5) 주기적 정보보호 점검을 실시하고 정보보호 업무를 관리 감독한다.
6) 정보보호 시스템 도입 계획을 수립하고 운영을 관리한다.
7) 정보보호 이행 계획에 따른 보호 대책을 수립한다.
8) 위험 평가를 통한 보호 대책 수립 및 개선 활동을 담당한다.
9) 개정된 정책을 공표하고 직원에 대한 정보보호 교육 등을 실시한다.

4.5 정보보호 담당자

정보보호 담당자는 정보보호 관리자의 지시에 따라 다음과 같은 정보보호 실무를 담당한다.

1) 정보보호 정책 개선 사항을 도출한다.
2) 정보보호를 위한 주기적 활동을 이행한다.
3) 정보시스템(단말기, 서버 등)에 대한 정보보호 활동을 수행한다.
4) 바이러스 등 악성 코드 감염을 예방하고 대응한다.
5) 침해사고 예방 및 처리 관련 업무를 수행한다.
6) 정보 자산 및 장비 반출입을 통제한다.
7) 물리 보안 및 인력, 사무, 계약 시 보안 조치 요구 사항을 검토한다.
8) 임직원 정보보호 인식 제고 교육 및 캠페인 활동을 수행한다.
9) 정보보호 실무 업무에 대한 운영 매뉴얼을 관리한다.
10) 정보보호 이행 계획에 따른 보호 대책 구현 여부 및 변경 내역을 문서화한다.

11) 위험 평가를 통해 수립된 보호 대책에 대한 평가 등을 수행한다.

4.6 정보시스템 관리자

1) 각 정보시스템 관리자는 정보보호 책임자가 지정하며, 서버, 네트워크, 데이터베이스 등 각 정보시스템의 정보보호 업무를 주관한다.

2) 각 정보시스템 관리자의 주요 임무는 다음 각 호와 같다.

  (1) 각 정보시스템의 접근 권한을 관리한다.

  (2) 각 정보시스템의 계정 및 비밀번호를 관리한다.

  (3) 각 정보시스템의 보안 프로그램 및 패치를 관리한다.

  (4) 각 정보시스템의 보안 취약점을 점검하고 개선한다.

  (5) 각 정보시스템의 모니터링 및 접근 기록을 관리한다.

  (6) 각 정보시스템의 침해사고를 감시하고 대응한다.

  (7) 그 밖에 각 정보시스템 정보보호를 위해 정보보호 책임자가 지시하는 업무를 수행한다.

3) 각 정보시스템 관리자는 정보시스템 담당자를 지정하여 정보시스템 정보보호에 관한 실무 처리를 위임할 수 있다.

제5조 (정보보호 위원회 구성 및 운영)

5.1 정보보호 위원회 구성

1) 위원장은 정보보호 최고책임자(CISO)가 되며, 위원장 부재 시 위원장이 지정하는 자가 그 직무를 대행한다.

2) 간사는 정보보호 담당자 또는 위원장이 지정하는 자가 그 직무를 대행한다.

3) 위원은 필수 대상에 해당하는 정보보호 관리자 및 담당자, 정보시스템 운영 및 개발 관련 부서장과 필요 시 유관 부서장 등으로 구성된다.

4) 구성원이 불가피한 사유로 위원회 소집에 응할 수 없는 경우 차선임자 또는 후임자가 겸임 및 대행할 수 있다.

  (1) 위원장 : 정보보호 최고책임자(CISO)

  (2) 간사 : 정보보호 관리자

(3) 위원 : IT 부서장(개발, 운영), 정보보호 담당자, 정보보호 위원회 사안에 따른 차선임자, 후임자

5.2 위원 등의 임무

1) 위원장은 정보보호 위원회를 소집하고 위원회 의장이 되며 직무를 총괄한다.

2) 간사는 정보보호 위원회 개최 24시간 전까지 각 위원회 구성원에게 의안을 통보하며, 위원회 심의 및 의사 결정 사항을 정해진 회의록에 따라 회의 기록을 작성하고 유지 및 보관한다.

5.3 위원회 소집

1) 위원회는 반기 1회 정기적으로 소집하고 필요 시 수시 소집한다. 위원회 간사는 소집 일시 및 장소를 정하여 위원장 및 위원에게 이를 통보해야 한다.

2) 위원장은 위원회 소집이 필요하다고 판단될 때에는 위원회 소집을 간사에게 요청할 수 있으며, 간사는 위원장 승인을 얻어 요청받은 날로부터 7일 이내에 위원회가 개최될 수 있도록 한다.

3) 위원장은 정보보호 위원회 정기 개최 시기가 도래하였더라도 회사 정보보호 상황에 따라 해당 회의를 생략할 수 있다.

5.4 정보보호 위원회 임무

1) 정보보호 위원회는 회사 정보보호 주요 현안을 검토하고 이에 대한 의사 결정을 수행한다.

(1) 사내 정보보호 관련 각종 매뉴얼, 지침 제개정을 검토한다.

(2) 정보 및 정보시스템 안전성 확보 및 고객 기관 보호를 위한 전략 및 계획을 수립한다.

(3) 자체 보안성 심의 결과를 검토하고 심의한다.

(4) 취약점 분석 평가 결과 및 보완 조치 이행 계획에 관한 사항을 심의한다.

(5) 정보보호 사고 및 관련 규정 위반자 처리에 관한 사항을 심의한다.

(6) 그 밖에 정보보호 위원회 위원장이 정보보호 업무 수행에 필요하다고 정한 사항을 심의한다.

2) 정보보호 관리자 또는 정보보호 위원회 구성원의 요청 등이 있을 경우 사안에 따라 위원장에게 구두 또는 서면 보고를 통해 위원회를 소집할 수 있다.

3) 정보보호 위원회 의결은 긴급하거나 그 밖에 필요하다고 인정하는 경우에는 서면이나 전자 결재에 의한 결의로 갈음할 수 있다.

4) 위원장은 정보보호 위원회 심의 결과 중 중대한 이슈가 있을 경우 전결권자 결재를 받아 시행할 수 있다.

5) 최고경영자는 특별한 사정이 없는 한 정보보호 위원회 심의 의결 사항을 준수한다.

5.5 운영 및 결의 방법

1) 정보보호 위원회 조직 및 운영에 관하여 필요한 사항은 위원회 규칙으로 정할 수 있다.

2) 위원회 결의는 소집 위원 과반수 이상 출석, 출석 위원 과반수 이상 찬성으로 의결하며, 가부 동수인 경우에는 위원장이 결정하며, 경미한 사항으로 위원장이 필요하다고 인정하는 때에는 서면 결의를 할 수 있다.

3) 위원장이 필요하다고 인정하는 때에는 관련 부서장 또는 실무자를 참석시켜 의견을 청취하고 설명을 하게 할 수 있다.

4) 위원회 의결 사항에 대하여 최고경영자 재심 요구가 있을 때에는 지체 없이 재심한다.

5) 정보보호 위원회에 관여한 자는 위원회에서 심의된 사항 중 비밀에 속하는 사항을 누설하거나 공개되지 않도록 비밀을 유지해야 한다.

5.6 보고 사항

정보보호 위원회는 다음 사항에 관하여 관련 정보보호 최고책임자로 하여금 최고경영자에게 보고하도록 한다.

1) 위원회에서 결의한 주요 사항 처리 결과를 보고한다.

2) 취약점 분석 평가 결과를 보고한다.

3) 위원회에서 필요하다고 인정한 사항 및 관련 기관 법규(이하 관련 법령 포함)에서 규정한 사항을 보고한다.

제6조 (기타 보안 조직)

1) 침해사고 대응 조직 정보보호 최고책임자는 침해사고에 대비하여 침해사고 대응 조직을 구성해야 한다. 이와 관련한 사항은 "보안 사고 대비 및 대응 지침"에 따른 다.

2) 비상 대응 조직 정보보호 최고책임자는 재해 복구 및 비상 계획 수행을 위해 비상 대응 조직을 구성해야 한다. 이와 관련한 사항은 "IT 업무 연속성 관리 지침"에 따 른다.

제7조 (정보보호 조직도)

제1조 (적용 범위)

본 절차서는 이큐인증원㈜(이하 "조직"이라 한다)의 정보보호 경영시스템(이하 "경영시스템"이라 한다) 관련하여 리스크 및 기회를 정하는 데 필요한 사항을 범위로 한다.

제2조 (목적)

본 절차서는 조직의 경영시스템의 조직 및 조직 상황 이해와 이해관계자의 니즈와 기대 이해의 요구사항을 고려하여 리스크 및 기회를 정하는 데 목적이 있다.

제3조 (용어와 정의)

1) SWOT : Strength(강점), Weakness(약점), Opportunities(기회), Threats(위협)을 의미한다.

제4조 (책임과 권한)

1) 최고경영자 : 프로세스 접근법 및 리스크 기반 사고의 활용 촉진과 기회 관리를 수행한다.
2) 정보보호 최고책임자
  (1) 리스크 관리 결과 자료를 분석한다.
  (2) 리스크 및 기회를 다루는 조치 자료를 수집하고 필요 조치를 위한 종합 계획을 수립하며 실시 확인 및 보고를 수행한다.
3) 정보보호 관리자 : 예측되는 리스크를 결정하고 제거 방안을 모색하며 기회 요소를 결정하고 계획 수립 후 주관 부서에 통보한다.

제5조 (리스크와 기회를 다루는 조치)

1) 리스크 기반 사고
  (1) 정보보호 관리자는 조직의 리스크 기반 사고에 대한 결정을 한다. 리스크 기반 사고는 처음부터 프로세스 접근 전반에까지 고려되어야 한다.
  (2) 리스크 기반 사고는 조직 각 부서에서 실시되어야 하며 부정적인 부분만을 포함

하지 않고 긍정적인 부분도 포함한다.

2) 리스크와 기회 결정

조직 상황에 맞는 리스크와 기회를 식별한다. 정보보호 관리자는 조직 및 조직 상황 이해와 이해관계자의 니즈와 기대 및 적용 범위 결정 시 언급한 요구사항을 고려하며 다음 사항을 위해 다루어야 할 필요성이 있는 리스크 및 기회를 정한다.

(1) 경영시스템이 의도된 결과를 달성할 수 있음을 보증한다.

(2) 바람직한 영향의 증진을 도모한다.

(3) 바람직하지 않은 영향의 예방 또는 감소를 수행한다.

(4) 지속적인 개선을 성취한다.

3) 리스크 파악 단계

(1) 요구사항 결정 단계

(2) 설계 단계

(3) 제품 또는 서비스 취급 단계

(4) 제품 또는 서비스 인도, 설치, 시운전 단계

(5) 보정, 불만 처리, 폐기 등 인도 후 활동 단계

4) 리스크와 기회를 다루는 방법

(1) 리스크와 기회를 다루기 위한 조치를 위해 받아들일 수 있는 것과 없는 것, 이익이 되는 것과 불이익이 되는 것을 분석한다.

(2) 어떻게 리스크를 피하거나 제거할 수 있는지, 완화할 수 있는지 조치 계획을 세운다.

(3) 계획을 실행한다.

(4) 관련 내용을 SWOT 분석에 기록하며 관련 내용은 최고경영자에게 보고되어야 한다.

(5) 리스크와 기회를 다루기 위한 조치는 경영시스템의 프로세스에 통합하고 실행되어야 한다.

(6) 심사, 경험으로부터의 지식, 지속적 개선과 기회를 고려하며 경영 검토를 통해 조치의 효과성 평가를 실시한다.

(7) 리스크와 기회를 다루기 위해 취해진 조치는 제품 및 서비스 적합성에 미치는 잠재적 영향에 상응해야 한다.

(8) 리스크를 다루는 방법은 아래 6가지를 참조할 수 있다.
　① 리스크 회피
　② 기회를 잡기 위한 리스크 감수
　③ 리스크 요인 제거
　④ 발생 가능성 또는 결과 변경
　⑤ 리스크 공유
　⑥ 정보에 근거한 의사결정에 의한 리스크 유지
(9) 기회는 아래 방안으로 이어질 수 있다.
　· 새로운 실행 방안 채택
　· 신제품 출시
　· 파트너십 구축
　· 신기술 활용
　· 조직 또는 고객 니즈를 다루기 위한 그 밖의 바람직하고 실행 가능한 방안

제6조 (SWOT 분석)

1) SWOT 분석은 SWOT를 이용하여 문제를 분석하는 것으로 관리 책임자는 각 부서 상황에 맞게 정기적으로 SWOT 분석을 실시하며 결과를 최고경영자에게 보고해야 한다.
2) 최고경영자에게 보고 후 관련 내용을 사내 게시판에 공지하여 전 직원과 관련 내용을 공유한다.

제7조 (정보보호 위험평가)

1) 조직은 다음과 같은 정보보호 위험평가 프로세스를 정의하고 적용해야 한다.
　(1) 다음을 포함한 정보보호 위험 기준을 수립하고 유지한다.
　　· 위험 수용 기준
　　· 정보보호 위험평가 수행 기준
　(2) 반복적인 정보보호 위험평가 결과가 일관성 있고 유효하며 비교 가능하도록 보장한다.

(3) 정보보호 위험을 식별한다.

· 정보보호 경영시스템 범위 내에서 기밀성, 가용성, 무결성 손실과 연관된 위험을 식별하기 위한 정보보호 위험평가 프로세스를 적용한다.

· 위험 소유자를 식별한다.

(4) 정보보호 위험을 분석한다.

· 식별한 위험이 현실화된 결과의 잠재적 영향을 평가한다.

· 식별한 위험의 실제적인 발생 가능성을 평가한다.

· 위험 수준을 결정한다.

(5) 정보보호 위험을 산정한다.

· 수립한 위험 기준과 위험 분석 결과를 비교한다.

· 위험 처리를 위해 분석된 위험 우선순위를 결정한다.

2) 조직은 정보보호 위험평가 프로세스에 관한 문서 정보를 유지해야 한다.

제8조 (정보보호 위험처리)

1) 조직은 정보보호 위험처리 프로세스를 정의하고 적용해야 한다.

(1) 위험평가 결과를 감안한 적절한 정보보호 위험처리 방안을 선택한다.

(2) 선택한 정보보호 위험처리 방안 구현에 필요한 모든 통제를 결정한다.

(3) 결정한 통제를 부속서 A 통제와 비교하여 필요한 통제 중 누락된 것이 없는지 검증한다.

(4) 필요한 통제는 선택 사유, 구현 여부, 부속서 A 통제 중 제외된 것이 있다면 그 사유를 포함한 적용성 보고서(Statement of Applicability)를 작성한다.

(5) 정보보호 위험처리 계획을 수립한다.

(6) 정보보호 위험처리 계획과 잔여 정보보호 위험 수용에 대한 위험 소유자 승인을 획득한다.

2) 조직은 정보보호 위험처리 프로세스를 문서화하여 유지해야 한다.

제9조 기록

NO	서식명	서식번호	보존연한	보관부서
1	SWOT 분석표	EIP-0610-01		
2	적용성 보고서	EIP-0610-02		

제10조 관련 지침

1) EIG-0611 정보자산관리 및 위험평가 지침
2) EIG-0612 물리적 보안 지침
3) EIG-0613 사용자 보안 지침
4) EIG-0614 정보시스템 보안 지침
5) EIG-0615 보안 사고 대비 및 대응 지침
6) EIG-0616 IT 업무 연속성 관리 지침
7) EIG-0617 클라우드 보안 지침
8) EIG-0618 개인정보보호 지침
9) EIG-0619 영상정보처리기기 운영 지침

제1조 (적용 범위)

본 절차서는 이큐인증원(주)(이하 "조직"이라 한다)과 관련하여 경영시스템 목표의 수립과 유지, 변경 기획 관리에 적용한다.

제2조 (목적)

경영시스템 활동의 지속적인 개선을 위하여 경영시스템 목표를 수립하고 이행하여 경영시스템 방침을 효과적으로 달성하는 데 목적이 있다.

제3조 (용어와 정의)

1) 경영시스템 목표 : 경영시스템 방침에 근거하여 조직이 달성하고자 스스로 설정한 전반적인 목표로서 구체적이고 수치화되어야 한다.
2) 세부 목표 : 조직의 전체 또는 일부에 적용 가능한 구체적인 성과 요건으로 측정 가능한 것을 말하며, 경영시스템 목표 달성을 위해 설정되고 적합해야 하는 것을 말한다.
3) 경영시스템 성과 : 조직의 경영시스템 정책, 경영시스템 목표, 세부 목표를 근거로 한 조직의 경영시스템 측면 관리와 관련된 측정 가능한 결과를 말한다.
4) 경영시스템 추진계획 : 조직의 경영시스템 목표와 세부 목표를 달성하기 위한 추진 방법을 말한다.

제4조 (책임과 권한)

1) 최고경영자 : 경영시스템 목표 및 세부 목표와 경영시스템 추진계획의 전반적인 책임과 권한을 가진다.
2) 정보보호 최고책임자
  (1) 경영시스템 정책 및 목표에 대한 세부 목표 관리 및 실적을 경영자에게 보고하는 업무를 수행한다.
  (2) 승인된 경영시스템 목표를 관련 부서에 배포할 책임을 가진다.
3) 각 부서장 : 경영시스템 목표에 따른 세부 목표 및 경영시스템 추진계획을 이행할 책임과 권한을 가진다.

제5조 (경영시스템 목표 및 추진계획 수립 절차)

1) 경영시스템 목표 수립 : 정보보호 최고책임자는 경영시스템 정책, 조직의 리스크와 기회를 고려하여 필요한 관련 기능, 계층 및 프로세스에서 경영시스템 목표를 매년 수립한다. 목표는 다음과 같아야 한다.

(1) 경영시스템 방침과 일관성이 있어야 한다.

(2) 측정 및 평가가 가능하여야 한다.

(3) 적용되는 요구사항이 고려되어야 한다.

(4) 모니터링 및 의사소통되어야 한다.

(5) 리스크와 기회의 평가 결과가 반영되어야 한다.

(6) 해당되는 경우 최신본으로 갱신되어야 한다.

2) 세부 목표 수립 : 정보보호 최고책임자는 각 부서장과 협의하여, 경영시스템 목표와 다음 사항을 고려한 경영시스템 세부 목표를 수립하고 관련 기능과 계층에서 KPI를 설정·관리하여야 한다.

(1) 세부 목표는 경영시스템 방침과 목표에 일관성이 있도록 하며 측정 가능하여야 한다.

(2) 경영시스템 관련 법적 규제적 요구사항을 고려한다.

(3) 이해관계자의 요구사항을 고려한다.

(4) 기술적, 재정적, 운용적 측면을 고려한다.

(5) 전년도 경영시스템 관련 실적을 고려한다.

(6) 시정 및 예방 조치 사항을 고려한다.

3) 경영시스템 목표 달성 기획 : 정보보호 최고책임자는 수립된 세부 목표를 달성하기 위하여 기획할 때, 각 부서장과 협의하여 다음 사항을 고려한 경영시스템 추진계획을 수립하여야 하며, 조직의 경영시스템 목표 달성을 위한 조치들이 조직의 경영 프로세스에 어떻게 통합될 수 있도록 할 것인지를 고려하여야 한다.

(1) 달성 대상을 명시한다.

(2) 필요 자원을 명시한다.

(3) 책임자를 명시한다.

(4) 완료 시기를 명시한다.

(5) 달성에 대한 모니터링 지표 및 결과 평가 방법을 포함한다.

4) 세부 목표 및 경영시스템 추진계획의 검토 및 승인

 (1) 정보보호 최고책임자는 작성한 "목표 및 세부 목표 추진계획서/실적서"를 최고 경영자에게 보고하여 승인받는다. 승인 후 계획에 준하여 목표를 추진하도록 한다.

 (2) 정보보호 최고책임자는 세부 목표 결과 보고서의 계획 대비 실적을 검토하여 경영시스템 방침 이행 성과에 대한 경영 검토가 이루어질 수 있도록 한다.

제6조 (의사소통)

1) 내부 의사소통

 (1) 경영시스템 목표는 모든 조직 구성원이 숙지하도록 제시하며, 목표 이행을 위한 내용이 해당 부서 업무에 반영되도록 한다.

 (2) 정보보호과 관련된 중요한 문제는 최고경영자에게 보고하여 결정하며 그 처리 결과를 보고한다.

 (3) 정보보호 성과, 통계 자료, 중요 정보보호 활동 내용 등을 업무 회의를 통해 관련 부서에 제공하고, 이에 대한 의견 및 개선 사항을 수렴한다. 또한, 기존 및 신입 사원 교육을 통해 정보보호 업무 수행 이해도를 높인다.

2) 외부 의사소통 : 외부 이해관계자의 요구 시 경영시스템 목표, 정보보호 성과 및 활동 사항을 공개한다.

제7조 (경영시스템 변경 기획)

경영시스템의 변경이 필요하다고 정한 경우, 변경은 계획적인 방식으로 수행되어야 하며, 각 부서장과 협의하여 변경하고 다음 사항을 고려하여야 한다.

1) 변경의 목적 및 잠재적 결과를 고려한다.

2) 경영시스템의 온전성을 고려한다.

3) 자원의 가용성을 고려한다.

4) 책임과 권한의 부여 또는 재부여를 고려한다.

제8조 (기록)

NO	서식명	서식번호	보존연한	보관부서
1	목표 및 세부목표 추진계획/실적서	EIP-0620-01		
2				

제1조 (적용 범위)

본 절차서는 이큐인증원(주)(이하 "조직"이라 한다)의 정보보호 경영시스템(이하 "경영시스템"이라 한다) 관련 조직 내부 임직원, 외부자(협력조직 직원 등)을 그 적용 대상으로 한다.

제2조 (목적)

본 절차서는 모든 임직원 및 사업 추진 과정에서의 협력 업체 임직원에 대한 인적 정보보호 관리 기준의 정립을 목적으로 한다.

제3조 (용어의 정의)

1) 정보자산 : 조직이 사업을 수행하기 위해 꼭 필요한 정보시스템은 물론 그 정보를 만들거나 보관, 전송하는 장치 또는 시설물, 기록문서, 인쇄물, 도면, 전산시스템 등 모든 유ㆍ무형의 물질을 말한다.
2) 중요 정보 : 유출 시, 경영상 손실을 초래하거나 조직과 임직원에게 심각한 영향을 미칠 수 있는 개인정보 또는 영업 비밀 등의 정보를 말한다.
3) 정보시스템 : PC, 서버, 네트워크 장비, 응용프로그램, 보조 기억매체 등 정보의 가공ㆍ저장ㆍ검색ㆍ송수신에 필요한 하드웨어 및 소프트웨어를 말한다.

제4조 (임직원 정보보호)

1) 임직원의 책임
 (1) 모든 임직원은 조직의 정보자산을 사용함과 동시에 보호할 책임을 갖도록 한다.
 (2) 모든 임직원은 정보보호 규정 및 하위지침을 숙지하고 그에 따른 비밀 유지를 약속하는 서약서를 작성하도록 한다.
2) 임직원 입사 시
 (1) 신규 입사자에 대해서는 관련 절차에 따라 신원 검증을 수행할 수 있도록 한다. 이때 이력서 점검, 학력, 경력, 업무 능력 등을 확인할 수 있도록 한다.
 (2) 신규로 입사하는 모든 임직원은 본 규정을 숙지하고, "정보보호 서약서"를 작성하여 제출하도록 한다.

(3) 각 부서장은 신규 입사자에 대하여 정보보호 규정 및 하위지침에 대한 교육을 실시하도록 한다. 다만, 전사적으로 입사자 교육을 실시한 경우에는 예외로 한다.

(4) 신규 입사자는 지문 등록을 신청하여 근무 장소에 대한 출입 권한을 부여받도록 한다.

3) 임직원 재직 시

(1) 인사정보, 영업 비밀, 산업 기밀, 개인정보 등 중요 정보를 대량으로 취급하는 임직원의 경우 주요 직무자로 지정하고 주요 직무는 최소 인원으로 제한하는 등 관련 보호 대책을 수립하도록 한다.

(2) 권한 오남용 등 고의적인 행위로 인해 발생할 수 있는 잠재적인 피해를 줄이기 위하여 직무 분리 기준을 수립하고 적용하도록 한다. 다만 인적 자원 부족 등 불가피하게 직무 분리가 어려운 경우 별도의 보안 통제를 마련하도록 한다.

(3) 임직원 인사이동 시에는 해당 임직원이 사용하던 정보자산의 이해관계자에게 인사이동의 사실을 상호 공지하도록 하며, 인사이동 내역은 책임 추적이 가능하도록 일정 기간 보관하도록 한다.

(4) 임직원에 대해서는 보안 정책 및 지침, 관련 법률에서 금지하고 있는 정보시스템, 정보통신망에 대한 다음과 같은 해킹 및 침해 행위를 금지하도록 한다.

① 정보통신망에 접근 권한 없이 침입하는 행위를 말한다.

② 악성 프로그램을 전달하거나 유포하는 행위를 말한다.

③ 대량의 정보 전송 등으로 정보통신망에 장애를 발생시키는 행위를 말한다.

(5) 인사이동자가 사용하던 정보자산은 회수하도록 하되, 후임자 미정 등의 사유로 업무를 계속해야 할 필요가 있는 경우에는 예외로 한다.

(6) 타 부서로 이동 시 기존의 정보시스템 ID를 그대로 사용할 수 있도록 한다. 다만, 이동 이전 부서에서의 ID에 대한 권한은 반드시 말소되어야 하며, 이동 이후 부서의 ID에 대한 권한을 새로 부여받도록 한다.

(7) 임직원은 평소에 업무 중요 정보가 불필요하게 노출되지 않도록 업무 수행에 있어 보안 활동을 준수하도록 한다. 또한 업무 수행 시 취득한 정보를 허가되지 않은 자에게 제공하지 않도록 한다.

(8) 직원들에 대해 정보보호 정책 및 업무상 필요한 보안 활동을 주지시키기 위한 정보보호 교육을 실시하도록 한다. 정보보호 교육과 관련해서는 "정보보호교육

관리 절차서"의 세부 기준에 따르도록 한다.

4) 임직원 퇴직 시

모든 퇴직자는 조직의 사전 승인 없이 재직 시 취득한 영업 비밀을 공개·유출 또는 사용할 수 없도록 한다.

퇴직자가 소속된 부서의 정보보호 담당자는 다음의 사항을 확인하도록 한다.

  (1) 업무 수행에 사용된 단말기의 데이터를 삭제하도록 한다.
  (2) 출입증, 출입 카드 등 물리적 접근 장치를 반납하도록 한다.
  (3) 정보처리시스템 접근 계정 및 권한을 삭제하도록 한다.
  (4) "정보보호 서약서(퇴직자용)"를 징수하도록 한다.

5) 임직원 상벌

  (1) 정보보호 관리자는 다음의 임직원에 대하여 포상을 상신할 수 있도록 한다. 포상 절차는 사내 내규에 따르도록 한다.
   · 보안 심사 결과 준수 성과가 뛰어난 팀이나 직원
   · 정보보호 활동에 모범이 되는 팀이나 직원
  (2) 정보보호 정책 및 하위지침의 위반자(이하 "보안위규자"라 한다)에 대하여는 객관적으로 위반 여부를 평가하여 징계하도록 한다.
  (3) 정보보호 최고책임자는 보안위규자의 징계가 필요하다고 판단하는 경우 정보보호위원회(상벌위원회)에 회부할 수 있도록 하며, 정보보호위원회는 징계에 관한 규정에 따라 징계 수위를 결정하도록 한다.
  (4) 보안위규자의 징계는 고의성 여부, 위반의 정도, 조직의 손해에 따라 수위를 결정하도록 하며, 다음 각 호의 사유에 해당되는 경우에는 징계 수위를 가중할 수 있도록 한다.
   · 고의에 의한 위반인 경우에 해당한다.
   · 최근 2년간 징계를 받은 적이 있는 경우에 해당한다.
   · 반복적, 상습적 위반이나, 2가지 이상의 위반을 저지른 경우에 해당한다.
   · 보안위규로 인한 조직의 손해가 상당한 경우에 해당한다.
  (5) 보안위규로 인하여 중요 정보의 유출, 금전적 손해, 조직 이미지의 훼손 등 조직에 대한 손해를 발생시킨 경우에는 징계 이외에 민·형사상의 책임을 면할 수 없도록 한다.

제5조 (외부인력 정보보호)

1) 협력업체 계약 관리

(1) 협력업체와의 계약 시, 다음의 보안 통제 사항을 명시하도록 한다.

· 중요 정보 및 소프트웨어를 포함하여 당사의 정보자산을 보호하는 내용을 포함한다.

· 정보자산의 손실 또는 변경, 훼손을 방지하는 내용을 포함한다.

· 계약의 종료나 인수 시점에서 정보자산의 반환하는 내용을 포함한다.

· 정보자산의 복사 또는 유출을 금지하는 내용을 포함한다.

· 기술적 · 관리적 보안 조치를 포함한다.

(2) 협력업체 직원은 기밀 유지를 위한 "정보보호 서약서"에 서명하도록 한다.

(3) 중요 정보 취급 · 운영 위탁을 위한 업체와의 계약 시, 기본 계약서 외 "정보보호 특약서" 또는 "서비스 수준 약정서(SLA)"를 별도로 체결할 수 있도록 한다.

(4) 당사 사무실에 출입하는 모든 협력업체 직원은 출입 카드를 발급받도록 한다.

(5) 협력업체 직원이 당사의 서버 또는 애플리케이션 등 정보처리시스템에 접속할 경우, 정보시스템 운영 부서장 또는 정보보호 관리자의 사전 승인을 받도록 한다.

(6) 협력업체 직원에게는 내부 직원과 분리된 네트워크 환경을 사용하도록 한다. 다만 분리된 네트워크 제공이 어려운 경우 안전한 접근 통제가 될 수 있는 방안을 고려하여 적용하도록 한다.

2) 협력업체 직원의 관리

(1) 정보보호 담당자는 협력업체 직원에게 정보보호 준수 사항 및 사고 시 보고 절차 등을 명확히 교육하도록 한다.

(2) 협력 업체 직원은 당사의 정보보호 규정 및 하위지침에 따라 기술적 · 관리적 보호조치를 반드시 준수하도록 하며, 당사 직원과 동일한 책임과 의무를 갖도록 한다.

(3) 정보보호 담당자는 협력 업체에 대하여 보안 요구사항의 준수 여부를 정기적으로 점검하도록 한다. 이 경우 협력 업체의 자체 점검을 실시하도록 하여 그 결과를 확인하도록 하는 방법으로 할 수 있도록 한다.

3) 협력업체 계약 만료에 따른 보안 관리

(1) 협력업체 직원의 계약 만료(철수) 시, 정보보호 담당자는 다음의 사항을 확인하도록 한다.
   · 업무 수행에 사용된 단말기의 데이터를 삭제하도록 한다.
   · 출입증, 출입 카드 등 물리적 접근 장치를 반납하도록 한다.
   · 정보처리시스템 접근 계정 및 권한을 삭제하도록 한다.
   · 당사 소유의 정보 자산을 반납하도록 한다.
(2) 협력업체 직원은 당사와의 계약 기간 중 취득한 중요 정보의 비밀 유지를 약속하는 서약서를 제출하도록 한다.

제9조 (기록)

NO	서식명	서식번호	보존연한	보관부서
1	정보보호서약서(입사자용)	(자체서식)		
2	정보보호서약서(퇴사자용)	(자체서식)		
3	정보보호서약서(외부인력용)	(자체서식)		
4	정보보호서약서(협력업체 대표용)	(자체서식)		

제1조 (적용 범위)

이 절차서는 이큐인증원(주)(이하 "조직"이라 한다)의 정보보호 경영시스템(이하 "경영시스템"이라 한다) 관련하여 조직의 내부 임직원, 계약 직원, 외부자(협력 조직 직원 등)를 적용 대상으로 한다.

제2조 (목적)

조직에 근무하는 직원들에게 보안 정책, 관리 지침, 규정, 절차 등의 보안 관리 기초 지식 및 정보시스템의 안전한 운영을 위해 필요한 사항들을 주지시켜 자발적인 보안 의식을 고취하고 부주의나 고의에 의한 보안 사고를 최소화한다.

제3조 (정보보호 교육 계획 수립 및 운영)

1) 정보보호 교육 계획 수립
 (1) 정보보호 관리자는 매년 초 임직원 및 협력 직원 대상의 정보보호 교육 계획을 수립하여 정보보호 최고책임자에게 보고하여야 한다.
 (2) 정보보호 교육 계획은 연간 정보보호 계획에 포함하여 수립할 수 있으며, 이 경우에는 별도의 보고를 생략할 수 있다.
 (3) 정보보호 교육 계획에는 다음 각 호의 내용이 포함되어야 한다.
   ① 교육 대상
   ② 교육 주기 및 기간
   ③ 교육 방법 및 내용
   ④ 교육 평가 및 효과성 측정
   ⑤ 기타 정보보호 교육의 실시에 필요한 사항
2) 정보보호 교육 대상
 (1) 정보보호 교육은 전 임직원 및 협력업체 직원을 대상으로 한다.
 (2) 협력업체의 계약 기간을 고려하여 협력업체 직원을 교육 대상에서 제외할 수 있으나, 이 경우에는 별도의 교육을 실시하여야 한다.
 (3) 휴가, 출장 등의 사유로 정보보호 교육에 참석하지 못한 임직원에 대하여는 별도의 교육 기회를 제공하여야 하며, 이 경우에는 온라인 교육 등을 활용할 수 있

다.

(4) 특정 분야의 전문 교육이 필요한 경우에는 대상자를 선별하여 교육을 실시할 수 있다. 이 경우에는 외부 교육기관의 교육에 참여하거나, 외부 전문가를 초빙하여 교육을 실시할 수 있다.

3) 정보보호 교육 주기 및 기간

(1) 정보보호 교육은 연 1회 이상 실시하는 것을 원칙으로 한다.

(2) 다음 각 호의 사유가 발생한 경우에는 별도의 교육을 실시할 수 있다.

  · 정보보호 규정의 변경 시

  · 보안 사고(침해사고 포함) 발생 시

  · 입 · 퇴사, 직무 변경 등 인사 변동 시

(3) 기타 주요 정보보호 환경의 변경으로 정보보호 관리자가 필요하다고 판단하는 경우

(4) 정보보호 교육은 교육 대상, 교육 자원(인력, 예산 등)을 고려하여 적절한 기간을 산정하여야 한다.

4) 정보보호 교육 방법 및 내용

(1) 정보보호 교육은 집체 교육을 원칙으로 하며, 교육 대상, 교육 자원(인력, 예산 등)을 고려하여 온라인 교육, 전달 교육 등을 병행할 수 있다.

(2) 정보보호 교육의 내용은 다음 각 호의 사항을 포함하여야 한다.

  · 정보보호 규정 및 관련 법률에 관한 사항

  · 정보시스템 기술적 보호 조치에 관한 사항

  · 보안 사고의 예방 및 대응에 관한 사항

  · 정보보호 서약 및 보안 위규 시 처벌 등에 관한 사항

  · 기타 임직원 인식 제고를 위하여 정보보호 관리자가 필요하다고 판단하는 사항

5) 교육 효과 및 적정성의 평가

(1) 교육 시행 후, 교육 공지, 교육 자료, 출석부 등과 같은 기록을 남기고 미리 마련된 평가 기준에 따라 설문 또는 테스트 등을 통해 교육 내용의 적절성과 효과성을 평가하여야 한다.

(2) 교육 평가 결과 내용에서 도출된 문제점에 대해 개선 대책을 마련하고 차기 교육 계획 수립 시 반영하여야 한다.

제4조 (기록)

NO	서식명	서식번호	보존연한	보관부서
1	정보보호 교육 훈련계획서	EIP-0720-01		
2	정보보호 교육 결과보고서	EIP-0720-02		
3	개인별 교육 훈련이력카드	EIP-0720-03		

제1조 (적용 범위)

본 절차서는 이큐인증원(주)(이하 "조직"이라 한다)의 정보보호 경영시스템(이하 "경영시스템"이라 한다) 관련하여 경영시스템에 관련되는 내·외부 의사소통에 대하여 적용한다.

제2조 (목적)

본 절차서는 경영시스템에 관한 내·외부 의사소통에 필요한 프로세스를 수립하고 실행 및 유지하는 데 목적이 있다.

제3조 (용어와 정의)

1) 의사소통 : 조직의 구성원들 간의 생각이나 감정 등을 교환하는 총체적인 행위

제4조 (책임과 권한)

1) 최고경영자
 (1) 사내·외 이해관계자로부터 수집된 경영시스템 관련 정보의 확인 및 대책을 승인할 총괄 책임과 권한을 가진다.
 (2) 외부 이해 관계자에게 발송될 환경 관련 정보의 승인 권한을 가진다.
2) 정보보호 최고책임자
 (1) 경영시스템 관련 정보의 원활한 전파를 위한 방안을 수립, 실시하고 관련 정보의 해당 부서 통보와 사외 불만 정보를 최고경영자에게 보고할 책임과 권한을 가진다.
 (2) 경영시스템 방침, 목표 및 성과를 전파하고 관리를 주관한다.
 (3) 정보보호 관련 정보를 수집하고 해당 부서에 통보한다.
 (4) 해당 정보처리 결과를 확인한다.
 (5) 사내·외 이해관계자에게 회신한다.
 (6) 경영시스템 관련 정보를 기록 유지 및 관리한다.
3) 정보보호 관리자

(1) 이해관계자의 니즈와 기대에 대한 정보보호 측면을 검토하고 해결할 책임이 있다.

(2) 조직과 관련된 정보를 입수하고 정보보호 최고책임자에게 보고할 책임이 있다.

제5조 (업무 절차)

1) 경영시스템에 관련되는 내부 및 외부 의사소통 과정을 기획할 때, 다음을 포함해야 하며 다양한 측면(성별, 언어, 문화, 독해 능력, 장애 등)을 반영해야 한다.

(1) 의사소통 내용

(2) 의사소통 시기

(3) 의사소통 대상

(4) 의사소통 방법

(5) 의사소통 담당자

2) 경영시스템에 관련되는 내부 및 외부 의사소통을 기획할 때 다음 사항을 실행해야 한다.

(1) 준수 의무 사항을 반영한다.

(2) 의사소통하는 경영시스템의 정보가 경영시스템 내에서 작성된 정보와 일치하며, 신뢰할 수 있음을 보장한다.

3) 내부 의사소통

(1) 경영시스템 방침은 모든 조직 구성원이 숙지할 수 있도록 사내 게시판에 게시한다. 이를 이행하기 위한 목표는 각 부서의 업무에 반영이 되도록 한다.

(2) 각 부서장은 방침 및 목표에 따른 책임 업무를 파악하고 업무수행 시 반영한다.

(3) 중요한 문제는 최고경영자에게 보고 후 결정하고 그 처리 결과를 보고한다.

(4) 성과, 통계자료, 중요 정보보호 활동 내용, 법률 등을 업무 회의를 통해 각 부서에 제공하고 이에 대한 의견 및 개선사항을 수렴하며, 기존 및 신입사원 교육을 통해 환경업무 수행 이해도를 높인다.

(5) 경영시스템의 변경을 포함하여 조직의 다양한 계층과 기능에서 경영시스템과 관련된 정보에 대해서 내부적인 의사소통을 위해 사내 게시판과 이메일을 통하여 전달한다.

4) 외부 의사소통

(1) 외부 이해관계자의 요구 시에는 조직의 정보보호 방침 및 활동 사항을 외부 이해 관계자에게 공개한다.

(2) 외부 이해관계자의 요구사항은 정보보호 부서에서 접수, 등록, 대책 수립, 회신 처리를 주관하며 의사소통 검토서에 기록, 유지 관리한다.

(3) 사내에서 발생한 심각한 정보보호 측면에 대한 상황을 외부 이해관계자에게 통보하여 대비 및 대응하도록 한다.

(4) 준수 의무와 관련된 경영시스템 관련 정보를 외부 이해관계자에게 통보하며, 분기마다 관련 정보를 확인한다.

(5) 접수된 이해관계자의 요구사항은 의사소통 등록대장에 등록하여 관리한다.

제6조 기록

NO	서식명	서식번호	보존연한	보관부서
1	정보보호 보고서	EIP-0730-01		
2				
3				

제1조 (적용범위)

본 절차서는 이큐인증원(주)(이하 "조직"이라 한다)의 정보보호 경영시스템(이하 "경영시스템"이라 한다) 관련하여 경영시스템에 관련된 문서화 관리에 대한 책임과 권한, 방법 및 절차에 대하여 규정한다.

제2조 (목적)

본 절차서는 경영시스템에 영향을 주는 업무를 기술한 문서가 올바르게 작성되고 최신 문서(관리본)가 사용됨으로써 업무가 효율적으로 이루어지며 경영을 위한 업무의 체계에 대해 정하고 이를 실시함으로써 관리 표준화 및 경영시스템 정착을 유도하는 데 그 목적이 있다.

제3조 (용어의 정의)

1) 일반문서 : 업무수행자들에게 해당 절차서의 준수를 요구하게 하기 위한 일반 행정문서(공문, 내부결재, 협조전, 팩스, 이메일 등)를 말한다.
2) 표준서 : 회사의 표준 서식에 의해 작성된 정책서, 지침(기준서), 표준작업절차서 및 그에 의해 파생된 문서(정책서, 절차서, 지침(기준)서, 규정 등)을 말한다.
3) 자료 : 경영시스템 활동의 효과적인 수행을 위해 해당 문서에 인용할 목적으로 외부에서 입수한 각종 규격 및 기술 자료 등을 말한다.

제4조 (책임과 권한)

1) 최고경영자 : 정책서와 절차서를 승인한다.
2) 정보보호 최고책임자 : 표준서의 관리와 배포의 책임이 있다.
3) 각 부서장 : 소속 부서의 업무와 관련된 모든 문서 및 자료 등을 관리하고 소속 인원에게 교육할 책임이 있다.

제5조 (업무 처리 절차)

1) 표준서의 관리

(1) 표준서의 제정 · 개정 · 폐지

· 정보보호 최고책임자는 표준서의 제 · 개정, 폐지 사유가 발생하면 원안을 작성하여 표준서 겉표지와 함께 각 부서장에게 회람을 시켜 검토를 의뢰한다.

· 표준서의 작성 · 검토 및 승인 체계는 아래와 같다.

(2) 표준서의 등록 : 정보보호 최고책임자는 표준서가 승인되면 문서 등록 · 배포 대장에 등록 유지한다.

(3) 표준문서의 문서번호 부여 방법

· 매뉴얼 문서번호

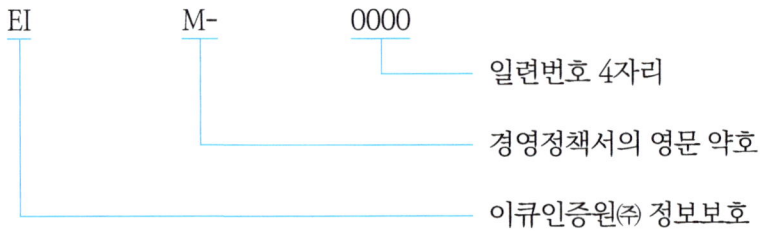

EI   M-   0000

일련번호 4자리

경영정책서의 영문 약호

이큐인증원㈜ 정보보호

· 절차서 문서번호

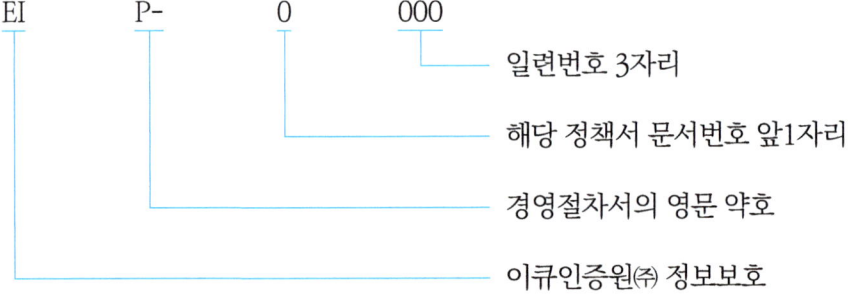

EI   P-   0   000

일련번호 3자리

해당 정책서 문서번호 앞1자리

경영절차서의 영문 약호

이큐인증원㈜ 정보보호

· 지침 문서번호

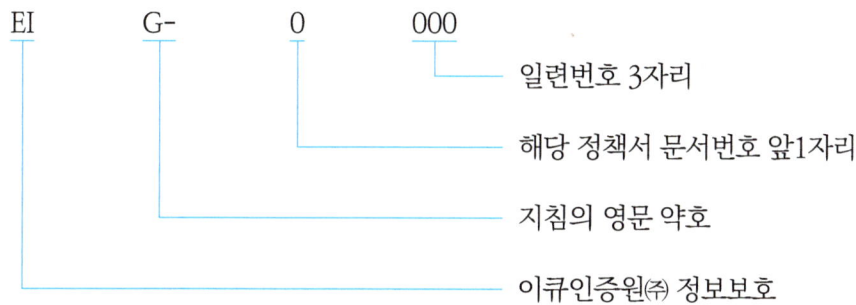

```
EI    G-    0    000
```

- 일련번호 3자리
- 해당 정책서 문서번호 앞1자리
- 지침의 영문 약호
- 이큐인증원㈜ 정보보호

· 서식 문서번호

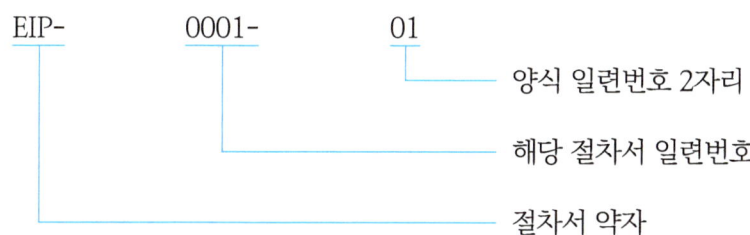

```
EIP-    0001-    01
```

- 양식 일련번호 2자리
- 해당 절차서 일련번호
- 절차서 약자

(4) 표준서의 배포

· 정보보호 최고책임자는 제정 및 개정된 표준서의 등록 후 해당 표준서를 각 부서에 신속히 관리본으로 배포하여야 한다.

· 표준서의 배포는 모든 부서 단위를 기준으로 실시하되, 배포 시 인접 부서일 경우 정보보호 최고책임자는 조정하여 배포할 수 있다.

· 정보보호 최고책임자는 표준서를 배포할 경우에는 해당 문서에 관리번호를 명기하여 배포하고 배포 받은 부서에서 최신본 상태를 식별할 수 있도록 하여야 한다.

2) 일반 공문의 발송 및 접수

(1) 정보보호부서는 외부에서 팩스, E-Mail 등 업무와 직접적 연관된 공문이 접수되면 "문서접수/발송대장"에 기록하고 해당 부서에 전달하여야 한다. 공문 접수를 각 부서에서 직접 하는 경우 동일하게 운영하고 공문을 외부에 발송하는 방법도 공문접수 절차와 동일하게 운영하여야 한다.

(2) 발송 및 접수의 식별
· 대외발송 문서는 FAX를 이용할 경우 표지를 사용하여 총 매수로 나타내 수신자의 확인을 용이하게 한다.
· 문서의 발송 및 접수 시 접수 및 발송 일자와 번호를 부여하고 "문서접수/발송대장"에 기록하고 관리하여야 한다.

3) 기안 및 회의록 관리 절차

각 부서는 기안 및 회의를 수행할 수 있으며 기안의 경우 사본을 정보보호 관리부서로 통보하여야 하나 "회의록"의 경우 자체 부서에서 보관한다.

4) 외부 출처의 문서화된 정보

각 부서는 관리가 필요하다고 판단되는 외부 출처의 문서화된 정보에 대하여 등록 관리하고 연 1회 이상 실질 조사 및 확인하여 최신본을 유지한다.

5) 일반사항

가) 경영시스템을 위한 문서화된 정보의 정도는 조직의 규모, 활동, 프로세스의 복잡성, 제품 및 서비스의 유형, 인원의 역량에 맞게 구성하여야 한다.

나) 문서화된 정보의 관리를 위하여, 다음 활동 중 적용되는 사항을 다루어야 한다.
(1) 배포, 접근, 검색 및 사용
(2) 가독성 보존을 포함하는 보관 및 보존
(3) 변경 관리(예: 버전 관리)
(4) 보유 및 폐기

다) 적합성의 증거로 보유 중인 문서화된 정보는, 의도하지 않은 수정으로부터 보호되어야 한다.

라) 문서화된 정보는 기밀유지에 대한 내용을 규정하여 관리하여야 하며, 부적절한 사용 또는 훼손으로부터 보호되어야 한다.

마) 필요한 장소 및 필요한 시기에 사용 가능하고 사용하기에 적절하다.

제6조 (문서의 개정관리)

1) 모든 문서의 개정 방법이 관련 절차에 명시된 경우를 제외하고는 본 절차에 따라 시행하며, 승인된 문서의 변경은 최초의 문서를 작성, 검토, 승인한 부서, 인원에

의해 작성 시와 동일한 절차에 따라 검토, 승인되어야 한다.

2) 편집상의 오류, 철자 오기, 페이지나 번호 변경 등 사소한 변경의 경우에는 처음 작성 시와 동일한 절차를 따를 필요가 없으며, 새로운 개정 번호를 부여하지 않을 수 있다.

3) 철자 오기, 페이지 번호 변경 등 경미한 수정을 할 경우에는 수정할 부분에 두 줄을 긋고 수정자의 서명을 하되 수정액 등을 사용하여 수정할 수 없다.

4) 문서, 도면, 계산서, 보고서 등의 개정 시 표지에 개정 번호, 개정 목적/사유, 개정 일자 및 작성, 검토, 승인 등이 초기 발행부터 연속적으로 개정 이력 사항에 표시 관리한다.

제7조 (기록)

NO	서식명	서식번호	보존연한	보관부서
1	문서 접수/발송대장	(자체서식)		
2	문서파일목록	(자체서식)		
3	서외규격관리대장	(자체서식)		

제1조 (적용 범위)

본 절차서는 이큐인증원(주)(이하 "조직"이라 한다)의 정보보호 경영시스템(이하 "경영시스템"이라 한다) 관련 정보시스템 관리에 관련된 제반 사항을 포함한다. 계정, 파일시스템, 데이터베이스 및 로그/심사, 네트워크 자원 접근, 보안시스템 운영 및 관리 등에 적용한다.

제2조 (목적)

본 절차서는 정보시스템 보안 관리의 준수사항을 규정하고 기준을 제시함으로써, 내외부인의 불법적이고 비인가된 위협으로부터 데이터 및 시스템 자체의 기밀성, 무결성 및 가용성을 확보한다. 또한, 정보시스템 및 데이터의 보안성을 확보하는 것을 목적으로 한다.

제3조 (용어와 정의)

1) 로그(Log) : 시스템 사용에 관련된 전체의 기록, 즉 입출력 내용, 프로그램 사용 내용, 자료 변경 내용, 시작 시간, 종료 시간 등을 기록하는 것을 말한다.
2) 내부망 : 회사의 보안 관리하에 있는 네트워크 중 침입 차단 시스템 등을 경계선으로 하여 보호받는 회사의 주요 네트워크를 말한다.
3) 외부망 또는 상용망 : 내부망을 제외한 모든 네트워크를 말한다.
4) DMZ : 내부망과 외부망 사이에 중립 지역으로서 삽입된 컴퓨터 호스트, 또는 소형 네트워크를 말한다.
5) 접근통제 : 다른 주체와의 통신 또는 컴퓨터 시스템이나 네트워크의 기능 및 서비스 사용 등에 대한 주체의 권한이나 능력을 보안 정책에 따라 통제하는 것을 말한다.

제4조 (역할 및 책임)

1) 정보보호 최고책임자
 (1) 정보시스템의 침해사고 대응, 로그 기록의 검토, 보안 점검 사항 등 주요 보안 관련 사항을 보고받으며 최종 결정을 한다.

(2) 정보자산의 안정적 보호를 위한 보안 시스템을 통제하고 감독하는 정보시스템의 책임자이다.

2) 정보보호 관리자

(1) 시스템 침해사고 대응, 보안 점검, 로그 기록의 검토 사항 등 주요 보안 관련 사항을 검토하고 이를 정보보호 최고책임자에게 보고한다.

(2) 정보시스템에 대한 사용자, 관리자 계정 및 비밀번호 검토 및 승인을 수행하고 관리한다.

(3) 정보시스템 접근 권한을 검토하며, 침입 차단 시스템 및 Router 등의 ACL 적용을 검토한다.

3) 정보보호 담당자

(1) 시스템의 비정상적인 활동, 주요 시스템 로그 및 이벤트를 분석하여 정보보호 관리자에게 보고한다.

(2) 보안 지침에 따라 보안 관리를 위한 운영 절차를 수립, 변경, 시행하고, 주기적인 로그/심사 점검, 보안 점검을 수행하여 수행 결과를 보고한다.

4) 시스템 담당자

(1) 정보시스템에 대한 장비 관리 · 운영 및 보안 관리를 이행하다. 사용자 계정 관리, 하드웨어, 소프트웨어 관리, DBMS 운영 관리 및 점검 등 실무 업무를 담당한다.

(2) 정기적인 점검을 통해 로그 분석 등을 수행하다. 또한 보안 지침에 의거하여 보안 관리를 위한 운영 절차를 수립, 변경, 시행한다.

제5조 (정보시스템 보호 일반 원칙)

1) 정보시스템 성능 및 용량 등 사용 현황 관리

(1) 정보시스템 장비에 대한 성능 및 용량 등 사용 현황 관리는 시스템 담당자에 의해 모니터링하도록 한다. 이상 징후 발견 시 정보보호 담당자 및 정보보호 관리자에게 보고하고, 원인 분석, 대책을 적용하도록 한다.

(2) 정보보호 관리자는 성능 및 용량 월 평균 사용률에서 CPU 평균 사용률, 메모리 평균 사용률, HDD 사용률, 네트워크 이용률이 일정 수준을 초과하면 시스템 증설 계획을 수립하여야 한다.

(3) 정보시스템 장비를 위탁 운영하는 경우 수탁사의 점검 보고서에 정보시스템의 성능 및 용량의 이용 현황을 확인할 수 있도록 한다.

2) 백업 관리

(1) 시스템 담당자는 백업 계획을 수립하여 백업을 시행하고 백업 계획에 따른 백업 결과를 확인하고 보고한다.

(2) 백업 매체는 비인가자에 의한 백업 정보의 복구, 위·변조가 일어나지 않도록 물리적으로 접근을 통제한다. 재난에 대처할 수 있도록 원격지의 통제 구역에 소산 보관할 수 있도록 고려하여야 한다.

3) 침입 탐지 및 대응

정보시스템의 사용 현황 및 이상 유무를 주기적으로 모니터링하여야 한다. 이상 상황 발생 시 신속히 조치한 후 정보보호 관리자에게 보고한다.

4) 로그 관리

(1) 정보보호 사고 발생 시 추적성을 확보하기 위해 사용자 로그인 및 사용자의 명령어 사용에 대해 로그를 기록하도록 설정한다.

(2) 네트워크 내부에 접속하는 침입 시도는 반드시 로그를 남겨야 한다. 로그 안에는 로그의 시작과 종료, 접근 IP, 불법적인 침입 시도, 침입 탐지 시스템의 구성 파일 및 로그 파일에 대한 모든 접근, 침입 탐지 시스템 정지와 재기동에 관한 사항 등이 포함되도록 한다.

(3) 시스템 로그 기록 시 다음의 사항을 준수한다.

· 시스템의 성능 및 디스크 용량 등을 고려하여 로그를 남길 대상을 선정한다.

· 중요 시스템의 로그 파일들은 별도의 로그 서버를 지정하여 통합 저장하여 운영할 수 있다.

· 시스템 담당자는 정보보호 담당자의 사전 승인이 없는 한 모든 서버와 응용 프로그램의 로그에 비인가자가 접근할 수 없도록 한다.

· 시스템 담당자는 서버 접속 내역을 기록한 로그에 대해 정보보호 담당자의 공식적인 요청이나 법률에 의한 협조 요청에 의하지 않고는 타인에게 공개할 수 없다.

· 정보보호 관련 이벤트가 기록되어 있는 시스템 로그는 일정 기간 이상 보관하도록 한다.

· 이 기간 동안 이런 기록들은 임의로 변경해서는 아니 된다.

· 시스템 로깅을 해야 하는 대상 및 항목은 다음 내용과 같다.

　a) 사용자의 로그인 시간

　b) 접속에 실패한 접근 시도

　c) 데이터 조작(필요할 경우, 날짜, 시간, 사용자) 등

· DB 로깅의 경우 다음의 사항을 준수한다.

　a) 새로운 DB 객체의 생성이 로깅되어야 한다.

　b) 중요 데이터베이스의 경우 데이터베이스 시스템 담당자와 정보보호 담당자의 권한을 분리한다.

(4) 개인정보 취급자에 대한 어플리케이션 접속/작업 로그는 다음과 같이 로깅하여 6개월 이상 보관한다. 단, 개인정보 취급자 권한 생성, 변경, 말소에 관한 로그는 5년 이상 보관한다.

(5) 로그를 분석할 경우 다음의 사항을 준수한다.

· 정보보호 담당자는 침해사고가 의심되는 사건이 발생했을 때 경고 및 적발이 가능하도록 사용자의 로그 기록과 통계들을 유지하고 있어야 한다.

· 정보보호 담당자는 보안 로그에 대해 주기적 점검을 수행하여 시스템 사용에 대한 로그 정보를 주기적으로 분석하고 정보보호 관리자에게 보고함으로써 자료에 대한 불법 접근 및 변조에 대한 위험성을 사전에 방지한다. 단, 로그의 양이 너무 방대하여 모든 로그를 분석하기 불가능한 경우, 중요한 로그 들을 선택하여 분석한다.

5) 보안 점검

(1) 정보보호 담당자는 계정 관리, 접근 통제, 신규 패턴, 로그 관리, 성능 관리, 백업 관리들에 대하여 정기적으로 점검을 하여 정보보호 관리자에게 보고한다.

(2) 정보시스템을 외부 위탁하여 운영하는 경우 위탁 업체로부터 받은 보고서로 대체할 수 있다.

6) 시각의 동기화

정보시스템 장비는 침해사고 발생 시 추적의 중요한 자료가 될 수 있기 때문에 NTP 등을 사용하여 시각을 동기화하여야 한다. 단, NTP 서버를 운영하지 못할 경우 가능한 별도의 방안을 이용하여 시각을 동기화할 수 있다.

7) 장애 관리

(1) 장애는 시스템 담당자, 정보보호 담당자, 직원 등에 의해 인지할 수 있으며, 인지 즉시 정보보호 담당자에게 신고한다.

(2) 정보보호 담당자는 정보보호 관리자에게 보고하며 장애 사고 발견 및 조치 대장을 작성한다.

(3) 정보보호 관리자 및 정보보호 담당자는 서비스와 업무에 미치는 영향의 정도에 따라 장애의 심각도 및 유형을 확인한다.

(4) 장애 발생 및 처리 결과는 다음에 따라 관리한다.

① 서면 보고 시 장애 보고서를 작성하여 보고한다. 장애 보고서에는 발생 일시, 사고명, 대상 장비, 장애 사고 분석, 장애 내용 및 조치 내역, 향후 대책 및 특이사항(복구에 필요한 지원 사항 등)이 포함되도록 한다. 필요 시 일부 변경할 수 있다.

② 정보보호 담당자는 신고받은 장애 사고 내용 및 조치 결과를 장애 사고 발견 및 조치 대장에 요약하여 기록/유지한다.

8) 매각 및 폐기

업무용으로 사용 중이던 정보시스템을 매각 또는 폐기하는 경우 다음의 사항을 준수한다.

(1) 정보보호 담당자는 정보시스템의 매각이나 폐기 시 정보보호 관리자 및 정보보호 최고책임자에게 승인을 얻고 해당 정보시스템의 저장 장치를 로우 레벨로 초기화한 후 분리한다. 유지보수 업체에게 매각 또는 폐기를 요청한다.

(2) 정보보호 담당자는 폐기 처리 결과에 대한 확인서를 유지보수 업체로부터 수령하여 정보보호 관리자 및 정보보호 최고책임자에게 보고한다. 정보 자산 목록에 해당 서버의 상태를 매각 또는 폐기로 변경하고 해당 일자를 기록, 관리한다.

제6조 서버 보안 관리

1) 서버 도입 시 보안성 검토

(1) 보안성이 취약한 서버의 구매로 인한 정보침해사고의 방지를 위해 서버 구매 시에는 사내 구매 절차와 더불어 보안성에 대한 검토가 이루어지도록 한다.

(2) 시스템 도입의 필요성은 용량, 성능 측면에서의 문제점과 도입 시의 호환성, 안

정성, 확장성 등을 모두 고려하여 도입한다.

(3) 시스템 담당자는 보안성 검토 시 다음의 사항을 점검하고 결과를 작성하여 정보보호 관리자에게 보고한다.

· 사용자 계정 중 불필요한 계정의 제거

· 비밀번호 변경 주기 및 암호 복잡성 등을 포함한 적절한 패스워드 정책의 설정

· 디폴트 파일 공유(C,D,D)의 제거

· TFTP 서비스, 'r' command, finger 서비스 등 불필요한 서비스의 제거

· 접속 시 표시되는 시스템 정보의 제거

· Anonymous FTP의 제한

· 취약한 RPC 서비스 제거 등

2) 소프트웨어의 구매

(1) 소프트웨어 구매 시 필요성이 인정되는 경우 소프트웨어 판매 업체로부터 소프트웨어의 무결성을 보증할 수 있는 문서를 받도록 한다.

(2) 이 문서에는 문서화되지 않은 기능이나 정보보호를 침해할 수 있는 숨겨진 기능이 없음을 명시하여, 향후 해당 소프트웨어로 인해 장애 및 정보보호 침해사고가 발생 시 책임성을 확보할 수 있도록 한다.

3) 하드웨어 및 소프트웨어의 설치·변경

(1) 설치 및 변경 시 다음 사항에 대해 주의를 하도록 한다.

· 정보보호 관리자는 시스템 담당자를 지정하여 설치 및 변경 시 책임성을 확보할 수 있도록 하여야 한다.

· 시스템 담당자는 설치 또는 변경되는 하드웨어 및 소프트웨어 정보를 "정보자산 목록"에 반영하여 유지, 관리하고, 보유장비 현황을 주기적으로 파악하여 정보보호 담당자 및 정보보호 관리자의 검토를 받는다.

· 서버의 설치 후 시스템 담당자는 비인가자가 콘솔 상에서 직접 서버에 로그인하지 못하도록 적절한 보안 대책을 적용하도록 한다.

· 시스템 담당자는 기존 운영체제의 정보보호 취약점이 보완되고, 향상된 정보보호 기능이 포함된 새로 운 버전의 운영체제가 출시되어 업그레이드의 필요성이 있을 경우 해당 운영체제에 대한 보안성 검토를 거치고, 정보보호 관리자의 승인을 얻은 후 업그레이드를 할 수 있다.

- 회사의 보안시스템을 우회하여 정보시스템으로 접근할 수 있는 원격 접속 소프트웨어를 임의로 설치해서는 아니 된다. 업무상 필요한 경우 반드시 정보보호 관리자의 보안성 검토를 받은 후 제한적으로사용되어야 한다.
- 서버에 설치된 상용 소프트웨어의 변경은 복사본에서 우선 실시하고 안정성이 입증된 후에 반영한다.

(2) 서버 변경에 따른 영향을 분석하고 문서화를 하여야 한다.

- 시스템 담당자는 서버 변경 시 발생할 수 있는 위험에 대응하기 위해 구성 변경 시 영향을 미칠 수 있는 사항을 작성하여 정보보호 관리자의 검토 및 승인을 받도록 한다.
- 시스템 담당자는 작업 완료 후 작업 결과 보고서를 작성하여 변경 전, 후의 변경 내용, 결과 등을 정보보호 관리자에게 보고하도록 한다.

4) 접근통제

(1) 정보보호 담당자는 서버에 대한 접근 통제 시 다음의 사항을 준수하도록 한다.

- 서버의 정보 중 특정 부서에서만 접근할 필요성이 있는 정보는 해당 부서에서만 접근 가능하도록 통제하고, 그 통제 수단으로 인증(예: ID/PW 등)을 적용한다.
- 정보보호 담당자는 사용자가 다른 사용자의 자료에 접근할 수 없도록 적절히 권한을 제한한다.
- 정보보호 담당자는 업무상 불필요한 경우 사용자가 서비스 중지 등을 일으킬 수 있는 시스템 명령어를 사용할 수 없도록 제한한다.
- 정보보호 담당자는 서버가 정상적으로 동작하지 않을 경우 정상적으로 동작될 때까지 사용자의 접근을 제한할 수 있다.
- 중요 시스템 및 특수한 시스템은 분리된 망으로 구성하며 분리된 망 내 시스템 접근을 가능하게 한다.
- 시스템별로 로그인 시 경고 문구를 삽입하여, 불법적인 접근을 예방할 수 있도록 한다.
- 서버 운영을 위하여 원격 접속하는 경우 안전한 접근 수단(예: SSH 등)을 이용하여야 한다.

(2) 정보보호 담당자는 사용자에게 권한 부여 및 변경, 삭제 시 다음의 사항을 준수한다.

- 서버 접근에 필요한 권한의 요청 및 변경, 삭제는 공식적인 문서를 통해 이루어져야 하고, 처리 결과는 향후 심사나 문제 발생 시의 자료로 사용할 수 있도록 보관하여야 한다.
- 사용자별 접근 가능한 정보를 기술한 접근 권한 관리 목록을 작성하여 유지, 관리한다.
- 사용자에게 부여된 권한은 일정 기간마다 정보보호 담당자 및 정보보호 관리자가 검토할 수 있도록 한다.
- 정보보호 담당자는 서버의 정상적인 운영을 방해하거나, 다른 사용자의 사용을 저해하는 등의 행위가 발견되거나 의심이 될 때, 정보보호 관리자와 협의를 거친 후 해당 사용자의 권한을 제한 또는 취소할 수 있다.
- 특정 수준의 정보에 대한 접근 권한을 부여받은 사용자는 해당 수준 또는 그 이하의 정보에만 접근 가능하도록 하여야 하며, 그 이상의 권한이 필요한 정보에 대해서는 접근을 제한한다.
- 정보보호 관리자는 정보보호 최고책임자와 협의하여 연 1회 정기 보안 취약성 진단을 수행하고, 취약성 진단 보고서는 1년 이상 보관하도록 한다.

(3) 정보보호 담당자는 사용자들의 적절한 권한 유지를 위해 해당 부서로부터 서버 사용자의 업무 분장의 변화나 휴직, 퇴직 등의 고용상의 변화에 따른 통보를 통해 확인하여 해당 사용자 ID, 접근 권한을 변경하거나 삭제하도록 하며, 해당 사실을 정보보호 관리자에게 보고한다.

5) 백신 설치 및 운영

(1) 시스템 담당자는 서버에서 바이러스를 진단, 치료할 수 있는 백신 프로그램을 설치하여 운영한다. 서버에 적합한 백신 프로그램이 없는 경우, PC에서 만들어진 파일은 바이러스 검사 후 서버에 저장한다.

(2) 시스템 담당자는 정상 업무 시간 종료 이후, 백신 프로그램을 이용하여 정기적인 검사를 실시하고 필요 시 비정기 검사를 실시한다.

(3) 바이러스 유입, 유출을 실시간으로 검사하는 기능을 사용하는 경우 부하를 고려한다. 단, 바이러스의 직접적인 공격 대상이 되는 서버는 실시간 검사 기능을 사용한다.

(4) 시스템 담당자는 정상 업무 이외의 시간을 이용하여 정기적인 업데이트(일 1회 이상)를 수행하며, 필요 시 긴급 업데이트를 수행한다.

(5) 시스템 담당자 및 사용자는 신종 바이러스 발견 시 해당 정보보호 담당자에게 보고 후 백신 전문 업체에 신고하여 신속하게 조치한다.

6) 보안패치 적용

(1) 시스템 담당자는 서버 공급업체의 보안 관련 패치나 권고안이 발생되는 것을 지속적으로 모니터링하며 사안에 따라 긴급한 대응이 필요한 경우 정보보호 담당자 및 정보보호 관리자의 승인을 얻은 후 보안 패치를 적용하고, 패치 적용에 대한 이력을 관리한다.

(2) 시스템 담당자는 보안 관련 패치를 적용하기 전에 반드시 중요 정보에 대한 백업을 수행하고 보안 패치를 적용한다.

(3) 보안 패치를 적용하기 어려운 경우에는 패치를 하지 않았을 경우에 따른 위험의 가능성, 추후 패치의 적용 일정 등을 포함하여, 정보보호 관리자에게 보고하고 승인받아야 한다.

7) 공개 서버 운영 관리

(1) 웹 서버에 SSL(Secure Socket Layer) 인증서 또는 암호화 응용프로그램 등을 설치하여 전송하는 정보를 암호화하여 송/수신할 수 있도록 한다.

(2) 웹 서버를 통해서는 필요한 최소한의 서비스만 제공한다.

(3) 제8조(개인정보 노출 모니터링)

(4) 개인정보 노출을 방지하기 위하여 웹 서버의 모니터링을 실시하여야 한다.

(5) 정기적으로 게시되는 자료에 대하여 모니터링 및 점검하여야 한다.

제7조 (네트워크 보안 관리)

1) 네트워크 장비 도입

네트워크 장비 도입 시에는 사내 구매 절차와 더불어 보안성에 대한 검토가 이루어지도록 한다. 또한 시스템 도입의 필요성은 용량, 성능 측면에서의 문제점과 도입 시의 호환성, 안정성, 확장성 등을 모두 고려하여 도입하여야 한다.

2) 네트워크 구성 및 변경

(1) 장비의 특성별 상황에 맞추어 구성 정보 변경과 구성 정보 조회를 할 수 있는 사용자를 구분하여 설정한다.

(2) 인가된 자만이 장비에 접속하여 구성을 변경해야 한다.

(3) 네트워크 변경 작업 중 네트워크 장비의 신설, 이전, 폐기 시에는 시스템 담당자가 작업 의뢰를 받아 관리하며 정보보호 관리자에게 반드시 보고한다.

(4) 장비의 불량으로 인한 교체 시 정보보호 관리자에게 통보되어야 하며, 장비 설정이 가능한 경우 장비에 설정된 내역을 모두 삭제한 후 교체해야 한다.

(5) 시스템 담당자는 네트워크의 주요 구성 변경 시 정보보호 담당자 및 정보보호 관리자에게 보안성 검토를 요청, 승인을 득한 후 변경을 수행한다.

3) IP 주소 관리

(1) 정보보호 담당자는 정보시스템에 IP 주소를 발급하고 그 현황을 관리하여야 한다.

(2) 정보보호 담당자는 사용 목적과 기간에 따라 IP 주소를 통제하여야 한다.

4) 네트워크 진단 및 관리 도구

(1) 네트워크 부하(load)를 모니터링하고 분석하여 최적의 상태를 유지하기 위해 네트워크 진단, 관리 도구를 사용할 수 있다.

(2) 네트워크 진단/관리 도구의 사용 시 진단 포트가 열려 보안에 취약성이 발생할 수 있으므로 진단 포트에 대한 불법적인 접속 여부에 대해 주기적인 점검을 실시한다.

(3) 네트워크 진단, 관리 도구들은 네트워크 담당자 및 정보보호 담당자에 의해서만 사용되고 일반 사용자들에게는 사용이 허가되지 않는다.

5) 네트워크 장비 접근

(1) 주요 네트워크 장비의 접근 시에는 사용자(user) 인증을 통해 접근하며, 접근 사용자는 정보보호 관리자의 승인을 통해서만 생성이 가능하다.

(2) 주요 네트워크 연결 시 IP 인증 외에 사용자 인증을 사용하도록 한다.

(3) 네트워크 장비로의 접근은 기본적으로 시스템 담당자가 위치하는 네트워크망에서만 접근이 가능하도록 설정하며, 불법적인 접근의 경우 로깅하여 보안 관리를 수행하도록 한다.

6) 무선 네트워크 연결

(1) 사내망에서의 무선 네트워크 사용을 원칙적으로 금지한다.

(2) 회사에서 무선 AP를 사용하게 되는 경우에는 정보보호 관리자의 승인을 얻어 사용하고 신뢰할 수 있는 암호화 방식을 사용해야 한다.

(3) 승인을 득한 후, 사용자 인증, AP의 암호키 설정 등의 대책을 적용하도록 한다.

7) 외부 접속 및 원격 운영 기준

(1) 외부 접속의 경우 인터넷 등 안전이 보장되지 않은 네트워크로부터 시스템 및 네트워크 자원의 관리를 위해 접속하는 것은 원칙적으로 금지하며, 필요 시 정보보호 관리자의 승인을 득한다.

(2) 외부와의 연결은 신뢰할 수 있는 대상(IP)으로 한정하며, 사용자 인증을 적용한다.

(3) 외부에서 네트워크를 통하여 시스템을 관리할 경우에는 사용자 인증, 암호 및 접근 통제 기능을 설정하여야 한다.

(4) 원격 접속 요구 시 관리 장비는 접속자 권한에 맞는 장비 및 권한을 부여하여야 한다.

(5) 정보보호 관리자는 원격 접속자를 극히 제한하며, 관리 및 관제하여야 한다.

(6) 원격 접속 시 암호화된 프로그램 또는 VPN을 적용하며, 공인인증서 등 추가적인 접근 통제를 실시할 수 있다.

제8조 (보안시스템 보안 관리)

1) 보안시스템 선정 시 보안성 검토

(1) 보안시스템 도입 시에는 사내 구매 절차와 더불어 보안성에 대한 검토가 이루어지도록 한다. 또한 시스템 도입의 필요성은 용량, 성능 측면에서의 문제점과 도입 시의 호환성, 안정성, 확장성 등을 모두 고려하여 도입하여야 한다.

(2) 시스템 담당자는 보안성 검토 시 다음의 사항을 점검하고 결과를 정보보호 담당자 및 정보보호 관리자에게 보고한다.

① 관리자 이외 별도의 계정 삭제 여부

② 불필요한 서비스 실행 여부

③ 관리자의 작업 로그 설정 여부

④ 책임 추적성을 부여할 수 있는 내용(일자, 시간, source/destination address 등)의 접속 시도에 대한 로그 설정 여부 등

2) 보안 시스템 운영

(1) 시스템 담당자는 침입 차단 및 침입 탐지 정책을 세팅하여, 관리 시 다음의 사항

을 고려한다.

· 정보보호 담당자는 정책에 의해 허가된 서비스에 대해서만 연결을 허용하며 구성 상황의 변동을 문서화한다.

· 각 부서에서 요청한 기타 서비스에 대해서는 정보보호 담당자로부터 위험성 평가를 받은 뒤 허용 여부를 결정한다.

· 정보보호 담당자는 허용 기간 등 운영에 필요한 사항들을 이용자에게 반드시 주지시킨다.

(2) 시스템 담당자는 정기 관제 보고서를 분석하여 특이한 사항이 있을 경우 정보보호 담당자 및 정보보호 관리자에게 보고한다.

3) 보안시스템 인증 및 접근 제어

(1) 모든 외부로부터의 접속은 보안시스템의 인증 절차를 거쳐 인가자만이 사용 가능하게 한다.

(2) 보안시스템에는 관리자 계정 외의 별도의 계정을 두지 않는다.

(3) 보안시스템에는 일체의 컴파일러(compiler)가 없도록 한다.

(4) 보안시스템 접근은 규정된 콘솔 또는 경로를 통해서만 가능하게 한다.

(5) 보안시스템을 거치지 않고 외부 네트워크로 나가는 것을 허용하지 않는다.

(6) 보안시스템에는 서비스 응용 프로토콜, 프록시(Proxy) 서버, OS 이외의 어떤 소프트웨어도 설치하지 않으며 불필요한 포트는 모두 차단한다.

4) 보안시스템 규칙의 업그레이드

정보보호 담당자는 효과적인 보안시스템 운영을 위해 항상 최신의 규칙 DB를 유지하고 상시 업그레이드를 수행한다.

5) 침입 차단 시스템 보안 정책 등록, 변경 절차

(1) 침입 차단 시스템 보안 정책 등록 외부에서 침입 차단 시스템을 경유하여 내부의 자원에 접근하는 보안 정책의 변경이 요구되는 경우 다음 절차를 거쳐야 한다.

· 시스템 담당자는 접근 규칙 신청을 문서화하고 정보보호 관리자의 승인을 득한 후 보안 정책의 설정을 실행한다.

· 변경된 접근 규칙을 문서화하여 관리하며, 정보보호 담당자 및 정보보호 관리자는 정기적으로 점검하여 검토한다.

(2) 침입 차단 시스템 보안 정책 변경 서비스 내용 변경으로 인해 보안 정책을 변경

할 경우 문서화하고 정보보호 관리자의 승인을 득한 후 보안 정책 설정을 실행한다.

(3) 침입 차단 시스템 보안 정책 폐지 시스템 담당자는 침입 차단 시스템 접근 규칙 신청 시 지정된 기한이 지나면 자동적으로 보안 정책을 삭제하도록 설정할 수 있다.

제9조 (응용프로그램 보안 관리)

1) 응용프로그램의 접근 권한은 업무 목적에 따라 최소화하며, 권한 부여가 가능하도록 메뉴 기능을 제공하여야 한다.

2) 중요 정보 접근은 권한에 따라 통제하며, 법적 요구 사항에 따라 중요 정보의 노출(조회, 출력 등)을 최소화한다.

제10조 (데이터베이스 보안 관리)

1) 데이터베이스(DB) 인증 및 접근 제어

데이터베이스 관리자(DBA)는 계정 및 비밀번호 관리에 대한 책임과 권한을 갖는다.

2) 접근 수준 및 권한 부여

(1) 사용자가 DB 파일에 접근할 수 있는 수준은 최소한의 접근 권한만 부여하는 원칙에 따라, DB 관리자가 접근 정책을 결정해야 한다.

(2) DB 관리자는 사용자의 시스템 자원 사용 수준을 결정해야 한다.

(3) DB 관리자는 테이블에 입력, 수정, 삭제 등 행위별 권한, 필드 접근 권한 등의 객체 권한을 조정해야 한다.

(4) 시스템 권한은 DB 관리자에게만 부여한다.

(5) 업무 담당자에 의한 중요 자료 변경은 필요 시 DB 관리자 허가를 통하여 처리할 수 있다.

3) 암호화

(1) DB 내 개인 정보 등 주요 정보는 암호화하여 저장함을 원칙으로 하며, 패스워드는 일방향 암호화 방식을 이용하여 복제화되지 않도록 해야 한다.

(2) 필요 시 DB 암호화 강화를 위해 별도 보안 솔루션(DB 암호화 툴 등)을 이용하거나 API 방식의 DB 암호화를 적용할 수 있다.

	정보보호 경영시스템 절차서	등록번호	제정일자	개정일자	개정차수	Page
	모니터링, 측정, 분석 및 평가	EIP-0910	20XX.XX.XX	–	–	1/2

제1조 (적용범위)

본 절차서는 이큐인증원(주)(이하 "조직"이라 한다)의 정보보호 경영시스템(이하 "경영시스템"이라 한다) 관련하여 정보보호 성과에 대한 모니터링, 측정, 분석 및 평가의 대상, 방법, 수행 시기 등에 적용한다.

제2조 (목적)

본 절차서는 조직의 모니터링, 측정, 분석 및 평가를 통하여 정보보호에 대한 성과 및 준수를 확인하는 것을 목적으로 한다.

제3조 (모니터링, 측정, 분석 및 평가 절차)

모니터링, 측정, 분석 및 평가 후 결과를 문서화된 정보로 보유하여야 하며, 보고서에는 다음 사항이 기록되어야 한다.
  1) 모니터링, 측정, 분석 및 평가의 대상(다음 사항을 포함한다)
   (1) 조직의 정보보호 경영시스템 목표 달성에 대한 진행 상황
   (2) 운용 관리 및 기타 관리의 효과성
  2) 유효한 결과를 보장하기 위한 모니터링, 측정, 분석 및 평가 방법
  3) 모니터링, 측정, 분석 및 평가 수행 시기
  4) 모니터링, 측정, 분석 및 평가 결과에 대한 분석 및 평가 시기
  5) 조직의 경영시스템 성과 평가 기준 및 적절한 지표
  6) 모니터링 및 측정 결과의 분석, 평가, 의사소통 필요 시기

제4조 (분석 및 평가)

  1) 조직은 모니터링, 측정, 분석 및 평가에서 얻은 데이터와 정보를 분석하고 평가하여야 한다. 분석 결과는 다음 사항을 평가하는 데 사용되어야 한다.
   (1) 경영시스템의 성과 및 효과성
   (2) 기획의 효과적인 실행 여부
   (3) 리스크와 기회를 다루기 위해 취해진 조치의 효과성

  (4) 경영시스템의 개선 필요성

2) 자료 분석 결과 산출된 데이터는 적절한 방법을 사용하여 분석하고 도식화하여야 한다.

3) 정보보호 최고책임자는 산출된 데이터에서 문제점을 파악하고 해결 방안을 제시한다.

4) 데이터 분석 보고서는 각 부서장에게 배포되어야 한다.

5) 정보보호 최고책임자는 분기별 및 연도별 데이터 분석을 시행하도록 하며, 분석 결과는 경영 검토 시 반영되어야 한다.

제5조 (기록)

NO	서식명	서식번호	보존연한	보관부서
1	년간 성과지표 관리	(자체서식)		

제1조 (목적)

본 절차서는 조직의 경영시스템 관련하여 행하여지는 조직의 방침 및 목표를 만족하는가를 검증하고 경영시스템의 유효성을 판단하며 이를 개선하는 데 그 목적이 있다.

제2조 (적용 범위)

본 절차서는 이큐인증원(주)(이하 "조직"이라 한다)의 정보보호 경영시스템(이하 "경영시스템"이라 한다) 이행 여부를 보증하기 위하여 정보보호 경영시스템에 대한 내부 심사의 계획, 실행, 결과 보고 및 사후 관리에 대하여 적용한다.

제3조 (책임과 권한)

1) 최고경영자
  (1) 연간 내부 심사 일정 검토 및 승인
  (2) 내부 심사 결과의 검토 및 승인
2) 정보보호 최고책임자
  (1) 내부 심사의 심사 계획을 수립하고 통보한다.
  (2) 심사 보고서 등의 관련 기록을 보관하고 보존한다.
  (3) 심사 결과 보고서를 작성하고 보고한다.
  (4) 심사 지적 사항에 대한 시정 조치를 주관한다.
3) 내부 심사원
  (1) 내부 심사 체크리스트를 작성한다.
  (2) 해당 부서에 대한 심사를 수행한다.
  (3) 심사 지적 사항에 대한 심사 부적합 보고서를 작성한다.
4) 수감 부서장
  (1) 심사원이 요구하는 장소 및 자료를 제공한다.
  (2) 심사 목적, 범위에 대한 부서원의 교육을 실시한다.
  (3) 심사 지적 사항을 확인한다.
  (4) 심사 지적 사항에 대한 시정 조치를 수행하고 결과를 통보한다.

제4조 (업무 절차)

1) 심사 구분

　(1) 정기 심사 부서별 심사 대상 분야에 따라 매년 1회 이상 실시함을 원칙으로 하며, 연간 계획, 내부 심사 계획서를 작성하여 최고경영자의 승인을 얻는다. 다만, 부득이한 사정으로 심사 일정을 조정할 필요가 있을 경우에는 심사 계획일로부터 1개월을 초과하지 않는 범위 내에서 조정할 수 있다.

　(2) 특별 심사 경영시스템 중 사전에 심사 승인되지 않은 중대한 결함 등이 있어 정보보호 최고책임자의 요청이 있을 경우 및 최고경영자가 필요하다고 인정할 경우 실시한다.

2) 심사 준비

　(1) 심사의 준비, 심사팀 구성, 해당 부서에 심사 계획 통보는 정보보호 최고책임자의 책임하에 실시한다.

　(2) 정보보호 최고책임자는 내부 심사팀을 자격을 갖춘 자로 구성하여 내부 심사 계획서를 작성하고 최고경영자의 결재를 득한다.

　(3) 심사원 선정 시에는 피 심사 부서의 업무와 무관한 인원으로 선정한다.

3) 자격 인정 요건

　(1) 최고경영자는 심사원이 서면 및 구두로써 의사를 효과적으로 전달할 수 있는지 등의 의사 전달 기술 보유 유무를 파악하여 심사를 원만히 수행할 수 있는 내부 심사원을 선임한다.

　(2) 심사원에 대한 자격 적격성을 보장하기 위해 심사원을 평가하여 선임하며, 최소한 다음 사항 중 1가지 이상을 만족하여야 한다.

　　· 관련 업무 내부 심사원 전문 교육을 수강한 자이다.

　　· 국가 기술 자격증 소지자이다.

　　· 내부 심사원 자격 평가를 통과한 자이다.

　(3) 정보보호 최고책임자는 심사원으로서 갖추어야 할 요건에 대하여 필요성을 파악하고 심사원에게 다음 분야의 교육 훈련을 시킬 수 있다.

　　· 해당 표준, 관련 규격, 관련 법규 및 기타 규제 사항에 대한 지식과 이해

　　· 경영시스템의 일반적인 구성 및 해당 요소

　　· 조사, 질문, 평가, 보고하는 심사 기술, 시정 조치 항목을 식별하고 확인하며 심

사 중 지적 사항을 마무리 짓는 방법

· 심사 프로그램의 해당 요소 등에 관한 실습 및 참관

(4) 심사원에 대한 자격 유효 기간은 3년으로 하며 자격 연장을 위하여 필요시 최고 경영자는 교육 및 훈련을 실시할 수 있고 최고경영자가 심사원으로서 결격 사유가 있다고 판단하면 심사원에서 배제할 수 있다.

(5) 심사원은 내부 심사 또는 인증 기관 사후 심사에 참여한 자를 우선으로 하며 자체적으로 교육 실시 후 내부 심사를 하게 할 수 있다.

(6) 심사원은 피 심사 조직이나 업무에 독립적인 조직에 속해 있는 사람이어야 한다.

(7) 심사팀장은 자격이 인정된 심사원 중에서 선정하여야 하며 정보보호 최고책임자가 선정하고 최고경영자가 승인한다.

4) 심사 체크리스트 활용

정보보호 최고책임자는 정보보호 경영시스템에 관한 내부 심사 체크리스트를 작성하여 필요한 범위 내에서 심사한다.

5) 심사 실시

(1) 심사는 심사 계획에 의거 준비된 체크리스트에 따라 심사를 진행한다. 부적합 사항에 대해서는 부적합 사항별로 내부 심사 체크리스트 및 내부 심사 관찰 보고서에 발의한다.

(2) 심사 결과는 문서화하여 피 심사 부서의 부서장에게 전달하여 확인하도록 한다.

6) 심사 결과의 처리

(1) 정보보호 최고책임자는 심사 대상 부서별 심사 부적합 사항을 종합한 심사 결과 보고서를 작성하여 최고경영자의 승인을 득한다.

(2) 내부 심사원은 내부 심사 관찰 보고서를 해당 부서장에게 통보하여 시정 조치를 요구한다. 시정 조치 요구를 받은 부서장은 7일 이내에 조치 계획을 수립하여 관리 책임자에게 제출한다.

7) 시정 조치의 확인

(1) 정보보호 최고책임자는 시정 조치 계획을 확인하고 심사 보고서 확인 결과란에 서명하며 미흡 시에는 심사 부적합 보고서를 재발행한다.

(2) 정보보호 최고책임자는 내부 심사 시 발행된 심사 부적합 보고서에 의거 시정

조치 완료일로부터 7일 이내에 확인하여야 한다.

8) 후속 심사

(1) 정보보호 최고책임자는 1개월 이내에 전회 내부 심사에서 발행된 심사 보고서에 대해 시정 조치가 계획에 의거 시행되었는지 확인하여야 한다.

(2) 심사원은 실시 여부를 확인 후 심사 부적합 보고서의 후속 심사 결과란에 서명하여야 한다.

(3) 정보보호 최고책임자는 심사 결과를 취합, 정리하여 경영 검토 자료로 제출하고 활용하도록 한다.

제5조 (기록 및 관리)

NO	서식명	서식번호	보존연한	보관부서
1	내부심사 계획서	EIP-0920-01		
2	내부심사 실시 계획 통보서	EIP-0920-02		
3	내부심사 체크리스트	EIP-0920-03		
4	내부심사 결과보고서	EIP-0920-04		

제1조 (목적)

본 절차서는 이큐인증원(주)(이하 "조직"이라 한다)의 정보보호 경영시스템(이하 "경영시스템"이라 한다) 관련하여 경영검토 업무의 책임과 절차를 명확히 함으로써 정보보호 경영시스템의 실행 결과가 요구사항 및 경영시스템 방침에 만족하며 효율적으로 유지·관리되고 있음을 보장하고 지속적인 개선을 유지하는 데 그 목적이 있다.

제2조 (적용범위)

본 절차서는 경영시스템의 경영검토에 대한 절차 및 책임 사항에 대하여 적용한다.

제3조 (용어의 정의)

1) 경영검토회의

경영시스템의 운영 상황, 내부심사에서 제기된 문제, 시정 및 예방조치의 효과 등을 검토하고 경영시스템 중 방침, 문서의 적합성 및 효율성을 검토하기 위한 회의를 말한다.

제4조 (책임과 권한)

1) 최고경영자
  (1) 경영검토 회의 의결 사항 및 실행 결과에 대하여 승인한다.
  (2) 시정 조치에 대한 최종 승인을 한다.
2) 정보보호 최고책임자
  (1) 경영검토 자료를 사전에 취합하여 최고경영자에게 보고한다.
  (2) 회의록 작성 및 보관 책임이 있다.
  (3) 경영검토 회의의 개최를 통보하고 회의 자료를 준비할 책임이 있다.
  (4) 경영검토 회의의 결정 사항에 대한 확인 및 조치 결과를 최고경영자에게 보고할 책임이 있다.
  (5) 경영검토 회의의 간사 역할을 담당한다.
3) 각 부서장

(1) 안건에 대한 검토 및 대책 사항을 준비할 책임이 있다.

(2) 경영검토 회의에서 토의 및 결정한 사항에 대하여 실행할 책임이 있다.

(3) 안건을 회의에 회부할 것을 요구할 권한을 갖는다.

제5조 (업무 절차)

1) 경영검토 회의 구성

(1) 의장 : 최고경영자

(2) 간사 : 정보보호 최고책임자

(3) 위원 : 각 부서장 또는 의장이 지명한 자

2) 경영검토 입력 사항

(1) 이전 경영검토에 따른 조치의 상태

(2) 정보보호 경영시스템과 연관된 외부 및 내부적인 이슈 변화

(3) 정보보호 경영시스템과 연관된 이해관계자의 요구와 기대의 변화

(4) 다음과 같은 추세를 포함한 정보보호 성과에 대한 피드백

· 부적합 및 시정 조치

· 모니터링 및 측정 결과

· 내부 심사 결과

· 정보보호 목표의 충족

(5) 이해관계자로부터의 피드백

(6) 위험 평가의 결과와 위험 처리 계획의 상태

(7) 지속적인 개선 기회

3) 경영검토 출력 사항

경영검토 입력 항목을 바탕으로 경영검토 출력 시에는 아래 사항과 관련된 모든 결정 사항 및 조치를 포함하여 출력한다.

(1) 지속적 개선 기회와 관련된 결정

(2) 경영시스템 변경에 대한 모든 필요성

(3) 자원의 필요성에 관한 사항

(4) 경영시스템의 지속적인 적절성, 충족성 그리고 효과성에 대한 결론

(5) 목표를 달성하지 못했을 때 필요한 경우의 조치

(6) 조직의 전략적인 방향에 대한 모든 인식

(7) 필요한 자원

4) 경영검토 자료 집계

(1) 경영검토를 위한 자료를 정보보호 최고책임자가 집계하여 정리한다.

(2) 자료는 경영 검토 입력사항 항목을 기준으로 집계하며, 필요 시 현황을 그대로 첨부할 수 있다.

(3) 정보보호 최고책임자는 경영검토 자료를 각 부서장으로부터 이관받아 경영검토 서를 작성한다.

5) 경영검토 실시

(1) 경영검토는 최고경영자가 직접 주관하거나 보고를 받을 수 있다.

(2) 경영검토 시 검토 내용을 경영검토서에 기록한다.

(3) 경영검토 실시는 경영검토 회의로 운영한다.

6) 경영검토 결과의 처리

(1) 각 부서장은 경영검토 시 지시 사항이나 문제점에 대해 시정 조치 계획을 수립 하여 정보보호 최고책임자에게 보고하고, 정보보호 최고책임자는 집계 검토 후 최고경영자에게 보고한다.

(2) 계획에 따른 시정 조치를 완료하고 정보보호 최고책임자가 집계하여 시정 조치 내용의 유효성을 검토한다.

(3) 정보보호 최고책임자는 경영검토에 대한 시정 조치 결과를 최고경영자에게 승 인을 득한다.

(4) 보고 시 유효성 검증이 미흡할 경우 차기 검토 시 반영되도록 조치한다.

제6조 (경영검토 방법 및 주기)

1) 정기 검토

매년 12월에 1회 실시한다.

2) 수시(특별) 검토

내·외부 환경 변화로 시스템의 급격한 변화가 우려될 경우 또는 중대 클레임이 발생하였을 경우 수시로 실시할 수 있다.

제7조 (기록 및 관리)

NO	서식명	서식번호	보존연한	보관부서
1	경영검토 보고서	EIP-0930-01		

제1조 (적용 범위)

본 절차서는 이큐인증원(주)(이하 "조직"이라 한다)의 정보보호 경영시스템(이하 "경영시스템"이라 한다)과 관련하여 경영시스템의 성과 및 효과성 개선에 대한 절차를 규정한다.

제2조 (목적)

본 절차서는 개선 기회를 결정하고 선택하여야 하며, 정보보호 요구사항을 충족시키고 증진시키기 위하여 필요한 모든 조치를 실행하는 데 목적이 있다.

제3조 (용어와 정의)

1) 결함 : 의도된 사용, 요구사항 또는 합리적 기대에 충족되지 않음을 말한다.
2) 시정조치 : 현존하는 부적합, 결함 또는 그 밖의 바람직하지 않은 상황의 재발 방지를 위하여 원인을 제거하는 데 취해진 조치를 말한다.
3) 예방조치 : 잠재적인 부적합, 결함 또는 그 밖의 바람직하지 않은 상황의 발생 방지를 위하여 원인을 제거하는 데 취해진 조치를 말한다.

제4조 (책임과 권한)

1) 최고경영자
 (1) 시정 및 예방조치 요구서를 승인한다.
 (2) 시정 또는 예방조치 결과를 확인하고 발행된 시정 및 예방조치 요구서의 종결을 승인한다.
2) 정보보호 최고책임자
 (1) 시정조치 및 예방조치 활동을 확인하고 검토할 책임이 있다.
 (2) 중대 결함 발생 시 최고경영자에게 보고한다.
3) 각 부서장
 (1) 발행된 시정 및 예방조치 요구서에 대하여 정상적인 해결 방법을 제공한다.
 (2) 재발 방지를 위한 대책 수립 후 최고경영자에게 보고한다.

제5조 (개선)

조직은 개선 기회를 결정하고 선택하여야 하며, 정보보호 요구사항을 충족시키고 증진시키기 위하여 필요한 모든 조치를 실행하여야 한다. 개선 조치는 다음 사항을 포함한다.

1) 요구사항 충족에 대한 조치를 실행한다.

2) 시정, 예방 또는 바람직하지 않은 영향의 감소에 대한 조치를 실행한다.

3) 경영시스템의 성과 및 효과성 개선에 대한 조치를 실행한다.

제6조 (부적합사항 및 시정조치)

1) 부적합사항의 대처 : 불만족에서 야기된 모든 것을 포함하여 부적합이 발생하였을 때, 다음의 사항을 실행하여야 한다.

(1) 부적합에 대처하여야 하며 해당되는 경우 다음의 사항을 포함한다.

· 부적합을 관리하고 시정하기 위한 조치를 취한다.

· 결과를 처리한다(환경 악영향의 완화 포함).

(2) 부적합이 재발하거나 다른 곳에서 발생하지 않게 하기 위해서, 부적합의 원인을 제거하기 위한 조치의 필요성을 다음 사항에 의하여 평가하여야 한다.

· 부적합을 검토하고 분석한다.

· 부적합 원인을 결정한다.

· 유사한 부적합의 존재 여부 또는 잠재적인 발생 여부를 결정한다.

(3) 취해진 모든 시정조치의 효과성을 검토한다.

(4) 필요한 경우 경영시스템을 변경한다.

2) 시정조치 통보서의 발행 : 정보보호 최고책임자는 다음과 같은 경우에 시정조치 통보서를 발행한다.

(1) 경영검토 결과 시스템의 개선을 요하는 최고경영자의 지시사항

(2) 내부 심사 및 인증기관 심사 시 발생한 부적합사항

(3) 경영시스템의 이행 사항에 대한 불이행

3) 대책 수립 및 이행 : 통보서를 접수한 부서장은 발행 내용을 검토하여 대책을 수립하고 최고경영자의 승인을 받은 후 정보보호 최고책임자에게 보고한다.

4) 결과 분석 및 보고

　(1) 시정조치 및 예방조치 사항은 부정적인 영향을 완화하는 것을 포함하여 취해진 모든 시정조치의 효과성을 검토 및 분석한 후 취합하여 경영검토 자료로 보고한다.

　(2) 시정조치 통보서에 작성된 후속 조치 및 시정조치의 결과는 문서화된 정보를 보유하여야 한다.

　(3) 시정조치 후 필요한 경우, 검토를 통하여 갱신하여야 한다.

　(4) 필요한 경우, 경영시스템을 변경한다.

5) 부적합의 재발 방지 : 부적합의 원인을 제거하기 위한 조치의 필요성을 다음 사항에 의하여 평가하여야 한다.

　(1) 부적합을 검토하고 분석한다.

　(2) 부적합 원인을 결정한다.

　(3) 유사한 부적합의 존재 여부 또는 잠재적인 발생 여부를 결정한다.

제7조 지속적 개선

담당자는 다음 사항에 따라 경영시스템의 적절성, 충족성 및 효과성을 지속적으로 개선하여야 한다.

1) 분석 및 평가의 결과

2) 내부 심사 결과

3) 경영검토 출력 사항

4) 경영시스템의 성과 향상

5) 경영시스템을 지원하는 문화 촉진

제8조 기록

NO	서식명	서식번호	보존연한	보관부서
1	부적합 및 시정조치 요구서	EIP-1010-01		
2	시정조치 관리대장	EIP-1010-02		
3	정보보호 투자 계획서	(자체서식)		

3. ISO 정보보호 경영시스템 지침

	지침	등록번호	제정일자	개정일자	개정차수	Page
	정보자산관리 및 위험성평가	EIG-0611	20XX.XX.XX	–	–	1/13

1. 적용 범위

본 지침은 이큐인증원(주)(이하 "조직"이라 한다)의 정보보호 경영시스템(이하 "경영시스템"이라 한다) 관련 정보자산, 데이터 · 문서자산(전자문서 포함), 시설자산 등 모든 정보 자산에 적용한다.

2. 목적

본 지침은 정보자산에 대한 훼손, 변조, 도난, 유출 등 다양한 형태의 위험을 관리하기 위한 기준을 정립하는데 목적이 있다.

3. 용어와 정의

1) 정보자산 : 조직이 사업을 수행하기 위해 꼭 필요한 정보는 물론 그 정보를 만들거나 보관, 전송하는 장치 또는 시설물, 기록문서, 인쇄물, 도면, 전산시스템 등 모든 유 · 무형의 물질을 말한다.

2) 중요정보 : 유출 시, 경영상 손실을 초래하거나 조직과 임직원에게 심각한 영향을 미칠 수 있는 개인정보 또는 영업비밀 등의 정보를 말한다.

3) 정보시스템 : PC, 서버, 네트워크장비, 응용프로그램, 보조기억매체 등 정보의 수집 · 가공 · 저장 · 검색 · 송수신에 필요한 하드웨어 및 소프트웨어를 말한다.

4) 기밀성 : 정보자산이 인가된 자에 의해서만 접근하는 것을 보장하는 것을 말한다.

5) 무결성 : 정보자산이 파괴, 변조 되지 않으면서 정확하고 완전하게 유지되는 것을 말한다.

6) 가용성 : 정보자산이 인가된 사용자가 필요할 때 접근 및 사용이 가능해야 하는 것을 말한다.

7) 위협 : 자산에 손실을 초래할 수 있는 원치 않는 사건의 잠재적 원인을 말한다.

8) 취약성 : 자산의 잠재적 속성으로서 위협의 이용 대상이 되는 것을 말한다.

4. 역할 및 책임

주체	책임 사항
정보보호 최고책임자	정보자산의 보호에 대한 총괄 책임을 진다. 위험 관리 계획 보고를 수신하고, 위험 수용 수준을 결정하며, 보호 대책을 승인하여야 한다. 조직 내 중요 정보자산을 취급하는 주요 직무자를 지정하고 주기적으로 현황을 관리하여야 한다.
정보보호 관리자	정보보호 최고책임자를 보좌하여 정보자산 보호 업무를 주관한다. 정보자산의 효율적인 관리를 위하여 필요한 경우 별도의 정보자산 분류 기준을 수립하여 분류를 실시할 수 있다. 연 1회 전사 정보자산을 조사하여 관리대장을 작성(또는 변경)하고, 연 1회 정보자산 위험 관리 계획을 수립하여 정보보호 최고책임자에게 보고하여야 한다. 정보시스템 자산 도입 시 보안성 검토 요청에 응하여야 한다.
각 부서장	해당 부서 정보자산 보호 업무를 관리한다. 정보자산의 도입 · 변경 · 폐기를 승인하여야 한다. 정보자산 관리대장의 작성(또는 변경) 요청을 수행하여야 한다. 정보자산 현황 차이 통지를 수신하고, 정보자산의 도입 · 변경에 따른 보호 대책을 수립 · 운영하여야 한다.
정보자산 담당자	정보자산을 도입 · 변경하는 경우 각 부서장으로부터 관리 권한을 위임받아 정보자산 관리대장에 내역을 기록하고 이를 정보보호 관리자에게 보고하여야 한다. 정보시스템 자산을 도입하는 경우 정보보호 관리자에게 보안성 검토를 요청하고 결과에 따라 적절한 조치를 취하여야 한다. 정보자산을 폐기하는 경우 폐기 과정을 감독하고 내역을 관리대장에 기록하여 정보보호 관리자에게 보고하여야 한다. 정보시스템 자산 재사용 시 저장 자료의 복구가 불가능한 방법으로 삭제하고 삭제 여부를 확인하여야 한다.
정보자산 사용자	정보자산에 접근 권한을 부여받아 사용하는 전 임직원 및 협력직원(이하 "사용자")은 해당 정보자산을 사용함과 동시에 보호할 책임을 진다. 허가된 목적 이외로 정보자산을 사용해서는 아니 된다. 정보자산에 대한 보안 사고가 의심되는 경우 지체 없이 정보보호 관리자에게 신고하여야 한다.

5. 정보자산 관리 절차

5.1 정보자산의 분류 및 보안등급

1) 정보자산 분류 : 정보자산은 다음 각 호와 같이 분류한다.

  (1) 데이터 · 문서자산

  (2) 정보시스템 자산

  (3) 시설자산

  (4) 정보보호 관리자는 정보자산의 효율적인 관리를 위하여 필요한 경우 별도의 정보자산 분류 기준을 수립하여 그에 따른 분류를 실시할 수 있다.

2) 데이터 · 문서자산의 중요도 및 보안등급

(1) 데이터 · 문서자산(전자문서 포함)에 포함된 정보의 가치와 사업에의 영향도를 고려하여 중요도를 결정하고, 그에 따른 보안등급을 지정한다.

(2) 영업비밀 또는 개인정보가 포함된 데이터 · 문서자산은 대외비(Confidential) 이상의 보안등급을 지정하여야 한다.

(3) 데이터 · 문서자산의 보안등급을 가시적으로 표시하여야 하며, 대외비 이상의 문서에는 반드시 보안등급을 표시하여야 한다.

(4) 보안등급을 표시하기 위하여 운영하는 워터마킹 시스템을 업무상의 이유로 해제할 경우에는 소속 부서장과 정보보호 최고책임자의 승인을 얻어야 한다.

3) 정보시스템 자산의 중요도 및 보안등급

(1) 정보시스템 자산의 기밀성 · 무결성 · 가용성에 따라 중요도를 결정하고, 그에 따른 보안등급을 부여한다.

(2) 서버, 네트워크 장비, PC 등 하드웨어 자산에 대하여는 보안등급표를 육안으로 식별이 가능한 위치에 부착하여야 하며, 보안등급표에는 보안등급, 관리자, 사용자 등이 포함되어야 한다.

(3) 정보시스템 자산의 교체, 관리자 · 사용자의 변경 등의 사유가 발생한 경우에는 즉시 변경 내용을 보안 등급표에 반영하여야 한다.

(4) 각 부서장은 정보자산의 효율적인 관리를 위하여 필요한 경우 별도의 보안등급표를 작성하여 부착할 수 있다.

5.2 정보자산의 변경 관리 등

1) 정보자산의 도입 및 변경

(1) 정보자산을 도입 · 변경하는 경우에는 각 부서장의 승인을 얻어야 하며, 각 부서장은 해당 정보자산의 정보자산 담당자를 지정하여 관리 권한을 위임할 수 있다.

(2) 정보자산 담당자는 도입 · 변경 내역을 정보자산 관리대장에 기록하고 이를 정보보호 관리자에게 보고하여야 한다.

(3) 정보자산 담당자는 정보시스템 자산을 도입하는 경우 정보보호 관리자에게 보안성 검토를 요청하여야 하며, 그 결과에 따라 적절한 조치를 취하여야 한다.

(4) 정보시스템 자산의 도입 · 변경에 따라 다른 정보시스템 자산에 대한 영향이 예상되는 경우에는 해당 정보자산 담당자에게 그 내역을 상호 공지하여야 한다.

(5) 각 부서장은 정보자산의 도입·변경에 따른 보호 대책을 수립·운영하여야 한다.

2) 정보자산의 폐기

(1) 정보자산을 폐기하는 경우에는 각 부서장의 승인을 얻어야 하며, 정보자산 담당자는 폐기 과정을 감독하여야 한다.

(2) 정보자산 담당자는 폐기 내역을 정보자산 관리대장에 기록하고 이를 정보보호 관리자에게 보고하여야 한다.

(3) 정보시스템 자산을 폐기하는 경우에는 수록된 정보가 유출되지 않도록 물리적 파괴, 완전 삭제 등의 조치를 취하여야 한다.

(4) 정보시스템 자산(특히 저장매체)을 재사용하는 경우에는 저장 자료의 복구가 불가능한 방법으로 저장 자료를 삭제하여야 하며, 정보자산 담당자는 저장 자료의 삭제 여부를 확인하여야 한다.

(5) 외부 업체를 통해 저장매체를 폐기할 경우 폐기 절차를 계약서에 명시하여야 하며, 정보자산 담당자는 완전한 폐기 여부를 확인하여야 한다.

5.3 정보자산 현황 조사

1) 정보보호 관리자는 연 1회 전사 정보자산을 조사하여 정보자산 관리대장을 작성(또는 변경)하여야 한다. 이 경우 정보보호 최고책임자는 각 부서장에게 정보자산 관리대장의 작성(또는 변경)을 요청할 수 있다.

2) 정보자산 관리대장에는 정보자산의 일련번호, 자산명, 관리자(또는 담당자) 등이 포함되도록 작성하여야 한다.

3) 조사 결과 정보자산의 실제 현황과 기록에 차이가 있는 경우에는 이를 정정하고, 해당 내역을 각 부서장에게 통지하여야 한다.

6. 정보자산 위험 관리 절차

6.1 정보자산 위험 관리

1) 정보보호 관리자는 연 1회 정보자산 위험 관리 계획을 수립하여 정보보호 최고책임자에게 보고하여야 한다.

2) 위험 관리 계획은 연간 정보보호 계획에 포함하여 수립할 수 있으며 이 경우에는 별도의 보고를 생략할 수 있다.

3) 위험 관리 계획은 대상, 기간, 방법, 인력, 예산 등이 포함되도록 수립하여야 하며, 관리적, 기술적, 물리적 분야의 위험에 대한 관리 방안을 포함하여야 한다.

6.2 정보자산 취약점 진단 및 위험 분석

1) 정보보호 최고책임자는 연 1회 주요 정보자산의 관리적, 물리적, 기술적 취약점 진단을 실시하여야 한다.

2) 취약점 진단을 실시하는 경우에는 진단 계획을 수립하여 진단 대상자 또는 대상 자산의 관리자에게 통지하여야 한다.

3) 취약점 진단 기준은 공인 기관에 의하여 신뢰성이 확보된 기준을 사용하여야 한다. 단, 정보자산의 특성에 따라 자체적으로 수정하여 사용할 수 있다.

4) 관리적 · 물리적 취약점 진단은 현장 실사, 문서 검토, 인터뷰 등을 통하여 실시하되 객관적으로 진단하여야 한다.

5) 기술적 취약점 진단은 해당 정보시스템에 자동화 도구를 사용하여 진단할 수 있으며, 진단 후에는 진단 용도로 시스템에 설치된 파일을 즉시 제거하여야 한다.

6) 진단 결과 발견된 취약점에 대하여 위협을 식별한다. 이 경우 즉시 조치가 가능하여 조치를 완료한 경우에는 위험 평가 대상에서 제외할 수 있다.

7) 식별된 위협은 발생 가능성과 발생 시 영향도를 고려하여 평가한다. 위협 평가 기준은 각 정보자산의 특성을 고려하여 수정 적용할 수 있다.

6.3 위험도 및 위험 수용 수준 산정

1) 정보자산의 중요도, 취약 정도, 위협 정도를 기반으로 정보자산의 위험도를 평가한다.

2) 위험도는 각 정보자산의 중요도 산정 시 결정된 기밀성, 무결성, 가용성의 관점에서 산출한다.

3) 위험도가 지나치게 낮아 별도의 조치가 필요하지 않는 수준(위험 수용 수준, DOA-Degree Of Assurance)을 결정하고 정보보호 최고책임자의 승인을 얻어야 한다. 단, 법규 준수 등의 이유로 위험 수용 수준을 정하지 않는 경우에는 예외로

한다.

6.4 보호 대책의 수립 및 이행

1) 위험 수용 수준을 초과하는 위험에 대하여는 처리 전략(위험 감소, 위험 회피, 위험 전가 등)을 결정하고 그에 따른 보호 대책을 수립하여야 한다.

2) 보호 대책을 수립할 경우에는 이해관계자의 의견을 수렴하여야 하며, 정보보호 최고책임자의 승인을 얻어야 한다.

3) 수립된 보호 대책은 시급성, 구현 비용, 구현 난이도 등을 고려하여 이행의 우선순위를 결정한다.

4) 정보보호 관리자는 보호 대책의 이행 결과를 분석하여 정보보호 최고책임자에게 보고하여야 하며, 그 결과를 향후 보호 대책 수립에 반영한다.

NO	서식명	서식번호	보존연한	보관부서
1	정보자산 관리대장	(자체서식)		
2	정보자산 위험 평가표	(자체서식)		
3	위험성 평가기준	(부첨참조)		

[부첨 1] 위험분석 및 평가

1. 자산의 분류 기준[표1]

자산유형	설명
시스템	· 대외적, 대내적인 서비스 및 업무를 위해 사용되는 서버 등
네트워크	· 네트워크와 관련된 장비로 라우터, 스위치, 무선AP 등
정보보호시스템	· 방화벽, IDS, IPS와 같은 정보자산의 보호를 위한 각종 소프트웨어 및 하드웨어
응용프로그램	· 상용 또는 자체 개발된 업무용 프로그램(웹페이지 소스 등), DBMS 및 미들웨어 등
전자정보	· 데이터베이스, 파일 등으로 구성된 개인 정보 · 서비스 정보 등 전자적 형태로 저장되어있는 정보자산
PC	· 임직원이 업무용으로 사용하는 개인 컴퓨터로 사무용 PC, 노트북 등
소프트웨어	· 자체 개발하지 않은 저작권을 갖는 프로그램으로 업무에 활용되는 소프트웨어 형태의 각종 프로그램
문서	· 각종 계약서, 규정 및 지침, 보고서, 인사서류 등 출력된 문서 또는 전자적 문서 파일
물리적 자산	· 전산실, 사무실 등 물리적 공간과 각종 부대시설

2. 평가 속성[표2]

속성	설명
기밀성	정당한 사용자가 허용된 정보만을 알 수 있도록 하는 정도 허락되지 않은 사용자 또는 객체가 정보의 내용을 알수 없도록 하는 것
무결성	비인가자가 정보 내용을 불법적으로 위/변조 또는 훼손할 수 없도록 하는 정도 허락되지 않은 사용자 또는 객체가 정보를 함부로 임의변경, 삽입, 수정 등에서 보호
가용성	정당한 사용자가 정보를 접근하고자 할 경우 바로 사용할 수 있는 정도 허락된 사용자 또는 객체가 정보에 접근하려 하고자 할 때 이것이 방해받지 않도록 하는 것

3. 평가 기준[표3]

보안요구사항	내용	평가
기밀성	개인 정보를 취급하고 있는 시스템	상(3)
	기업정보(B2B) 또는 임직원 정보를 취급하고 있는 시스템	중(2)
	개인 정보, 기업정보, 임직원 정보를 취급하고 있지 않음	하(1)
무결성	결제(매출) · 개인 정보를 취급하고 있는 시스템	상(3)
	인사 또는 기업정보를 취급하고 있는 시스템	중(2)
	모든 정보(결제 · 개인 · 인사 · 기업정보)를 취급하지 않는 시스템	하(1)

보안요구사항	내용	평가
가용성	업무 중단(일 매출액 1억 이상)	상(3)
	1시간 이내 조치 필요(kth 장애 시 복구계획 1시간 기준)	중(2)
	1시간이상 조치 필요(kth 장애 시 복구계획 1시간 기준)	하(1)

※ 자산 중요성 평가 = 기밀성 + 무결성 + 가용성

4. 정보자산 보호 등급기준[표4]

중요성 등급(보호등급)	자산중요성 지수 범위
1등급	8점 ~ 9점
2등급	5점 ~ 7점
3등급	3점 ~ 4점

5. 정보자산 그룹핑 기준[표5]

우선순위	기준	설명
1	동일한 자산 분류	정보자산 분류 기준을 참고하여 동일한 자산 분류 내 그룹핑 진행 서로 다른 분류의 자산 그룹핑 금지
2	동일한 자산 용도	동일한 자산 분류 내 자산의 용도가 동일한 자산을 그룹핑 진행 예) 가능: 방화벽1+방화벽2, 불가: 스위치1+라우터1
3	동일한 자산 종류	그룹핑별 취약점(위협)을 동일하게 대입하기 위하여 동일한 자산의 종류로 그룹핑 예) 가능: 시스템1(윈도우OS)+시스템1(윈도우OS), 　　불가 : 스위치1(Cisco)+스위치2(piolink)
4	동일한 자산 등급	동일한 분류/용도/종류에 따라 그룹핑을 진행하더라도 보호해야 하는 자산별 중요도가 다름에 따른 동일한 자산 등급 기준으로 그룹핑 예) 가능: 시스템1등급(윈도우OS)+시스템1등급(윈도우OS) 　　불가: 스위치1등급(Cisco)+스위치2등급(Cisco)

6. 위협/취약성 기본 구성 원칙[표6]

구성영역	구성요소
관리적 위험	· 자산의 도입/운영/폐기 시 발생 가능한 관리적 보안 위협요소로 선정 [정책/메뉴얼, 정책 승인, 책임자 지정, 자산식별/관리, 자산평가, 자산 라벨링, 계정부여 정책, 보안요구사항, 설치/변경, 테스트 관리, 용량/리소스, 검증/테스트, 운영 보안, 원격관리, 백신 적용, 기록관리, 백업 관리, 유지보수관리, 폐기관리]

구성영역	구성요소
물리적 위협	· 자산의 도입/운영/폐기 시 발생 가능한 물리적 보안 위협요소로 선정 [이동식매체 관리, 보호구역 관리, 반입/반출, 재해관리, 전원관리]
기술적 위협	· 자산종류(OS 등)별 기술적 취약점 진단항목을 기준으로 발생 가능한 기술적 보안 위협요소로 선정 [계정 및 패스워드 관리, 접근통제, 시스템보안, 서비스보안, 모니터링, 기타 보안관리 등]
법률적 위협	· 개인정보보호 관련 법률적 준수 필요사항 선정 [개인정보 수집 시 동의, 고지사항, 개인 정보 접근통제, 고객안내 의무사항 등]

7. 위협/취약점 영향도 기준[표7]

구성영역	구성요소
관리적 위협	해당 위협/취약성이 제거되어 있지 않을 경우 비인가자가 이를 통해 자산의 권한을 획득하거나 서비스를 중지시키는 등의 큰 장애를 일으킬 수 있으며 훼손/손실/장애가 일어난경우 복구에 오랜 시간이 필요한 위협/취약성 항목
물리적 위협	해당 위협/취약성이 제거되어 있지 않을경우 인가된 사용자가 허가 되지 않은 작업을 수행하거나, 비인가자가 복수의 취약점/위협을 이용하여 자산에 접근하거나 훼손/손실/장애를 일으킬 수 있는 위협/취약성 항목
기술적 취약점	진단항목의 보안설정이 적용되어 있지 않을 경우 비인가자 혹은 인가자가 자산에 직접적인 훼손/손실/장애를 일으킬수는 없으나 자산에 관한 정보를 획득할 수 있는 위협/취약성 항목

8. 자산 분류별 위협/취약점 적용 기준[표8]

자산유형	위협/취약점 적용 기준			
시스템	관리적 위협	물리적 위협	기술적 취약점	–
네트워크	관리적 위협	물리적 위협	기술적 취약점	–
정보보호시스템	관리적 위협	물리적 위협	기술적 취약점	–
응용프로그램	관리적 위협	–	기술적 취약점	법률적 위협
전자정보	관리적 위협	물리적 위협	기술적 취약점	법률적 위협
PC	관리적 위협	물리적 위협	기술적 취약점	–
소프트웨어	관리적 위협	물리적 위협	–	–
문서	관리적 위협	물리적 위협	–	–
물리적 자산	관리적 위협	물리적 위협	–	–

9. 자산 분류별로 위협/취약점 진단 기준[표9]

진단결과	설명	점수
양호	위협/취약성이 완전 제거되어 있음	1점
부분양호	위협/취약성의 제거가 부분적으로 적용되어 잔여위험이 존재함	2점
미흡	위협/취약성의 제거가 이루어지지 않음	3점

※ 위험도 산정 = 자산원 등급 + 위협/취약점 영향도 + 위협/취약점 진단 결과

10. 위험도 분류 기준[표10]

위험분류	자산중요성 지수 범위
고위험	8점 ~ 9점
관리대상	5점 ~ 7점
위험수용	3점 ~ 4점

11. 정보보호 이행 계획[표11]

구분	자산 중요성 지수 범위
즉시	– 시급하게 제거되어야 할 보안 취약성 및 위협과 관련한 과제 – 기 보유 자원(인력, 솔루션)을 투입하여 바로 해결 가능한 과제 – 조기 추진을 통하여 단기간에 보안 효과를 기대할 수 있는 과제
단기	– 전사 수준에서 문제로 파악된 보안 취약점/위험 요소의 제거를 위한 과제 – 과제 수행 대상 및 범위가 넓고 보안대책의 구축 및 적용을 위해 일정 수준 이상의 준비 기간과 자원 투입이 요구되는 과제
중 · 장기	– 장기적으로 전사 정보보호 수준을 향상시키기 위해 전략적이고 단계적으로 추진되어야 하는 과제 – 위험 발생가능성이 적고 위험발생으로 인한 피해 심각성이 낮은 보안 취약점 및 위협 요소 제거를 위한 과제

12. 운선순위 반영기준[표12]

우선순위 반영요소	설명
효과성	– 투자비용과 투자비용 대비 효과
긴급성	– 보안 위험의 심각도 및 실현의 긴급 정도
적용성	– 조직 수용 능력 – 실행/구축 용이성 – 기술적 용이성
준거성	– 관련 국내 법률 – 정보보호 국제 표준

[부첨 2] 정보자산 분류표시 라벨링

1. 일반정보자산 라벨링

자산관리필증 자산코드	
자산코드	
자산등급	
자산명	
취득일자	

2. 문서(파일) 자산 라벨링

1) 비밀등급별 안내 내용

문서보안등급	안내 내용
1등급	본 자료는 기업 비밀(I)로서 관련 임·직원 이외 타인의 열람, 취급과 외부 유출 (반출)을 금하며 위반시 에는 관련 법령 및 사규에 의거 처벌 됩니다.
2등급	본 자료는 기업 비밀(II)로서 관련 임·직원 이외 타인의 열람, 취급과 외부 유출 (반출)을 금하며 위반시에는 관련 법령 및 사규에 의거 처벌됩니다.
3등급	본 자료는 대외비로서 임·직원 및 유관 협력사 외 외부인의 열람, 취급과 외부 유출(반출)을 금하며 위반 시에는 관련 법령 및 사규에 의거 처벌됩니다.

2) 문서 라벨링 표기 위치

- 비밀등급위치 : 파워포인트-문서표지 우측상단(기업비밀(I)급의 경우 붉은색
  워드-문서 바닥글 좌측
- 문서보안안내 내용표기 위치 : 문서표지 하단 중앙

[부첨 3] 정보자산 보호등급에 따른 취급기준

1. 시스템, 네트워크, 정보보호시스템, 응용프로그램, 전자정보, PC, 소프트웨어, 물리적자산

보호등급	취급가능자	취급사항
1등급	정보보호 최고책임자 정보보호 최고책임자의 승인을 받은 자 전사 정보보호 관리자 전사 정보보호 담당자	① 정보자산 목록 대장에 명시되어 있는 보관 장소에 보관함이 원칙이며, 그 외의 장소에 보관 할 경우에는 정보자산관리자의 승인이 필요함 ② 정보자산담당자 이외 접근통제 적용 ③ 연 1회 이상 보안점검 실시(샘플링)
2등급	정보보호 담당자 전사 정보보호 담당 부서	① 정보자산 목록에 명시되어 있는 보관 장소에 보관함이 원칙이며, 그 외의 장소에 보관 할 경우에는 정보보호관리자의 승인과 정보보호 관리 담당자의 검토 필요 ② 연 1회 이상 보안점검 실시(샘플링)
3등급	정보자산사용자	① 담당자, 보관 장소 등 변경 사항 발생 시 정보자산 목록 업데이트 ② 필요 시 보안점검 실시(샘플링)

2. 문서(파일형태포함)

구분	취급방법 및 보호관리요건	1등급	2등급	3등급	일반
분류 및 등록	문서 표지에 정보의 비밀등급 표시	○	○	○	
	문서 표지에 정보의 접근권한 표시	○	○	○	
	문서 각 내지에 정보의 비밀등급 표시	○			
	문서 각 내지에 정보의 접근권한 표시	○			
	정보를 담고 있는 CD, 디스켓, 테이프, 등의 저장 매체에 비밀등급 표시	○	○	○	
저장 및 보관	전자문서의 경우 항상 암호화하고 암호키는 별도 보관	○	○		
	전자문서의 경우 필요 시 암호화하고 암호키는 별도 보관			○	○
	종이문서, CD, 디스켓, 테이프 등은 잠금 장치가 있는 캐비닛에 별도 보관하여 안전하게 관리하되 캐비닛에는 비밀정보에 대한 사항을 표시하지 않음	○	○		

구분	취급방법 및 보호관리요건	1등급	2등급	3등급	일반
열람 및 배포	정보소유자가 승인한 사용자에게만 정보의 대출 및 열람 허용	○	○	○	
	별도 인가 없이 대출 및 열람 가능				○
	전자문서의 원칙적 배포 금지	○			
	직접 배포시 수신자 본인에게 전달	○	○		
	메신저, 이메일 및 팩스를 통한 정보 전송 금지, 불가피할 경우 별도 보안대책 확보 후 사용	○			
	회의 시 배포된 정보를 종료 후 회수	○			
	회의 시 정보 내용 기록 제한	○			
	사본 작성을 최대한 억제하고 사용 후 즉시 파기	○	○		
	반드시 출력 및 복사물에 대한 회수 확인	○			
파기	보관기간 만료 시 즉시 파기	○			
	정보소유자 의뢰 시 즉시 파기		○	○	○
	사용 완료 시 즉시 파기	○	○		
	반드시 부서 내에서 파기	○			
	부서 내에서 파기하는 것이 원칙이나 분량이 많을 경우 문서파기 지원부서 또는 별도 파기 대행 계약처에서 취합, 파기		○	○	○
	종이문서는 소각, 용해 혹은 별도의 안전한 처리 등으로 원형을 복구할 수 없도록 파기	○	○	○	
	CD, 디스켓, 테이프 등은 덮어쓰기, 전자장 등을 이용하여 전자적/물리적으로 안전하게 파기	○	○	○	

![Eo Certification]	지침	등록번호	제정일자	개정일자	개정차수	Page
	물리적 보안	EIG-0612	20XX.XX.XX	–	–	1/9

1. 목적

본 지침은 이큐인증원(주)의 정보 자산을 훼손, 변조, 도난, 유출 등 다양한 물리적 위협으로부터 안전하게 보호하기 위한 기준을 제시한다.

2. 적용 범위

조직의 모든 사무실 및 전산실에 적용한다(단, 전산실은 운영 대상 시스템 및 조직 상황을 고려한다).

3. 용어 정의

1) 전산실 : 주요 전산 기기 및 통신 장비 등이 설치 운용되는 장소를 말한다.
2) CCTV : 특정 공간의 영상정보를 폐쇄적으로 전송하여 특정인만 수신할 수 있는 폐쇄회로 텔레비전 통신 장비 일체를 말한다.

4. 역할 및 책임

역할	책임 및 권한
보호구역 관리자	1) 보호구역 보안 유지에 필요한 자원을 지원한다. 2) 보호구역 보안 유지를 위한 절차를 수립하고 시행할 권한 및 책임이 있다. 3) 물리적 보안 관리 절차에 따라 업무가 수행되도록 감독할 권한 및 책임이 있다. 4) 보호구역 보안 절차 및 지침 시행, 관리, 유지를 위해 보안 담당자를 지정할 수 있다.
보호구역 담당자	1) 보호구역 보안 관리를 위해 요구되거나 수정이 필요한 절차에 대해 건의할 수 있다. 2) 보호구역 출입자에 대한 접근 권한을 지정하고 통제할 수 있다. 3) 보호구역 내 정보 자산의 물리적 안전을 관리할 책임이 있다. 4) 보호구역 출입자를 통제할 책임과 권한이 있다.

5. 보호구역 설정 및 출입 통제

5.1 보호구역 설정

정보 자산의 중요도에 따라 구역을 구분하고 보호 대책을 강구하여야 한다.

1) 일반 구역 : 접견실, 안내실 등 중요 자산 보관이 없으며 외부인 출입이 허용되는 구역이다.

2) 제한 구역 : 사무실, 회의실 등 일부 중요 자산이 보관되어 있으며 외부인 출입이 제한적으로 허용되는 구역이다.

3) 통제 구역 : 전산실 등 중요 자산이 보관되어 있으며 외부인 출입이 엄격히 금지되고, 임직원도 업무상 필요에 따라 최소한의 인원만 출입 가능한 구역이다.

4) 구역 표시 : 통제 구역 출입문에는 적색으로 "통제 구역"임을 표시하는 안내판을 부착하여야 한다.

5.2 출입 통제 장치

통제 구역 및 제한 구역 출입구에는 허가된 인원만 출입 가능하도록 통제 장치를 설치하여야 한다.

5.3 보호구역 출입 통제 기준

구역 분류	외부인 출입	임직원 출입
일반	원칙적으로 허용하나, 정보 자산 위험 발생 시 통제할 수 있다.	자유롭게 출입한다.
제한	원칙적으로 금지하나, 업무상 필요시 담당 임직원 동행 하에 출입할 수 있다.	원칙적으로 허용하며, 필요에 따라 출입 통제 장치 관리를 받는다.
통제	엄격히 금지한다(업무상 필요 시 사전에 관리자 승인 후 담당 임직원 동행 필요).	업무상 목적에 따라 최소한의 인원에게만 출입 권한을 부여한다(승인된 인원만 출입).

5.4 통제 구역 외부/비인가자 출입 절차

1) 사전에 보호구역 관리자의 승인을 얻어야 한다.

2) 보호구역 담당자는 신분, 출입 목적, 출입 허가자를 확인하고 "출입자 관리 기록부"에 기록한다.

3) 외부자는 반드시 담당 임직원과 동행하여야 하며, 담당 임직원은 외부자가 정해진 장소를 벗어나지 않도록 관리하여야 한다.

5.5 통제 구역 작업 절차(유지보수 등)

1) 사전에 작업자, 작업 내용, 작업 일시 등이 포함된 작업 계획서를 작성하여야 한다.

2) 통제 구역 관리자의 승인을 얻어야 한다.

6. 출입 통제 시스템 및 CCTV 운영

6.1 출입 통제 시스템

주요 제한 구역 및 통제 구역에 지문 인식기, 카드 인식기 등 설치하여야 한다.

1) 출입 내역(출입자, 장소, 시간)을 기록하고 보관하여야 한다.
2) 보호구역 관리자는 출입 기록을 정기적으로 점검하여 비인가자 출입 여부를 확인하여야 한다.
3) 외부 위탁 시 해당 업체의 보안 관리 현황을 정기 점검하여야 한다.

6.2 CCTV

주요 제한 구역 및 통제 구역에 설치하여 출입자 및 중요 시설의 이상 유무를 감시하도록 하고, CCTV 운영 시에는 다음을 따른다.

1) 출입자가 인식할 수 있도록 안내판 설치 등 필요한 조치를 하여야 한다.
2) CCTV 담당자는 설치 목적 외 임의 조작, 다른 곳 촬영, 녹음 기능 사용을 금지하여야 한다.
3) 개인 정보가 분실, 도난, 유출, 변조, 훼손되지 않도록 필요한 조치를 하여야 한다.
4) 법에 따라 운영 관리 방침을 마련하여야 한다.
5) 항상 정상 가동 상태 유지하고, 장애 발생 시 즉시 보고 및 수리 조치하도록 한다.
6) 감시 기록은 별도 보관 장치에 일정 기간 동안 보존토록 한다.

7. 출입 절차 및 출입증 관리

7.1 출입 절차

1) 임직원 : 생체 정보를 이용하여 지정된 출입문을 이용하여야 한다.
2) 협력업체/용역 직원 : 조직 인가 절차를 거쳐 출입 카드를 발급받아 출입할 수 있도록 조치하여야 한다.
3) 일반 방문객 : 출입문 외부에서 신분/내방 목적 확인 후 피 방문객은 방문 종료 시까지 안내하여야 한다.

7.2 출입자 등록

1) 임직원/계약직 : 인사 명령에 의거 발급 담당자가 신청서 접수 즉시 출입자 승인을 하여야 한다.

2) 협력업체 직원 : 조직 업무를 위해 장/단기간 출입이 필요할 시에는 임시 출입증을 발급한다.

3) 출입증 분실 : 정보보호 책임자에게 의뢰하여 소정의 절차를 거쳐 재신청하여야 한다.

4) 출입증 대여/사용 금지 : 출입증을 타인에게 대여하거나 습득한 출입증을 사용하는 일이 없도록 하여야 한다.

7.3 출입증 회수

1) 임직원 : 퇴사 시에 즉시 발급 부서에 반납하여야 한다.

2) 임시 출입증 : 유효 기간 만료, 조직 업무 종료 즉시 회수하여야 한다. 허가 기간 동안 출입한 횟수가 적은 경우 재발급에서 제외한다.

3) 방문객용 : 방문 종료와 동시에 회수하여야 한다.

8. 제한 구역 보안

8.1 기밀 정보 무단 방치 제한

기밀 정보가 담긴 저장 매체, 출력된 문서 또는 PC 등은 비인가자의 접근으로부터 보호되어야 한다.

1) 당장 필요하지 않은 기밀 정보가 담긴 인쇄물, 저장 매체, 휴대용 전산 장비는 시건 장치가 설치된 캐비닛 또는 서류함에 보관한다.

2) 장시간 PC를 사용하지 않을 경우, 특히 점심시간이나 퇴근 시간에는 타인의 무단 사용을 방지하기 위하여 전원을 OFF하여야 하며, 작업 중인 PC에서 이석 시에는 화면 보호기와 패스워드를 설정하여 보호한다.

3) 각 부서장은 기밀 정보의 방치 여부를 감독하고 미흡 사항이 발견된 경우에는 즉시 보완 조치를 실시하도록 하여야 한다.

8.2 저장 매체 관리

1) 정보시스템과 연관된 중요 자산의 외부 반출을 위해서는 보안 관리자의 사전 승인을 득하여야 한다(정보보호 최고책임자는 관련 내용 기록 관리, 데이터 확인).

2) 기록 매체(폐지, 하드 디스크, 테이프 등)는 생성, 유지, 폐기를 포함하는 절차에 따라서 안전하게 처리한다.

3) 보안상 유해한 내용이 수록된 폐, 휴지는 일과 시간에 세절기를 이용하여 파기하여야 한다.

4) 폐기 처분 시 인가된 초기화 프로그램을 사용하여 포맷 또는 삭제한 후 폐기한다.

5) 전문 업체 통해 폐기 시행 시 실제 이행 여부를 확인한다.

6) 기밀 정보 폐기와 관련된 기록은 향후 심사를 위해 유지한다.

7) 최소 연 1회 이상 정기적인 재고 및 매체에 대한 조사를 실시하도록 한다.

8.3 공용 자산 관리(복사기, FAX)

1) 각 부서장은 부서 내 공용 자산 관리자를 지정하여야 하며, 공용 자산 관리자는 정기적으로 공용 자산의 보안 관리 현황을 점검하여야 한다.

2) 복사기의 사용 시에는 다음 각 호를 준수하여야 한다.

3) 복사 후의 폐지 중 대외비, 기밀의 자료는 파쇄기를 이용하여 폐기되어야 한다.

4) 대외비, 기밀 자료의 이면에는 복사를 할 수 없으며, 이면지로 활용하지 못한다.

5) FAX의 사용 시에는 다음 각 호를 준수하여야 한다.

 (1) 기밀 자료는 FAX 전송을 할 수 없다.

 (2) FAX의 표지 양식에는 다음의 내용이 포함되어야 한다.

 (3) 명시된 수신인만 열람할 수 있다는 경고 문구

 (4) 수신자, 송신자, 전화 번호, 송수신 FAX 번호, 송수신 날짜, 송수신 PAGE 수량

9. 통제구역 보안 업무 지침

9.1 정보자산 반출 · 입 관리 지침

1) 목적 : 통제구역 내 정보자산의 무단 반출입을 방지하고 관리 기록을 유지하여 보

안을 강화한다.

2) 세부 지침

(1) 사전 승인 : 통제구역 내 서버, 네트워크 장비 등 정보자산을 반출입하고자 할 경우, 사전에 반드시 통제구역 관리자의 승인을 받아야 한다.

(2) 기록 유지 : 통제구역 관리자는 정보자산의 반출입 내역을 정확하게 기록하고 관리해야 한다.

(3) 정기 확인 : 통제구역 관리자는 기록된 반출입 내역을 기반으로 비인가 정보자산의 반출입 여부를 정기적으로 확인하고 점검해야 한다.

9.2 모바일기기 및 이동형 저장매체 관리 지침

1) 목적 : 통제구역 내 반입되는 모바일기기 및 이동형 저장매체를 안전하게 관리하여 악성코드 감염 및 정보 유출 위험을 최소화한다.

2) 세부 지침

(1) 모바일기기 반입 승인 : 노트북, 태블릿, 스마트폰 등 모바일기기를 통제구역 내 작업 목적으로 반입할 경우, 사전에 통제구역 관리자의 승인을 받아야 한다.

(2) 반출입 기록 및 확인 : 통제구역 관리자는 모바일기기의 반출입 내역을 기록하고 정기적으로 비인가 모바일기기의 반출입 여부를 확인해야 한다.

(3) 모바일기기 보안 조치 : 모바일기기를 반입하기 전에 백신 프로그램 등을 설치하여 악성코드 감염 여부를 반드시 확인한 후 반입해야 한다.

(4) 이동형 저장매체 보안 조치

· 반입 시 : 이동형 저장매체를 반입할 때에는 바이러스 검사 등 필요한 보안 조치를 실시해야 한다.

· 반출 시 : 이동형 저장매체를 반출할 때에는 저장된 자료의 삭제 여부를 확인해야 한다.

9.3 전산실 환경 보안 지침

1) 목적 : 전산실의 물리적 환경을 안전하게 관리하여 주요 정보시스템을 보호하고 안정적인 운영 환경을 확보한다.

2) 세부 지침

(1) 장비 배치 및 보호 : 전산실 내 서버, 네트워크 장비 등 주요 정보시스템은 특성에 따라 분리하여 배치하고, 전산 랙(Rack) 등을 이용하여 시스템을 외부로부터 안전하게 보호해야 한다.

(2) 케이블 관리 : 전력 공급 및 데이터 통신의 안정성을 확보하기 위해 전력 케이블과 통신 케이블을 구분하여 배선하고, 중요 케이블은 이중화하여 관리해야 한다.

(3) 재해 대피 설비 : 화재 등 재해 발생 시 임직원이 안전하게 대피할 수 있도록 비상벨, 비상등, 비상 통로 안내표지 등을 설치하고 관리해야 한다.

(4) 자연재해 보호 설비 구축 및 관리 : 지진, 화재, 수해 등 자연재해로부터 주요 정보시스템을 보호하기 위해 다음 설비들을 구축하고 정상 작동 여부를 정기적으로 점검해야 한다.

(5) 전력 공급 일시 중단 대비 : 무정전전력공급장치(UPS) 및 축전지

(6) 전력 공급 장시간 중단 대비 : 자가 비상 발전기

(7) 안정적인 전력 공급 : 변전 및 배전 기능을 갖춘 수변전 설비

(8) 화재 대비 : 화재 경보기 및 화재 진압 장비

(9) 누수, 수해 대비 : 누수 감지기, 배수 설비

(10) 온/습도 관리 : 항온항습기

(11) 관리 기록 및 점검 : 전산실 관리자는 장비 배치도, 보호 설비 목록 등을 기록하고, 해당 설비들의 이상 유무를 정기적으로 점검하고 확인해야 한다.

(12) 외부 위탁 운영 관리 : 주요 정보시스템을 외부 직접 정보 통신시설(IDC)에 위탁 운영하는 경우, 보안 요구 사항을 계약서에 명확히 명시하고 주기적으로 운영 상태를 확인하여야 한다.

7. 기록

NO	서식명	서식번호	보존연한	보관부서
1	통제구역 출입 관리대장	EIG-0612-01		
2	전산장비 반출입 관리대장	EIG-0612-02		

[서식 EIG-0612-01]

통제구역 출입 관리대장

일자	출입시간		용무	출입자		입회자			비고
	입실	퇴실		소속	성명	직급	성명	서명	

[서식 EIG-0612-02]

전산장비 반출 · 입 관리대장

일자	구분 (반입/ 반출)	품목		용도	신청자		승인자		
		모델명	관리번호/ 시리얼번호		소속	성명	직급	성명	서명

	지침	등록번호	제정일자	개정일자	개정차수	Page
	사용자 보안	EIG-0613	20XX.XX.XX	–	–	1/9

1. 적용범위

본 지침은 이큐인증원㈜(이하 "조직")의 모든 임직원 및 협력 직원(이하 "사용자")에게 적용된다.

2. 목적

본 업무지침은 정보보호 경영시스템을 효율적으로 운영하기 위하여 임직원 및 협력 직원이 업무 수행 시 사용하는 PC, 노트북, 휴대용 개인 단말기 등 전반에 대한 보안 준수 사항을 명확히 함을 목적으로 한다.

3. 역할 및 책임

1) 사용자 : 본 지침에 명시된 모든 보안 기준을 준수해야 한다. 지침 위반으로 발생하는 모든 손실에 대한 책임은 사용자에게 있다.
2) PC 관리자 : 사용자의 PC 운용 관리에 대한 책임과 권한을 가지며, 장애 처리, 기기 관리, 사용자 지원 등의 업무를 수행한다.
3) 사용자는 PC 관리자의 지시에 따라 조직의 정보보호 규정에 명시된 방식으로만 PC를 이용하여야 하며, 사용 중 문제가 발생할 경우 지체 없이 PC 관리자에게 알려야 한다.

4. 업무용 PC 관리

1) 책임 : 개인에게 지급된 업무용 PC 및 휴대용 PC 보호에 대한 책임은 사용자 본인에게 있다. 공용 PC는 지정된 관리 책임자가 관리한다.
2) 사용 원칙 : 모든 사용자는 조직에서 지정한 방식으로만 PC를 사용해야 한다.
3) 자산 관리 : 모든 PC에는 조직의 자산임을 알 수 있는 관리 라벨이 부착되어 있어야 한다.
4) 화면 보호기 및 비밀번호 : 모든 PC는 화면 보호기 기능을 설정하고, 아래 '4. 비밀번호 설정 기준'에 따른 비밀번호를 적용해야 한다.
5) 전원 차단 : PC를 사용하지 않을 경우, 전원을 차단해야 한다.

6) 사양 변경 금지 : 조직의 승인 없이 PC의 사양을 임의로 변경할 수 없다.

7) 사설 PC 사용 금지 : 조직에서 지급하지 않은 개인 소유의 PC를 업무 목적으로 사용할 수 없다.

8) 노트북 사용 및 관리

 (1) 노트북 등 휴대용 PC 사용이 필요한 경우, PC 관리자의 사전 승인을 받아야 한다.

 (2) 일정 시간 이상 사용하지 않을 경우, 물리적으로 안전한 장소에 보관해야 한다.

 (3) 노트북 내에 개인 정보가 포함된 업무 문서를 저장할 경우, 반드시 암호화 등의 안전 조치를 취해야 한다.

 (4) 노트북 사용 목적이 종료되면 PC 반납 절차에 따라 즉시 반납해야 한다.

9) 자료 전송 통제 : 인터넷 PC와 내부 업무용 PC가 분리된 경우, PC 간의 자료 전송을 통제해야 한다.

5. 악성코드 예방

1) 감염 점검 : 다음 상황에서는 반드시 악성코드 감염 여부를 점검해야 한다.

 (1) 공동으로 사용하는 파일 서버에 자료를 저장하거나 다운로드할 때

 (2) 이동형 저장매체를 사용할 때

 (3) 모든 파일을 송·수신할 때

2) 다운로드 주의 : 검증되지 않은 프로그램 및 파일을 다운로드해서는 안된다.

6. 비밀번호 설정 기준

1) 비밀번호 공유 금지 : 비밀번호는 타인과 공유하거나 알려주어서는 안된다.

2) 자동 저장 금지 : 웹 브라우저 또는 원격 접속 애플리케이션에서 "암호 기억" 기능을 사용하지 않아야 한다.

3) 비밀번호 정책 : 다음 기준을 준수하여 비밀번호를 설정해야 한다.

 (1) 변경 주기 : 최소 3개월마다 주기적으로 변경해야 한다.

 (2) 재사용 제한 : 한번 사용한 비밀번호는 재사용할 수 없다.

 (3) 복잡성 : 다음 각 호의 문자 종류 중 2종류 이상을 조합하여 최소 10자리 이상

또는 3종류 이상을 조합하여 최소 8자리 이상의 길이로 작성해야 한다.
- 영문 대문자(26개)
- 영문 소문자(26개)
- 숫자(10개)
- 특수문자(32개)

(4) 쉬운 비밀번호 금지 : 비인가자가 쉽게 추측할 수 있는 동일하거나 연속적인 문자, 개인 정보, 가족 이름 등을 사용할 수 없다.

(5) 초기/기본 비밀번호 금지 : NULL 비밀번호, 기본 설정(디폴트) 비밀번호 등을 사용해서는 안된다.

7. 이동형 저장매체 관리

1) 사용 원칙 : 조직의 중요 정보 유출 방지를 위해 이동형 저장매체(USB, 외장형 하드디스크, CD 등) 사용은 원칙적으로 금지된다.

2) 예외 승인 : 업무상 반드시 필요한 경우, 소속 부서장과 정보보호 관리자의 사전 승인을 받아야만 사용할 수 있다.

(1) 사용 목적 및 저장 내용은 소속 부서(팀)장의 승인을 받아야 한다.

(2) 기술적 검토 및 보안 승인은 정보보호 관리자가 수행한다.

(3) 관리 : 이동형 저장매체 관리자는 사용 이력 관리 대장을 작성하고 유지해야 한다. 이동형 저장매체 관리와 보안에 대한 책임은 사용자 본인에게 있다.

3) 사용 시 준수 사항

(1) 허가받은 목적으로만 사용해야 한다.

(2) 조직의 중요 자료를 저장할 수 없다. 부득이하게 저장해야 할 경우, 소속 부서장의 사전 승인을 받고 반드시 암호화하여 저장해야 한다.

(3) 분실에 유의하고 물리적으로 안전하게 보관하여 정보가 유출되지 않도록 해야 한다.

(4) 사용 전 반드시 바이러스 검사 등 필요한 보안 조치를 해야 한다.

8. PC 주변기기 관리

1) 모뎀 설치 금지 : 모든 업무용 PC에 모뎀을 설치할 수 없다. 업무상 필요한 경우 정보보호책임자의 사전 승인을 받아야 한다.

2) 무선 인터넷 공유기 설치/변경 금지 : 조직의 사전 승인 없이 무선 인터넷 공유기를 설치하거나 변경할 수 없다. 필요한 경우 정보보호 최고책임자의 승인을 받아야 한다.

3) 개인 소유 주변기기 사용 금지 : 개인 소유의 PC 주변기기(예: 개인 USB, 외장하드, 키보드/마우스 등)를 조직 업무용 PC에 연결하여 사용할 수 없다.

4) 외부 반출 금지 : 조직에서 업무용으로 지급받은 PC 주변기기를 외부로 반출할 수 없다. 업무상 필요한 경우 정보보호책임자의 승인을 받아야 한다.

5) 휴대용 기록 매체(CD-RW 등) 사용 : 휴대용 기록 매체 장치가 필요한 경우, 정보보호책임자의 검토 후 경영지원팀에 구매 요청을 해야 한다. 소속 부서장은 해당 장치의 관리 상태를 점검하고 직원에 대한 관련 보안 교육을 실시해야 한다.

9. 소프트웨어 관리

1) 정품 소프트웨어 사용 원칙 : 모든 PC에는 조직에서 지급한 정품 소프트웨어만 설치해야 하다. 불법 소프트웨어 사용 책임은 사용자 본인에게 있다.

 (1) 허용 소프트웨어
 · 조직이 구매하여 지급한 소프트웨어
 · 조직이 사용을 허가한 프리웨어
 (2) 불법 소프트웨어 기준
 · 개인이 구매한 소프트웨어
 · 조직의 허가가 없는 프리웨어
 (3) 그 외 조직의 허가가 없는 모든 소프트웨어

2) 서체(글자체) 사용 : 서체 사용 기준은 소프트웨어 사용 기준과 동일하다.

3) 특정 소프트웨어 필요 시 : 업무상 필요한 소프트웨어는 소속 부서(팀)장과 정보보호 관리자의 사전 승인을 받은 후 사내 담당자에게 신청한다.

4) 복제 및 배포 금지 : 불법적으로 소프트웨어를 복제하거나 배포해서는 안된다.

5) 비인가 소프트웨어 설치 금지 : 개인적인 용도로 게임 해킹 도구, 원격관리 도구 등의 비 인가된 소프트웨어를 설치/사용하지 않는다.

6) 악성 프로그램 사용 금지 : 타인의 PC에 접근하거나 자료를 수집할 수 있는 악의적인 프로그램을 설치/사용하지 않는다.

7) 적용 범위 : 서버, 통신용 장비, 기타 컴퓨터에도 동일한 규정이 적용된다.

8) 정기 점검 및 공지 : 정보보호 담당자는 불법 소프트웨어 사용 근절을 위해 정기적으로 점검하고 정보보호 관리자에게 보고하며, 조직 표준 소프트웨어 변경 시 사용자에게 공지한다.

10. 바이러스 관리

1) 백신 프로그램 설치 및 유지 : 모든 PC(노트북 포함)에는 조직에서 제공하는 백신 프로그램을 설치하고 임의로 삭제하거나 변경하지 않는다.

2) 최신 버전 유지 : 백신 프로그램은 항상 최신 버전으로 업데이트하여 사용한다.

3) 실시간 감시 및 검사 활성화 : 백신 프로그램 설치 후 실시간 감시 기능 및 예약 기능을 활성화하고, 인터넷 다운로드 파일은 실행 전에 반드시 검사한다.

4) 바이러스 감염 의심 시 : 바이러스 감염이 의심되면 백신 프로그램으로 치료하고, 중요 정보 유출 등 보안 사고가 의심될 경우 즉시 정보보호 관리자에게 보고한다.

11. 사내 보안 프로그램 설치

1) 필수 프로그램 설치 : 사용자는 조직에서 제공하는 보안 프로그램(백신, 문서보안, 매체 제어 등)을 설치해야 한다.

2) 임의 변경/삭제 금지 : 사내 보안 프로그램을 임의로 변경하거나 삭제해서는 안되며, 변경 또는 삭제된 경우 즉시 재설치해야 한다.

12. 업무 시스템 및 인터넷 사용 등

12.1 내부 업무 시스템의 사용

1) ID 사용 승인 : 그룹웨어 등 내부 업무용 시스템 사용자 ID는 관련 부서의 승인을

받은 후 사용할 수 있다.

2) 자료 반출 제한 : 업무 시스템의 모든 자료는 조직의 소유이므로 소속 부서장의 사전 승인 없이 외부로 반출할 수 없다.

3) 업무 목적 외 사용 금지 : 내부 업무용 시스템은 업무 목적으로만 사용하며, 개인 목적으로 이용하지 않는다.

4) 외부인 열람/공개 금지 : 외부인에게 그룹웨어 자료를 열람하게 하거나 내용을 공개하지 않으며, 필요한 경우 부서장 승인을 받는다.

5) 중요 자료 배포 제한 : 조직의 중요 자료 또는 업무상 알게 된 제3자 정보는 업무와 관련 없는 자에게 배포하지 않으며, 필요한 경우 부서장 승인을 받는다.

6) 그룹웨어 게시/배포 금지 사항

 (1) 타인 비방 또는 선동 내용

 (2) 사실로 확인되지 않은 사항

 (3) 유머 시리즈(업무 관련성 없는 내용)

 (4) 성적 수치심 유발 내용

 (5) 미풍양속 해치는 자료

 (6) 불법 SW 관련 내용 등

7) 게시물 관리 : 그룹웨어 모든 게시물은 보존 기간과 열람 권한을 적절히 지정한다.

8) ID/비밀번호 관리 책임 : 그룹웨어 ID 및 비밀번호 분실 또는 유출 책임은 사용자 본인에게 있다.

9) 배포 금지 메일/자료 수신 시 조치 : 배포 금지 메일이나 자료 수신 시 소속 부서장에게 신고하고 타인에게 재전송하지 않는다.

10) 퇴사 후 접속 시도 금지 : 퇴사 등으로 그룹웨어 사용 권한이 중지된 사용자는 소속 부서장의 승인 없이 접속을 시도하지 않는다.

12.2 인터넷의 사용

1) 업무 관련 사이트 접속 원칙 : 업무와 관련 없는 인터넷 사이트에 접속하지 않는 것이 원칙입니다. 업무상 필요할 경우 정보보호 관리자의 사전 승인을 받는다.

2) 공공장소 PC 사용 시 주의 : 공공장소 PC에서 조직 내부망/시스템 접속은 원칙적

으로 금지하나, 긴급상황 시 다음을 준수한다.

(1) 해당 PC에 조직 자료를 다운로드하지 않는다.

(2) 로그아웃하지 않고 자리를 이석하지 않는다.

3) 정보 발신/게시 시 : 인터넷을 통해 정보를 발신하거나 게시할 때는 조직의 공식 입장으로 오해될 수 있음을 인지하고, 소속 부서장의 승인을 받는다.

4) P2P 프로그램 사용 금지 : 파일 P2P 프로그램 등 파일 공유 프로그램 사용은 엄격히 금지된다.

5) IP Address 사용 : 인터넷 사용 시 IP Address는 정보시스템 운영 부서장의 허가를 받은 후 사용해야 한다.

6) 인터넷 사용 모니터링 : 조직은 임직원의 올바른 인터넷 이용을 위해 사용 현황을 모니터링할 수 있다.

7) 개인 인터넷 주소 사용 제한 : 조직 내에서는 승인된 인터넷 주소를 사용하며, 개인적인 인터넷 주소는 업무 외 목적으로 사용할 수 없다.

12.3 전자메일 · 메신저의 사용

1) 전자메일 소유권 : 조직 시스템을 통해 작성, 전송되는 모든 전자메일은 조직의 소유물로 인식한다.

2) 상용 메신저 사용 금지 : 조직에서 제공하는 메신저 외 상용 메신저 사용은 금지한다. 업무상 필요한 경우 정보보호 책임자의 사전 승인을 받는다.

3) 중요 정보 본문 작성 금지 : 중요 정보는 전자메일 또는 메신저 본문에 작성하여 전송할 수 없다.

4) 비밀 정보 유출 금지 : 조직에서 비밀로 관리하는 정보 자산을 관련 없는 자에게 전자메일로 전송할 수 없다.

5) 업무용 메일 발송 : 외부로 발신되는 업무용 전자메일은 공식 시스템을 통해 발송하며, 중요 자료 발송 시 반드시 암호화한다.

6) 메일/자료 점검 가능성 : 조직 통신망을 통한 모든 메일/자료는 스팸 차단, 내부 정보 유출 방지 등 보안 목적으로 점검될 수 있다.

7) 사회적 논란 유발 내용 발송 금지 : 다음 내용의 전자메일/자료를 외부로 발송하지 않는다.

　　(1) 정치적 소신, 종교적 이해 관련 내용

　　(2) 사회적 이슈에 대한 개인 의견(공식 입장으로 오해될 수 있는 경우)

　　(3) 특정 개인, 기관, 단체 등에 대한 감정 표현(부정적인 내용 등)

　8) 타 임직원 업무 방해 내용 발송 금지 : 임직원 비방, 성적 차별, 사실 미확인 추측 자료 등 타 임직원 정상 업무 수행을 방해하는 내용을 발송하지 않는다.

　9) 금지 메일/자료 수신 시 신고 : 상기와 같이 사용이 금지되는 전자메일 및 자료를 수신한 경우 정보보호 관리자에게 신고한다.

　10) 원치 않는 메일 반복 발송 금지 : 특정 개인, 기관, 단체 등 상대방이 원치 않는 메일을 반복해서 발송하지 않는다.

13. 모바일 기기 보안

13.1 보안 책임

　1) 본 지침 미준수로 인해 발생하는 모든 손실에 대한 책임은 사용자가 진다.

　2) 개인 모바일 기기는 업무상 반드시 필요한 경우에 한해 본인 책임하에 윤리적으로 사용하여야 한다.

　3) 기기를 분실하거나 도난당했을 경우 즉시 정보보호 관리자에게 보고한다.

　4) 모바일 기기의 데이터를 정기적으로 백업할 책임은 사용자가 진다.

13.2 모바일 기기 연결

　1) 모든 모바일 기기 연결은 정보보호 담당자의 인증 및 강력한 암호화 조치를 통해 이루어지며 중앙 관리 시스템의 통제를 받는다.

　2) 조직 시스템과 모바일 기기 간 전송되는 모든 정보는 운영, 관리, 법적 준수 확인, 조사 목적으로 모니터링될 수 있다. 단, 개인 소유의 정보는 모니터링되지 않는다.

13.3 모바일 기기 보안 설정

　1) 조직 정보에 접근하는 개인 모바일 기기가 어떠한 형태로든 변조된 것으로 확인될 경우, 조직 정보보호를 위해 사전 통보 없이 즉시 접근이 제한될 수 있다.

　2) 조직 정보 보호를 위해 개인 모바일 기기에 보안 통제가 적용될 수 있으며, 이는

최신 취약점 방어를 위해 수시로 업데이트된다.

3) 모든 임직원은 모바일 기기 동기화를 위해 사용하는 컴퓨터에 악성 소프트웨어(바이러스, Malware 등)가 설치되지 않았는지 확인한다.

4) 의심스러운 애플리케이션이나 파일은 다운로드하지 않아야 하며, 발신이 불명확하거나 의심스러운 메일은 즉시 삭제하여야 한다.

5) 모바일 기기의 잠금 기능(비밀번호, 잠금 패턴 등)을 설정하여 다른 사용자의 접근을 막고, 비밀번호 또는 패턴을 주기적으로 변경한다.

6) 모바일 기기의 운영체제(OS)를 임의로 변경하거나, 불법 OS를 사용해서는 안된다.

7) 모바일 기기 전용 백신 프로그램을 설치하고 자동 업데이트를 설정하여야 한다.

13.4 모바일 기기 사고 대응

모바일 기기를 통한 정보 유출이 의심되는 경우 즉시 정보보호 관리자에게 신고하고 그 지시에 따른다.

13.5 기술 지원 및 백업

1) 조직은 조직 정보 사용과 관련된 모바일 기기 및 서비스에 한해 기술 지원을 제공한다(기기 자체 또는 개인 애플리케이션에 대해서는 지원하지 않는다).

2) 모든 임직원은 자신의 모바일 기기 정보를 정기적으로 백업할 책임이 있으며, 조직은 망실된 데이터에 대한 복구 지원을 하지 않는다.

1. 적용 범위

본 지침은 이큐인증원(주)의 정보 관리에 있어 모든 임직원과 계약 등의 법률관계에 의해 조직의 정보에 접근하는 외부자, 그리고 조직의 업무상 생성되는 정보 및 해당 정보처리를 위한 정보통신망, 정보시스템 등 관리 가능한 유·무형의 자산에 적용된다.

2. 목적

본 지침은 조직의 정보시스템 보안 관리에 대한 기준을 정하고, 안전한 정보시스템 이용 환경을 구축하는 것을 목적으로 한다.

3. 용어 정의

1) 정보자산 : 정보를 만들거나 보관, 전송하는 장치 또는 시설물, 기록문서, 인쇄물, 도면, 전산시스템 등 모든 유·무형의 정보를 말한다.

2) 정보보호 : 모든 정보에 대해 사용자의 고의나 실수, 불법적인 행위로부터 안전하게 보호하여 정보의 무결성, 가용성, 기밀성을 확보하는 제반 행위를 말한다.

3) 계정(ID) : 이용자의 식별과 자료 이용을 위해 이용자가 생성한 고유한 식별 정보를 말한다.

4) 관리자 계정 : 시스템 관리 총괄 권한을 가진 특별 계정(예: root, Administrator).

5) IP 주소 : 정보통신망에서 서버와 클라이언트 간 연결을 위해 부여되는 숫자 주소 체계를 말한다.

6) 접근권한 : 정보시스템에 접속하여 정보자원을 활용하거나 생성·변경·열람·삭제할 수 있는 권한을 말한다.

7) 침해사고 : 해킹, 컴퓨터바이러스, 논리폭탄 등 방법으로 정보통신망 또는 관련 정보시스템을 공격하여 발생하는 사고를 말한다.

4. 역할 및 책임

4.1 정보보호 최고책임자

1) 각 정보시스템의 보안관리 업무를 수행할 시스템 관리자를 지정한다.
2) 정보보호 담당자로부터 접근권한 적정성 검토 결과를 보고받고 이상 유무를 확인한다.
3) 각 사용자가 비밀번호를 안전하게 관리하도록 정보보호 교육 및 홍보를 실시한다.

4.2 정보보호 담당자

1) 각 시스템 관리자로부터 접근권한 적정성 검토 결과를 통보받아 이상 유무를 확인한다.
2) 확인 결과를 정보보호 최고책임자에게 보고하여야 한다.
3) 시스템 관리자로부터 보안 사고 의심 보고를 받으면 필요한 조치를 한다.

4.3 시스템 관리자

1) 정보보호 최고책임자에 의해 지정된 자로서, 소관 시스템의 정보보호 업무를 총괄한다.
2) 각 시스템 현황 및 목록 관리, 사용자 계정 생성/변경/삭제, 접근권한 설정/변경, 보안 취약점 점검 및 개선 등 소관 시스템 정보보호를 위한 조치를 수행한다.
3) 본 지침에 명시된 계정 및 권한 관리 절차를 이행한다.

4.4 시스템 사용자

1) 정보시스템에 대한 접근권한을 부여받아 사용하는 임직원 및 외부자를 의미한다.
2) 사용하는 정보시스템을 안전하게 보호할 책임이 있다.
3) 본 지침의 내용을 준수하여야 하며, 지침에 위배되는 사항을 발견 시 지체 없이 해당 시스템 관리자에게 신고하여야 한다.
4) PC 등 개인용 정보시스템에 대한 비밀번호 관리 책임을 진다.

5. 업무 절차

5.1 계정 관리 절차

5.1.1 신규 계정 등록 및 변경

1) 신규 계정 등록 및 기존 계정 정보 변경 시에는 반드시 공식적인 절차를 준수하며, 유선이나 구두에 의한 처리는 금지한다.

2) 사용자의 책임 추적성을 보장하기 위해 시스템에서 사용자를 유일하게 구분할 수 있는 식별자(1인 1계정, 이메일 ID 등)를 모든 사용자에게 할당하고 책임 사항을 고지한다.

3) 중복 계정 사용 및 'root', 'admin' 등 추측 가능한 식별자 사용을 금지한다.

4) 공용 계정 사용은 금지하며, 부득이한 경우 부서의 장 승인하에 예외적으로 허용한다.

5) 외부자에 대한 계정은 필요한 기간을 정하여 제한적으로 허용하고 관리한다.

6) 계정 등록 및 변경 업무는 시스템 관리자 1인에 의해 처리되어서는 안 되며, 해당 시스템을 운용하는 부서의 장 등 이해 관련자의 검토를 거쳐 처리하여야 한다.

5.1.2 관리자 계정 관리

1) 시스템 관리자 계정은 정보보호 최고책임자에 의해 시스템 관리자로 지정된 자만이 사용할 수 있으며, 그 외의 자에게는 공유해서는 안된다.

2) 업무상 필요에 의해 부득이하게 관리자 계정을 타인에게 공유한 경우, 회수 후 즉시 비밀번호 변경 등의 보안 조치를 이행하여야 한다.

3) 새로운 시스템 관리자는 이전 관리자가 사용하던 관리자 계정의 비밀번호를 즉시 변경하여야 한다.

4) 시스템 관리자는 소관 정보시스템의 관리자 계정 목록(root, administrator 등)을 작성하여 비인가자의 접근이 불가능하도록 별도로 안전하게 보관하여야 한다.

5.2 접근 권한 관리 절차

5.2.1 권한 부여 및 설정

1) 각 시스템 관리자는 소관 정보시스템의 접근 권한을 업무 수행에 필요한 최소한의 범위로 업무 담당자에 따라 차등 부여하여야 한다.
2) 적절한 접근 권한 부여를 위해 체계적으로 분류된 접근 권한 설정 기준을 수립하여 적용한다.

5.2.2 권한 변경 및 말소

전보 또는 퇴직 등 인사이동이 발생하여 정보시스템 사용자가 변경된 경우, 각 시스템 관리자는 지체 없이 해당 정보시스템의 접근 권한을 변경 또는 말소하여야 한다.

5.2.3 기록 관리

각 시스템 관리자는 접근 권한의 부여, 변경 또는 말소에 대한 내역을 정확히 기록하고, 해당 기록을 최소 1년간 보관하여야 한다.

5.2.4 적정성 검토 및 보고

1) 각 시스템 관리자는 연 1회 이상 접근 권한의 적정성을 정기적으로 검토하여 권한의 오남용 여부를 점검한다.
2) 점검 결과는 정보보호 담당자에게 통보한다.
3) 정보보호 담당자는 각 시스템에서 통보된 접근 권한 적정성 검토 결과를 확인하고 이상 유무를 정보보호 최고책임자에게 보고하여야 한다.
4) 접근 권한 재검토 결과 이상 징후가 발견된 경우에는 즉시 해당 권한을 회수하고, 보안 사고가 의심되는 경우에는 지체 없이 정보보호 담당자에게 알리고 정보보호 최고책임자에게 보고하여야 한다.

5.3 비밀번호 관리 절차

5.3.1 비밀번호 구분 및 사용

정보시스템 비밀번호의 무단 사용 방지를 위해 다음 각 호와 같이 비밀번호를 구분하여 사용한다.

1) 접근용 비밀번호 : 비인가자의 정보시스템 접근 방지
2) 사용자 인증 : 정보시스템 접속 시 인가된 인원인지 확인
3) 자료별 비밀번호 : 문서의 열람, 수정, 출력 등 사용 권한 제한

5.3.2 자료별 비밀번호 부여

비밀 등 중요 자료에는 반드시 자료별로 비밀번호를 부여하여야 한다. 다만, 공개 또는 열람을 위한 자료에 대하여는 예외로 할 수 있다.

5.3.3 비밀번호 설정 기준 및 변경 주기

1) 각 시스템 관리자는 다음 각 호의 사항을 반영하여 소관 정보시스템의 비밀번호를 설정하여야 한다.
   (1) 영문 대문자, 소문자, 숫자 및 특수문자 중 2가지 이상을 조합하여 10자리 이상으로 설정(또는 3가지 이상 조합 8자리 이상)
   (2) 사용자 계정(ID)과 동일하지 않을 것
   (3) 개인 신상 및 부서 명칭 등과 관련이 없을 것
   (4) 일반 사전에 등록된 단어는 사용을 피할 것
   (5) 이미 사용된 비밀번호는 재사용하지 말 것
   (6) 동일 비밀번호를 여러 사람이 공유하여 사용하지 말 것
   (7) 응용 프로그램 등을 이용한 자동 비밀번호 입력 기능 사용 금지
   (8) 관리자 계정과 사용자 계정의 비밀번호를 다르게 부여할 것
   (9) 초기 할당된 임시 비밀번호는 사용자 로그인 후 즉시 변경하도록 설정
2) 설정된 비밀번호는 180일마다 주기적으로 변경하여야 한다.

5.3.4 사용자의 비밀번호 관리 책임

각 사용자는 PC 등 개인용 정보시스템에 대한 비밀번호 관리 책임을 지며, 타인에게 비밀번호가 노출되지 않도록 안전하게 관리하여야 한다.

5.3.5 안전 관리 고지

정보보호 최고책임자는 각 사용자가 비밀번호를 안전하게 관리할 수 있도록 정보보호 교육, 홍보 등의 방법으로 관련 사항을 고지하여야 한다.

5.3.6 서비스 이용자 비밀번호 관리

1) 고객, 회원 등 서비스 이용자의 비밀번호에 대해서는 본 조의 규정을 준용하여 관리한다.
2) 해당 서비스 관리 책임자는 홈페이지, 이메일 등 수단을 통해 비밀번호 관리 기준을 서비스 이용자가 확인할 수 있도록 공개하여야 한다.

6. 시스템별 보안 관리 업무 지침

6.1 네트워크 구성

1) 네트워크 분리 : 조직의 네트워크는 업무, 사용자, 정보자산의 중요도에 따라 다음 각 호와 같이 분리한다.
  (1) 개발망과 운영망을 논리적 또는 물리적으로 분리한다.
  (2) 외부로부터의 접근이 불가피한 웹서버, 메일서버 등의 공개용 서버는 DMZ 영역으로 분리한다.
2) 영역 간 접속 제한 : 네트워크 관리자는 분리된 네트워크 영역 간 접속을 다음 각 호와 같이 제한한다.
  (1) IP(Internet Protocol) 주소 등을 제한하여 인가 받지 않은 접근을 통제한다.
  (2) 침입차단시스템 등 ACL(Access Control List) 설정이 가능한 시스템을 활용하여 비인가 접근 유무를 확인한다.
3) 내부망 IP 주소 체계 : 내부 정보시스템을 보호하기 위하여 내부망에 사용되는 IP

는 사설주소체계(NAT : Network Address Translation)를 사용한다.

4) 네트워크 현황 관리 : 네트워크 관리자는 다음 각 호의 네트워크 관련 자료의 현황을 관리하고 항상 최신의 상태로 유지한다.

 (1) 네트워크 구성 현황

 (2) IP 할당 현황

 (3) 라우터, 스위치 등 네트워크를 구성하는 장비 목록

5) 중요 정보 이동 구간 암호화 : 시스템에서 중요 정보가 이동하는 네트워크 구간(IDC, 지사, 대리점 등)에 대해서는 VPN 등 암호화된 통신 채널을 사용한다.

6.2 원격접속 통제

1) 외부에서 내부망에 접속하는 경우를 대비해 VPN(Virtual Private Network) 시스템을 적용하거나 전용선을 설치하는 등의 조치를 적용한다.

2) 외부에서 내부망에 접속할 경우 안전한 접속 수단(2차 인증 등)을 적용한다.

3) 원격접속에 대한 기록은 원격작업의 내용, 작업시간, 허가된 내부 시스템 및 서비스에 대한 기록을 포함한다.

4) 정보시스템 운영을 위한 원격 접속은 금지하는 것을 원칙으로 하며, 장애 복구 등 불가피한 사유로 접근이 필요한 경우에는 정보보호 최고책임자의 승인을 얻어 특정 단말기를 통해서만 가능하도록 한다.

5) 사용자가 출장 또는 재택근무 목적으로 VPN 계정이 필요한 경우, 정보보호 담당자에게 VPN 계정 발급신청을 별도로 제출하여 승인을 받는다.

6.3 무선 네트워크 통제

1) 무선 네트워크를 설치, 운용할 경우 네트워크 관리자의 승인을 받는다.

2) 무선 AP(Access Point)를 내부망에 연결하는 경우에는 보안성이 확인된 장비를 사용한다.

3) 무선 AP 설치 시 다음의 사항들이 설정된다.

 (1) SSID Broadcast Disable

 (2) WPA3(Wi-Fi Protected Access) 이상 사용

 (3) 장비의 디폴트 SNMP(Simple Network Management Protocol) Community

이름 변경

(4) 장비관리자 비밀번호 설정

4) 네트워크 관리자는 무선 AP를 통해 내부시스템에 접근하는 사용자에 대하여 유선 네트워크를 사용하는 경우와 동일한 수준의 사용자 인증을 거치도록 설정한다.

5) 네트워크 관리자는 상시로 무선 AP의 보안설정 상태를 검토하여 비인가 접근 유무를 점검한다.

6) 방문객 등 외부인에게 제공하는 무선 AP를 설치하는 경우에는 업무망에 접근할 수 없도록 엄격히 통제한다.

7) 무선AP에 비인가자가 접근하는 것을 방지하기 위하여 주기적으로 비밀번호를 변경하며, 비밀번호는 '5.3(비밀번호 관리)' 제3항에 준하는 규칙을 적용하여 설정한다.

6.4 서버 보안관리

1) 서버 접근을 위한 계정은 운영 및 유지보수, 장애처리 등 제한된 인력에게만 부여하고, 일반 사용자의 접근을 통제한다.

2) 서버관리자는 각 서버의 용도와 관련이 없거나 침해사고를 유발할 수 있는 서비스 또는 포트를 확인하여 제거 또는 차단한다.

3) 개인정보 등 중요정보를 보관하는 DB 서버는 독립적으로 운영하며, 다른 용도의 서버로 전용하는 것을 제한한다.

4) 서버의 관리용 서비스 접근은 특정 단말기에서만 가능하도록 IP, 포트를 기반으로 접근 통제를 실시한다.

5) 서버관리자는 사용자가 5회에 걸쳐 사용자 인증 실패 시 서버 접근이 차단되도록 설정하며, 계정의 접근 차단 해제는 서버관리자가 본인확인 후 수행하도록 한다.

6) 서버관리자는 서버 접속 후 10분 이상 입력이 없는 경우에는 자동으로 세션이 종료되도록 설정한다. 단, 개발 업무나 서버 운영 상 정보보호 담당자에 의해 필요성이 인정되는 경우 예외로 할 수 있다.

7) 서버관리자는 주기적으로 접근 기록 검토 등을 통해 비인가자의 침입 여부를 점검한다.

8) DB 서버 등 내부망 서버에서는 인터넷 접속을 제한한다.

6.5 웹서버 등 보안관리

1) 외부자에게 공개할 목적으로 설치되는 웹서버 등 각종 공개서버는 내부망(업무망)과 분리하여 운영하고 보안적합성이 검증된 침입차단 및 탐지시스템을 설치하는 등 보안대책을 강구한다.

2) 시스템관리자는 공개서버의 서비스에 필요한 프로그램을 개발하고 시험하기 위해 사용된 도구(컴파일러 등)는 개발 완료 후 사용이 제한되도록 보안기능을 설정하거나 삭제한다.

3) 시스템관리자는 보안 사고에 대비하여 서버 설정 정보, 저장 자료 및 프로그램(Source Code)에 대하여 정기적인 백업체계를 구축한다.

4) 시스템관리자는 홈페이지 게재내용에 대외비, 기밀 등 비공개 자료가 포함되지 않도록 관리하며, 정보의 유출 또는 위·변조되지 않도록 보안대책을 강구한다.

5) 시스템관리자는 연 1회 이상 공개 서버의 취약점을 점검하고 이를 개선한다.

6.6 응용프로그램 접근통제

1) 업무용 응용프로그램은 각 사용자의 업무상 필요성에 따라 화면 단위로 최소한의 접근 권한을 부여한다.

2) 응용프로그램의 관리자 페이지는 외부 또는 비인가자가 접근할 수 없도록 숨김 처리하고, 특정 단말기를 통해서만 접근할 수 있도록 접근 IP 등을 제한한다.

6.7 데이터베이스 접근통제

1) 데이터베이스의 테이블 목록, 테이블명, 컬럼명 등 저장·관리되고 있는 정보를 식별하고 지속적으로 현행화하여 관리한다.

2) 데이터베이스에 대한 접근 권한은 데이터베이스관리자(DBA: Database Administrator), 사용자 등으로 구분하고 직무별 접근 통제 정책을 수립 및 이행한다.

3) 중요 정보를 저장하고 있는 데이터베이스는 외부에서 서비스를 제공하는 공개 네트워크 영역(DMZ)에 위치하지 않도록 한다.

4) 일반 사용자는 응용프로그램을 통해서만 데이터베이스에 접근 가능하도록 하며, DBMS에 접근할 수 있는 IP, 포트를 제한한다.

5) 중요 정보가 포함된 테이블 또는 컬럼에 대해서는 해당 업무상 취급 권한이 있어야만 사용할 수 있도록 제한한다.

6) 데이터베이스에 대한 접근기록은 1년 이상 보관하며, 연 1회 이상 점검하여 비인가자의 접근 여부를 확인한다.

6.8 클라우드 보안

1) 집적되고 공유가능한 정보통신기기를 이용하여 정보시스템을 이용할 수 있는 체계(이하 "클라우드시스템"이라 한다)를 구축하는 경우에는 정보의 유출방지를 위한 대책을 수립한다.

2) 클라우드시스템을 사용하기 위해 서비스 이용 계약 시 정보보호에 대한 책임과 역할을 명시하여 계약서에 반영한다.

3) 클라우드시스템 관리자는 클라우드를 통해 접근할 수 있는 업무용 시스템을 정의하고, 접근 가능한 사용자를 제한한다.

4) 클라우드시스템의 안전성 확보를 위하여 다음 각 호의 기술적 조치를 적용한다.

  (1) 가상화 인프라, 가상 환경 보호에 관한 사항

  (2) 접근통제 및 사용자 식별 · 인증에 관한 사항

  (3) 네트워크 통제, 정보보호시스템 운영, 암호화 등 네트워크 보안에 관한 사항

  (4) 데이터 보호 및 암호화 등 중요 정보 보호에 대한 사항

  (5) 시스템 분석 · 설계 · 구현, 외주개발 보안, 시스템 도입 보안 등 개발 및 도입에 관한 사항

5) 클라우드시스템 내의 데이터를 로컬 환경으로 이관하는 경우에는 적절한 승인 절차를 거치며, 클라우드시스템 관리자는 주기적으로 비인가 이관 기록을 점검하여 보안 사고를 방지한다.

6.9 저장매체 불용처리

1) 시스템관리자는 하드디스크 등 저장매체를 불용처리(교체, 반납, 폐기 등) 하고자 할 경우 저장매체에 수록된 자료가 유출되지 않도록 보안조치 한다.

2) 자료의 삭제는 해당 정보가 복구될 수 없도록 매체별, 자료별 차별화된 삭제방법을 적용한다.

(1) 완전포맷 3회 이상

(2) 물리적 파기 등

3) 시스템관리자는 저장매체의 불용처리 내역을 기록하고, 사고 발생 시에 증거로 보관한다.

4) 외부업체를 통해 저장매체를 불용 처리하는 경우에는 관리자 입회하에 불용처리를 실시하며, 외부업체 직원에 의한 정보유출 방지를 위해 보안조치를 적용한다.

7. 암호화 및 키 관리

7.1 암호키 관리자 지정 및 업무

1) 암호키 관리자 지정 : 시스템을 관리하는 소관 부서의 장은 각 정보시스템의 암호키를 관리할 담당자(이하 "암호키 관리자")를 지정한다.

2) 암호키 관리자 업무 : 암호키 관리자는 소관 시스템의 암호키 관리를 위해 다음 각 호의 업무를 수행한다.

 (1) 암호키 생성, 보관(소산 백업 등) 방법 수립 및 이행

 (2) 암호키 배포 대상자 정의 및 배포 방법 수립 및 이행

 (3) 암호키 사용 유효기간(변경 주기) 관리

 (4) 암호키 복구 및 폐기 절차 및 방법 수립 및 이행

 (5) 서버, 서비스용 암호키 관리 방안 수립 및 이행

3) 암호키 관리 현황 점검 : 정보보호 담당자는 연 1회 암호키 관리자의 협조를 받아 암호키 관리 현황을 점검하고 그 결과를 정보보호 최고책임자에게 보고한다.

7.2 데이터 암호화

1) 암호화 기준 수립 : 정보보호 담당자는 중요 정보의 중요도에 따른 암호화 기준을 수립하고 이행한다.

2) 암호화 대상 : 다음 각 호의 정보를 안전한 알고리즘을 사용하여 암호화하여 저장한다.

 (1) 주민등록번호를 포함한 고유식별정보(여권번호, 운전면허번호, 외국인등록번호 등)

  (2) 신용카드 번호, 계좌 번호 등 주요 금융 정보

  (3) 지문, 홍채 등 바이오 정보

  (4) 그 외 중요하다고 판단되는 정보

3) 정보통신망 송수신 암호화 : 정보통신망을 통해 이용자의 인증정보 등을 송 · 수신할 때에는 안전한 보안 서버 구축 등의 조치를 통해 이를 암호화한다. 보안 서버는 다음 각 호 중 하나의 기능을 갖춘다.

  (1) 웹 서버에 SSL(Secure Socket Layer) 인증서를 설치하여 전송 정보를 암호화하여 송 · 수신하는 기능

  (2) 웹 서버에 암호화 응용 프로그램을 설치하여 전송 정보를 암호화하여 송 · 수신하는 기능

4) 비밀번호 암호화 : 비밀번호는 복호화되지 아니하도록 일방향 함수를 적용하여 암호화한다.

5) 업무용 기기 중요 정보 암호화 : 업무용 컴퓨터 또는 모바일 기기에 중요 정보를 저장하여 관리하는 경우 상용 암호화 소프트웨어 또는 안전한 암호화 알고리즘을 사용하여 암호화한 후 저장한다.

6) 암호화 키 관리

  (1) 시스템 관리자는 암호화 키의 안전한 보관을 위하여 암호화 키 담당자를 지정할 수 있다.

  (2) 암호화 키 담당자는 암호화 키의 생성, 변경, 파기 기준을 수립하여 운영한다.

  (3) 암호화 키는 비상시에 대비하여 시스템 외 별도의 장소에 안전하게 보관하며, 비인가자가 접근할 수 없도록 엄격히 통제한다.

7.3 암호화 기술 기준

중요 정보에 대한 기밀성, 무결성 및 부인방지 등을 위해 암호화를 적용할 경우 다음 각 호의 기술 기준을 준수하는 기술을 사용한다.

  1) 대칭키 : SEED, HIGHT, ARIA128, LEA128, AES128

  2) 공개키(키 공유형) : DH, ECDH

  3) 공개키(암/복호화용) : RSAES

  4) 공개키(전자서명용) : RSA-PSS, KCDSA, ECDSA, EC-KCDSA

5) 해쉬 알고리즘 : SHA-224 이상, SHA3-224 이상, LSH-224 이상, LSH-512-224 이상

6) 상기 국내 기준과 동일한 수준의 국외 권고 암호화 기술

7.4 암호화 적용 방식

정보 자산의 가중치, 저장 형태, 시스템 환경 등에 따라 자산을 분류하고 다양한 형태의 암호화 기술 및 프로그램을 다음 각 호를 준수하여 적용한다.

1) 암호화 대상 : 본 지침 제 7.3조 및 관련 지침에 명시된 대상을 따른다.

2) 분류별 암호화 방식

(1) 데이터베이스 : 데이터베이스 관리 시스템을 이용한 필드 암호화를 적용한다.

(2) 개인용 PC/노트북 : 파일/디스크 보안 프로그램이나 운영체제 또는 압축 프로그램 등에서 제공하는 보안 기능, 편집 도구에서 제공하는 암호화 방식 등을 사용한다.

(3) 이동식 저장 매체 : 암호화 등의 기능을 동반한 전용 저장 매체를 사용한다.

7.5 암호키 생성, 보관, 사용, 파기

1) 암호키 생성

(1) 기밀 데이터 암호화 시 정보보호 관리자 승인 후 생성한다.

(2) 비밀키는 무작위로 생성하여 사용하는 것을 원칙으로 한다.

(3) 암호키는 안전한 길이 기준을 준수한다.

(4) 암호키를 하드코딩 방식으로 구현하지 아니한다.

2) 암호키 보관

(1) 암/복호화를 위한 비밀키는 개인이 바로 알 수 있는 형태로는 생성, 기록, 보관하지 아니한다.

(2) 암호키 이용 시스템에 저장할 수 있으나, 물리적으로 분리된 서버에 저장함을 권장한다.

(3) 암호키 손상 시 복구를 위해 별도의 매체에 저장 후 안전한 장소에 보관(소산 백업 포함)한다.

3) 암호키 사용

(1) 암호키 관리자를 지정하여, 암호키에 대한 접근은 키 관리자만 접근하도록 제한한다.

(2) 비상사태 대비 백업 인원을 지정한다.

(3) 비인가된 사용자에 의한 암호키 사용이 불가능하도록 가장 강력한 접근 통제를 적용하며, 접근이 인가된 사용자 외에게는 노출되지 않도록 철저히 관리한다.

(4) 암호키 노출 시 즉시 변경한다.

(5) 네트워크를 통하여 키와 관련된 정보를 전달할 시에는 반드시 무작위 키로 암호화하여 전달한다. 즉, 비밀키를 암호화하기 위한 키는 비밀키와 다르다.

(6) 한 사람이 암호화 시스템의 운영과 개발을 동시에 할 수 없으며 운영자와 개발자의 직무는 반드시 분리한다. 즉, 운영자는 암호화 소스를 갖지 아니하고, 개발자는 암호화 시스템(키 관리 서버 포함)에 접근하지 아니한다. 단, 직무 분리가 어렵다면 모니터링 등 대체 통제 수단을 마련한다.

4) 암호키 파기

(1) 사용 용도가 다하거나 사용 주기가 지난 경우 파기한다.

(2) 정보보호 관리자 승인 후 파기한다.

7.6 암호키 길이 기준

암호 알고리즘에 따라 다음 각 호의 키 길이를 준수하여 선택한다(필요 이상의 긴 키 길이는 처리 시간 비효율 초래 가능).

1) 대칭키 암호 알고리즘 : 112비트 이상의 안전성을 제공하는 키 길이

2) 비대칭키(인수분해 기반) : 1024비트 이상의 키 길이

3) 비대칭키(이산 대수 기반) : 2048비트(공개키), 224비트(개인키) 이상의 키 길이

4) 비대칭키(타원 곡선 기반) : 224비트 이상의 키 길이

7.7 암호키 사용 유효기간

1) 대칭키 암호 알고리즘의 경우 송신자는 최대 2년, 수신자는 최대 5년간 사용할 수 있다.

2) 공개키 암호 알고리즘 중에서 암호화 및 복호화 개인키와 검증용 공개키, 서명용 개인키는 최대 2년까지 설정하여 사용한다.

7.8 암호키 복구

암호키 관리자는 다음 각 호의 경우 암호키를 복구해야 할 경우 안전한 복구 방안을 마련하고 복구 이력을 기록한다.

 1) 사용자의 퇴사로 더 이상 사용 불필요 시
 2) 사용자의 직무 변경으로 인해 더 이상 사용 불필요 시
 3) 사용자가 암호키를 분실하였을 경우
 4) 사용자의 암호키 패스워드를 알 수 없을 경우
 5) 사용자의 암호키가 훼손되었을 경우

8. 시스템 개발 보안 업무 지침

8.1 보안 요구사항 정의 및 관리

 1) 정보시스템 개발 책임자는 정보보호 담당자와 협의하여 시스템 개발에 필요한 보안 요구사항을 정의한다.
 2) 정의된 보안 요구사항은 상세하게 파악하여 문서화하고, 설계부터 배포 전까지 개발 전 단계에서 각 보안 요구사항의 충족 여부를 확인한다. 단, 일부 기능 개선, 오류 수정 등 소규모 업데이트의 경우 정보보호 담당자의 판단 하에 해당 확인 절차를 생략할 수 있다.
 3) 보안 요구사항에는 다음 내용이 포함한다.
  (1) 사용자 인증 방법
  (2) 계정 및 권한 통제 방법
  (3) 중요 정보 저장 시 암호화 방법
  (4) 중요 정보 송수신 시 SSL 서버 구축 등 보호 조치 사항
  (5) 권한 변경 내역, 접속 기록, 행위 기록 등 보안 로그 기록 및 위·변조 방지 기능
  (6) 시스템 개발 및 운영 시 보호 대책(소스코드 형상 관리, 보관 방법 등)
  (7) 시스템 환경 설정 방법(세션 Time-out 등)
  (8) 기타 정보보호 관련 사항
 4) 설계 단계부터 보안 요구사항을 최대한 반영하며, 개발 단계별로 반영이 불가한

사유 발생 시 즉시 정보보호 담당자에게 고지하고 협의를 진행한다.

5) 정보보호 담당자는 보안 대책의 적절성을 수시로 점검하고, 개발 완료 시 정보보호 요구사항 충족 여부를 검토한다.

8.2 구현 및 테스트 단계 보안 준수 사항

1) 기술적 보안 취약점을 최소화하기 위해 다음 사항을 준수하여 정보시스템을 구현한다.

  (1) 취약한 함수 사용을 제한한다.

  (2) 소스코드 내 악성 코드 삽입을 금지한다.

  (3) 필요한 환경변수만 사용을 허가한다.

  (4) 실행 프로그램 사용 시 최소 모듈, 최소 시간, 최소 권한만을 부여한다.

  (5) 제한된 위치의 설정 파일을 사용하며, 코드 내에 중요 정보를 포함하지 않는다.

  (6) 프로그램 소스에 시스템 접속 관련 특정 정보(패스워드, IP 주소 등)를 하드코딩하지 않도록 한다.

  (7) 최신 소프트웨어 개발 보안 가이드를 준용하여 개발 보안 요건을 준수한다.

2) 개발 완료 후 안전한 코딩 및 규약 준수 여부를 검토하고, 보안 취약점 제거 전까지 운영 시스템 이관을 금지한다.

3) 운영 환경 설치 이전에 별도 환경에서 충분한 테스트를 수행하고 개발 관리자의 승인을 득한다.

4) 사전 정의된 보안 요구사항 충족 확인을 위해 테스트 시나리오, 체크리스트 등을 작성하여 테스트를 수행한다.

5) 시험 계획(목적, 대상, 환경, 절차 등 포함)을 수립하고, 계획에 따라 시험 수행 후 시험 결과는 문서로 기록한다.

6) 입력/출력 데이터 유효성 점검 기능에 대하여 테스트 수행 시 다음과 같은 내용을 포함한다.

  (1) 한계 값을 넘는 값의 입력

  (2) 데이터 영역에 잘못된 문자의 입력

  (3) 불완전한 데이터의 입력

  (4) 데이터의 크기가 메모리 할당 범위를 벗어난 입력

7) 테스트 목적으로 운영 DB에 접근하지 않는다.

8) 테스트 데이터는 보호 및 통제하며, 테스트 완료 후 삭제하고 개발 관리자의 검토를 받는다.

9) 시험 데이터는 임의 데이터를 생성하거나 운영 데이터를 가공하여 사용한다. 실제 운영 데이터가 시험 환경에서 사용될 경우, 다음 절차를 수립하고 이행한다.

  (1) 운영 데이터 사용 승인 절차 : 데이터 중요도에 따른 보고 및 승인체계를 정의한다(정보보호 최고책임자의 승인 필요).

  (2) 시험용 운영 데이터 사용 기한 및 기한 만료 후 폐기 절차를 수립한다(예: 사용 만료 후 즉시 폐기 확인).

  (3) 중요 데이터 사용에 대한 시험 환경에서의 접근 권한 및 통제를 수립한다(예: 운영 환경과 동일한 접근 통제 권고).

  (4) 운영 데이터 복제 및 사용에 대한 모니터링 및 심사를 수행한다.

8.3 운영 환경 이관 절차

1) 개발 책임자는 운영 환경으로의 이관을 위한 이관 계획을 수립한다.

2) 이관 계획에 기존 시스템 영향 분석 결과 및 시스템 중단 등 제약 사항을 포함한다.

3) 이관 시 문제 발생에 대비한 원상복구 방안을 수립하고, 시스템 중단을 최소화한다.

4) 이관 시 개발 도구가 운영 환경에 노출되지 않도록 서비스 운영에 필요한 파일만 남기도록 한다.

5) 소스 프로그램 변경 이력을 기록하고 이전 버전 소스를 보관하여 비상시에 대비한다.

6) 소스 프로그램 접근은 개발 책임자 승인하에 최소한의 인원에게만 허용하며, 비인가자 접근 차단 통제 방안을 수립한다.

7) 웹 애플리케이션 소스와 같이 서비스 특성상 필수적인 경우를 제외한 모든 소스는 운영 중인 시스템이 아닌 별도의 안전한 곳에 보관 관리한다.

8) 개발 중이거나 유지보수 중인 프로그램 소스는 운영 중인 프로그램 소스와 분리하여 관리한다.

8.4 개발 환경 직무 분리

1) 정보시스템의 개발 및 시험 시스템은 운영 시스템과 물리적으로 분리한다.

2) 개발과 운영 직무는 분리하는 것을 원칙으로 한다. 불가피한 경우 다음 보완 통제를 마련한다.

 (1) 개발자의 운영 업무 처리 시 상위 관리자에게 보고하고 승인을 받는다.

 (2) 직무자의 책임 추적성 확보를 위해 업무 처리 내역을 기록 및 보관한다.

 (3) 상위 관리자의 지속적 모니터링을 통해 권한 오남용을 방지한다.

8.5 외주 개발 보안

1) 시스템 개발 업무를 외부에 위탁하는 경우, 보안 요구사항을 계약서에 명시적으로 포함한다.

2) 개발 책임자는 개발 단계별 보안 요구사항 반영 여부를 상시 감독하고 미흡 사항 개선을 지체 없이 요청한다.

3) 개발 완료 후 다음 사항을 검수한다.

 (1) 보안 요구사항 반영 여부를 확인한다.

 (2) 안전한 코딩 언어 사용 여부를 확인한다.

 (3) 개발자 계정 및 권한 삭제 여부를 확인한다.

 (4) 기타 보안 취약점 제거에 필요한 사항을 확인한다.

9. 정보시스템 운영 보안

9.1 보안성 검토

1) 정보시스템을 도입, 구축, 변경하려는 부서의 장은 정보보호 최고책임자에게 사전에 보안성 검토를 의뢰하여야 한다.

2) 다음 각 호에 해당하는 경우 보안성 검토 대상이 된다.

 (1) 정보시스템 구축 또는 교체로 운영 환경에 중대한 변경이 발생하는 경우

 (2) 유·무선 네트워크를 신·증설하거나 내부 정보통신망을 외부망과 연결하고자 하는 경우

　　(3) 기타 정보시스템 변경으로 정보보호 최고책임자가 보안성 검토가 필요하다고 판단하는 경우

　3) 정보보호 최고책임자는 보안성 검토 결과 미흡 사항에 대한 보완 조치를 각 부서장에게 요청할 수 있으며, 중대한 결함이 발견된 경우에는 정보보호 최고책임자에게 보고하여야 한다.

9.2 정보시스템 도입 및 인수

　1) 신규 정보시스템을 도입, 인수, 변경하는 경우에는 단계적 추진 계획을 수립하여 이행하여야 하며, 그에 따른 업무 영향도를 분석하여 연속성 확보 대책을 반영하여야 한다.

　2) 시스템관리자는 정보시스템 도입 및 인수에 따라 필요한 운영 절차를 수립하여야 하며, 다음 각 호의 사항을 반영하여야 한다.

　　(1) 정보시스템 환경 설정(접근 통제, 비밀번호 등) 방법

　　(2) 정보시스템 보안 설정 방법

　　(3) 접근 권한 설정 방법

　　(4) 오류 및 예외 사항 처리 방법

　　(5) 문제 발생 시 긴급 종료/재동작/복구 방법

　　(6) 시스템 모니터링 방안(보안 심사 로그, 각종 이벤트 로그 확인 방법)

　　(7) 긴급 상황 발생 시 비상 연락망 등

　3) 정보시스템 관련 환경 변화가 있을 경우 시스템관리자는 운영 절차 내용을 검토하여 변경 사항을 반영하여야 한다.

　4) 정보시스템의 운영을 외부에 위탁하는 경우, 계약서에 운영 절차 수립에 관한 사항을 반영하고 실제 운영 시 절차에 따라 이행하는지 여부를 상시 감독하여야 한다.

　5) 서버, 네트워크 장비, 보안 장비 등을 인수하는 경우에는 인수 기준을 수립하여 본 지침에서 규정한 보안성 기준에 부합하는지 여부를 확인하여야 한다.

9.3 성능 관리

　1) 각 시스템관리자는 관리하고 있는 정보시스템의 임계치를 설정하고, 상시 점검을

통해 시스템 안정성을 확보하여야 한다.

2) 각 시스템관리자는 정보시스템의 성능을 주기적으로 측정하고, 축적된 정보를 연 1회 이상 주관 부서의 장에게 보고하여야 하며, 점검 결과 시스템 성능의 한계로 인한 장애가 우려되는 경우에는 용량 증설, 추가 시스템 도입 등의 계획을 수립하여야 한다.

9.4 장애 관리

1) 각 시스템관리자는 정보시스템의 장애가 발견된 경우 지체 없는 처리가 가능하도록 다음과 같은 항목을 포함하여 장애 처리 절차를 수립한다.

(1) 장애 유형 및 심각도 정의

(2) 장애 유형 및 심각도별 보고 절차

(3) 장애 대응 및 복구에 관한 책임과 역할 정의

(4) 장애 기록 및 분석

2) 수립된 장애 절차에 따라 조치하고 다음과 같은 내용을 포함한 장애 조치 보고서를 작성하여 내부 공지하고 그 결과를 해당 부서의 장에게 보고한다.

(1) 장애 일시

(2) 장애 심각도

(3) 담당자, 책임자

(4) 장애로 인한 피해, 영향도

(5) 장애 원인, 조치 내용, 복구 내용

3) 심각도가 높은 장애 유형의 경우 정보보호 담당자와 협의하여 재발 방지 대책을 마련하고 그 결과를 정보보호 최고책임자에게 보고한다.

9.5 백업 및 복구

1) 비상사태 발생 시 신속한 복구 및 업무 연속성 확보를 위하여 정보시스템에 대한 이중화 구성 또는 정기 백업을 수행하여야 한다.

2) 각 시스템관리자는 유관 부서와 협의를 통해 이중화 구성 및 백업 대상을 결정하고, 그에 따른 백업 절차를 수립하여야 한다.

3) 이중화 구성 및 백업을 위해 다음 각 호의 사항이 고려되어야 한다.

  (1) 사용자 데이터 백업

  (2) 서버, 네트워크, DBMS의 인프라 구성을 포함한 아키텍처

  (3) 응용 프로그램 소스 코드

  (4) 설정 값이 포함된 운영 매뉴얼 등 중요 정보

4) 백업 및 이중화 구성 시 자연재해 등의 위험에 대비하여 물리적으로 충분한 이격을 갖춘 공간에 별도 보관하여야 하며, 원본 데이터와 동일한 접근 통제를 적용하여야 한다.

5) 각 시스템관리자는 시스템 및 가동 서비스 연속성의 검증을 위해 서비스 담당자와 협의를 통해 테스트 대상을 선정하고 연 1회 복구 테스트를 실시하여야 한다.

6) 복구 테스트는 복구 전략 및 대책의 실효성과 비상 시 복구 조직 구성원의 신속 대응력 등을 점검할 수 있도록 시험 시나리오 기반, 일정, 참여 인원 등을 포함하는 계획을 마련하고 수행하여야 한다.

7) 시스템관리자는 화재나 자연재해 등으로부터 피해를 최소화하기 위하여 정해진 주기 및 장소에 소산을 수행할 수 있다. 소산 백업을 수행할 경우 소산 대상, 소산 일자, 소산 수량 등을 문서로 관리하여야 한다.

9.6 보안 취약점 점검

1) 각 시스템관리자는 소관 정보시스템에 대한 보안 취약점은 연 1회 이상 점검하여야 한다.

2) 점검 결과 발견된 미흡 사항에 대한 즉시 개선 조치를 이행하고, 그 결과를 정보보호 담당자와 공유하여야 한다.

3) 정기적인 보안 취약점 점검 외에도 지속적으로 최신 보안 취약점을 파악하고, 최신 보안 취약점이 발견된 경우 해당 보안 취약점이 정보시스템에 미치는 영향을 분석하여 필요시 대응 조치하여야 한다.

4) 취약점 점검 이력에 대한 기록을 관리하고, 취약점 점검 시 지난 취약점 점검 결과와 비교 분석하여 취약점 재발 여부를 확인하고 유사한 취약점이 재발되고 있는 경우 근본 원인 분석 및 재발 방지 대책을 마련하여야 한다.

9.7 보안 시스템 운영

1) 정보통신망을 통해 송수신되는 정보의 유출 등 사고 방지를 위한 시스템(이하 "보안시스템"이라 한다) 운영 절차는 다음 각 호의 사항을 포함하여야 한다.

 (1) 탐지 · 차단 정책 (Ruleset) 등록, 변경, 삭제 절차

 (2) 탐지 · 차단 범위 및 대상

 (3) 탐지 · 차단 일시 및 주기

2) 보안시스템 관리 권한은 최소한의 인원에게만 부여하고, 일반 사용자가 절대 접근할 수 없도록 통제하여야 한다.

3) 보안시스템 관리자는 보안시스템 정책의 타당성을 분기별 1회 이상 점검하여야 하며, 보안 사고가 의심되는 사항이 발견된 경우 즉시 정보보호 최고책임자에게 보고하여야 한다.

4) 보안시스템의 예외 정책 등록에 대하여 절차에 따라 관리하고 있으며, 예외 정책 사용자에 대하여 최소한의 권한으로 관리하여야 한다.

 (1) 신청 사유의 타당성 검토

 (2) 보안성 검토 : 예외 정책에 따른 보안성 검토 및 보완 대책 마련

 (3) 예외 정책 신청 · 승인 : 보안 시스템별로 책임자 또는 담당자 승인

 (4) 예외 정책 만료 여부 및 예외 사용에 대한 모니터링 등

9.8 악성코드 방지

1) 웜 · 바이러스, 해킹 프로그램, 스파이웨어 등 악성코드 감염을 방지하기 위하여 다음 각 호와 같은 대책을 수립 · 시행하여야 한다.

 (1) 단말기의 응용 프로그램을 보안 패치하고 백신은 최신 상태로 업데이트, 상시 감시 상태로 설정 및 주기적인 점검을 실시하여야 한다.

 (2) 출처, 유통 경로 및 제작자가 명확하지 않은 응용 프로그램 사용을 금지하고 인터넷 등 상용망으로 자료 입수 시 신뢰할 수 있는 인터넷 사이트를 활용하되 최신 백신으로 진단 후 사용하여야 한다.

 (3) 인터넷 파일 공유 프로그램과 메신저, 대화방 프로그램 등 업무상 불필요한 프로그램 사용을 금지하고, 정보보호 담당자는 침입 차단 시스템 등에서 관련 사이트 접속을 차단하도록 보안 설정할 수 있다.

(4) 웹 브라우저를 통해 서명되지 않은 Active-X 등이 PC 내에 불법 다운로드되고 실행되지 않도록 보안 설정하여야 한다.

2) 시스템관리자는 시스템에 악성코드가 설치되거나 감염된 사실을 발견하였을 경우에는 악성코드 감염 원인 규명 등을 위하여 파일 임의 삭제 등 감염 시스템 사용을 중지하고 내부망과의 접속을 분리하여야 한다.

3) 악성코드가 신종이거나 감염 피해가 심각하다고 판단될 경우에는 「보안 사고 대비 대응 지침」에 따라 적절한 보고 및 대응을 실시하여야 한다.

9.9 패치 관리

1) 정보시스템에 설치되어 있는 운영체제, 소프트웨어 패치 적용을 위한 정책 및 절차를 수립하여 이행하여야 한다.

2) 정보시스템 패치는 사전에 패치로 인한 서비스 영향도를 분석하여 작업 계획서를 작성하여야 하며, 업무 관련 부서에 사전에 공지를 실시하여야 한다.

3) 주요 정보시스템 등에 설치된 운영체제, 소프트웨어 버전 정보, 패치 파일 등을 확인할 수 있도록 최신 패치 여부를 확인하여야 하며, 패치 내역을 기록하여 보안 사고 발생 시 증거로 보관하여야 한다.

4) 운영 환경에 따라 즉시 패치 적용이 어려운 경우 그 사유와 추가 보완 대책을 마련하여 정보보호 최고책임자에게 보고하고 그 현황을 관리하여야 한다.

5) 패치 관리 시스템(PMS)을 활용하는 경우 내부망 서버 또는 PC에 악성코드 유포지로 악용될 수 있으므로 패치 관리 시스템 서버, 관리 콘솔 등에 접근 통제 등 충분한 보호 대책을 마련하여야 한다.

9.10 접속기록 관리

1) 시스템관리자는 정보시스템의 효율적인 통제·관리, 사고 발생 시 추적 등을 위하여 사용자의 정보시스템 접근기록을 유지 관리하여야 한다.

2) 접근기록을 보관하는 경우에는 다음 각 호의 사항이 포함되도록 하여야 한다.

 (1) 접속자, 정보시스템·응용프로그램 등 접속 대상

 (2) 로그 온·오프, 파일 열람·출력 등 작업 종류, 작업시간

 (3) 접속 성공·실패 등 작업 결과

3) 시스템관리자는 접근기록의 정확성을 보장하기 위하여 각 정보시스템의 시각 동기화를 설정하여야 한다. 또한, 시각 동기화 오류 발생 여부, OS 재설치 또는 설정 변경 등에 따른 시각 동기화 적용 누락 여부 등을 점검하기 위하여 시각 동기화가 정상적으로 이루어지고 있는지 주기적으로 점검하여야 한다.

4) 시스템관리자는 접근기록을 주기적으로 점검하여 비인가자의 접근 유무를 확인하여야 한다.

5) 시스템관리자는 접근기록을 분석한 결과, 비인가자의 접속 시도, 정보 위·변조 및 무단 삭제 등의 의심스러운 활동이나 위반 혐의가 발생한 사실을 발견한 경우 정보보호 최고책임자에게 보고하여야 한다.

6) 접근기록은 사고 발생 시 확인 등을 위하여 최소 1년 이상 보관하여야 하며 접근기록의 위·변조 방지를 위하여 별도의 저장장치에 백업하여야 한다.

7) 정보보호 최고책임자는 정보시스템 접근기록의 실시간 모니터링을 위하여 별도의 보안시스템을 도입하여 운영할 수 있으며, 모니터링을 통해 발견된 비인가 접근에 대하여는 침해사고에 준하는 관리를 적용하여야 한다.

1. 적용 범위

본 지침은 이큐인증원(주)(이하 "조직"이라 한다)의 정보보호 경영시스템(이하 "경영시스템"이라 한다) 관련 모든 정보자산에 발생하는 정보보호와 관련된 보안 및 침해사고에 적용한다.

2. 목적

본 지침은 조직의 정보자산에 대한 보안 사고 발생 시 대응 및 사후관리 기준을 정립함을 목적으로 한다.

3. 용어와 정의

1) 침해사고 : 외부 또는 내부의 악의적인 사용자에 의해서 회사의 자산에 대하여 '정보통신기반보호법 제8조'에 의해 규정된 전자적 침해행위(해킹, 컴퓨터 바이러스, 논리폭탄, 서비스거부 또는 전자기파 등으로 공격하는 행위)로 인하여 피해 또는 유출 등이 발생하는 것을 말한다.

2) 심사증적 : 시스템 접근단계에서 종료 단계까지의 일련의 과정에서 행한 모든 활동을 재생, 검토, 조사할 수 있는 시스템 활동의 시간별 기록이다.

3) 로그(log) : 시스템 사용에 관련된 전체의 기록, 즉 입출력 내용, 프로그램 사용내용, 자료변경 내용, 시작시간, 종료시간 등의 기록이다.

4) 무결성 : 비 인가된 방법을 통해 정보를 변경 또는 파괴하지 못하도록 하는 특성이다. 정보가 전송되고 저장되는 과정에서 완전성과 정확성을 유지하는 것을 의미한다.

5) 보안정책 : 조직의 중요한 정보에 대한 관리 및 보호를 규정한 규칙 및 운영의 집합을 말한다.

6) 기밀성 : 비인가자가 임의의 정보를 사용하거나 정보가 노출되지 못하도록 하는 특성으로 자산 또는 데이터가 전송, 백업, 보관 중에 허가 받지 않은 사람에게 노출되지 않아야 함을 의미한다.

7) 가용성 : 권한을 가진 개체의 요구에 따라 회사의 자산을 지속적으로 접근하고 사용이 가능하도록 하는 특성이다.

8) 인증 : 제시된 사용자 증명 자료의 유효성을 확인하여 사용 가능한 권한을 부여하는 절차로서 조직에서 구축하여 운영하고 있는 정보보호 관리체계가 인증기준에 적합함을 인증기관이 증명하는 것을 말한다.

9) 접근통제 : 다른 주체와의 통신 또는 컴퓨터시스템이나 네트워크의 기능 및 서비스 사용 등에 대한 주체의 권한이나 능력의 제한을 의미한다.

10) 침해사고 대응팀(CERT : Computer Emergency Response Team) : 정보시스템 (HW, SW, NW)에 대해 보안 침해사고를 예방하기 위한 대책을 제시하고, 침해사고 발생 시 신속하게 원인을 규명하여 사고 확산을 억제하기 위한 역할을 수행하는 조직이다.

4. 침해사고 대응 조직

4.1 정보보호 최고책임자

1) 침해사고 대응 전반에 대한 모든 지휘 및 관리를 총괄한다.

2) 다음과 같은 역할을 수행한다.

 (1) 침해사고 대응 및 재발 방지 조치를 수행한다.

 (2) 침해사고 시 침해사고 대응팀(CERT)을 구성할 수 있으며, CERT는 외부 정보보호 전문업체의 지원을 받을 수 있다.

 (3) 침해사고 보고 처리 및 재발 방지 대책을 수립한다.

4.2 정보보호 관리자 및 담당자

1) 침해사고 발생 시 신고 접수 및 처리를 담당한다.

2) 침해사고의 긴급대응 및 복구를 수행한다.

3) 침해사고 관련 모든 기록을 문서화하여, 기록하고 분석한다.

4) 정보보호 업무 수행 시 오류 및 부정 행위 감시에 대한 업무를 수행한다.

5) 정보자산에 대한 주기적인 점검을 수행한 후, 그 결과를 통해 취약점 보완계획을 수립, 시행한다.

6) 침해사고에 대한 교육을 실시한다.

7) 다른 조직의 침해사고 대응 조직과의 정보 교류 등을 수행한다.

4.3 침해사고 대응팀(CERT)

1) 침해사고 발생 시 정보보호 최고책임자의 지휘 아래 구성된다.

2) 침해사고 대응팀장은 정보보호 최고책임자로 임명된다.

3) 침해사고 대응팀장은 필요 시 다른 팀 또는 외부기관의 협조를 요청할 수 있다.

5. 침해사고 보고 및 통보

5.1 침해사고 발생 시 보고 체계

1) 침해사고 최초 발견자는 즉시 정보보호 최고책임자에게 보고하여야 한다.

2) 정보보호 최고책임자는 신속하게 해당 침해사고 발생지로 이동한다. 단, 사고 시스템의 운영상황을 파악할 수 있는 관리 통제시스템이 별도로 설치되어 운영 중인 경우에는 전체적인 관리통제가 가능한 장소로 이동한다.

5.2 침해사고 발생 시 통보

1) 침해사고 발생 시 아래 기관에 통보·신고하여야 한다.

  (1) 회사 내부 조직 : 정보보호위원회(Information Security Committee)

  (2) 회사 외부 조직

  (3) 한국인터넷진흥원(www.kisa.or.kr) 인터넷침해대응센터(www.krcert.or.kr)

  (4) 경찰청 사이버안전국(cyberbureau.police.go.kr) 등

2) 침해사고 대응팀장은 정보보호 최고책임자에게 전달하여 유관 팀과 협의 후 관련 기관에 통보할 수 있도록 한다.

3) 개인정보 유출 시에는 해당 정보 주체에게 다음 사실을 알려야 한다.

  (1) 유출된 개인정보의 항목

  (2) 유출된 시점과 그 경위

  (3) 유출로 인하여 발생할 수 있는 피해를 최소화하기 위하여 정보 주체가 할 수 있는 방법 등에 관한 정보

  (4) 개인정보처리자의 대응조치 및 피해 구제절차

(5) 정보 주체에게 피해가 발생한 경우 신고 등을 접수할 수 있는 담당 부서 및 연락처

4) 개인정보 유출 시에는 추가적으로 다음과 같이 알려야 한다.

(1) 행정안전부, 과학기술정보통신부 또는 한국인터넷진흥원에 신고한다.

(2) 인터넷 홈페이지의 첫 화면에 별도의 창과 고객센터, 공지사항 등 정보 주체가 알아보기 쉬운 위치에 최소 30일 이상 게시한다.

6. 침해사고의 유형 및 등급

6.1 침해사고의 유형

1) 서비스의 중단 : 물리적 손상, 서비스거부공격(DoS), 바이러스 등으로 인한 서비스의 일부 또는 전체 중단

2) 고객정보 또는 회사 기밀정보의 누출 : 내부/외부인에 의한 대량 정보 유출, 시스템 해킹, 저장 매체 도난, 협력업체 통한 유출, 도청/감청/스니핑에 의한 유출

3) 회사의 서비스 거래나 거래 결과의 변조 또는 수정 : 내부/외부인에 의한 의도적 조작, 유출 기밀 활용한 허위/조작 행위

4) 회사가 제공하는 서비스나 정보 등을 이용하여 회사 이미지 실추 : 회사 홈페이지/온라인 서비스 해킹

6.2 침해사고 등급 구분 및 조치

6.2.1 침해사고 A등급

1) 특성 : 회사에 심각한 영향을 미치는 수준의 기밀 정보자산 유출, 서버/시스템/네트워크/데이터 침해(변조, 삭제), 서비스 거부 공격에 의한 서비스 중단, 주요 시스템 바이러스 감염, IT 서비스 관련 사기 및 부정 수단

2) 주요 조치

(1) 침해사고 대응팀(CERT) 가동한다.

(2) 외부망 접속을 차단한다.

(3) 침입 경로, 취약점을 파악 및 분석한다.

(4) 외부기관에 사실을 신고하고 공유하는 등의 조치를 취한다.

6.2.2 침해사고 B등급

1) 특성 : 대외비급 정보자산의 유출, 서버/시스템/네트워크/데이터에 대한 시스템 권한의 단순 오남용(비인가 접근 조회)

2) 주요 조치

  (1) 침해사고 대응팀(CERT) 가동한다.

  (2) 외부 지원기관 상주 근무 및 상시 연락 체계를 가동한다.

  (3) 정보시스템 및 보안시스템 보안 조치를 강화한다(24시간 모니터링 및 보안정책 적용 강화).

  (4) 인터넷 사용을 제한하는 등의 조치(E-mail 등)를 취한다.

6.2.3 침해사고 C등급

1) 특성 : 일반 정보자산에 대한 유출, 업무에 지속적인 영향이 없는 일시적인 시스템 장애

2) 주요 조치

  (1) 취약점 점검 및 상시 감시를 수행한다.

  (2) 보안 시스템의 보안 정책을 점검하고 유해 패턴 경로를 감시하는 등의 조치를 취한다.

7. 침해사고의 예방 및 대응

7.1 침해사고 예방 활동

7.1.1 안전한 시스템 운영

모든 OS 및 응용프로그램에 대해 최신 보안 패치를 신속히 적용하여 취약점을 제거한 상태로 시스템을 운영한다.

7.1.2 정기적 보안 점검

1) 정보보호 담당자는 보안점검 체크리스트를 활용하여 정기적으로 시스템을 점검하

고, 이상 징후 발견 시 점검 결과를 정보보호 관리자에게 보고한다.

2) 정보보호 담당자는 비 인가된 활동에 대한 보안 차단 시스템 경보 및 주요 시스템/파일에 대한 비인가 변경 등을 지속적으로 모니터링한다.

7.1.3 사용자 계정 및 패스워드 안전 관리

1) 최소 반기 1회 사용하지 않는 계정을 점검하고, 정해진 담당자만이 신규 계정 발급, 취소 등을 관리할 수 있도록 한다.

2) 사용자 패스워드는 최소 8자리 이상으로 영문자, 숫자, 특수 문자를 혼용하여 사용하도록 하며, 정기적인 패스워드 교체를 위한 이력 관리가 필요하다.

7.1.4 공개 서버의 안전한 운영

1) 외부망에서는 공개 서버로만 접근되도록 외부망 연결 장비를 설정한다.

2) 공개 서버 시스템에 적절한 보안 도구를 설치하여 공개 서비스 이외의 접근을 통제한다.

7.1.5 네트워크 안전한 운영

1) 침입 차단 시스템 등을 운영하여 외부망으로부터의 불법 접근을 차단하고, 침투 가능한 취약점이 있는지 주기적으로 검토한다.

2) 안전하지 않은 서비스(예: finger, IP forwarding)는 제거한다.

3) 수시로 원격 시스템 점검을 통해 내부 네트워크의 취약성을 점검하고 보완 조치를 취한다.

4) 네트워크 환경 변화 시 내부 및 외부 스캐닝을 통해 취약성이 있는지 체크하고 보완 조치를 취한다.

7.1.6 로그 점검 및 관리

시스템에서 생성되는 각종 로그 기록을 수시로 분석하여 이상 유무를 점검하도록 한다.

7.1.7 바이러스 예방

1) 확산 가능성이 높거나 피해가 심각한 바이러스에 대해 그룹웨어 게시판을 통해 예

방법, 치료/복구 방법, 피해 심각성 등을 전 직원에게 공지하여 모든 직원들이 열람 가능하도록 한다.

2) 반기별 1회 이상 직원들이 바이러스 백신 프로그램을 적절하게 운영하고 있는지를 점검하고, 미준수 직원에 대해서는 각 부서 책임자에게 통보하여 조치를 취하도록 한다.

7.1.8 정보보호 진단

1) 주요 정보시스템의 취약점 분석/평가를 위해 보안 점검 및 모의 해킹 계획을 수립, 시행한다.

2) 정보보호 진단 계획을 수립, 실시하여 보안 현황을 분석하고 문제점에 대한 대책을 수립한다.

3) 정보보호 책임자는 체계적인 방법으로 진단을 실시하며 필요시 외부 전문업체를 활용할 수 있다.

4) 취약점 점검 및 모의 해킹은 연 1회 실시를 원칙으로 한다.

7.1.9 침해사고 대응 계획

1) 침해사고 대응 계획은 매년 주기적으로 테스트되어야 한다.

2) 침입 탐지/예방 시스템을 상시 가동하여 주기적으로 모니터링을 실시하고 즉각적으로 처리할 수 있는 프로세스를 확보한다.

7.2 침해사고 대응 절차

7.2.1 침해사고 인지

시스템에 비정상적인 활동이나 징후가 나타나면, 정보시스템 운영 부서는 불법 침입자가 침투했을 가능성이 있으므로 점검하여야 한다.

7.2.2 침해사고 접수

1) 고객, 직원, 외부 기관 등으로부터 통보된 침해사고는 정보시스템 운영 부서에서 접수한다.

2) 침해사고로 판단될 경우, 사고 내용, 처리 내용, 사고에 대한 대책 등을 정보보호 관리자에게 보고한다.

7.2.3 침해사고 초기 대응

1) 선 조치 수행

(1) 침해사고 처리 시 사태 지연 및 확산이 불가피하다고 판단될 경우, 사고 지연을 막기 위해 시스템 사용 중단 등을 요청할 수 있으며, 해당 시스템 관리자의 승인을 거쳐 시스템의 중단을 실시할 수 있다.

(2) 긴급 상황에서는 정보시스템 운영 부서와 네트워크 관리자 협의 하에 피해 최소화를 위해 네트워크 인터페이스 단절, 전원 off 등의 선 조치를 수행할 수 있다.

2) 침입자 발견 시 조치

(1) 침입자가 현재 시스템에 침투해 해킹을 하고 있을 경우, 최초 발견자는 정보시스템 운영 부서 또는 해당 시스템 관리자에게 통보하고, 정보시스템 운영 부서나 시스템 관리자는 통보 받은 즉시 초기 대응에 들어간다.

(2) 필요시 한국인터넷진흥원 (KISA) 등의 기관의 협조를 요청하며, 이때 협조 의뢰의 최종 결정은 정보보호 최고책임자가 담당한다.

(3) 해당 시스템 관리자가 비상 연락망을 통한 보고에도 불구하고 신속한 의사결정이 이루어지지 않는 경우, 정보시스템 운영 부서와 협의하여 시스템을 네트워크와 분리할 수 있다.

(4) 침입자를 추적할 수 없거나, 해킹으로부터 시스템 보호가 우선이라고 판단되는 경우 필요시 접속을 차단한다.

(5) 침입 후 활동하는 내용이 치명적이지 않다고 판단되는 경우, 네트워크를 분리하지 않고 로그 분석을 통하여 침입 위치 및 침입 대상 등을 추적한다.

(6) 정보보호 관리자는 상황 파악을 한 후, 침해사고의 등급을 판단하고 침해사고가 미치는 영향 등을 고려하여 정보보호 최고책임자 및 경영층에게 즉시 보고한다.

7.2.4 침해사고 대응

1) 정보보호 최고책임자는 보고받은 침해사고를 검토하여 침해사고 등급을 판단하고, 해당 등급에 적합한 대응 조치를 지시한다.

2) 침해사고 대응팀은 다음 각 호의 업무를 수행한다.

 (1) 침해사고가 일어난 시스템 및 접속 경로를 확인할 수 있는 네트워크 장비의 로그 등을 안전한 백업 매체에 보관하여 증거를 확보한다.

 (2) 침입자의 접속 경로를 추적하여 확인한다. 만약 내부 단말기에서 침입한 경우에는 단말기 위치를 확인하여 단말기 책임자와 접속 경위 등을 조사하고, 외부 네트워크로부터 침입한 경우에는 네트워크 담당자 및 방화벽 담당자와 협조하여 로그를 유지하도록 하고 접속 경로를 조사한다.

 (3) 시스템 및 네트워크의 이상 작동, 변경 유무, 정보 유출 등을 확인한다.

3) 회사 내부적으로 해결할 수 없는 상황은 대외 기관(한국인터넷진흥원, 혹은 외부 보안 컨설팅 업체의 CERT 서비스)에 의뢰하여 지원을 받을 수 있다.

4) 침해사고 대응팀에 의해 침해사고에 대한 처리가 완료되고 침해사고의 원인이 분석된 후, 시스템에 대한 복구를 지원한다.

5) 침입 시도에 대한 대응이 종료된 이후에는 정보보호 관리자는 침입 시도 방법, 침입 시도 대응책 등이 포함된 '침해사고 대응 보고서'를 보고하며, 관련 담당자에게 공유하도록 한다.

7.3 침해사고 분석

7.3.1 침입자 추적

1) 침해사고 대응팀은 내부 침해의 경우 사용 중인 단말기 위치를 확인 후 조치를 취한다.

2) 다른 사이트를 거쳐 침입했을 경우, 해당 사이트 관리자에게 경고를 통해 필요 조치를 취할 수 있게 한다.

3) 네트워크를 통해 외부에서 침입한 경우 시스템 및 네트워크 관리자는 로그를 유지하고 침해사고 대응팀은 침입자 추적을 전문가와 공동으로 대응한다.

4) 공격 사이트로의 연락

 (1) 추적에 성공하여 Domain Name이나 IP 주소를 알아낸 경우, 관련 사이트의 연락처 정보(E-Mail 또는 전화)를 알아낸다.

 (2) 공격 사이트에 대한 연락 정보를 찾기 힘든 경우에는 해당 사이트의 상위 ISP에

연락하여 관련 정보를 수집하거나 사고 처리를 요청한다.

7.3.2 시스템 침해 흔적 분석

시스템 침해의 흔적을 통보 받거나 발견 시, 다음의 절차를 따른다.

1) 침해사고 대응팀은 통보 받은 내용을 토대로 서버 시스템 및 네트워크 운영 담당자와 협력하여 침해사고 시스템의 로그 및 환경 설정 이상 내역을 분석한다.

2) 침해사고 대응팀은 분석 내역을 토대로 '침해사고 분석 보고서'를 작성한다.

3) 침해사고 대응팀은 '침해사고 분석 보고서'를 시스템의 운영 담당자와 협의하여 대책을 마련할 수 있도록 조치한다. 침해사고라 판단될 경우, '침해사고 관리 대장'에 사고 내역을 기록하고 정보보호 최고책임자에게 보고한다.

8. 침해사고의 복구 및 사후관리

8.1 시스템 복구 준비 및 조치

1) 증거 확보 : 시스템 담당자는 침입 흔적을 포함한 모든 로그 및 ID/패스워드 관리 파일을 즉시 백업한다.

2) 계정 보안 강화 : 모든 사용자에게 패스워드 변경을 안내하고 조치한다.

3) 시스템 제어 회복 : 침입자의 재접근을 방지하기 위해 네트워크 접속을 차단하거나 단일 사용자 모드에서 복구 작업을 수행한다.

4) 법적 증거 확보 : 상세한 파일 시스템 덤프를 수행하고, 덤프 파일에 레이블, 서명, 일시 등을 기록하여 안전한 장소에 보관한다.

5) 시스템 재설치 : 침해 시스템은 재발 방지를 위해 훼손되지 않았음이 입증된 백업 매체 또는 설치 CD를 이용하여 재설치하는 것을 원칙으로 한다.

6) 취약점 제거 : 시스템 재설치 후, 시스템의 취약 요소를 확인하고 제거하는 작업을 수행한다.

8.2 침해사고 사후 처리

1) 고객 공지 : 침해사고 대응팀은 복구 내역을 고객에게 공지 또는 E-mail로 알린다.

2) 내부 전파 : 침해사고 대응팀은 관련 시스템/네트워크 담당자에게 대응 조치 사항

을 문서 또는 E-mail로 전파한다.

3) 재발 방지 교육/훈련 : 정보보호 책임자는 재발 방지를 위한 별도의 교육 또는 훈련을 실시할 수 있다.

4) 지침 개정 : 정보보호 책임자는 침해사고 분석 결과에 따라 대응 절차 개선이 필요한 경우 본 지침을 개정하는 조치를 취한다.

5) 대외 정보 공유 : 침해사고 대응 중 발견된 접속 경로 또는 침해 시스템을 통해 공격을 수행했을 가능성이 있는 다른 기관의 시스템 관리자에게 침해 가능성에 대한 정보를 공유한다.

8.3 시스템 보안 강화

1) 패치 설치 : 해당 시스템과 관련된 모든 보안 패치를 반드시 설치한다. 시스템 공급자 홈페이지 또는 공급업체를 통해 최신 패치를 확보한다.

2) 보안 도구 설치 : 전자적 침해 행위 방지를 위해 필요한 보안 도구(예: tcpwrapper, tripwire 등)를 설치한다.

3) 권고사항 적용 : 시스템 보안 관련 사이트나 정보보호 전문업체의 침해사고 분석 권고사항을 적용한다.

4) 패스워드 재교체 : 기본적인 시스템 보안 작업을 마친 후, 침해 당했던 시스템의 모든 계정 패스워드를 다시 교체한다.

5) 기술 권고문 참고 : 한국인터넷진흥원 CERT 등의 기술 권고문을 참고하여 시스템 보안을 지속적으로 강화한다.

9. 백업 및 비상계획

9.1 데이터 백업 지침

1) 주기적 백업 : 회사 서버의 모든 데이터는 주기적으로 백업되어야 하며, 월 1회 이상 시행한다.

2) 백업 목적 : 시스템 장애 및 데이터 파손 시 피해를 최소화하고 조속한 복구를 위해 시스템 가동 및 복구에 필요한 데이터를 정기적 또는 필요 시 다른 매체에 백업하여 보관한다.

3) 백업 계획 수립 : 각 정보시스템(시스템, 네트워크, DB 등) 실무 담당자는 업무 및 시스템별 특성을 고려하여 백업 주기, 보관 매체, 보관 장소 등이 포함된 백업 계획을 수립한다.

4) 백업 관리 : 백업 매체에 매체 ID, 데이터 내역, 작업 일자, 작업 주기 등을 표시하고, 백업 작업 결과는 관리 대장에 기록하여 관리한다(백업 툴 기능 활용 가능).

5) 분산 보관 : 중요 데이터는 화재 등 재해로부터 데이터 유실을 방지하기 위해 이중으로 백업하여 별도 지역의 통제 구역에 분산 보관하는 방안을 고려한다. 분산 보관 시 반출 관리에 따르고 인수 확인을 받는다.

9.2 IT 비상계획 및 재해복구 계획

1) 계획 수립 : 운영 중인 모든 정보시스템은 재해 발생 시 재가동을 위한 재해복구 계획을 수립해야 한다.

2) 계획 범위 : 재해복구 계획은 H/W, 통신망, 응용 시스템으로 구분하여 대책을 수립한다.

3) 계획 포함 내용 : 복구 우선순위, 복구 작업 절차, 복구 후 정상 복구 확인 절차, 비상연락망 등을 포함한다.

4) 계획 유지 관리 : 재해복구 계획은 항상 실행 가능한 상태로 유지 관리되어야 한다.

5) 실효성 점검 : 재해복구 계획은 연 1회 가상의 시나리오를 만들어 실효성을 점검한다.

6) 장기 보관 데이터 : 장기 보관이 필요한 데이터는 금고에 보관하고, 정기적으로(월 1회) 보유 현황을 파악한다.

7) 단기 장애 복구 관리 : 단기적이고 부분적인 장애 복구를 위한 백업 데이터는 백업 관리자 책임 하에 장애 발생 시 즉시 장애 발생 전으로 회복 가능한 수준으로 관리한다.

9.3 문서화 및 관리

수립된 IT 비상계획 및 재해복구 계획은 문서화하여 관리한다.

NO	서식명	서식번호	보존연한	보관부서
1	비상사태 훈련계획서	EIG-0615-01		
2	비상사태 훈련보고서	EIG-0615-02		
3	비상연락망	EIG-0615-03		
4	침해사고 대응보고서	(자체서식)		
5	침해사고 분석보고서	(자체서식)		
6	침해사고 관리대장	(자체서식)		

Eᴏ Certification	( )년 비상사태 훈련 계획서	작성	검토	승인
		/	/	/

작성일자			작성부서			작성자		

NO	훈련내용(비상사태 내용)	훈련대상	훈련시간	훈련일자	훈련장소	비고

EIG-0615-01   이큐인증원㈜   A4(210X297)

지침	등록번호	제정일자	개정일자	개정차수	Page
보안 사고 대비 및 대응	EIG-0615	20XX.XX.XX	–	–	15/16

	비상사태 훈련 보고서	작성	검토	승인
		/	/	/

제목	
최초사고발생일	
연락	
상황진행 및 종결	
평가	
보완사항	
작성자/일자	
비고	

EIG-0615-02   이큐인증원㈜   A4(210X297)

	비상 연락망	작성	검토	승인
EQ. Certification				
		/	/	/

직책	성명	지역번호	전화번호	이동통신

1. 적용 범위

본 지침은 이큐인증원(주)(이하 "조직"이라 한다)의 정보보호 경영시스템(이하 "경영시스템"이라 한다) 관련 정보시스템의 연속성 확보를 위한 인력, 하드웨어, 소프트웨어 등 모든 정보 자산에 대하여 적용한다.

2. 목적

본 지침은 위기 관리의 측면에서 IT 업무 연속성 확보를 위해 필요한 업무 기준의 정립을 목적으로 한다.

3. 용어와 정의

1) 재해 : 정보시스템 외부로부터 기인하여 예방 및 통제가 불가능한 사건으로 태풍·홍수·호우(豪雨)·강풍·풍랑·해일·지진 등 자연 재해, 전쟁·테러·물리적 침입·전자적 침해 등 인적 재해를 포함한다.

2) 장애 : 정보시스템 내부로부터 기인하여 예방 및 통제가 가능한 사건으로 정보시스템의 기능 저하, 오류, 고장을 포함한다(단, 허용 가능한 범위를 초과하는 장애에 대하여는 재해로 본다).

3) 업무 연속성 계획(BCP : Business Continuity Planning) : 재해 등으로 인한 업무 중단에 대응하여 핵심 업무를 복구, 재개할 수 있도록 하는 절차를 말한다.

4) 업무 영향 분석(BIA : Business Impact Analysis) : 재해로 인한 업무 중단이 미치는 영향 또는 손실을 평가하여 복구 목표 시간 및 복구 목표 시점을 결정하고 필요 자원을 식별하는 활동을 말한다.

5) 복구 목표 시간(RTO : Recovery Time Objective) : 재해로 인하여 서비스가 중단되었을 때, 서비스를 복구하는 데까지 걸리는 최대 허용 시간을 말한다.

6) 복구 목표 시점(RPO : Recovery Point Objective) : 재해로 인하여 중단된 서비스를 복구하였을 때, 유실을 감내할 수 있는 데이터의 손실 허용 시점을 말한다.

4. IT 업무 연속성 관리 조직

4.1 위기 관리 책임자

1) 정보시스템 위기 관리 책임자는 "정보보호 최고책임자"로 지정하며, 정보시스템의 업무 연속성 확보를 위한 위기 관리 업무를 총괄한다.

2) 위기 관리 책임자는 IT 업무 연속성 계획을 수립하고 위기 상황 발생 시 계획에 따른 주요 의사 결정을 수행한다.

3) 위기 관리 책임자는 위기 관리팀을 직접 지휘하거나, 해당 위기 상황에 따라 관여도가 가장 높은 부서의 장으로 지정하여 그 권한을 위임할 수 있다.

4.2 위기 관리팀

1) IT 업무 연속성 계획에 따라 정보시스템의 복구를 담당한다.

2) 위기 관리팀의 구성원은 위기 관리 책임자가 지정하되, 위기 상황별로 필요한 주요 실무자가 포함되도록 구성하여야 한다.

3) 주요 임무는 다음과 같다.
   (1) 재해 등 위기 상황 발생에 대한 감시/보고 및 비상 연락망 가동
   (2) 정보시스템의 피해 상황 조사 및 보고
   (3) IT 업무 연속성 계획에 따른 관리적/기술적 조치의 이행
   (4) 위기 상황 종료에 따른 사후 관리 등

5. IT 업무 연속성 계획 수립

5.1 재해 분류

1) 자연 재해 : 태풍 · 홍수 · 호우(豪雨) · 강풍 · 풍랑 · 해일 · 지진 등

2) 인적 재해 : 전쟁 · 테러 · 물리적 침입 · 전자적 침해 등 인적 재해를 포함한다. 정보시스템에 대한 기능 저하, 오류, 고장 등의 장애로 인하여 재해에 준하는 피해가 발생한 경우에는 재해로 본다. 단, 일시적, 부분적 장애는 제외한다.

5.2 업무 영향 분석

1) 재해의 발생에 따른 업무 영향 분석(BIA, Business Impact Analysis)을 위하여 주요 업무(서비스)를 식별한다.

2) 주요 업무를 식별할 때에는 고객 관련 서비스 또는 조직의 전략적 측면에서의 중요도를 반영하여야 한다.

3) 주요 업무 식별 결과를 바탕으로 업무 중단에 따른 손실을 평가한다.

4) 손실은 업무 중단 발생 시 노출되는 위험에 대해 재무적 손실뿐만 아니라, 법규 위반 초래 가능성, 고객 신뢰도 등 비 재무적인 영향 등을 다각적으로 고려하여야 한다.

5) 업무 중단에 따른 영향도는 다음과 같이 구분한다.

 (1) 높음 : 중단에 따른 손실이 막대하여 장시간 지속되는 경우 회사에 치명적인 영향을 주는 업무로, 서비스를 복구할 수 없는 상태

 (2) 보통 : 중단에 따른 손실이 크지 않으나 업무 재개를 위한 복구 시간이 다소 소요되어 업무 중단이나 고객의 불만, 민원이 야기되는 업무

 (3) 낮음 : 중단에 따른 업무의 영향이 적고 다소 불편이 생기는 정도의 문제로, 특별한 대응을 필요로 하지 않는 상태

5.3 우선순위 및 복구 목표 설정

1) 업무 영향 분석 결과를 기초로 하여 주요 업무의 복구 우선순위 및 복구 목표를 설정한다.

2) 복구 우선순위는 업무의 중요도 및 영향 분석 결과를 기준으로 선정하되 업무 간 연관성을 고려하여 설정할 수 있다.

3) 복구 우선순위에 따라 "복구 목표 시간(RTO : Recovery Time Objective)" 및 "복구 목표 시점(RPO : Recovery Point Objective)"을 설정한다.

5.4 IT 복구 전략 수립

1) 업무 영향 분석 및 복구 목표 설정 결과에 따라 해당 업무와 관련된 IT 자원의 복구 전략을 수립한다.

2) IT 자원의 복구 전략은 해당 업무 프로세스를 지원하는 시스템 및 그 시스템과 연관성을 가지는 시스템을 파악하여 그 결과를 반영하여야 한다.

3) IT 자원에 대한 복구 우선순위 및 복구 목표는 해당 업무의 결과를 반영하여 결정한다.

4) IT 자원의 복구 전략에 따라 복구 시스템(DR System) 또는 복구 센터(DR Center)의 유형을 결정하고 상세 복구 절차를 수립할 수 있다.

6. IT 업무 연속성 계획 이행

6.1 위기 분석 및 위기 대응팀 소집

1) 모든 임직원은 위기 상황의 발생이 의심되는 경우 즉시 위기 관리 책임자에게 보고하여야 한다.

2) 위기 관리 책임자는 IT 업무 연속성 계획의 가동이 필요하다고 판단하는 경우 위기 관리팀을 소집하여야 한다.

3) 위기 관리팀은 위기 상황과 관련된 주요 업무 담당자를 파악하여 비상 연락을 실시한다.

4) 위기 관리팀은 위기 상황의 발생 원인, 발생 범위 등 관련 정보를 수집하여 분석한다.

6.2 위기 관리팀에 의한 IT 업무 연속성 계획 가동

1) 위기 관리팀은 위기 상황 분석 결과에 따라 IT 업무 연속성 계획을 가동한다.

2) 위기 관리팀은 IT 업무 연속성 계획에 따라 세부 복구 계획을 수립하고 이에 필요한 인력, 기술 등 자원을 확보한다.

3) 위기 관리팀은 즉각적인 복구가 가능한 부분을 제외하고 장기적인 복구가 필요한 부분에 대하여는 별도의 복구 계획을 수립하여야 한다.

4) 위기 관리팀은 IT 업무 연속성 계획의 가동에 따른 복구 과정 전반을 감독하고 그 내용을 위기 관리 책임자에게 보고하여야 한다.

5) 위기 상황이 종료된 후에는 대응 결과를 분석하고 그에 따른 사후 관리 절차를 개시한다.

6.3 사후 관리

1) 위기 상황 및 대응 결과를 분석하여 IT 업무 연속성 계획의 미흡점을 개선하여야

한다.

2) 위기 관리의 효율성을 위하여 필요하다고 판단하는 경우 별도의 모의 훈련 또는 교육을 실시할 수 있다.

6.4 IT 업무 연속성 계획 개선

1) 위기 관리 책임자는 주기적으로 IT 업무 연속성 계획을 개선하여야 한다.

2) IT 업무 연속성 계획을 개선할 경우에는 다음 각 호를 고려하여야 한다.

 (1) 관련 법률 및 전략의 변화

 (2) 재해 등 위기 대응 결과

 (3) 모의 훈련 및 교육 결과 등

6.5 모의 훈련

1) 위기 관리 책임자는 재해 등 위기 상황 발생에 따른 모의 훈련 계획을 수립하여 연 1회 이상 모의 훈련을 실시하여야 한다.

2) 제1항에도 불구하고 재해에 준하는 장애의 발생에 따라 복구를 진행한 경우에는 위기 관리 책임자의 판단에 따라 별도의 모의 훈련을 실시하지 않을 수 있다. 이 경우 장애 복구 결과 보고서를 모의 훈련 결과 보고서로 대체한다.

3) 모의 훈련을 실시할 때에는 훈련 시나리오를 작성하고 시나리오에 따른 대응 및 복구를 실시하여 목표 달성 수준을 평가한다.

4) 모의 훈련 실시 후에는 그 결과를 분석하여 향후 모의 훈련 계획에 반영하고, 필요한 경우 IT 업무 연속성 계획을 보완하여야 한다.

6.6 위기 대응 교육 등

1) 위기 관리 책임자는 위기 대응 및 IT 업무 연속성 계획에 대한 임직원 교육 계획을 수립하여 연 1회 이상 교육을 실시하여야 한다.

2) 위기 대응 교육은 연간 정보보호 교육에 포함하여 실시할 수 있으며, 이 경우에는 별도의 교육을 생략한다.

1. 적용 범위

본 지침은 이큐인증원㈜의 AWS 클라우드 서비스 및 이를 사용, 운용, 관리하는 전 임직원과 계약 관계의 외부 인력에게 적용한다.

2. 목적

본 지침은 AWS 클라우드 서비스의 안전한 사용 및 운영을 위한 보안 관리 기준을 확립하고, 서비스 보호를 위한 실무 요구사항을 정의한다.

3. 용어와 정의

1) IAM(Identity and Access Management) : AWS 서비스와 자원에 대한 접근을 관리하기 위해 사용자를 생성하고 개별적인 권한을 부여하여 관리하는 서비스를 말한다.

2) EC2 인스턴스(Elastic Compute Cloud Instance) : 사용자가 각각의 목적으로 가상의서버나 PC 등을 구성해 이용할 수 있도록 해주는 서비스를 말한다.

3) Amazon RDS(Relational Database Service) : 클라우드 환경에서 관계형 데이터베이스 시스템을 사용할 수 있도록 하는 서비스를 말한다.

4) S3(Simple Storage Service) : 버킷이라는 데이터 보관 공간을 만들고 많은 양의 데이터를 업로드 또는 다운로드 할 수 있도록 해주는 AWS에서 제공하는 스토리지 서비스를 말한다.

5) 키 페어(Key Pair) : AWS에서 제공하는 공개키와 사용자가 저장하는 사설키 한 쌍을 말하며, SSH로 EC2 인스턴스에 접속할 때 ID와Password 대신 사용되는 공개키 암호화 기법을 말한다.

6) ELB(Elastic Load Balancing) : 외부에서 유입되는 트래픽을 동일한 서비스를 제공하는 여러 대의 서버에 나누어 전송하여 각 EC2 인스턴스에 가해지는 부하를 줄여주는 부하 분산 장치를 말한다.

7) Elastic IP : VPC 내 EC2 인스턴스에 부여하는 고정 IP를 말한다.

8) 액세스 키(Access Key/Secret Access Key) : AWS의 CLI 도구나 API를 통한 작업 및 관리 시 사용하기 위해 필요한 인증수단으로 액세스 키 ID와 비밀 액세스 키

ID 한 쌍으로 이루어져 있다.

9) 클라우드 트레일(CloudTrail) : AWS 인프라 내 계정 활동과 관련된 작업을 기록 하고 지속적으로 모니터링하여 비정상적인 활동을 탐지 할 수 있는 운영 및 위험 심사 지원 서비스를 말한다.

10) 클라우드 와치(CloudWatch) : 운영 중인 AWS 인프라 내 애플리케이션의 자원 사용, 이상현상 등 시스템 성능 상의 변경을 지표화 하여 모니터링할 수 있도록 제공하는 서비스를 말한다.

11) AutoScaling : AMI에 미리 등록된 이미지를 이용해 애플리케이션의 사용량에 맞추어 인스턴스를 자동으로 조정해주는 서비스를 말한다.

12) SSM(AWS System Manager) : EC2 인스턴스에 설치된 OS의 보안 패치 등의 자동화 및 키 페어와 SSH를 대체하는 원격 연결 수단을제공하는 서비스를 말한다.

13) AMI(Amazon Machine Image) : 인스턴스를 시작하는데 필요한 OS 및 소프트 웨어의 정보를 담고 있는 템플릿 이미지를 말한다.

14) AWS 관리형 정책 : AWS에서 생성 및 관리하는 독립적 정책으로 IAM의 각 사용 자에 간편하게 권한을 할당하기 위해 AWS에서 사전에 정의한 정책을 말한다.

15) 고객 관리형 정책 : AWS를 이용하는 고객이 직접 권한을 정의하여 생성하는 정 책을 말한다.

16) NAT Gateway : 네트워크 주소 변환(Network Address Translation)의 약자로 사설 네트워크에 속한 호스트가 하나의 IP주소를 사용하여 외부 인터넷에 연결하 는 서비스를 말한다.

17) Internet Gateway : VPC 내 서브넷에 있는 인스턴스를 외부 인터넷과 연결할 수 있도록 해주는 서비스를 말한다.

4. 책임 및 권한

4.1 정보보호 담당자

1) 클라우드 서비스 보안 관리 지침 수립 및 개선을 담당한다.

2) 클라우드 서비스 자원을 외부 위협으로부터 보호하기 위한 모니터링 및 지원을 수 행한다.

3) 자산관리대장을 통합 관리하고, 클라우드서비스 관리자의 운영을 지원한다.

4) 지침 준수 여부를 심사하고 개선 요청 및 이행 점검을 수행한다.

5) 클라우드서비스 관리자의 권한 오남용 여부를 모니터링한다.

6) 클라우드 서비스에 대한 상시 취약점 점검 및 조치를 실시한다.

7) 권한 부여의 적절성을 주기적으로 검토하고 최소 권한 유지를 관리한다.

4.2 클라우드서비스 관리자

1) 클라우드 서비스의 안전하고 지속적인 운영 실무를 담당하며 본 지침을 준수한다.

2) 본 지침의 수정 필요 시 정보보호책임자 및 담당자에게 요청할 수 있다.

3) 계정 및 권한 관리 관련 실무를 수행한다(5. 계정 및 권한 관리 참조).

4) 외부 인력에게 권한 부여 시 승인된 시간 동안 입회한다.

5. 계정 및 권한 관리

5.1 IAM 계정 관리 절차

1) 계정 부여 : 개인별 고유 계정(1인 1계정)을 원칙으로 하며, 공용 계정 사용은 부서장 승인 시 예외적으로 허용된다. 중복 계정 또는 추측 가능한 식별자(root, admin 등) 사용은 금지한다. 외부자의 계정은 기간을 정하여 제한적으로 허용한다.

2) 신규 계정 등록 : 공식적인 절차를 통해 처리하며, 유선이나 구두에 의한 임의 처리는 금지한다. 외부 인력에게 계정을 부여할 경우, 계약 내용을 고려하여 정보보호책임자의 승인을 득한 후 업무 종료 즉시 제거해야 한다.

3) 계정 신청 및 발급 : 계정 신청자는 소속, 이름, 사번, 사용 목적, 사용 기간, 요청 권한을 명시하여 클라우드서비스 관리자에게 신청한다. 관리자는 신청의 목적과 권한 합당성을 판단하여 계정을 발급한다.

4) 추가 인증 : AWS Management Console 등에 접근 시 OTP 등의 추가 인증 절차를 거치도록 구성해야 한다. 해당 서비스가 Multi Factor 인증을 지원하지 않는 경우 예외로 하며, 이 경우 별도의 수단을 강구해야 한다.

5) 계정 점검 : 클라우드서비스 관리자는 운영 중인 IAM 계정을 최소 월 1회 이상 점검하여 불필요한 계정, 사용 기간 만료 계정을 관리한다.

6) 고용 변동 반영 : 임직원의 업무 분장 변화나 휴/퇴직 등 고용 상의 변화 내용을 통보받는 즉시 해당 계정을 변경 또는 삭제한다.

7) 미사용 계정 처리 : 6개월 이상 사용되지 않은 계정은 사용을 중지시킨다. 일시 중지된 후 6개월 이상 접근 기록이 없을 경우 정보보호 담당자의 승인을 거쳐 해당 계정을 삭제한다. 업무 목적으로 반드시 필요한 계정의 경우 정보보호 담당자의 승인을 받아 관리한다.

5.2 접근 권한 관리 절차

1) 최소 권한 부여 : 사용자의 접근 권한 승인 시 업무 수행에 필요한 최소 권한만을 부여해야 한다.

2) Full Access 관리 : 각 서비스별 AWS 관리형 정책 또는 고객 관리형 정책 설정 시 Full Access 권한은 클라우드서비스 관리자 이외에는 할당되지 않도록 한다. 반드시 필요한 경우 정보보호 담당자의 승인을 득해야 한다.

3) 내역 기록 및 보관 : 접근 권한의 부여, 변경 또는 말소에 대한 내역을 기록하고, 해당 기록을 최소 1년간 보관해야 한다.

4) 적정성 검토 : 클라우드서비스 관리자는 분기 1회 이상 접근 권한의 적정성을 검토하여 권한의 오남용 여부를 점검한다.

5) 검토 결과 보고 : 정보보호 담당자는 각 시스템의 접근 권한 적정성 검토 결과를 확인하고 그 결과를 정보보호 최고책임자에게 보고한다.

6) 이상 징후 조치 : 접근 권한 재검토 결과 이상 징후가 발견된 경우 즉시 권한을 회수하고, 보안 사고가 의심되는 경우에는 정보보호 최고책임자에게 지체 없이 보고해야 한다.

7) 외부 인력 입회 : 유지보수 및 장애 처리 등 업무 목적으로 외부 인력에게 권한을 부여할 경우, 승인된 시간 동안 반드시 입회해야 한다.

5.3 비밀번호관리

구분	책임자	주요지침 내용	비고
사용자 비밀번호 구분	클라우드서비스 관리자 및 사용자	1) 비인가자의 정보시스템 접근 방지를 위하여 접근용 비밀번호를 구분하여 사용하여야 한다. 2) 사용자가 정보시스템 접속 시 인가된 인원인지 여부를 확인하는 사용자 인증을 사용하여야 한다. 3) 문서의 열람, 수정 및 출력 등 사용 권한을 제한할 수 있는 자료 별 비밀번호를 사용하여야 한다.	
관리자 비밀번호 설정	클라우드서비스 관리자	1) 영문 대문자, 영문 소문자, 숫자 및 특수문자 중 2가지 이상을 조합하여 10자리 이상으로 설정한다(또는 3가지 이상을 조합하여 8자리 이상으로 설정한다). 2) 사용자 계정(ID)과 동일하지 않도록 설정한다. 3) 개인 신상 및 부서 명칭 등과 관계가 없도록 설정한다. 4) 일반 사전에 등록된 단어는 사용을 피하여야 한다. 5) 이미 사용된 비밀번호는 재사용하지 않아야 한다. 6) 동일 비밀번호를 여러 사람이 공유하여 사용하지 않아야 한다. 7) 응용 프로그램 등을 이용한 자동 비밀번호 입력 기능 사용을 금지한다. 8) 관리자 계정과 사용자 계정의 비밀번호를 다르게 부여하여야 한다. 9) 초기 할당된 임시 비밀번호는 사용자 로그인 후 즉시 변경하여야 한다. 10) 180일마다 주기적으로 변경하여야 한다.	
사용자 책임	클라우드서비스 사용자	정보시스템에 대한 비밀번호 관리 책임을 지며, 타인에게 비밀번호가 노출되지 않도록 안전하게 관리하여야 한다.	
고지 및 교육	정보보호 최고책임자	각 사용자가 비밀번호를 안전하게 관리할 수 있도록 정보보호 교육, 홍보 등의 방법으로 고지하여야 한다.	

6. 영역별 보안관리

6.1 네트워크 보안

구분	책임자	주요지침 내용	비고
보안그룹 (Security Group)	클라우드서비스 관리자	1) 보안 그룹(Security Group)의 인·아웃바운드 정책은 인스턴스에서 반드시 필요한 서비스만 허용하도록 설정하여야 한다. 2) 보안 그룹(Security Group) 정책의 신규 설정 등이 필요한 경우, 보안 그룹 규칙 생성/추가/삭제 신청서 양식을 작성하고 정보보호 책임자의 승인을 득하여야 한다. 양식에는 출발지·목적지 정보(IP, Port, 프로토콜, 신청자 정보, 신청의 목적, 사용 기간)에 대한 항목이 포함되도록 하여야 한다. 3) 보안 그룹의 정책 생성/추가/삭제 요청이 접수되면, 작업을 수행하고 관리하여야 한다. 4) 보안 그룹(Security Group)의 사용 기한이 종료되면, 신청자의 추가 사용 요청이 있지 않는 한 해당 정책을 삭제하여야 한다.	
접근 제어 목록 (NACL)	클라우드서비스 관리자	1) NACL 설정 시, 각 서브넷에 반드시 필요한 정책만 설정하여야 한다. 2) 서브넷에 대한 인·아웃바운드 트래픽 규칙 설정 시 Any 오픈 설정을 금지하며, 각 서브넷에 구성된 인스턴스의 서비스에 반드시 필요한 정책만 설정하여야 한다. 단, 서비스상 불가피한 경우는 예외로 하며, 이 경우 예외 관리 현황을 파악할 수 있도록 별도 관리하여야 한다.	
NAT 게이트웨이	클라우드서비스 관리자	반드시 필요한 사설 서브넷의 인스턴스만 인터넷 또는 다른 AWS 서비스와 연결하여야 한다.	
인터넷 게이트웨이	클라우드서비스 관리자	반드시 필요한 VPC 내 인스턴스만 인터넷 게이트웨이에 연결하여야 한다.	
라우팅 테이블	클라우드서비스 관리자	Elastic IP 및 모든 인·아웃바운드 규칙에 대한 라우팅 경로 설정 시, 해당 서비스의 특성을 고려하여 반드시 필요한 목적지 및 필요한 포트 외에는 설정하지 않도록 하여야 한다.	
Elastic IP	클라우드서비스 관리자	lastic IP 주소를 사용 중인 인스턴스의 Open Port가 Any로 설정되지 않도록 하여야 한다.	

6.2 인스턴스 보안

구분	책임자	주요지침 내용	비고
외부망 접근 제어	클라우드서비스 관리자	외부에서 내부망 접속 시 VPN 또는 전용선 설치 등 접근 제어 조치 적용	
안전한 접속 수단	클라우드서비스 관리자	외부에서 내부망 접속 시 안전한 접속 수단(2차 인증 등) 적용	
원격 접속 기록	클라우드서비스 관리자	원격 접속 시 작업 내용, 작업 시간, 허가된 시스템 및 서비스 기록 포함	
원격 접속 금지	클라우드서비스 관리자	정보시스템 운영 원격 접속 금지 원칙. 장애 복구 등 불가피 시 정보보호 최고책임자 승인 하에 특정 단말기 통해서만 가능	

6.3 데이터베이스 보안- RDS

구분	책임자	주요지침 내용	비고
RDS 리소스 접근 권한	클라우드서비스 관리자	RDS 리소스 생성 권한 설정 시 반드시 필요한 사용자에게만 부여	
RDS API 작업 권한	클라우드서비스 관리자	RDS API 통한 작업 권한은 반드시 필요한 사용자에게만 부여	
서브넷 가용 영역 연결	클라우드서비스 관리자	RDS와 인스턴스 간 서브넷 연결 시 불필요한 서비스 연결되지 않도록 설정	
심사 플러그인 설정	정보보호 담당자/ 클라우드서비스 관리자	정보보호 담당자 요청 시 클라우드서비스 관리자는 데이터베이스 활동 기록(로그인, 실행 쿼리 등) 심사를 위한 심사 플러그인 설정	
RDS 로깅 설정	정보보호 담당자/ 클라우드서비스 관리자	1) 필요 시 RDS 로깅 및 모니터링 서비스 운영/관리를 위한 IAM 그룹 생성 2) 심사/모니터링 위한 최소한의 계정만 권한 유지	

6.4 S3 데이터 보안

구분	책임자	주요지침 내용	비고
버킷 접근 관리	클라우드서비스 관리자	S3 버킷 생성 및 이용 시 버킷 용도에 따라 반드시 필요한 접근만 설정	
데이터 암호화	클라우드서비스 관리자	'암호화 지침'에 따라 대상 및 암호화 방법 준수	
로그 파일 관리	클라우드서비스 관리자	버킷 엑세스 로깅 기능 활성화 및 정상 기록 확인	

7. 키(Key) 관리

7.1 키 페어-key Pair

구분	책임자	주요지침 내용	비고
키 페어 보관	클라우드서비스 관리자	생성된 키 페어 파일은 관리자 외 접근할 수 없는 안전한 곳에 보관	
키 페어 사용	클라우드서비스 관리자	하나의 키 페어를 여러 인스턴스에 등록하여 사용 금지	

7.2 엑세스 키-Access Key

구분	책임자	주요지침 내용	비고
엑세스 키 사용	클라우드서비스 관리자	1) 루트(root) 계정 및 전체 권한 계정에 대한 엑세스 키 반드시 삭제 2) 최소 6개월마다 주기적 갱신 3) 사용하지 않는 엑세스 키 즉시 삭제	

8. 가용성 및 유지보수 관리

8.1 보안성 검토

구분	책임자	주요지침 내용	비고
보안성 검토 요청	클라우드서비스 관리자	아래 경우 정보보호 담당자에게 보안성 검토 요청 및 정보보호최고책임자 승인 후 적용 가능 1) 새로운 클라우드 서비스 도입 및 대규모 변경 시 2) VPC 신규 생성/구조 변경, 보안 설정 변경 시	
보안성 검토 결과	정보보호 담당자	보안성 검토 결과 정보보호 최고책임자에게 보고. 미흡 부분 시 클라우드서비스 관리자는 보완해야 함	
최종 승인	정보보호 최고책임자	최종 보안성 검토 결과 승인	

8.2 로그 관리

구분	책임자	주요지침 내용	비고
로그 생성/보관	클라우드서비스 관리자	1) 운영 과정 장애/보안 사고 확인 위한 다음 로그 생성 및 1년 이상 보관(대용량 트래픽 로그 보관 주기는 관련 법률 고려 결정 가능) - IAM 계정 활동 기록 - RDS 심사 플러그인 및 보안 로그 - S3 버킷 접근 기록 - 기타 클라우드 서비스 로그(KMS 암호화 키 발급 등) - 침해사고 시 심사 추적 필요한 로그(정보보호 담당자 판단) 2) 보안 사고 발생 시 사고 종료 시점까지 관련 운영 로그 삭제 금지	
로그 신뢰성	클라우드서비스 관리자	1) 시각 동기화 통한 로그 정확한 기록 2) 로그 접근통제 대책 적용 3) 법률 협조 요청 제외 제3자 비공개 원칙 준수 4) 보안 관련 이벤트 기록 운영 로그 최소 1년 이상 보관	
주기적 점검	클라우드서비스 관리자	로그 주기적 점검 및 정보보호 책임자에게 결과 보고	
접속 기록 관리	클라우드서비스 관리자	서버, DB, 네트워크, 보안 서비스 접속 기록은 '정보보호 시스템 보안 관리 지침' 9.10(접속 기록 관리)에 따름	

8.3 모니터링

구분	책임자	주요지침 내용	비고
이상 징후 감지	클라우드서비스 관리자	- 주요 서비스 성능/용량, 통신 사용량 등 이상 징후 발생 시 정보보호 담당자 공유 - 특정 인스턴스 과도한 트래픽 유발 확인 - 정보보호 규정/지침 위반 확인 시 공유 - 서버, DB, 네트워크, 보안 서비스 모니터링 수행	
	정보보호 담당자	- 클라우드서비스 관리자 권한 변경 내역 주기적 점검 - 권한 과중/오남용 의심 시 정보보호 책임자 보고 및 심사 실시	

8.4 장애 관리

구분	책임자	주요지침 내용	비고
신속 대응 및 보고	클라우드서비스 관리자	- 장애 발생 시 장애 보고서 작성 및 정보보호 담당자에게 통보 - 장애 처리 관련 정보 안전하게 보관 및 활용 - 정보보호 관리 업무 일환의 장애 처리 기록/보관/활용에 대한 정보보호 담당자 확인 요청 협조	
	정보보호 담당자	- 정보보호 관련 장애 사항 통보 접수 - 장애 처리 기록/보관/활용 확인 요청	

8.5 보안 사고 예방 및 대응

구분	책임자	주요지침 내용	비고
협력 및 조치	클라우드서비스 관리자	- 정보보호 담당자의 보안 점검/심사에 적극 협조 - 개선 사항에 대해 정보보호 담당자와 협의 후 조치 적용 - 보안 사고 발생/징후 의심 시 정보보호 담당자에게 즉시 통보 - 보안 사고 증거 보존 및 정보보호 담당자 지시 따라 조치 수행 - 정보보호 담당자와 협력하여 복구 조치 적용 - 보안 사고 대응 내역 내부 공유(예방)	
	정보보호 담당자	- 보안 사고 예방 위한 취약점 점검 및 보안 심사 수행 - 클라우드서비스 관리자와 협의하여 개선 사항 대응 방안 결정 - 보안 사고 통보 접수 및 대응 지시 - 클라우드서비스 관리자와 협력하여 복구 조치 적용 - 복구 원활하지 않을 시 정보보호위원회에 접속/서비스 중단 상정	

8.6 백업 계획

구분	책임자	주요지침 내용	비고
복구 가능성 확보	클라우드서비스 관리자	- 백업 계획 수립(서버, DB, 네트워크, 보안 서비스 포함) - 백업 계획 수립 시 관련 지침 및 클라우드 백업 서비스 활용	

8.7 백업 실시

구분	책임자	주요지침 내용	비고
계획 기반 실행	클라우드서비스 관리자	– 백업 계획 및 관련 지침에 따라 백업 실시(서버, DB, 네트워크, 보안 서비스 포함)	

8.8 복구 테스트

구분	책임자	주요지침 내용	비고
유효성 검증	클라우드서비스 관리자	– 백업 계획에 따른 복구 테스트 실시	

8.9 성능 및 용량 관리

구분	책임자	주요지침 내용	비고
최적화	클라우드서비스 관리자	서버, DB, 네트워크, 보안 서비스 성능 및 용량 관리 수행	

8.10 유지 보수

구분	책임자	주요지침 내용	비고
가용성 유지	클라우드서비스 관리자	– 클라우드 서비스 가용성 보장 위한 유지보수 계약 체결 가능 (예방 점검, 장애 시 지원 등 포함)	

8.11 변경 관리

구분	책임자	주요지침 내용	비고
안전한 적용	클라우드서비스 관리자	– 기존 서비스 구성 정보 변경 시 백업 및 문서화 관리 – 변경 작업 오류 대비 백오프 절차 수립 – 공식 변경 절차 통해 수행, 변경 영향 분석 및 위험 보호 대책 수립	

8.12 패치 관리

구분	책임자	주요지침 내용	비고
보안 취약점 해소	클라우드서비스 관리자	– 서버, DB, 네트워크, 보안 서비스 패치 관리 수행	

8.13 접속기록 관리

구분	책임자	주요지침 내용	비고
추적성 확보	클라우드서비스 관리자	- 정보시스템 접근 기록 유지 관리(접속자, 대상, 작업 종류/시간, 결과 등 포함) - 기록 정확성 위해 시스템 시각 동기화 설정 - 주기적 점검 통해 비인가자 접근 유무 확인 - 의심 활동/위반 혐의 발생 시 정보보호최고책임자 보고 - 접근 기록 최소 1년 이상 보관 및 위변조 방지 위한 별도 백업 - 정보보호 담당자와 협력하여 복구 조치 적용 - 보안 사고 대응 내역 내부 공유(예방)	
	정보보호 담당자	- 정보시스템 접근 기록 실시간 모니터링 위한 별도 보안 시스템 도입 운영 가능 - 모니터링 통해 발견된 비인가 접근 침해사고 준하는 관리 적용	

Certification	지침	등록번호	제정일자	개정일자	개정차수	Page
	개인정보보호	EIG-0618	20XX.XX.XX	–	–	1/19

1. 적용 범위

1) 본 지침은 (주)이큐인증원(이하 "조직"이라 한다)의 정보보호 경영시스템과 관련하여 개인정보 생명주기(수집, 저장, 이용, 전송, 폐기) 전반에 적용된다.

2) 정보통신망 또는 기타 수단을 통해 처리되는 개인정보 모두에 해당된다.

3) 조직의 개인정보처리 직원 및 관련 제3자에게 적용된다.

2. 목적

1) "정보통신망 이용촉진 및 정보보호 등에 관한 법률", "개인정보보호법" 등 관련 법규를 준수한다.

2) 조직 내 개인정보를 체계적으로 관리하고 안전하게 보호한다.

3) 개인정보가 허가받지 않은 방식으로 공개되거나 위·변조, 파괴되는 것을 방지한다.

3. 용어와 정의

1) 개인정보 : 생존하는 개인에 관한 정보로서 성명·주민등록번호 등에 의하여 당해 개인을 알아볼 수 있는 부호·문자·음성·음향·영상 및 생체특성 등에 관한 정보(당해 정보만으로는 특정 개인을 알아볼 수 없는 경우에도 다른 정보와 용이하게 결합하여 알아볼 수 있는 것을 포함한다)를 말한다.

2) 개인정보보호관리 최고책임자 : 조직 내에서 개인정보보호 업무를 총괄하거나 업무처리를 최종 결정하는 임직원을 말한다.

3) 개인정보보호 관리자 : 개인정보보호 책임자를 보좌하여 개인정보보호 업무에 대한 실무를 총괄하고 관리하는 자를 말한다.

4) 개인정보처리자 : 조직 내에서 고객의 개인정보를 수집, 보관, 처리, 이용, 제공, 관리 또는 파기 등의 업무를 하는 자를 말한다.

5) 제3자 : 다음 각 호에 해당하는 자 이외의 자연인, 법인, 기관·단체 및 기타의 자로써

 (1) 조직과 당해 서비스를 이용하는 자

 (2) 조직으로부터 개인정보의 수집·처리·관리 등을 위탁 받은 자

(3) 영업의 양수, 합병, 상속 등에 의하여 서비스제공자로부터 권리·의무를 승계한 자를 말한다.

6) 개인정보처리시스템 : 개인정보를 처리할 수 있도록 체계적으로 구성한 데이터베이스 시스템을 말한다.

7) 접속기록 : 이용자 또는 개인정보처리자 등이 개인정보처리시스템에 접속하여 수행한 업무내역에 대하여 식별자, 접속 일시, 접속장소를 알 수 있는 정보, 수행업무 등 접속한 사실을 전자적으로 기록한 것을 말한다.

8) 아이핀(I-PIN) : 인터넷에서 주민등록 번호가 각종 범죄에 악용되는 것을 해결하기 위해 정부가 개발한 인터넷 신원 확인번호(Internet Personal Identification Number)를 말한다.

9) 고유식별정보 : 개인을 고유하게 구별하기 위하여 부여된 식별정보로서 주민등록번호, 여권번호, 운전면허번호, 외국인등록번호 등을 말한다.

10) P2P(Peer to Peer) : 정보통신망을 통해 서버의 도움 없이 개인과 개인이 직접 연결되어 파일을 공유하는 것을 말한다.

11) 공유설정 : 컴퓨터 소유자의 파일을 타인이 조회·변경·복사 등을 할 수 있도록 설정하는것을 말한다.

12) 침해사고 : 해킹, 바이러스, 메일폭탄, 서비스거부 또는 고출력 전자기파 등에 의하여 정보통신망 또는 이와 관련된 정보시스템을 공격하는 행위로 인하여 발생한 사태를 말한다.

13) 개인정보파일 : 컴퓨터 등에 의하여 처리할 수 있도록 체계적으로 구성된 개인정보의 집합물로서 자기테이프·자기디스크 등 전자적인 매체에 기록된 것을 말한다.

14) 개인영상정보 : CCTV·네트워크 카메라 등 영상(이하 '영상정보처리기기'라 한다)에 의하여 촬영·처리되는 영상정보 중 개인의 초상·행동 등 사생활과 관련된 영상으로서 해당 개인의 동일성 여부를 식별할 수 있는 정보를 말한다.

15) 이용자 : 조직이 제공하는 서비스를 이용하는 고객을 말한다.

4. 개인정보보호 조직 및 역할

4.1 책임

1) 최고경영자 : 개인정보보호 전반 책임
2) 개인정보보호관리 최고책임자 : 전사 개인정보처리 및 안전성 확보 조치 관리·감독 총괄
3) 개인정보 운영/처리 부서장 : 해당 부서 개인정보처리 책임

4.2 개인정보보호 최고책임자 지정

1) 조직의 임원 또는 고객 고충처리 담당 부서장 중에서 지정한다.
2) 지정 또는 변경 시 관련 사실 및 정보를 공개해야 한다.
3) 조직 상황에 따라 정보보호 최고책임자가 겸임할 수 있다.

4.3 주요 역할 및 책임

1) 개인정보보호 최고책임자 : 개인정보보호 계획/관리 총괄, 지침/규정 승인, 침해사고 분석/사후 관리 총괄 등
2) 개인정보보호 관리자 : 계획/방침 수립 및 검토, 침해사고 분석/대응, 실태 관리 결과 취합, 업무 전반 관리 등(정보보호 관리자가 겸임 가능)
3) 개인정보보호 담당자 : 실태/활동 결과 보고, 업무 전반 이행 등(정보보호 담당자가 겸임 가능)

5. 개인정보의 보호

5.1 개인정보의 분류 및 누설 금지

1) 개인정보는 '대외비'에 준하여 분류하고, 공평하고 적법하게 관리한다.
2) 고객의 개인정보를 처리하거나 처리하였던 자는 직무상 알게 된 개인정보를 누설해서는 안 된다.

5.2 개인정보 관리 책임

1) 개인정보의 처리 목적을 명확하게 하고 최소한의 개인정보만을 적법하고 정당하게 수집, 처리하여야 하며, 그 목적 외의 용도로 활용하여서는 안 된다.

2) 개인정보의 정확성, 완전성 및 최신성이 보장되도록 하여야 하고 안전하게 관리한다.

3) 개인정보처리방침 등 개인정보의 처리에 관한 사항을 공개하여야 하며, 열람청구권 등 정보주체의 권리를 보장하여야 하고 개인정보의 익명처리가 가능한 경우에는 익명에 의하여 처리될 수 있도록 한다.

5.3 개인정보의 수집 · 이용 동의

고객의 개인정보를 이용하려고 수집하는 때에는 다음 사항을 고객들에게 알리고 동의를 얻어야 하며, 다음 각 호의 어느 하나의 사항을 변경하려는 경우에도 또한 같다.

1) 개인정보의 수집 · 이용 목적

2) 수집하는 개인 정보의 항목

3) 개인정보의 보유 및 이용 기간

4) 동의를 거부할 권리가 있다는 사실 및 동의 거부에 따른 불이익이 있는 경우, 그 불이익의 내용

5) 동의를 획득하는 방법은 다음과 같다.

　(1) 인터넷 사이트 이용

　(2) 직접 서면 교부, 우편 또는 모사전송(FAX)을 이용 전달/서명날인 후, 제출

　(3) 전자 우편 이용

　(4) 전화 이용

5.4 개인정보 수집 제한

1) 사상, 신념, 가족 및 친인척 관계, 학력, 기타 사회활동 경력 등 개인의 권리 · 이익이나 사생활을 뚜렷하게 침해할 우려가 있는 개인정보를 수집해서는 안 된다. 다만, 이용자의 동의를 받거나 다른 법률에 따라 특별히 수집 대상 개인정보로 허용된 경우에는 필요한 범위에서 최소한으로 그 개인정보를 수집할 수 있다.

2) 다음 각 호의 구분에 따라 필수 항목과 선택 항목으로 구분하여 고객이 선택적으

로 자신의 개인정보를 제공할 수 있도록 한다.

(1) 필수 항목 : 성명, 연락처 등 기본적인 서비스 제공을 위하여 필요한 항목

(2) 선택 항목 : 기본적인 서비스 외에 고객에게 부가적인 서비스 제공과 직결되어 필요한 항목

3) 고객의 개인정보를 수집하는 경우에는 필요한 최소한의 정보 외의 개인정보 수집 에는 동의하지 아니할 수 있다는 사실을 구체적으로 알리고 개인정보를 수집한다.

4) 고객이 필요한 최소한의 개인정보 이외의 개인정보 수집에 동의하지 아니한다는 이유로 재화 또는 서비스의 제공을 거부하여서는 아니 된다.

5) 임직원의 개인정보를 사용하기 위해서는 사용에 대한 동의를 얻는다.

5.5 고유식별 정보처리 제한

1) 다음의 경우를 제외하고는 고유식별 정보를 처리할 수 없다.

(1) 고객에게 개인정보의 처리에 대한 동의와 별도로 동의를 받은 경우

(2) 다른 법률에서 고유식별 정보의 처리를 요구하거나 허용하는 경우

2) 제1항 각 호에 따라 고유식별 정보를 처리하는 경우에는 그 고유 식별 정보가 분 실·도난·유출·변조 또는 훼손되지 아니하도록 암호화 등 안전성 확보에 필요 한 조치를 한다.

5.6 주민등록번호 처리의 제한

1) 다음의 경우를 제외하고는 주민등록번호를 처리할 수 없다.

(1) 법령에서 구체적으로 주민등록번호의 처리를 요구하거나 허용한 경우

(2) 정보주체 또는 제3자의 급박한 생명, 신체, 재산의 이익을 위하여 명백히 필요하 다고 인정되는 경우

(3) 제1호 및 제2호에 준하여 주민등록번호 처리가 불가피한 경우로서 관계 법령으 로 정하는 경우

2) 주민등록번호를 처리하는 경우에도 정보주체가 인터넷 홈페이지를 통하여 회원 으로 가입하는 단계에서는 주민등록번호를 사용하지 아니하고도 회원으로 가입할 수 있는 방법을 제공한다.

5.7 개인정보 이용 제한

1) 고객의 개인정보를 제공받은 목적 외의 용도로 이용하거나 제 3자에게 제공해서는 아니 된다.

2) 수신자의 명시적인 수신 거부 의사에 반하여 영리 목적의 광고성 정보를 전송해서는 아니 된다.

3) 수신 거부의 의사표시를 하려는 고객에게는 무료 통화를 할 수 있는 연락처를 제공해야 한다.

4) 고객의 개인정보를 제3자에게 제공하는 경우, 개인정보의 안전성 확보를 위하여 필요한 조치를 마련하도록 요청한다.

5.8 개인정보 제공 동의 등

1) 고객의 개인정보를 제3자에게 제공하려는 경우에는 다음 각 호의 모든 사항을 고객에게 알리고 동의를 받아야 한다. 다음 각 호의 어느 하나의 사항이 변경되는 경우에도 또한 같다.

 (1) 개인정보를 제공받는 자 : 성명(법인 또는 단체인 경우에는 그 명칭)과 연락처
 (2) 개인정보를 제공받는 자의 개인정보 이용 목적
 (3) 제공하는 개인정보의 항목
 (4) 개인정보를 제공받는 자의 개인정보 보유 및 이용 기간
 (5) 동의를 거부할 권리가 있다는 사실 및 동의 거부에 따른 불이익이 있는 경우에는 그 불이익의 내용

2) 동의를 획득하는 방법은 다음과 같다.

 (1) 인터넷 사이트 이용
 (2) 직접 서면 교부, 우편 또는 모사전송(FAX)을 이용 전달/서명날인 후, 제출
 (3) 전자 우편 이용
 (4) 전화 이용

3) 고객의 동의 또는 다른 법률에 의해 특별한 규정이 있는 경우 외에는 개인정보를 제3자에게 제공하거나 제공받은 목적 외의 용도로 이용하여서는 아니 된다.

4) 고객의 개인정보를 제3자 제공에 대한 동의와 개인정보처리 위탁에 대한 동의를 받을 때에는 개인정보의 수집ㆍ이용에 대한 동의와 구분하여 받아야 하고, 이에

동의하지 아니한다는 이유로 서비스 제공을 거부하여서는 아니 된다.

5.9 정보주체 이외로부터 수집한 개인정보의 수집 출처 등 고지

고객 이외로부터 수집한 개인정보를 처리할 때에는 고객의 요구가 있으면 즉시 다음 사항을 고객에게 알려야 한다.

 1) 개인정보의 수집 출처

 2) 개인정보의 처리 목적

 3) 개인정보처리의 정지를 요구할 권리가 있다는 사실

5.10 개인정보의 파기 등

 1) 동의를 얻은 개인정보를 사전에 정한 목적을 달성한 경우와 개인정보의 보유 및 이용 기간이 종료한 경우, 사업을 폐지하는 경우에는 지체 없이 파기하여야 한다 (다만, 다른 법령에 따라 보존할 필요성이 있는 경우 및 보유 기간을 미리 고객에게 고지하거나 개별적으로 고객의 동의를 받아 고객 정보를 보존하여야 하는 경우에 는 예외로 한다).

 2) 제1항에 따라 다른 법령에 따라 보존하여야 하는 경우에는 해당 개인정보 또는 개 인정보 파일을 다른 개인정보와 분리하여서 저장·관리하여야 한다.

 3) 개인정보보호 책임자가 개인정보를 파기할 때에는 복구 또는 재생되지 아니하도 록 다음 각 호의 구분에 따른 방법으로 파기하고 그 결과를 개인정보 파기 대장에 기록·유지하여야 한다(시스템 상으로 출력/복사 및 파기를 관리하는 부서는 개인 정보 파기 대장을 별도로 작성하지 않는다).

  (1) 전자적 파일 형태인 경우 : 복원이 불가능한 방법으로 영구 삭제

  (2) 제1호 외의 기록물, 인쇄물, 서면, 그 밖의 기록매체인 경우 : 파쇄 또는 소각

 4) 1년 동안 서비스를 이용하지 아니하는 고객의 개인정보를 보호하기 위하여 개인 정보를 즉시 파기하거나 다른 고객의 개인정보와 분리하여 별도로 저장·관리하 여야 한다. 이 경우 해당 개인정보를 이용하거나 제공해서는 안 된다.

 5) 기간 만료 30일 전까지 개인정보가 파기되거나 분리되어 저장·관리되는 사실과 기간 만료일 및 해당 개인정보의 항목을 고객에게 알려야 한다.

 6) 개인정보를 전송받은 수탁업체, 제3자 등은 해당 업무 목적을 달성할 때에는 전송

받은 개인정보를 즉시 파기해야 하며, 파기 확인증을 기록·유지하여야 한다.

7) 개인정보 자료 파기를 수탁자가 대행하는 경우에는 개인정보보호 담당자(또는 위임 받는 자) 입회하에 폐기를 하여야 하며, 그 결과를 개인정보 파기 대장에 기록·유지하여야 한다.

8) 탈퇴 회원의 개인정보의 경우 탈퇴 즉시 별도의 DB에 저장하여 관련 법률에 정해진 기간 동안 보관한다.

5.11 개인정보의 처리 위탁 등

1) 고객의 개인 정보를 수집, 보관, 처리, 이용, 제공, 관리, 파기 등을 할 수 있도록 업무를 위탁하는 경우에는 다음 각 호의 사항 모두를 고객에게 알리고 동의를 받아야 한다. 다음 각 호의 어느 하나의 사항이 변경되는 경우에도 또한 같다.

 (1) 개인정보처리 위탁을 받는 자(수탁자)

 (2) 개인정보처리 위탁을 하는 업무의 내용

2) 개인정보보호 책임자는 제3자 또는 수탁자가 개인의 정보를 처리할 수 있는 목적을 사전에 정하여야 하며, 수탁자가 이 장의 규정을 위반하지 아니하도록 관리·감독을 하여야 한다.

5.12 영업의 양도 등에 따른 개인정보 이전

1) 영업의 전부 또는 일부의 양도·합병 등으로 고객의 개인정보를 타인에게 이전하는 경우에는 사전에 미리 다음 각 호의 사항 모두를 인터넷 홈페이지 게시, 전자 우편 등 이와 유사한 방법 중 어느 하나의 방법에 따라 고객에게 알려야 한다.

 (1) 개인정보를 이전 하려는 사실

 (2) 개인정보를 이전받는 자(영업 양수자)의 성명(법인의 경우 법인 명칭), 주소, 전화번호, 그 밖의 연락처

2) 고객이 개인정보의 이전을 원하지 않는 경우, 그 동의를 철회할 수 있는 방법 및 절차

6. 개인정보처리방침 수립 및 보호조치 이행

6.1 개인정보처리방침의 공개

1) 개인정보를 처리하는 경우에는 '개인정보처리 방침'을 정하여 이를 개인이 언제든지 쉽게 확인할 수 있도록 공개하여야 한다.

  (1) 처리 방침에는 다음 사항을 포함하여야 한다.

  (2) 개인정보의 수집 · 이용 목적, 수집하는 개인정보의 항목 및 수집 방법

  (3) 개인정보를 제3자에게 제공하는 경우 제공받는 자의 성명(법인인 경우에는 법인의 명칭을 말한다), 제공받는 자의 이용 목적과 제공하는 개인정보의 항목

  (4) 개인정보의 보유 및 이용 기간, 개인정보의 파기 절차 및 파기 방법(개인정보를 보존하여야 하는 경우에는 그 보존 근거와 보존하는 개인정보 항목을 포함한다)

  (5) 개인정보처리 위탁을 하는 업무의 내용 및 수탁자(해당되는 경우에만 처리 방침에 포함한다)

  (6) 이용자 및 법정대리인의 권리와 그 행사 방법

  (7) 인터넷 접속 정보 파일 등 개인정보를 자동으로 수집하는 장치의 설치 · 운영 및 그 거부에 관한 사항

  (8) 개인정보보호 책임자의 성명 또는 개인정보보호 업무 및 관련 고충 사항을 처리하는 부서의 명칭과 그 전화번호 등 연락처

2) 개인정보처리 방침을 변경하는 경우에는 그 이유 및 변경 내용을 다음 각 호의 방법 중 어느 하나 이상의 방법으로 공지하고, 고객이 언제든지 변경된 사항을 쉽게 확인할 수 있도록 인터넷 홈페이지에 지속적으로 게재하여 공개하여야 한다.

3) 개인정보처리 방침의 내용과 정보 주체와 체결한 계약의 내용이 다른 경우에는 정보 주체에게 유리한 것을 적용한다.

6.2 개인정보의 보호조치 이행

1) 개인정보를 처리할 때에는 개인정보의 분실 · 도난 · 누출 · 변조 또는 훼손을 방지하기 위하여 다음 각 호의 기술적 · 관리적 조치를 하여야 한다.

  (1) 개인정보를 안전하게 처리하기 위한 내부 관리 계획의 수립 · 시행

  (2) 개인정보에 대한 불법적인 접근을 차단하기 위한 침입 차단 시스템 등 접근 통

　제 장치의 설치 · 운영

(3) 접속 기록의 위조 · 변조 방지를 위한 조치

(4) 개인정보를 안전하게 저장 · 전송할 수 있는 암호화 기술 등을 이용한 보안 조치

(5) 백신 소프트웨어의 설치 · 운영 등 컴퓨터 바이러스에 의한 침해 방지 조치

(6) 그 밖에 개인정보의 안전성 확보를 위하여 필요한 보호 조치

2) 고객의 개인정보를 처리하는 자를 최소한으로 제한하여야 한다.

3) 개인정보의 안전한 처리를 위하여 다음 각 호의 내용을 포함하는 내부 관리 계획을 수립 · 시행하여야 한다.

(1) 개인정보보호 책임자의 지정 등 개인정보보호 조직의 구성 · 운영에 관한 사항

(2) 개인정보처리자의 교육에 관한 사항

(3) 불법적인 접근을 차단하기 위한 조치

(4) 접속 기록의 위조 · 변조 방지를 위한 조치

(5) 개인정보를 안전하게 저장 · 전송할 수 있는 보호 조치

(6) 개인정보처리시스템 및 개인정보처리자가 개인정보처리에 이용하는 정보 기기에 컴퓨터 바이러스, 스파이웨어 등 악성 프로그램의 침투 여부를 항시 점검 · 치료할 수 있는 백신 소프트웨어 설치 및 이의 주기적으로 갱신 · 점검

7. 개인정보처리 수탁업체 관리

7.1 업무 위탁에 따른 개인정보처리 제한

1) 제3자에게 개인정보의 처리 업무를 위탁하는 경우에는 다음 각 호의 내용이 포함된 문서에 의하여야 한다.

(1) 위탁 업무 수행 목적 외 개인정보의 처리 금지에 관한 사항

(2) 개인정보의 기술적 · 관리적 보호조치에 관한 사항

(3) 위탁 업무의 목적 및 범위

(4) 재 위탁 제한에 관한 사항

(5) 개인정보에 대한 접근 제한 등 안전성 확보 조치에 관한 사항

(6) 위탁 업무와 관련하여 보유하고 있는 개인정보의 관리 현황 점검 등 감독에 관한 사항

(7) 개인정보처리 업무를 위탁받아 처리하는 자(이하 "수탁자"라 한다)가 준수하여야 할 의무를 위반한 경우의 손해배상 등 책임에 관한 사항

2) 제1항에 따라 개인정보의 처리 업무를 위탁하는 경우에는 정보 주체에게 위탁하는 업무의 내용과 수탁자를 언제든지 쉽게 확인할 수 있도록 위탁자의 인터넷 홈페이지에 지속적으로 공개하여야 한다.

3) 위탁자가 재화 또는 서비스를 홍보하거나 판매를 권유하는 업무를 위탁하는 경우에는 정보 주체에게 서면, 전자우편, 팩스, 전화, 문자 전송 또는 이에 상당하는 방법에 따라 위탁하는 업무의 내용과 수탁자를 알려야 한다. 위탁하는 업무의 내용이나 수탁자가 변경된 경우에도 또한 같다.

4) 위탁자는 업무 위탁으로 인하여 정보 주체의 개인정보가 분실·도난·유출·변조 또는 훼손되지 아니하도록 수탁자를 교육하고, 처리 현황 점검 등 수탁자가 개인정보를 안전하게 처리하는지 감독하여야 한다.

5) 수탁자는 위탁자로부터 위탁받은 해당 업무 범위를 초과하여 개인정보를 이용하거나 제3자에게 제공해서는 아니 된다.

6) 수탁자가 위탁받은 업무와 관련하여 개인정보를 처리하는 과정에서 이 법을 위반하여 발생한 손해배상 책임에 대하여는 수탁자를 위탁사의 소속 직원으로 본다.

7.2 수탁/제휴 업체 계약 시 보안 대책

1) 개인정보와 관련한 업무를 수행하는 신규 수탁/제휴 업체 계약 시, 다음과 같은 보안 대책을 적용하여야 한다.

(1) 개인정보를 처리하는 수탁/제휴 업체와 계약 시, 담당 직원은 개인정보 관련 업무 내용을 개인정보보호 책임자에게 사전 승인받도록 한다.

(2) 개인정보를 처리하는 수탁/제휴 업체와 계약을 할 경우, 개인정보보호 관련 내용을 포함한 계약서를 체결하여야 한다.

(3) 제휴사 및 수탁 업체의 과실로 인하여 관계 법령 및 규정, 계약서를 준수하지 않아 발생하는 모든 문제에 대해서 민, 형사상의 책임을 부담할 수 있음을 고지한다.

(4) 제3자에게 고객의 개인 정보를 수집, 보관, 처리, 이용, 제공, 관리, 파기 등을 할 수 있도록 업무를 위탁(이하 '개인정보처리 위탁'이라 한다)하는 경우에는 다음

각 호의 모든 사항을 고객에게 알리고 동의를 얻어야 한다.

2) 다음 각 호의 어느 하나의 사항을 변경하려는 경우에도 또한 같다.

 (1) 개인정보처리 위탁을 받는 자(이하 '수탁자'라 한다)

 (2) 개인정보처리 위탁을 하는 업무의 내용

3) 개인정보처리 위탁을 하는 경우에는 수탁자가 고객의 개인정보를 처리할 수 있는 목적을 사전에 정하여야 하며, 수탁자는 이 목적을 벗어나서 고객의 개인정보를 처리하여서는 아니 된다.

7.3 수탁/제휴 업체 개인정보처리 보안 관리

1) 개인정보를 처리하는 외부 협력 직원의 현황을 수시로 파악하여 수탁 업체 개인정보처리자 용 개인정보보호 서약서를 징구하여야 하며, '개인정보처리자 명단'을 관리하여야 한다.

2) 외부 협력 직원과의 업무 수행 시, 관련 규정 및 내부 관리 계획을 협력 직원에게 정기적으로 교육을 실시하고 내역에 대한 근거 자료를 관리하여야 한다.

3) 관계 법령, 본 규정 및 계약서의 내용에 대해서 보안 위반 사항이 없는지 수탁 업체를 대상으로 심사를 실시하고 내역에 대한 근거 자료를 관리하여야 한다.

4) 개인정보를 전송받아 업무를 수행하는 수탁 업체(예: DM 발송 업체 등)의 경우, 업무 완료 후 조직 직원의 입회 하에 고객 정보 삭제 여부를 확인하여야 하거나 수탁 업체로부터 파일 및 출력물 등 개인정보에 대한 삭제 확인서를 받는다.

8. 정보주체의 권리 보장 업무

8.1 개인정보 열람, 정정, 삭제, 처리정지 등

1) 고객의 개인정보 수집·이용·제공 등 동의 철회 요청 시, 지체 없이 해당 개인정보를 복구/재생할 수 없도록 파기하는 등 필요한 조치를 취한다.

2) 다음 각 호의 사항에 대한 열람 또는 제공 요구를 받으면 지체 없이 필요한 조치를 한다.

 (1) 처리 중인 이용자의 개인정보 내역

 (2) 정보주체의 개인정보를 이용하거나 제3자에게 제공한 현황

(3) 개인정보 수집 · 이용 · 제공 등의 동의 현황

3) 개인정보 오류의 정정을 요구받으면 지체 없이 그 오류를 정정하거나, 정정하지 못하는 경우 그 사유를 이용자에게 알리는 등 필요한 조치를 한다. 조치가 완료될 때까지는 해당 개인정보를 이용하거나 제공하여서는 아니 된다.

4) 동의 철회 또는 개인정보 열람 · 제공 · 오류 정정 요구 방법은 개인정보 수집 방법 보다 쉽게 제공한다.

8.2 개인정보 이용내역 통지

수집한 고객 개인정보의 다음 각 호의 내용이 포함된 이용내역(제공 및 처리위탁 포함)을 정기적으로 고객에게 통지한다.

1) 개인정보의 수집 · 이용 목적 및 수집 항목

2) 개인정보를 제공받은 자, 제공 목적 및 제공 항목

3) 개인정보처리위탁을 받은 자 및 위탁 업무 내용

8.3 권리행사의 방법 및 절차

1) 정보주체가 홈페이지, 이메일 등을 통해 열람 요구 등 권리를 쉽게 행사할 수 있도록 그 방법 및 절차를 공개한다.

2) 권리행사 방법은 개인정보 수집 방법과 동일하거나 보다 간편해야 한다.

3) 권리행사에 대한 거절 조치에 불복이 있는 경우 이의를 제기할 수 있도록 필요한 절차를 마련하고 안내한다.

8.4 대리인에 의한 권리행사

정보주체의 법정대리인 또는 위임을 받은 자가 권리를 대리하는 경우, 반드시 정보주체의 위임장 등을 확인한다.

9. 개인정보 유출 시 조치 업무

9.1 개인정보 유출 통지 및 신고

1) 개인정보의 분실 · 도난 · 누출 사실을 알게 된 때에는 지체 없이 다음 각 호의 모

든 사항을 해당 고객에게 알리고 한국인터넷진흥원에 신고한다(정당한 사유 없이 사실을 안 때부터 24시간 경과 통지/신고하여서는 아니 된다).

(1) 유출된 개인정보 항목

(2) 유출 발생 시점

(3) 이용자가 취할 수 있는 조치

(4) 개인정보처리자 등의 대응 조치

(5) 상담 접수 부서 및 연락처

2) 유출 항목이나 시점 등 구체적인 내용이 즉시 확인되지 않으면, 그때까지 확인된 내용과 고객 조치사항, 책임자 대응 조치, 상담 연락처를 우선 통지·신고한 후, 추가 확인 내용은 즉시 통지·신고한다.

3) 개인정보가 유출된 경우 그 피해를 최소화하기 위한 대책을 마련하고 필요한 조치를 한다.

10. 기타 개인정보 관리 업무

10.1 업무 인수인계

1) 개인정보 운영/처리 부서 직원이 퇴사 시, 개인정보 관련 모든 정보 자료를 후임자에게 반납하고 서면으로 인수인계한다.

2) 업무 인수 직원은 인수인계와 동시에 아이디와 비밀번호를 변경한다.

10.2 개인정보보호 서약서 작성

1) 개인정보 운영/처리 부서에 근무 시, 별도 서식에 의한 개인정보보호 서약서를 작성하고 서명한다.

2) 개인정보처리를 위탁하는 경우, 수탁자에 대한 계약서 상에 개인정보보호 관련 내용을 반드시 포함한다.

10.3 위탁업체의 보안 조치 관리

1) 조직과 계약 관계에 있는 개인정보처리 위탁업체는 당사에서 요구하는 보안 기준을 준수하는지 확인하고 관리한다.

2) 고객 정보가 기록된 문서, 저장 매체 등은 이중 시건 장치가 된 별도 장소에 보관한다.

3) 고객 정보를 복사 시에는 기록을 남겨야 하며, 관리자를 지정하여 관리한다.

4) 위탁업체 직원의 입사 시는 물론 퇴직 시에도 개인정보보호 서약서를 작성하도록 관리한다.

[서식 11-1] 개인정보보호 서약서(사내용)

개인정보보호 서약서(사내용)

본인은 이큐인증원(주)(이하 '조직')에서 개인정보처리 업무를 수행함에 있어 아래 사항을 준수할 것을 서약합니다.

① 본인은 조직의 업무 서비스 제공을 목적으로 개인정보에 대한 접근권한을 가지고 개인정보를 수집 · 저장 · 이용 · 보관 · 제공 · 파기(이하, "처리"라 함) 하는 등의 실무를 담당하는 자로서 정보주체의 개인정보를 보호하고 법적 요구사항을 준수해야 할 책임과 의무가 있습니다.

② 본인은 업무 수행을 위해 필요한 최소한의 개인정보만을 수집할 것이며, 수집된 개인정보는 정보주체의 정보제공 목적에 한해서만 이용할 것이며 개인정보처리업무는 반드시 전사 개인정보보호 규정과 세부 운영기준을 준수할 것임을 서약합니다.

③ 본인은 업무 수행을 위해 부득이하게 개인정보를 처리 위탁을 주거나 제3자에게 제공할 경우 전사 정보보호규정 및 전사 개인정보관리규정에서 정의한 제반 정책과 절차를 준수할 것이며 해당 위탁업체 및 제3자에 대한 관리 · 감독을 철저히 하여 이로 인한 개인정보유출 또는 침해사고가 발생되지 않도록 노력할 것임을 서약합니다.

④ 본인은 개인정보에 대해 관련 법에서 정의한 정보주체의 권리를 최대한 보장하고 고객의 요구나 Claim에 대해 지체 없이 적절한 조치를 취할 것임을 서약합니다.

⑤ 본인은 조직에 근무 재직하는 동안 취득하거나 직무상 알게 되는 개인정보를 침해, 유출 또는 훼손/누설하지 않으며, 이를 정보주체가 동의한 제공 목적 이외의

다른 목적이나 기타 부정한 목적으로 사용하지 않을 것을 서약합니다.

⑥ 본인은 퇴직 후에도 위의 사항을 준수할 것을 약속합니다.

상기 사항을 숙지하고 이를 성실히 준수할 것을 동의하며 개인정보보호 서약의 보안
사항을 위반하였을 경우에는 민·형사상의 책임 이외에도, 조직의 관련 규정에 따른
징계조치 등 어떠한 불이익도 감수할 것이며 조직에 끼친 손해에 대해 지체 없이 변
상·복구할 것을 서약합니다.

년 월 일

서약자 : (인)

[서식 11-2] 개인정보보호 서약서(협력업체용)

개인정보보호 서약서(협력업체용)

본인은 이큐인증원(주)(이하 '조직')로부터 업무 목적상 위탁 혹은 제 3자 제공을 통해 입수한 개인정보를 처리/운영/관리를 함에 있어 아래의 사항을 준수할 것을 서약합니다.

① 본인은 조직이 처리하는 개인정보에 대한 접근권한을 가지고 개인정보를 수집 · 저장 · 이용 · 보관 · 제공 · 파기(이하, "처리"라 함) 하는 등의 실무를 담당하는 자로서 조직이 처리하는 개인정보를 보호하고 법적 요구사항을 준수해야 할 책임과 의무가 있습니다.

② 본인은 조직으로부터 제공 받은 개인정보를 제공 당시의 계약상의 목적에 한하여 이용할 것이며, 개인정보처리업무 수행시 조직 전사 개인정보관리규정과 세부 운영기준에서 정한 전반적인 내용을 준수할 것입니다.

③ 본인은 조직의 사전 서면 동의 없이는 또 다른 타사에게 개인정보를 처리 위탁을 주거나 업무 목적과 무관한 제3자에게 제공을 하지 않을 것을 서약합니다.

④ 본인은 컴퓨터를 이용하여 개인정보를 처리하는 경우 개인정보가 분실, 도난, 누출 또는 훼손되지 아니하도록 안전성 확보에 필요한 기술적 보호조치를 취하겠습니다.

⑤ 본인은 컴퓨터를 이용하여 개인정보를 처리하는 경우에는 개인정보에 대한 접근 권한을 철저히 관리하고 해당 비밀번호를 정기적으로 갱신토록 하겠으며, 정보주체에 대한 서비스를 제공키 위해 조직이 제공한 사용자 아이디와 비밀번호를 철저히 관리하도록 하겠습니다.

⑥ 본인은 정보주체의 개인정보에 대해 법에서 정의한 정보주체의 권리를 최대한 보장하고 조직의 정보주체의 요구나 Claim에 대해 전달 혹은 직접 받을 시, 지체 없이 적절한 조치를 취할 것임을 서약합니다.

⑦ 본인은 조직과의 계약으로 인하거나 제공받은 개인정보의 업무처리 및 근무 재직하는 동안 취득하거나 직무상 알게 되는 개인정보를 침해, 유출 또는 훼손/누설하지 않으며, 이를 정보주체가 동의한 제공 목적 이외의 다른 목적이나 기타 부정한 목적으로 사용하지 않을 것을 서약합니다.

⑧ 본인은 제공 목적 및 계약 종료 후에도 위의 사항을 준수할 것을 서약합니다.

상기 사항을 숙지하고 이를 성실히 준수할 것을 동의하며 개인정보보호 서약의 보안 사항을 위반하였을 경우에는 민·형사상의 책임 이외에도, 조직의 관련 규정에 따른 징계조치 등 어떠한 불이익도 감수할 것이며 조직에 끼친 손해에 대해 지체 없이 변상·복구할 것을 서약합니다.

년 월 일

소 속 :   서약자 : (서명)

이큐인증원㈜ 대표이사 귀하

Eq. Certification	지침	등록번호	제정일자	개정일자	개정차수	Page
	영상정보처리기기운영관리	EIG-0619	20XX.XX.XX	–	–	1/8

1. 적용 범위

본 지침은 이큐인증원㈜(이하 "조직")의 영상정보처리기기(폐쇄회로텔레비전 및 네트워크 카메라) 설치 및 운영, 관리, 저장된 영상정보 이용 및 제공에 적용된다. 개인정보보호법 및 안전행정부의 민간분야 영상정보처리기기 설치·운영 가이드에 기반하며, 법적 필수 요구 사항은 반드시 준수하여야 한다.

2. 목적

본 지침은 조직의 영상정보처리기기 설치, 운영 관리, 저장된 영상정보 이용 및 제공에 필요한 사항을 규정하여 개인의 영상정보를 보호함을 목적으로 한다.

3. 용어 정의

1) 정보주체 : 처리되는 정보에 의하여 식별되거나 식별될 수 있는 자로서 해당 정보의 주체가 되는 자를 말한다.
2) 영상정보처리기기 : 일정한 공간에 지속적으로 설치되어 사람 또는 사물의 영상 등을 촬영하거나 이를 유·무선망을 통하여 전송하는 일체의 장치로서 폐쇄회로텔레비전(CCTV) 및 네트워크 카메라를 말한다.
3) 개인영상정보 : 영상정보처리기기에 의하여 촬영·처리되는 영상정보 중 개인의 초상, 행동 등 사생활과 관련된 영상으로서 해당 개인의 동일성 여부를 식별할 수 있는 정보를 말한다.
4) 공개된 장소 : 공원, 도로, 건물 내부, 주차장 등 정보주체가 접근하거나 통행하는 데 제한을 받지 아니하는 장소를 말한다.

4. 책임과 권한

4.1. 개인영상정보보호 책임자

1) 개인정보보호 담당 부서의 본부장을 개인영상정보보호 책임자로 지정한다(단, 본부장 부재 시 전사 개인정보보호 책임자가 겸임한다).
2) 개인영상정보보호 책임자는 전반적인 개인영상정보처리에 관한 업무를 조정, 감

독한다.

(1) 개인영상정보처리 정책, 처리방침, 처리 범위, 관리 계획 및 보호 대책 검토 및 승인

(2) 기타 개인영상정보처리에 대한 투자 결정 및 필요한 사항 결정

4.2. 개인영상정보보호 담당자

1) 개인정보보호 담당 부서의 장을 개인영상정보보호 담당자로 지정한다.

2) 개인영상정보보호 담당자는 다음 각 호의 업무를 수행한다.

(1) 개인영상정보보호 계획의 수립 및 시행

(2) 개인영상정보처리 실태 및 관행의 정기적 조사 및 개선

(3) 개인영상정보처리 관련 불만 처리 및 피해 구제

(4) 개인영상정보 유출 및 오 · 남용 방지 내부통제 시스템 구축

(5) 개인영상정보보호 교육 계획 수립 및 시행

(6) 개인영상정보 파일의 보호 및 파기에 대한 관리 · 감독

(7) 그 밖에 개인영상정보보호에 필요한 업무

4.3. 개인영상정보 취급자

1) 업무상 개인영상정보를 취급하는 자는 영상정보처리기기 운영 관리 절차에 따라 개인영상정보가 훼손 및 유출되지 않도록 안전하게 취급하여야 한다.

2) 개인영상정보 취급자는 직무상 알게 된 개인정보를 누설하거나 권한 없이 처리 또는 타인 이용에 제공하는 등 부당한 목적으로 사용하여서는 아니 된다.

5. 정기적 점검

1) 개인영상정보보호 책임자는 개인영상정보보호 담당자를 통하여 영상정보처리기기의 설치 · 운영에 대하여 정기적으로 점검을 실시할 수 있다.

2) 정기 점검 시 다음 각 호의 사항을 고려하여야 한다.

(1) 영상정보처리기기 운영 · 관리 방침 준수 현황

(2) 개인영상정보 취급자의 업무 수행 현황

(3) 영상정보처리기기의 설치 및 운영 현황

(4) 개인영상정보 수집, 이용 · 제공, 파기 현황

(5) 위탁 및 수탁자에 대한 관리 · 감독 현황

(6) 정보주체의 권리 행사 조치 현황

(7) 기술적 · 관리적 · 물리적 보호 조치 현황

(8) 영상정보처리기기 설치 · 운영 필요성 지속 여부 등

6. 영상정보처리기기의 설치

6.1. 영상정보처리기기의 설치 · 운영 원칙

1) 다음 각 호의 경우를 제외하고는 공개된 장소에 영상정보처리기기를 설치 · 운영
하여서는 아니 된다.

(1) 법령에서 구체적으로 허용하는 경우

(2) 범죄의 예방 및 수사를 위하여 필요한 경우

(3) 시설 안전 및 화재 예방을 위하여 필요한 경우

(4) 교통 단속을 위하여 필요한 경우

2) 불특정 다수가 이용하는 목욕실, 화장실, 발한실, 탈의실 등 개인의 사생활을 현저
히 침해할 우려가 있는 장소 내부는 촬영할 수 없다.

6.2. 영상정보처리기기 운영 · 관리 방침

1) 개인영상정보보호 책임자는 다음 각 호의 사항이 포함된 운영 · 관리 방침을 마련
하여야 한다.

(1) 설치 근거 및 목적

(2) 설치 대수, 위치 및 촬영 범위

(3) 책임자, 담당 부서 및 접근 권한자

(4) 영상정보의 촬영 시간, 보관 기간, 보관 장소 및 처리 방법

(5) 영상정보의 확인 방법 및 장소

(6) 정보주체의 영상정보 열람 등 요구에 대한 조치

(7) 영상정보 보호를 위한 기술적 · 관리적 및 물리적 조치

(8) 그 밖에 설치·운영 및 관리에 필요한 사항

2) 운영·관리 방침 수립 또는 변경 시 정보주체가 쉽게 확인할 수 있도록 인터넷 홈페이지에 지속적으로 게재하여야 한다(단, 사내 시설 보호 목적 통제 구역 내 설치 시 본 지침으로 갈음하여 사내 게시판에 게재한다).

6.3. 사전 의견 수렴

개인영상정보보호 책임자는 영상정보처리기기 설치 또는 설치 목적 변경에 따른 추가 설치 시 관계 전문가 및 이해관계인의 의견을 수렴하여야 한다.

6.4. 안내판 설치

1) 개인영상정보보호 책임자는 정보주체가 영상정보처리기기 설치·운영 중임을 쉽게 알 수 있도록 안내판 설치 등 필요한 조치를 하여야 한다(단, 통제 구역은 예외 적용한다).

2) 안내판은 다음 각 호의 사항을 포함하여야 한다.

(1) 설치 목적 및 장소

(2) 촬영 범위 및 시간

(3) 관리 책임자 성명(직책) 및 연락처

(4) 위탁 시 수탁자의 명칭 및 연락처

(5) 건물 안에 다수의 영상정보처리기기를 설치하는 경우, 출입구 등 잘 보이는 곳에 해당 시설 또는 장소 전체가 영상정보처리기기 설치 지역임을 표시하는 안내판을 설치할 수 있다.

7. 개인영상정보처리

7.1 개인 영상정보 수집 제한

개인 영상정보 취급자는 영상정보처리기기의 설치 목적과 다른 목적으로 기기를 임의 조작하거나 다른 곳을 비추어서는 아니 된다.

영상정보처리기기의 녹음 기능은 사용할 수 없다.

7.2 개인 영상정보 이용 및 제3자 제공 제한

개인 영상정보 취급자는 다음 각 호의 경우를 제외하고 개인 영상정보를 수집 목적 외로 이용하거나 제3자에게 제공하여서는 아니 된다.

1) 정보 주체의 동의를 얻은 경우

2) 다른 법률에 특별한 규정이 있는 경우

3) 정보 주체 또는 법정 대리인이 의사 표시를 할 수 없는 상태이거나 주소 불명 등으로 사전 동의를 받을 수 없는 경우로서, 명백히 정보 주체 또는 제3자의 급박한 생명, 신체, 재산의 이익을 위해 필요하다고 인정되는 경우

4) 통계 작성 및 학술 연구 등의 목적으로 필요한 경우로서, 특정 개인을 알아볼 수 없는 형태로 개인 영상정보를 제공하는 경우

5) 다른 법률에서 정하는 소관 업무를 수행할 수 없는 경우로서 보호위원회의 심의·의결을 거친 경우(목적 외 이용 또는 제3자 제공이 필수적인 경우)

6) 조약, 국제 협정 이행을 위해 외국 정부 또는 국제 기구에 제공해야 하는 경우

7) 범죄 수사, 공소 제기 및 유지를 위해 필요한 경우

8) 법원 재판 업무 수행을 위해 필요한 경우

9) 형(刑), 감호, 보호처분의 집행을 위해 필요한 경우

7.3 개인 영상정보 보관 및 파기

1) 수집한 개인 영상정보는 영상정보처리기기 운영·관리 방침에 명시된 보관 기간이 만료되면 지체 없이 파기하여야 한다(다른 법령에 특별한 규정이 있는 경우는 예외).

2) 보관 기간 산정이 곤란한 경우, 개인 영상정보 수집 후 30일 이내로 한다.

3) 개인 영상정보의 파기 방법은 다음 각 호의 어느 하나와 같다.

 (1) 출력물(사진 등) : 파쇄 또는 소각

 (2) 전자기적 파일 : 복원이 불가능한 기술적 방법으로 영구 삭제

7.4 목적 외 이용 및 제3자 제공 기록 관리

개인 영상정보를 수집 목적 외로 이용하거나 제3자에게 제공하는 경우, 다음 각 호의

사항을 '개인영상정보 관리대장'에 기록하고 관리하여야 한다.

  1) 개인 영상정보 파일의 명칭
  2) 이용하거나 제공받은 자(기관명 또는 개인)의 명칭
  3) 이용 또는 제공의 목적
  4) 법령상 이용 또는 제공 근거(있는 경우)
  5) 이용 또는 제공 기간(정해져 있는 경우)
  6) 이용 또는 제공 형태

7.5 파기 기록 관리

개인 영상정보를 파기하는 경우, 다음 각 호의 사항을 '개인영상정보 관리대장'에 기록하고 관리하여야 한다.

  1) 파기하는 개인 영상정보 파일의 명칭
  2) 개인 영상정보 파기 일시(자동 삭제 시 파기 주기 및 자동 삭제 확인 시기)
  3) 개인 영상정보 파기 담당자

7.6 영상정보처리기기 설치 및 운영 위탁

  1) 영상정보처리기기 설치 및 운영 사무를 외부에 위탁하는 경우, 다음 각 호의 사항을 문서화하여 포함하여야 한다.
   (1) 위탁 업무의 목적 및 범위
   (2) 재위탁 제한 사항
   (3) 영상정보 접근 제한 등 안전성 확보 조치
   (4) 영상정보 관리 현황 점검 및 수탁자 직원 교육
   (5) 수탁자 의무 위반 시 손해 배상 등 책임 사항
  2) 위탁하는 사무의 내용은 정보 주체가 쉽게 확인할 수 있도록 사내 업무 포털 등에 지속적으로 게재하여야 한다.
  3) 수탁자가 개인 영상정보를 안전하게 처리하는지 관리 · 감독하여야 한다.

7.7 정보 주체의 개인 영상정보 열람 등 요구 처리

1) 정보 주체가 자신의 개인 영상정보에 대해 열람 또는 존재 확인을 요구하는 경우, 해당 영상정보처리기기를 운용하는 개인 영상정보 취급자는 요구에 대하여 조치하여야 한다.

2) 열람 대상 : 정보 주체 자신이 촬영된 개인 영상정보이고, 명백히 정보 주체의 급박한 생명, 신체, 재산의 이익을 위해 필요한 경우에 한정한다.

3) 요구 시 '개인 영상정보 존재 확인 열람 청구서' 제출을 요구할 수 있다.

4) 요구를 받았을 때에는 지체 없이 필요한 조치를 취하여야 한다. 이때 개인 영상정보 취급자는 열람 등 요구를 한 자가 본인 또는 정당한 위임장 및 신분증명서를 제출 받아 확인하여야 한다.

5) 다음 각 호에 해당하는 경우, 개인 영상정보 취급자는 정보 주체의 개인 영상정보 열람 등 요구를 거부할 수 있다. 이 경우 개인 영상정보 취급자는 10일 이내에 서면 등으로 거부 사유를 정보 주체에게 통지하여야 한다.

   (1) 범죄 수사, 공소 유지, 재판 수행에 중대한 지장을 초래하는 경우
   (2) 개인 영상정보의 보관 기간이 경과하여 파기한 경우
   (3) 기타 열람 등 요구를 거부할 만한 정당한 사유가 존재하는 경우
   (4) 열람 등 조치 시 다음 각 호의 사항을 '개인 영상정보 관리 대장'에 기록하고 관리하여야 한다.
   (5) 열람 등 요구 정보 주체의 성명 및 연락처
   (6) 정보 주체가 요구한 개인 영상정보 파일의 명칭 및 내용
   (7) 개인 영상정보 열람 등의 목적
   (8) 열람 등 거부 시 구체적 사유
   (9) 사본 제공 시 해당 영상정보 내용 및 제공 사유

6) 정보 주체는 열람 후 보존을 요구했던 개인 영상정보에 대하여만 파기를 요구할 수 있으며, 파기 조치 시 그 내용을 '개인 영상정보 관리 대장'에 기록하고 관리하여야 한다.

7.8 정보 주체 외 타인의 개인 영상정보 보호

개인 영상정보 열람 등 조치 시, 정보 주체 외 타인을 명백히 알아볼 수 있거나 타인의

사생활 침해 우려가 있는 경우, 해당 타인의 개인 영상정보를 알아볼 수 없도록 보호 조치를 취하여야 한다.

7.9 개인 영상정보 안전성 확보 조치

개인 영상정보 책임자는 담당자를 통하여 개인 영상정보가 분실·도난·유출·변조 또는 훼손되지 아니하도록 안전성 확보를 위하여 다음 각 호의 조치를 하여야 한다.

1) 개인 영상정보의 안전한 처리를 위한 내부 관리 계획의 수립 및 시행
2) 개인 영상정보에 대한 접근 통제 및 접근 권한의 제한 조치
3) 개인 영상정보를 안전하게 저장 및 전송할 수 있는 기술의 적용(예: 네트워크 카메라 암호화, 파일 저장 시 비밀번호 설정)
4) 처리 기록의 보관 및 위조·변조 방지를 위한 조치(예: 영상정보 생성 일시, 열람 시 열람 목적·열람자·열람 일시 등 기록 관리)
5) 개인 영상정보의 안전한 물리적 보관을 위한 보관 시설 마련 또는 잠금 장치 설치

4. ISO 정보보호 경영시스템 양식

목차

	이해관계자 파악표				작성	검토	승인
					/	/	/

항 목	세 목	이슈사항	당사현황	기회적요소	위협적요소	관리번호	비고

EIP-0410-01   이큐인증원(주)   A4(210X297)

	SWOT 분석표	작성	검토	승인
		/	/	/

내부 환경 외부 환경	강점(Strengths)	약점(Weakne00es)
기회(Opportunities)	S O 전략	W O 전략
위협(Threats)	S T 전략	W T 전략

적용성보고서

(Statement of Applicability)

20XX년 XX월 XX일

이큐인증원㈜

5. 조직적 통제

통제항목	Y/P/N/NA	의견	절차서 및 지침	기록
5.1 정보보호를 위한 정책				
정보보호 정책 및 주제별 정책을 정의하고, 경영진의 승인을 받아야 하며, 관련 직원 및 관련 이해 당사자에게 게시, 전달 및 승인해야 하며, 계획된 간격으로 그리고 중대한 변경 사항이 발생하는 경우 검토해야 한다.				
5.2 정보보호 역할 및 책임				
정보보호 역할과 책임은 조직의 필요에 따라 정의 및 할당되어야 한다.				
5.3 직무 분리				
상충되는 업무와 상충되는 책임 영역을 분리해야 한다.				
5.4 관리 책임				
경영진은 모든 직원이 조직의 확립된 정보보호 정책, 주제별 정책 및 절차에 따라 정보보호를 적용하도록 요구해야 한다.				
5.5 당국과의 접촉				
조직은 관련 당국과의 연락을 수립하고 유지해야 한다.				
5.6 특별 이익 단체와의 접촉				
조직은 특수 이익 그룹 또는 기타 전문 보안 포럼 및 전문 협회와 연락을 취하고 유지해야 한다.				
5.7 위협 정보				
정보보호 위협과 관련된 정보를 수집하고 분석하여 위협 정보(정보)를 생성해야 한다.				

통제항목	Y/P/N/NA	의견	절차서 및 지침	기록
5.8 프로젝트 관리의 정보보호				
정보보호는 프로젝트 관리에 통합되어야 한다.				
5.9 정보 및 기타 관련 자산의 목록				
소유자를 포함한 정보 및 기타 관련 자산 목록을 개발하고 유지 관리해야 한다.				
5.10 정보 및 기타 관련 자산의 허용 가능한 사용				
정보 및 기타 관련 자산을 처리하기 위한 허용 가능한 사용 및 절차에 대한 규칙을 식별하고 문서화하고 구현해야 한다.				
5.11 자산의 반환				
직원 및 기타 이해 당사자는 조직의 모든 자산을 고용, 계약 또는 계약의 변경 또는 종료 시 소유권을 반환해야 한다.				
5.12 정보의 분류				
정보는 조직 기밀성, 무결성, 가용성 및 관련 당사자 요건에 근거한 정보보호 요구에 따라 분류될 수 있다.				
5.13 정보의 라벨링				
조직이 채택한 정보 분류 체계에 따라 적절한 정보 라벨링 절차를 개발하고 구현해야 한다.				
5.14 정보전달				
조직 내 및 조직과 다른 당사자 간에 모든 유형의 전송 시설에 대해 정보 전송 규칙, 절차 또는 합의가 마련되어야 한다.				

	적용성보고서	등록번호	제정일자	개정일자	개정차수	Page
		EIP-0620-02	20XX.XX.XX	–	–	3/14

통제항목	Y/P/N/NA	의견	절차서 및 지침	기록
5.15 접근통제				
정보 및 기타 관련 자산에 대한 물리적 및 논리적(타당한) 접근을 제어하는 규칙은 비즈니스 및 정보보호 요구사항에 따라 수립 및 구현되어야 한다.				
5.16 아이덴티티 관리(권한/신원/신분)				
신분의 전체 수명주기를 관리해야 한다.				
5.17 인증정보				
인증정보의 할당 및 관리는 인증정보의 적절한 취급에 대해 담당자에게 조언하는 것을 포함하여 관리 프로세스에 의해 제어되어야 한다.				
5.18 접근권				
정보 및 기타 관련 자산에 대한 접근 권한은 접근 제어에 대한 조직의 주제별 정책과 규칙에 따라 프로비저닝(대비), 검토, 수정 및 제거해야 한다.				
5.19 공급업체 관계에서의 정보보호				
공급자의 제품 또는 서비스 사용과 관련된 정보보호 위험을 관리하기 위해 프로세스와 절차를 정의 및 구현해야 한다.				
5.20 공급업체 계약 내 정보보호 문제 해결				
관련 정보보호 요건은 공급업체 관계 유형에 따라 각 공급업체와 합의해야 한다.				
5.21 ICT 공급망에서의 정보보호 관리				
ICT 제품 및 서비스 공급망과 관련된 정보보호 위험을 관리하기 위한 프로세스와 절차를 정의 및 구현해야 한다.				

통제항목	Y/P/N/NA	의견	절차서 및 지침	기록
5.22 공급업체 서비스의 모니터링, 검토 및 변경 관리				
조직은 공급업체 정보보호 관행 및 서비스 제공의 변화를 정기적으로 모니터링, 검토, 평가 및 관리해야 한다.				
5.23 클라우드 서비스의 사용에 대한 정보보호				
클라우드 서비스 취득, 사용, 관리 및 종료 프로세스는 조직의 정보보호 요구사항에 따라 수립되어야 한다.				
5.24 정보보호 사고 관리 계획과 준비				
조직은 정보보호 사고 관리 프로세스, 역할 및 책임을 정의, 설정 및 전달함으로써 정보보호 사고 관리를 계획하고 준비해야 한다.				
5.25 정보보호 사건에 대한 평가 및 결정				
조직은 정보보호 사건을 평가하고 정보보호 사건으로 분류할지 여부를 결정해야 한다.				
5.26 정보보호 사고에 대한 대응				
정보보호 사고는 문서화된 절차에 따라 대응해야 한다.				
5.27 정보보호 사고로부터 학습				
정보보호 사고로부터 얻은 지식은 정보보호 통제를 강화하고 개선하는 데 사용되어야 한다.				
5.28 증거 수집				
조직은 정보보호 사건과 관련된 증거의 식별, 수집, 획득 및 보존 절차를 수립하고 이행해야 한다.				

통제항목	Y/P/N/NA	의견	절차서 및 지침	기록
5.29 운영 중단 시 정보보호				
조직은 중단되는 동안 정보보호를 적절한 수준으로 유지하는 방법을 계획해야 한다.				
5.30 사업 연속성을 위해 정보통신기술(ICT) 준비 상태				
ICT 준비성은 비즈니스 연속성 목표와 ICT 연속성 요건에 기초하여 계획, 구현, 유지 및 테스트되어야 한다.				
5.31 법, 법적, 규제적, 계약적 요건				
정보보호과 관련된 법, 법적, 규제 및 계약적 요구사항과 이러한 요구사항을 충족하기 위한 조직의 접근 방식을 파악, 문서화 및 최신 상태로 유지해야 한다.				
5.32 지적재산권				
조직은 지적재산권을 보호하기 위한 적절한 절차를 이행해야 한다.				
5.33 기록의 보호				
기록은 분실, 파괴, 위조, 무단 접근 및 무단 유출로부터 보호되어야 한다.				
5.34 PII의 개인 정보 보호 및 보호				
조직은 적용 가능한 법률과 규정 및 계약 요건에 따라 개인 정보 보호 및 개인 정보 보호와 관련된 요구사항을 식별하고 충족해야 한다.				
5.35 정보보호에 대한 독립적인 검토				
정보보호를 관리하는 조직의 접근 방식과 인력, 프로세스 및 기술을 포함하는 조직의 구현방식을 계획된 간격으로 또는 중요한 변화가 발생할 때 독립적으로 검토해야 한다.				

통제항목	Y/P/N/NA	의견	절차서 및 지침	기록
5.36 정보보호를 위한 정책, 규칙 및 표준 준수				
조직의 정보보호 정책, 주제별 정책, 규칙 및 표준 준수 여부를 정기적으로 검토해야 한다.				
5.37 문서화된 운영 절차				
정보처리 시설의 운영 절차는 문서화되어야 하며 이를 필요로 하는 직원이 이용할 수 있어야 한다.				

6. 인적통제

통제항목	Y/P/N/NA	의견	절차서 및 지침	증거
6.1 선발(채용)				
직원이 될 모든 후보자에 대한 배경 검증 검사는 조직에 가입하기 전에 해당 법률, 규정 및 윤리를 고려하여 지속적으로 수행되어야 하며 비즈니스 요구사항, 접근해야 할 정보의 분류 및 인식된 위험에 비례해야 한다.				
6.2 고용조건				
고용 계약서에는 정보보호에 대한 직원과 조직의 책임이 명시되어야 한다.				
6.3 정보보호 인식 교육과 훈련.				
조직의 직원과 관련 이해 당사자는 조직의 정보보호 정책, 주제별 정책 및 절차에 대한 적절한 정보보호 의식, 교육 및 훈련 및 정기적인 업데이트를 자신의 직무 기능과 관련하여 받아야 한다.				

통제항목	Y/P/N/NA	의견	절차서 및 지침	증거
6.4 징계 과정(절차)				
정보보호 정책 위반을 저지른 직원 및 기타 관련 이해당사자에 대한 조치를 취할 수 있도록 징계 절차를 공식화하고 전달해야 한다.				
6.5 고용종료(해고) 또는 계약변경 후의 책임				
고용의 종료 또는 변경 후에도 유효한 정보보호 책임과 의무를 정의, 시행 및 관련 직원 및 기타 이해관계자에게 전달해야 한다.				
6.6 비밀유지 또는 비공개 계약				
정보보호에 대한 조직의 요구를 반영하는 기밀성 또는 비공개 계약은 직원 및 기타 관련 이해 당사자에 의해 식별, 문서화, 정기적인 검토 및 서명되어야 한다.				
6.7 원격 작업(근무)				
보안 조치는 직원이 조직의 구내 밖에서 접근, 처리 또는 저장된 정보를 보호하기 위해 원격으로 작업할 때 구현되어야 한다.				
6.8 정보보호 이벤트 보고				
조직은 직원이 적절한 경로를 통해 관찰되거나 의심되는 정보보호 사건을 적시에 보고할 수 있는 메커니즘을 제공해야 한다.				

7. 물리적 통제

통제항목	Y/P/N/NA	의견	절차서 및 지침	증거
7.1 물리적 보안 경계				
정보 및 기타 관련 자산이 포함된 영역을 보호하기 위해 보안 경계를 정의하고 사용해야 한다.				
7.2 물리적 진입(출입_접근)				
보안구역은 적절한 진입 통제 및 접근 지점에 의해 보호되어야 한다.				
7.3 사무실, 객실 및 시설 확보				
사무실, 객실 및 시설에 대한 물리적 보안은 설계 및 구현되어야 한다.				
7.4 물리 보안 모니터링(감시)				
부지는 허가받지 않은 물리적 접근에 대해 지속적으로 모니터링 해야 한다.				
7.5 물리적 및 환경적 위협으로부터 보호				
자연 재해 및 기타 의도적이거나 의도적이지 않은 인프라 물리적 위협과 같은 물리적 및 환경적 위협에 대한 보호가 설계 및 구현되어야 한다.				
7.6 안전한 장소(보안구역) 작업				
보안구역에서 작업하기 위한 보안 조치를 설계하고 구현해야 한다.				
7.7 깨끗한 책상 및 화면 정리(정책)				
종이 및 이동식 저장 매체에 대한 명확한 업무 규칙과 정보처리 시설에 대한 명확한 화면 규칙을 정의하고 적절하게 시행해야 한다.				

	적용성보고서	등록번호	제정일자	개정일자	개정차수	Page
		EIP-0620-02	20XX.XX.XX	–	–	9/14

통제항목	Y/P/N/NA	의견	절차서 및 지침	증거
7.8 장비 배치 및 보호				
장비는 안전하게 배치되고 보호되어야 한다.				
7.9 구외(사외) 자산 보안				
구외(사외) 자산은 보호되어야 한다.				
7.10 저장 매체				
저장 매체는 조직의 분류 체계 및 취급 요구사항에 따라 수집, 사용, 운송 및 폐기 라이프사이클을 통해 관리되어야 한다.				
7.11 지원 유틸리티				
정보처리 설비는 지원 유틸리티의 고장으로 인한 정전 및 기타 장애로부터 보호되어야 한다.				
7.12 케이블 연결 보안				
전력, 데이터 또는 지원 정보 서비스를 전달하는 케이블은 차단, 간섭 또는 손상으로부터 보호해야 한다.				
7.13 장비 유지보수				
장비는 정보의 가용성, 무결성 및 기밀성을 보장하기 위해 올바르게 유지 관리되어야 한다.				
7.14 장비의 안전한 폐기 또는 재사용				
저장 매체가 포함된 장비 항목은 중요한 데이터와 사용 허가 소프트웨어를 폐기 또는 재사용하기 전에 제거하거나 안전하게 덮어쓰는지 확인해야 한다.				

8. 기술적 통계

통제항목	Y/P/N/NA	의견	절차서 및 지침	증거
8.1 사용자 단말기(단말장치)				
사용자 단말기(단말 장치) 에 저장, 처리 또는 사용자 단말기(단말 장치)를 통해 접근할 수 있는 정보는 보호되어야 한다.				
8.2 권한 있는 접근 권한(특수권한접근)				
권한 있는 접근 권한의 할당 및 사용은 제한되고 관리되어야 한다.				
8.3 정보 접근 제한				
정보 및 기타 관련 자산에 대한 접근은 접근 제어에 대해 확립된 주제별 정책에 따라 제한되어야 한다.				
8.4 소스 코드에 대한 접근				
소스 코드, 개발 도구 및 소프트웨어 라이브러리에 대한 읽기 및 쓰기 접근을 적절하게 관리해야 한다.				
8.5 보안 인증				
보안 인증 기술과 절차는 정보 접근 제한과 접근 제어에 관한 주제별 정책에 기초하여 구현되어야 한다.				
8.6 용량 관리				
현재 및 예상 용량 요구사항에 따라 리소스 사용을 모니터링하고 조정해야 한다.				
8.7 악성소프트웨어(malware)에 대한 보호				
악성소프트웨어(malware)에 대한 보호는 적절한 사용자 인식에 의해 구현되고 지원되어야 한다.				

통제항목	Y/P/N/NA	의견	절차서 및 지침	증거
8.8 기술적 취약점 관리				
사용 중인 정보시스템의 기술적 취약성에 대한 정보를 얻고, 그러한 취약성에 대한 조직의 노출을 평가하며, 적절한 조치를 취해야 한다.				
8.9 구성(배열, 배치) 관리				
하드웨어, 소프트웨어, 서비스 및 네트워크의 보안 구성을 포함한 구성은 설정, 문서화, 구현, 모니터링 및 검토되어야 한다.				
8.10 정보 삭제				
정보시스템, 장치 또는 기타 저장 매체에 저장된 정보는 더 이상 필요하지 않을 때 삭제해야 한다.				
8.11 데이터 마스킹				
데이터 마스킹은 해당 법률을 고려하여 접근 제어 및 기타 관련 주제별 정책 및 비즈니스 요구사항에 대한 조직의 주제별 정책에 따라 사용해야 한다.				
8.12 데이터 유출 방지				
데이터 유출 방지 조치는 민감한 정보를 처리, 저장 또는 전송하는 시스템, 네트워크 및 기타장치에 적용되어야 한다.				
8.13 정보 백업				
정보, 소프트웨어 및 시스템의 백업 복사본은 백업에 대한 합의된 주제별 정책에 따라 유지 관리되고 정기적으로 테스트되어야 한다.				
8.14 정보처리시설의 이중화(중복성)				
정보처리 설비는 가용성 요구사항을 충족하기에 충분한 중복성(이중화)을 가지고 구현되어야 한다.				

통제항목	Y/P/N/ NA	의견	절차서 및 지침	증거
8.15 로깅(Logging)				
활동, 예외, 결함 및 기타 관련 이벤트를 기록하는 로그를 생성, 저장, 보호 및 분석해야 한다.				
8.16 모니터링 활동				
네트워크, 시스템 및 애플리케이션은 비정상적인 동작과 잠재적인 정보보호 사고를 평가하기 위한 적절한 조치를 모니터링해야 한다.				
8.17 시간 동기화				
조직에서 사용하는 정보처리 시스템의 시계는 승인된 시간 소스와 동기화되어야 한다.				
8.18 특수 유틸리티 프로그램의 사용				
시스템 및 애플리케이션 제어를 무시할 수 있는 유틸리티 프로그램의 사용은 제한되고 엄격하게 통제되어야 한다.				
8.19 운영체제에서의 소프트웨어 설치				
운영체제에서 소프트웨어 설치를 안전하게 관리하기 위한 절차와 조치가 구현되어야 한다.				
8.20 네트워크 보안				
네트워크와 네트워크 장치는 시스템과 애플리케이션의 정보를 보호하기 위해 보안, 관리 및 제어되어야 한다.				
8.21 네트워크 서비스 보안				
네트워크 서비스의 보안 메커니즘, 서비스 수준 및 서비스 요구사항을 파악, 구현 및 모니터링 해야 한다.				

통제항목	Y/P/N/NA	의견	절차서 및 지침	증거
8.22 네트워크 분리				
정보 서비스, 사용자 및 정보시스템 그룹은 조직의 네트워크에서 분리되어야 한다.				
8.23 웹 필터링				
외부 웹 사이트에 대한 접근을 관리하여 악의적인 콘텐츠에 대한 노출을 줄여야 한다.				
8.24 암호화 사용				
암호 키 관리를 포함한 암호의 효과적인 사용을 위한 규칙을 정의하고 시행해야 한다.				
8.25 안전한 개발 수명 주기				
소프트웨어와 시스템의 안전한 개발을 위한 규칙을 수립하고 적용해야 한다.				
8.26 애플리케이션 보안 요구사항				
정보보호 요건은 애플리케이션을 개발하거나 취득할 때 식별, 명시 및 승인되어야 한다.				
8.27 보안 시스템 구축(아키텍쳐) 및 엔지니어링 원칙				
엔지니어링 보안 시스템을 위한 원칙은 모든 정보시스템 개발 활동에 대해 수립, 문서화, 유지 및 적용되어야 한다.				
8.28 안전한 코딩(coding)				
보안 코딩 원칙을 소프트웨어 개발에 적용해야 한다.				
8.29 개발 및 승인 시 보안 시험				
보안 테스트 프로세스는 개발 수명 주기에서 정의되고 구현되어야 한다.				

통제항목	Y/P/N/NA	의견	절차서 및 지침	증거
8.30 아웃소싱 개발				
조직은 아웃소싱 시스템 개발과 관련된 활동을 지시, 모니터링 및 검토해야 한다.				
8.31 개발, 테스트 및 운영(시스템) 환경의 분리				
개발, 시험 및 운영(시스템) 환경을 분리하고 보호해야 한다.				
8.32 변경 관리				
정보처리시설 및 정보시스템에 대한 변경은 변경관리 절차를 거쳐야 한다.				
8.33 시험(TESR) 정보				
시험 정보는 적절하게 선택, 보호 및 관리되어야 한다.				
8.34 심사 시험 중 정보시스템 보호				
심사 시험 및 운영 시스템 평가를 포함하는 기타 보증 활동은 시험자와 적절한 경영진 간에 계획되고 합의되어야 한다.				

	목표 및 세부목표 추진계획/실적서	작성	검토	승인
		/	/	/

작성일		부서명	
페이지		작성자	

목표	세부목표 (기간)	목표달성방법	추진일정					담당 부서	실행결과	비고
			년도	1/4	2/4	3/4	4/4			

EIP-0620-01 　　　　　　　　　　이큐인증원(주)　　　　　　　　　　A4(210X297)

	이해관계자 파악표		작성	검토	승인
			/	/	/

부서명		작성일자		작성자	

NO	교육대상	교육과정명	교육시간	교육월	교육기관 (장소)	비고

EIP-0720-01   이큐인증원(주)   A4(210X297)

	교육결과 보고서		작성	검토	승인
Eo. Certification					
			/	/	/

교육명					
실시일자		시간		장소	
교육기관				강사	

교육내용	교육참가자

유효성 평가

관리부서	
개인별 교육(훈련) 이력카드	
PAGE	1/1

소속		성명		직금	

교육명	교육기간	교육장소	교육비용	비고

EIP-0720-03 　　　　　　　　　　이큐인증원(주) 　　　　　　　　　　A4(210X297)

	정보보호 보고서	작성	검토	승인
		/	/	/

문서번호		보고일자	
수신		이해관계자	
참조		보고자	
제목	정보보호 정보	정보보호 사고	민원발생 보고

보고내용	발생일시 : 년 월 일 시		발생경로	전화 문서 기타( )
	주요내용(구체적으로) :			
	관련사항 첨부 :			
조치방안및결과				

	( )년도 내부심사 계획서	작성	검토	승인
		/	/	/

작성일자 :

심사구분	대상부서	1월	2월	3월	4월	5월	6월	7월	8월	9월	10월	11월	12월	비고
□ 정기 ■ 특별	조직 전체		○											
□ 정기 □ 특별														
□ 정기 □ 특별														
□ 정기 □ 특별														
□ 정기 □ 특별														
□ 정기 □ 특별														
□ 정기 □ 특별														
□ 정기 □ 특별														
□ 정기 □ 특별														
□ 정기 □ 특별														
□ 정기 □ 특별														
□ 정기 □ 특별														
□ 정기 □ 특별														
□ 정기 □ 특별														

EIP-0920-01   이큐인증원(주)   A4(210X297)

	내부심사 실시계획 통보서	작성	검토	승인
		/	/	/

작성일자 :

심사구분	☐ 정기심사	☐ 특별심사

심사목적 및 범위	가. 목 적 : 나. 범 위 :

부서별 심사부서 구성	구분				
	심사일자				
	심사부서장				
	심사요원				

* 내부심사요원 양성과정 교육 이수자 중심으로 심사부서 구성

심사일정 및 심사항목	– 심사일 : – 시간 :

특기사항	

붙임	

내부심사 체크리스트

20XX년 XX월 XX일

이큐인증원㈜

1. 규격요구사항

(C- 적합, NC-부적합, O-권고사항)

조항번호	규격요구사항	C/NC/O	내용
4.0	조직상황(4.1~4.4)		심사의견 및 증거
	■ 다음 사항을 고려하여 인증범위의 적절성을 확인합니다. (a) 사업의 성격 (b) 이해관계자의 기대 (c) 내부/외부 문제 ■ 조직은 조직의 목적과 전략적 방향과 관련이 있고 정보보호 관리 시스템의 의도된 결과를 달성하는 능력에 영향을 미치는 외부 및 내부 이슈를 결정하였습니까? ■ 조직이 이해 관계자의 요구 및 기대에 필요한 프로세스 및 상호작용을 포함하여 정보보호 관리 시스템을 표준의 요구사항에 따라 모니터링하고 검토하고 있습니까?		
5.0	리더십(5.1~5.3)		심사의견 및 증거
	■ 최고경영진은 표준의 요구사항에 따라 정보 보호 관리 시스템에 대한 리더십과 의지을 입증하고 있습니까? ■ 비전과 정책이 모든 당사자에게 제공, 전달, 유지 및 이해되고 있습니까? ■ 문서화 구현 및 성과 모니터링에 대한 책임과 권한이 정의되어 있으며 효과적 입니까?		

	내부심사 체크리스트	등록번호	제정일자	개정일자	개정차수	Page
		EIP-0920-03	20XX.XX.XX	–	–	

조항번호	규격요구사항	C/NC/O	내용
6.0	기획(6.1~6.3)		심사의견 및 증거
6.1.1	일반사항 ■ 위험과 기회를 관리하기 위해 적용 가능한 조치를 계획했습니까? ■ 또한 이러한 조치의 효과를 평가하는 방법 세부 정보를 제공하고 있습니까?		
6.1.2	정보보호 리스크 평가 ■ 조직은 전체 운영 프로세스에 위험 기반 사고를 적용했습니까? ■ 규격 6.1.2 a)에서 e)까지의 모든 요소가 포함되어 있습니까?		
6.1.3	정보보호 위험 처리 ■ 리스크를 분석하고 목표 및 경영진의 비전 달성에 잠재적인 영향을 미칠 가능성을 확인하는 포괄적인 리스크 평가를 수행했습니까? ■ 적용성명세서가 작성되었으며 적용 포함 및 제외가 타당합니까?		
6.2	정보 보호 목표 및 이를 달성하기 위한 계획 ■ 문서화된 정보보호 목표가 있습니까? ■ 목표가 섹션 6.2 a) ~ e)를 준수합니까? ■ 목표를 달성하기 위한 계획이 있습니까? ■ 6.2 f)에서 J)까지의 모든 요소가 포함됩니까?		

조항번호	규격요구사항	C/NC/O	내용
6.3	변경기획 ■ 조직은 변경계획을 수립하고 수항하고 있습니까?		
7.0	지원(7.1~7.5)		심사의견 및 증거
7.1	자원 ■ ISMS에 필요한 자원은 어떻게 결정됩니까? ■ 필요한 리소스가 제공됩니까?		
7.2	적격성/역량 ■ 정보보호 역량에 대한 기준를 확인하고 정보보호 적합한 인원을 평가 합니까? ■ 정보보호 관리 시스템에 대한 교육 요구를 식별 및 교육 기록을 확인 합니까? ■ 제공된 교육의 효과에 대한 증거 무엇입니까?		
7.3	인식 ■ 조직은 정보보호 정책에 대한 인식과 ISMS에 대한 본인의 기여 및 준수하지 않았을 때 의미와 어떤 접근 방식을 취해야하는지를 인식하고 있습니까? ■ 조직원의 인터뷰를 했습니까?		
7.4	의사소통 ■ 내부 외부 연락망의 가용성 및 정보보호 관리 시스템과 관련된 의사소통 기록은 무엇입니까? ■ 접근방식이 7.4 a)에서 e)까지의 모든 영역을 포함합니까? (하나 이상의 예를 설명합니다)		

	내부심사 체크리스트	등록번호	제정일자	개정일자	개정차수	Page
		EIP-0920-03	20XX.XX.XX	–	–	

조항번호	규격요구사항	C/NC/O	내용
7.5	문서화된 정보 ■ 기록 보존 기간이 포함된 해당 절차, 지침 및 형식 목록의 가용성이 보장되고 있습니까? ■ 문서화된 정보의 생성, 업데이트, 검토, 식별 및 제어 방법이 구현되도 있습니까? ■ 외부 제공 문서를 관리할 할 수 있는 증거는 있습니까?		
8.0	운영(8.1~8.3)		심사의견 및 증거
8.1	운영 계획 및 통제 ■ 요구사항, 목표 및 위험 처리를 달성하기 위해 필요한 기준과 절차는 수립되어 있고 운영되고 있습니까? ■ 의도하지 않은 변경사항에 대한 계획 수립 및 결과 검토는 이루어지고 있습니까?. ■ 아웃소싱된 프로세스가 관리 되었습니까?		
8.2	정보보호 리스크 평가 ■ 위험 평가를 위해 계획된 내부자원은 무엇입니까? ■ 위험 평가를 수행하게 된 중요한 변화는 무엇입니까?		
8.3	정보보호 위험 처리 ■ 위험 처리 계획의 상태는 어떻습니까? ■ 위험 처리에 대한 판단을 기록했습니까?		

	내부심사 체크리스트	등록번호	제정일자	개정일자	개정차수	Page
		EIP-0920-03	20XX.XX.XX	–	–	

조항번호	규격요구사항	C/NC/O	내용
9.0	성과평가(9.1~9.3)		심사의견 및 증거
9.1	모니터링, 측정, 분석 및 평가 ■ 무엇을 모니터링하고 측정해야 하는 지는 어떻게 결정됩니까? ■ 모니터링 및 측정의 증거를 검토했습 니까?. ■ 다양한 영역에서 모니터링 및 측정을 수행하기 위해 어떤 절차가 시행되고 있습니까? ■ 결과는 어떻게 보고됩니까?		
9.2	내부심사 ■ 심사 빈도 ■ 최근에 실시한 심사 날짜 ■ 심사원 명단(내부/외부) ■ 관찰된 NC의 수 ■ NC의 완료 상태 ■ 내부심사의 효과성		
9.3	경영검토 ■ MRM의 빈도 ■ 최신 MRM 날짜 ■ 주요 참가자 명단 ■ 입출력 적정성 현황 및 논의 기록 ■ MRM의 유효성		
10.0	개선(10.1~10.2)		심사의견 및 증거
	개선 ■ 부적합 관찰 내용 ■ 부적합 사항에 대한 세부사항 및 유 효성 ■ 부적합 사항에 대한 조치의 결과로 ISMS에서 변경된 사항 ■ 시스템의 마지막 사이클에서 지속적 인 개선과 비교의 예		

2. 통제 목표 및 통제

번호	통제	C/NC/O	증거
5.	조직 보안통제		
5.1	* 정보보호를 위한 정책		
5.2	* 정보보호 역할 및 책임		
5.3	* 직무 분리		
5.4	* 경영진 책임		
5.5	* 당국과의 접촉		
5.6	* 특별 이익 그룹와의 연계		
5.7	* 위협 정보		
5.8	* 프로젝트 관리에서 정보보호		
5.9	* 정보 및 기타 관련 자산의 목록		
5.10	* 정보 및 기타 관련 자산의 사용 및 취급		
5.11	* 자산의 반환		
5.12	* 정보의 분류		
5.13	* 정보의 표시(라벨링)		
5.14	* 정보 전송		
5.15	* 접근통제		
5.16	* (사용자)접근 권한 관리		
5.17	* (사용자)인증정보		
5.18	* (사용자)접근권		
5.19	* 공급업체 관계에서의 정보보호		
5.20	* 공급업체 계약 내 정보보호 문제 해결		

	내부심사 체크리스트	등록번호	제정일자	개정일자	개정차수	Page
		EIP-0920-03	20XX.XX.XX	-	-	2/5

번호	통제	C/NC/O	증거
5.21	* ICT(정보통신기술) 공급망에서의 정보보호 관리		
5.22	* 공급업체 서비스의 모니터링, 검토 및 변경 관리		
5.23	* 클라우드 서비스의 사용에 대한 정보보호		
5.24	* 정보보호 사고 관리 계획과 준비		
5.25	* 정보보호 사고에 대한 평가 및 결정		
5.26	* 정보보호 사고에 대한 대응		
5.27	* 정보보호 사고로부터 학습		
5.28	* 증거 수집		
5.29	* 운영 중단 시 정보보호		
5.30	* 사업 연속성을 위해 ICT 준비 상태		
5.31	* 법, 법률, 규제적, 계약적 요건		
5.32	* 지적재산권		
5.33	* 기록의 보호		
5.34	* PII의 개인 정보의 보호		
5.35	* 정보보호에 대한 독립적인 검토		
5.36	* 정보보호를 위한 정책, 규칙 및 표준 준수		
5.37	* 문서화된 운영 절차		
6	인적보안 통제		
6.1	* 선별(채용)		
6.2	* 고용조건		
6.3	* 정보보호 인식 교육과 훈련		
6.4	* 징계 과정(절차)		

내부심사 체크리스트	등록번호	제정일자	개정일자	개정차수	Page
	EIP-0920-03	20XX.XX.XX	–	–	3/5

번호	통제	C/NC/O	증거
6.5	* 고용종료(해고) 또는 계약변경 후의 책임		
6.6	* 비밀유지 또는 비공개 계약		
6.7	* 원격 작업(근무)		
6.8	* 정보보호 이벤트 보고		
7	물리적보안 통제		
7.1	* 물리적 보안 경계		
7.2	* 물리적 진입 통제(출입_접근)		
7.3	* 사무실, 객실 및 시설 보안		
7.4	* 물리 보안 모니터링(감시)		
7.5	* 물리적 및 환경적 위협으로부터 보호		
7.6	* 안전한 장소(보안구역) 작업		
7.7	* 깨끗한 책상 및 화면 정리 (정책)		
7.8	* 장비 배치 및 보호		
7.9	* 구외 자산 보안		
7.10	* 저장 매체		
7.11	* 지원 유틸리티		
7.12	* 케이블 연결 보안		
7.13	* 장비 유지보수		
7.14	* 장비의 안전한 폐기 또는 재사용		
8	기술적보완 통제		
8.1	* 사용자 단말기 (단말장치)		
8.2	* 특수접근권한		

번호	통제	C/NC/O	증거
8.3	* 정보접근제한		
8.4	* 소스 코드에 대한 접근		
8.5	* 보안 인증		
8.6	* 용량 관리		
8.7	* 악성 소프트웨어 코드에 대한 보호		
8.8	* 기술적 취약점 관리		
8.9	* 구성(배열, 배치) 관리		
8.10	* 정보 삭제		
8.11	* 데이터 마스킹		
8.12	* 데이터 유출 방지		
8.13	* 정보 백업		
8.14	* 정보처리시설의 이중화(중복성)		
8.15	* 로깅		
8.16	* 모니터링 활동		
8.17	* 시간 동기화		
8.18	* 특수 유틸리티 프로그램의 사용 제한		
8.19	* 운영체제에서의 소프트웨어 설치		
8.20	* 네트워크 보안		
8.21	* 네트워크 서비스 보안		
8.22	* 네트워크 분리		
8.23	* 웹 필터링		
8.24	* 암호화 사용		

번호	통제	C/NC/O	증거
8.25	* 안전한 개발 수명 주기		
8.26	* 응용프로그램 보안 요구사항		
8.27	* 보안 시스템 구축(아키텍쳐) 및 엔지니어링 원칙		
8.28	* 안전한 코딩		
8.29	* 개발 승인 시 보안 시험		
8.30	* 아웃소싱 개발		
8.31	* 개발, 테스트 및 운영(시스템) 환경의 분리		
8.32	* 변경 관리		
8.33	* 시험정보		
8.34	* 심사(시험) 중 정보시스템 보호		

	내부심사 결과 보고서	작성	검토	승인
		/	/	/

심사기간 :   작성일자:

심사구분	☐ 정기심사 ☐ 특별심사	
심사목적 및 범위	가. 목 적 : 나. 범 위 :	
주요 심사내용		
심사 결과		
특기사항		

EIP-0920-04   이큐인증원(주)   A4(210X297)

작성	검토	승인
경영검토 보고서		
/	/	/

검토일자 :   (PAGE)   (1/2)

검 토 항 목		입력사항(보고 요약)	비고(첨부
이전 경영검토에 따른 조치의 상태			
정보보호 경영시스템 변경사항	외부 및 내부 이슈의 변경사항		
	이해관계자 요구사항 기대의 변경		
	중대한 정보보호 변경사항		
	리스크와 기회의 변경사항		
정보보호 경영시스템의 성과 및 효과성	고객만족 이해관계자 피드백		
	목표 달성 정도		
	정보보호/ 개인정보 적합성		
	부적합 및 시정조치		
	모니터링 및 측정결과		
	심사결과 (내부, 고객, 인증기관)		
	외부협력업체의 성과		
자원의 충족성			
리스크와 기회를 다루기 위하여 취해진 조치의 효과성			
개선기회			

출 력 항 목		출력사항(결정사항)
경영검토 출력사항 (결정 및 조치사항)	개선기회	
	정보보호 경영시스템 변경에 대한 필요성	
	자원의 필요성	
	목표 미달성 조치사항	
	기타 조직의 전략적 방향 및 대표 지시사항	

최종결론 : 정보보호 경영시스템의 적절성, 충족성, 효과성, 정렬성 평가

□ 만 족 :   □ 불만족 :

| | 시정조치 요구서 | 관리부서 | |
| | | PAGE | |

| 요구서번호 | | 발행일자 | |
| 처리부서 | | 조치요구일자 | |

| 제목 | | (발행근거 :) |

부적합 사항 (시정조치 요구사항)

발행			
결 재	작성	검토	승인
	/	/	/

□ 첨 부 :

부적합 사항 (시정조치 요구사항)

  1. 부적합 원인

  2. 시정내용

  3. 재발방지 대책

조치자 : 부서   직책   성명   □ 첨 부 :
조치일자 :

조치결과 확인

확인자 : 부서   직책   성명   □ 적 합   □ 부적합
확인일자 :

유효성 확인
□ 확인일자 :
□ 대상기간 :   .   .   -   .   .
□ 첨 부 :

확인(승인)			
결 재	작성	검토	승인
	/	/	/

| | 시정조치 관리대장 | 관리부서 | |
| | | PAGE | |

발행번호	발행일자	제목	시정조치요구사항(요약)	완료 요구일	완료일	조치부서	효과성 검증일

[참고] ISO 경영시스템 인증 프로세스

해당 프로세스	추진담당	프로세스 설명	비 고
경영시스템 구축 기획 ⋮	TFT	1. 해당 조직의 핵심 프로세스 및 절차서, 지침서 등을 결정(핵심 프로세스는 KPI를 결정) 2. 추진 계획수립-해당 부서별 업무 분장(추진기간, 소요예산 포함) 3. 필요시 컨설팅/자문기관 선정	ISO 표준 TFT 업무 분장표 공정도
요건 및 실무조건 ⋮	TFT Leader	1. 전체 직원/핵심 인원에 대한 교육-정보보호 경영시스템 구축에 대한 선언적 개념/표준에 대한 교육 - ISO 요구사항, 경영시스템의 필요성, 내부 심사원 과정 등	교육계획서, 교육일지/ 수료증
추진 세부계획 수립 ⋮	해당부서장/TFT	1. 추진세부계획 및 일정수립 및 담당 결정/업무분담 - 조직의 규모에 따라 문서화의 정도가 달라질 수 있음	세부계획서
추진실무 ⋮	해당부서	1. 문서화 : Manual, Process, 절차서(Procedure), 지침서/수칙 및 표준류/기준서, 기록 등 - 매뉴얼 : 문서목록, 프로세스 맵, 비즈니스 맵, 인증범위, 조직도, ISO 요구사항 - 프로세스 : 핵심문서로 성과지표를 결정(6~12개 정도가 일반적임) - 절차서 : 해당 프로세스에 속하여 각 프로세스 당 1~4개가 될 수 있으며 더 많은 절차서도 가능 - 지침서 : 조직의 필요에 따라 정해지는 하위문서 - 표준류/기준서 - 기록물 : 경영시스템에서 요구되는 증거물	매뉴얼, 프로세스, 절차서, 지침서, 표준류/기준서 양식파일
내부심사 실시 ⋮	내부심사원	업무가 프로세스나 절차서에 규정된 대로 진행되는지 여부를 점검하고 시정조치를 실시하는 행위	내부심사원 적격성 평가, 내부심사 계획서 내부심사보고서
경영검토 실시 ⋮	해당부서장	조직의 경영을 위한 계획, 성과 등을 평가	경영검토 입출력 사항 등
심사신청/심사	추진부서	이큐인증원(주)에 인증심사를 신청하여 평가를 받음 (www.eqcert.co.kr / eqcertiso@gmail.com)	인증서

참고문헌

ISO 27001: 2022 정보보호 경영시스템
ISO 27002: 2022 정보보호, 사이버보안, 개인정보보호-정보보호 통제

저자소개

송형록

현) 이큐인증원(주)대표(ISO 경영시스템 인증기관 : KAB, IAS 인정)
현) DWC 아카데미 대표(ISO심사원 양성교육기관 : Exemplar Global 인정)
현) ISO 국제심사원(9001/14001/27001/27701/45001/22000/37001/
　　13485/22301/42001)
현) 디스플레이웍스(주)대표이사
전) 경희사이버대학교 겸임교수
전) 경민대학교 강사

ISO 인증기관 : 이큐인증원(주)
E-mail : eqcertiso@gmail.com
홈페이지 : www.eqcert.co.kr

김상일

세종대 경영학 박사(Business Analysis, BlockChain, 암호화폐)
현) 주식회사 젠젠에이아이 COO/CISO
현) (사)디지털산업정보학회(KIC) 이사
현) 이큐인증원 ISO 선임심사원
현) ISO 국제심사원(9001/14001/45001/27001/27701/22301/37001/
　　42001)
E-mail : gabriel0221@gmail.com

서재석

세종대 경영학 박사(Business Analysis 전공)
현) ISO 국제심사원(9001/14001/45001/27001/27701/22301/42001)
E-mail : sjs6603@hanmail.net

ISO 경영시스템 담당자를 위한 정보보호 경영시스템 길라잡이

ISO 27001 정보보호 경영시스템 구축 실무 GUIDE

1판 1쇄 발행 2025년 7월 3일

저자 송형록 · 김상일 · 서재석

발행인 이 병 덕
디자인 이 은 경

발행처 도서출판 정일
등록날짜 1989년 8월 25일
등록번호 제3-261호

주소 경기도 파주시 한빛로 11

전화   031) 946-9152(대)
E-mail jungilb@naver.com